论语说解

中国经典解读丛书

么峻洲 著

齐鲁书社

图书在版编目（CIP）数据

论语说解 / 幺峻洲著. --济南:齐鲁书社,2003.5
（2020.10重印）
ISBN 978-7-5333-1171-1

Ⅰ.论… Ⅱ.幺… Ⅲ.①儒家 ②论语-译文
③论语-研究 Ⅳ.①B222.2

中国版本图书馆CIP数据核字(2003)第015220号

责任编辑：赵自环
装帧设计：公冶繁省　刘羽珂

论语说解
LUNYU SHUOJIE
幺峻洲　著

主管单位　山东出版传媒股份有限公司
出版发行　齊魯書社
社　　址　济南市英雄山路189号
邮　　编　250002
网　　址　www.qlss.com.cn
电子邮箱　qilupress@126.com
营销中心　（0531）82098521　82098519
印　　刷　山东临沂新华印刷物流集团有限责任公司
开　　本　850mm×1168mm　1/32
印　　张　13
插　　页　2
字　　数　289千
版　　次　2003年5月第1版
印　　次　2020年10月第14次印刷
标准书号　ISBN 978-7-5333-1171-1
定　　价　45.00元

序　言

日本佛学大师池田大作的《我的释尊观》是用对话体写的。在谈到释迦牟尼的出现时，野崎勋先生说：

> 西方哲学家雅斯贝斯指出，大致在释迦牟尼生活的同时代，希腊的苏格拉底、中国的孔子以及给与犹太人的基督教以重大影响的赛亚第二等思想家，不约而同地相继登上了历史舞台。这是人类文明史上的第一个黎明时期。因此他把这一时代称作人类精神的第一中心时代。这些卓越思想家的同时代出现，毕竟与古代社会的政治变动以及古代物质生活状况的变化相呼应。
>
> 于是人类历史，借助于在这第一中心时代所获得的精神原则，而一直延续到十九世纪。

20 世纪，是人类精神的第二中心时代。人类的物质文明建设，以完全难以想象的速度发展着。新的思想不断涌现，但佛教、基督教、伊斯兰教依然是东西方人民信仰的中心，佛教的经典、《圣经》、《古兰经》依然是东西方人民热爱的经典。回头看看我们中国的儒学及其经典《论语》的命运就不同了。19 世纪前，孔子创立的儒学及其经典《论语》，照亮了中国两千多年的历史进程，是每一个人心中永远屹立不动的万里长城，使每一时代的中国人在立身处世上都有一把良心的尺子。但到了 20 世纪初期，对孔子和儒学的评价发生了 180 度的大转变。谁再拥护孔子和儒学，谁就是

“保守”“反动”，儒家的书只能扔到茅厕里去。

今天，在各种历史因素的影响下，孔子的名誉已经恢复了，但也不过是和管仲等人并列的历史人物，其思想只是诸子百家之一，是学者在研究室里研究的家派思想而已。

我的对中国颇有研究的日本教师玉井茂先生曾认真地问我：“你们中国人为什么这么不尊重孔子？中国人究竟信仰什么？”我无言以对。

日本和韩国都是儒教国家，台湾“中央大学”哲研所教授王邦雄先生说：“在东亚的儒教国度，韩国首尔有成均馆大学，是一所儒教的大学；在中国哲学系之外，另有儒教学系，而这是两岸所未有，难怪他们要自豪地说：‘儒教的最后家乡在韩国！’而在日本，九州大学就有中国哲学研究所，不像两岸各大学的哲学系所，均以西洋哲学为主。且日本不说儒家道家，而说儒教道教。两岸的儒家只是诸子百家之一，是研究所精研的家派思想，而儒教却是人文教化，深入民间，成为每一个人言行的最后依据。今天吾人要有真切的省思，假如我们再不重振儒学，儒学的重心将不在两岸，唯恐转往韩日两国去了！”(《〈论语〉是中国人的圣经》，《鹅湖》2002 年第 9 期)

有些人读了王邦雄先生的文章，大概也无动于衷。儒学的重心转往哪一个国家都无所谓，均与己无关。在这里，我愿意借用武汉大学郭齐勇教授的一句话：“我只是提醒各位思考：面对二十一世纪，我们有什么精神资源？”(《儒家人文精神的特色与价值》，2002 年 3 月 7 日《长江日报》)没有精神资源，精神将流离失所，生命也就失去了动力和方向。在这经济全球化、世界一体化的潮流中，我们的确要考虑一下我们自己的精神资源问题、中华民族文化的前途问题。物质资源可以借用外国的，精神资源能全靠借用外国的吗？如果那样的话，虽既时髦又省力，但我们的民族文化岂不成了四不像？人民大众是不能接受的。

各民族都有自己的不同于其他民族的精神资源，这是在长期历史过程中积淀起来的。中华民族有几千年的光荣历史，有丰富、坚实的精神资源。既是这样,我们能够“抛却自家无尽藏,沿门托钵效贫儿”吗?一个民族如果不发扬自己固有的精神资源,就丧失了凝聚力,就是一盘散沙。不仅如此,人们只顾追求名利、终日忙碌不堪、心灵被掏空了的时候,为了得到一些安慰,极容易信仰歪门邪道,我们将面对层出不穷的民间信仰所带来的困扰。这是想避免也避免不了的。

中华民族的精神资源博大精深,其核心是儒学,儒学的经典是《论语》。我们应该充分开发我们的精神资源,复兴儒学,提倡学习《论语》。学习《论语》才有安身立命的终极之地与为人处世的价值依据。我始终相信,儒学是中华文化的根源、中华文化的血脉,孔子的伟大形象将永远活在中国人民的心中。

本书既名“说解”,就是对原著的诠释。诠释者有的重在原意的把握,而新的潮流主张“意义的创生”。我才疏学浅,凭着一片诚心,试图说解孔子教言的原意。我只要能传达其中的百分之一就很满意了。我的“说解”既注意了实践方面,也注意了本体方面,但误解的地方一定很多,衷心希望专家指正。

在拙作的编写过程中,参考了许多前贤的大作,接受了许多专家的指点,在此谨致衷心的谢意。不再一一列名。

当前社会科学方面的书籍出版十分困难,齐鲁书社能慨然答应出版拙作,实感荣幸,在此谨表示衷心的感谢。

最后敬请读者不吝赐教!

幺峻洲

2003 年 1 月于锦州

目 录

学而第一

这是《论语》的第一篇，共16章，所记多是“务本”的道理，是初学者入道之门，提高自己品德修养的基础。

前五章内容是为学、做人、为政，可以说概括了孔子思想的重点。第一，孔子虽然没有提出“终身学习”的口号，但他强调一个人必须“学而时习之”。第二，在做人上，首先要孝悌，这是为仁之本，同时要坚持内省的功夫，不要“巧言令色”。第三，在为政上，首要的是为政者要加强道德修养，要爱人，这是“为政以德”的前提。以上三点，今天看来，也没有过时吧！

1.1　子①曰：“学而时②习③之，不亦说④乎！有朋自远方来，不亦乐乎！人不知而不愠⑤，不亦君子⑥乎！”

【注释】

①子：《论语》中“子曰”的“子”都是指孔子。“子”是古代对男子的尊称，如称孔子、老子、曾子等。一般单用“子”，可作男子的通称，与“尔”“汝”一样，可译作“你”。　②时：在本句中是副词，有“在一定时候”或“按时”的意思。　③习：繁体字作“習”，从“羽”从“白”，本意是鸟多次飞行，有“实习”“温习”“实践”的意思。孔子重视实践，反对学了不做，所以讲成“实践”符合孔子本意。　④说（yuè）：同“悦”。高兴，喜悦。　⑤愠（yùn）：怨恨，恼怒，埋怨。怒于心而未发叫“愠”。　⑥君子：《论语》中的“君子”有时指有德者，有时指有位者。本章指有德者。

【译文】

孔子说：“学习了，而能按时去实践，不也高兴吗！有朋友自远方来，不也快乐吗！别人不了解我，我并不埋怨，不也是君子吗！”

【说解】

《论语》20 篇，为什么把《学而》放在首篇？又为什么把"学而时习之"放在第一章？因为孔子认为"学习"对一个人来说是最重要的。当代新儒学大师钱穆先生在《论语新解》中说："学者惟当牢守'学而时习之'一境。"真正能领悟和守住这"一境"，必须像大科学家爱因斯坦所说："一个优秀分子，必须把学习看成神圣的。"本章是全篇之纲，也是全书之纲。

孔子提倡的学习，不仅限于书本学习，更重要的是学习做人、做事。因此，孔子在教学中强调"实践"。把所学的东西经过反复实践，真正掌握了，那才能体会到真正的喜悦。这是一个人成长的喜悦。好学者的心胸是敞开的，愿意与更多的同道之人（朋）互相切磋，而且多多益善。既然远方有人来讲道论学，那么近处的人更会向自己求教，这足以说明自己学有所成，这岂不可乐！这是一个人学业有成的快乐。从另一方面说，如果"无朋自远方来"，甚至近处的人都不了解自己，那又将如何呢？那并不影响一位有修养的人（君子）的情绪。因为在君子的眼里，学习在己，知不知在人，自己的学习与别人的知不知无关。就像吃饭一样，吃饭是自己的事，自己吃饱了，何必管别人知道不知道。话好说，做起来却很难，只有君子才能做到。这是已消解名利的"自在境界"。在"人不知而不愠"中，蕴涵着"君子知命"的思想。《论语》首章就教育人"知命"，《论语》的最后一章编者又安排了孔子说的"不知命，无以为君子"（20.3）。首尾遥相呼应，令学者深思。

第一章是学习《论语》的基础。真正把这一章理会透了，往下的学习才会深入下去。台南师范学院退休教授周群振说："本章列《论语》首篇之首章，义旨精神，诚足以涵盖全书综和之思行意理也不遗。大抵为孔子晚年自省生命历程之所成就，而以昭示并启迪门人者。自外观之，若有三事；揭其内蕴，实系整体一贯之展露，动发之机，则尽在'学而时习之'一语之为因。"（《论语分类义释》，《鹅湖》2002 年第 6 期）

本章在句法上用的是排比发问式，不是下断语，而是商量讨论式的。这样可以启发学生更好地去思考。从中看出孔子一贯的循循善诱的启发式的教育风格。

1.2　有子[①]曰："其为人也孝弟[②]，而好[③]犯[④]上者，鲜[⑤]矣；不好犯上，而好作乱者，未之有也[⑥]。君子务[⑦]本，本立而道生。孝弟也者，其为仁之本与[⑧]！"

【注释】

①有子:姓有,名若,字子有。鲁国人。孔子晚年弟子,小孔子43岁。身高体伟,"状似孔子"(《史记·仲尼弟子列传》)。《论语》中记录的有子的言论很少,只有四章,但很重要。他提出"孝弟为仁之本""礼之用,和为贵"(1.12)。在政治上,他主张减轻人民负担,恢复什一之税,认为"百姓足,君孰与不足"。(12.9)从中可以看出他对孔子思想有很深的理解。子游曾称赞:"有子之言似夫子。"(《礼记·檀弓上》)孔子死后,子贡、子游、子张等众弟子以有若似圣人,共同立他"为师",不久,又被废置。北宋程颐根据《论语》中有若、曾参二人以"子"称,认为《论语》是有子和曾子的门人所编,得到很多人的赞同。此外,《论语》中也对冉求、闵子骞称"子",是为了表示尊敬吧? ②孝弟(tì):善事父母叫"孝",善事兄长叫"弟"。弟,同"悌"。 ③好(hào):喜好。 ④犯:冒犯,抵触。 ⑤鲜(xiǎn):少。 ⑥未之有也:"之"是代词,在本句中作"有"的宾语。在古汉语中,否定句中代词作宾语,要放在动词前面,这叫作"宾语前置"。 ⑦务:专心致力。 ⑧与(平声):同"欤",句尾语气词,在这里表示谦虚的语气。《论语》中的"欤"都写作"与"。

【译文】

有子说:"一个人能够孝顺父母、敬爱兄长,却喜好冒犯上级,这是很少可能的;不喜好冒犯上级而会作乱的,是不曾有过的。君子做事要致力于根本,根本确立了,仁道也就在心里扎下了根。孝顺父母、敬爱兄长,这两种品德就是行仁的根本吧!"

【说解】

有子认为一个人如能孝悌,其心和顺,既富有爱心,又有责任感,那他们就很少冒犯上级。既然不好犯上,自然就不能作乱了。有子这番推理,是脱离社会现实的。如果天下有道,心存孝悌的人自然不会犯上作乱,给父母兄长添麻烦。但是天下无道,统治者倒行逆施,心存孝悌的人也会起而反抗的。

《论语》中的"仁"有两种意思:一是指仁、义、礼、智、信中的"仁",位于五德之首,是人的外在的行为表现;一是指孔子思想体系的核心,指人的本心,人的善良的内在本质。作为人的本心的"仁",不是抽象的概念,是人心固有的、先验的、普遍的。孟子曾反复说明"仁"是人所固有的本质:"今人乍见孺子将入于井,皆有怵惕恻隐之心。……无恻隐之心,非人也。……恻隐之心,仁之端也。"(《孟子·公孙丑上》)宋朱熹说:"行仁自孝弟始。"(《朱子语类》卷二〇)孝悌是做人的根本,也是行仁的根本。

1.3 子曰："巧言令色[①]，鲜矣仁。"

【注释】

①令色：面色和善。这里和"巧言"连在一起，那么面色和善是装出来的，以讨好别人，心里并不真的和善。令，美好。

【译文】

孔子说："花言巧语，装出和善的面孔，这种人，'仁'是不会多的。"

【说解】

上一章从积极的方面肯定"仁"，本章从消极、否定的方面规定"仁"。巧言令色者，必有私心，表面却装出善良的样子。"仁"是发自人的内心，装是装不出来的。

一个人接人待物应该和颜悦色，特别是对长辈，但这和"巧言令色"有本质的不同。和颜悦色体现一个"敬"字，"巧言令色"体现一个"伪"字。

一个人"巧言令色"，就丧失了自己的人格。一个人应该堂堂正正地做人，即使做一个苦工也好，也不能丧失人格、丧失做人的尊严。

《论语》的编者深知这句话在孔子思想中的重要地位，所以安排在首篇第三章。在《阳货》第十七章又出现了一次。

这句话在无形中强调了人的内心修养。所以《论语》的编者在下一章安排了曾子的"三省"。

1.4 曾子[①]曰："吾日三省[②]吾身：为[③]人谋而不忠乎？与朋友[④]交而不信乎？传[②]不习乎？"

【注释】

①曾子：孔子学生，姓曾，名参（shēn），字子舆。鲁国武城人，小孔子46岁。父亲曾点，也是孔子学生。曾子家庭并不富裕。母亲纺线织布，曾子也干重活。曾子学习勤奋，很快便有所成就。为养活父母，曾子曾经在莒地为官，而后他又收徒讲学。据《孟子》记载，他的弟子有七十多人。著名的军事家吴起就是他的学生。父母去世后，曾子又"南游于楚，得尊官焉"（《韩诗外传》卷七）。这样，曾子的名声越来越大，齐、晋等国都想请他去做官，他都一一谢绝，而专心致力于忠孝仁义的学业和传授弟子的教学活动。曾子性格沉静，忠诚老实，孔子说他"鲁"（11.8）。从本章看，曾子每天都认真做自我反省，以求

人格的完满,这就是他的"鲁"。实际上,曾子对孔子思想的领悟,要高出那些"聪明人"。有一天,孔子在众弟子面前对曾参说:"参乎! 吾道一以贯之。"说完就出去了。弟子们不懂老师说话的意思,就问曾参。曾参说:"夫子之道,忠恕而已矣。"(4.15)曾子是以孝闻名的。相传《孝经》是曾子所著,朱熹认为《大学》也是出自曾子之手。这些说法还有争论,但《中庸》出自曾子门人之手还是可信的。孔子的孙子子思是曾子的弟子,而孟子又私淑子思,形成思孟学派,成为儒家思想的正统。所以曾子是儒家思想奠基人之一。　②三省(xǐng):三和九在古文中有时表示具体实数,但很多场合只表示次数的多。省,反省、自我检查。　③为(wèi):替,为了。　④朋友:我们应从更广泛的意义上来理解本章的"朋友"二字。首章孔子说的"有朋自远方来"的"朋",也不是专指有交情的人。凡是志同道合者,不管有没有交情,均可称为朋友。　⑤传(chuán):在这里动词作名词使用,指老师传授的学业。

【译文】

曾子说:"我每天都要从三个方面检查反省自己:替别人办事尽到自己的心力了么? 与朋友交往有不信实的地方么? 老师传给我的学业还有没熟习的么?"

【说解】

前面的二、三章讲了做人的道理,那么应该如何去做人呢? 从外面讲,要学习(第一章);从自己内部讲,要内省。儒家特别重视内省的功夫,认为只有内省才能真正认识自己、提高自己。

曾子每天从三方面检查反省自己,有则改之,无则加勉。他能这样严格要求自己,可谓深得为学之本。三个方面有一定顺序,以忠信为主。忠以心言,信以事言,一内一外,密不可分。不忠即不信,不信也不可能忠。

曾子的"三省"不要看作只是他个人的修养功夫,它代表了儒家的传统精神。

一个人想进步,必须先认识自己。希腊的大哲学家苏格拉底也说:"认识你自己吧!"

1.5　子曰:"道[①]千乘之国[②],敬事[③]而信,节用而爱人,使民[④]以时[⑤]。"

【注释】

①道(去声):同"导",动词。领导,治理。　②千乘之国:乘(shèng),

古代用四匹马拉一辆车叫一乘。春秋时代,打仗用车子,到了战国时代才有骑战。每辆兵车上有甲士3人,车下跟随的有步兵72人,另有相应的后勤人员25人。因此所谓一乘的实际兵力是100人。当时国家的强弱都用兵车的数量来计算。在春秋初期,千乘之国是一个大国。到了末期,由于各国扩充军备,千乘之国已经不算大国了。　③敬事:“敬”字一般表示严肃认真的工作态度,所以常和“事”字连用。　④人、民:古代的“人”字有广狭二义。广义的“人”指一切人群,狭义的“人”只指士大夫以上的各阶层的人。“民”与“官”相对,指老百姓,有的地方与广义的“人”通用。　⑤时:指农闲之时。古时征用兵役、劳役都是无偿的。

【译文】

孔子说:“治理拥有一千辆兵车的国家,就要严肃认真地办事,还要讲信用;节约费用,爱护人民;在使用民众时,要掌握好恰当的时间,不要违背农时。”

【说解】

一个人进德修业的目的,不是为了独善其身,是要从政,去实现自己的政治理想,孔子认为从政是一个儒者的本分。所以本章在前面讲完进德修业之后,提出了从政的问题。

孔子在本章提出,治理千乘之国必须做好五件事。这五件事彼此相因,各有次序,缺一不可。其中“敬”是关键。若无“敬”,在上者不严肃认真,在下者就要敷衍塞责,甚至违法乱纪。在上者说话不讲信用,反复无常,在下者就要疑虑不安。在上者不能“敬事而信”,那么“节用而爱人,使民以时”就都谈不上了。历朝历代,包括汉、唐、宋、明、清这些大的朝代,开始时君臣办事认真,励精图治,所以国势日盛。可是换了几个皇帝之后,当政者身上,建国初期那股锐气没有了,政治开始腐败,最终为别的统治者所替代。这几乎成了一个历史规律。

1.6　子曰:“弟子[①],入则孝,出[②]则弟,谨而信[③],泛爱众而亲仁[④]。行有余力,则以学文[⑤]。”

【注释】

①弟子:一般有两种意义,一指年纪幼小的人,二指学生。本句是指年纪幼小的人。　②入、出:古代有地位的人家,父子各有居室。所以这里的入,

指到父母的居室去;出,指离开自己的居室。 ③谨:做事谨慎,而且始终一贯,所以和“信”连在一起。 ④仁:前面有动词“亲”,这里的“仁”指仁人。 ⑤文:《诗》《书》等六艺之文。

【译文】

孔子说:“孩子们,到父母跟前,要孝顺父母;出门,要敬爱兄长;行事谨慎,言语信实,爱护群众而又亲近仁人。这样做了还有余力,就去学《诗》《书》等六艺之文。”

【说解】

这一章有几层意思:

首先,孔子认为,一个人的努力方向,要把做人摆在第一位,把求知识摆在第二位(行有余力)。今天与孔子的时代不同了,一个人必须把主要精力放在学习知识上,不然就难以胜任工作。但是,我们在头脑里,还是应该把“做人”摆在第一位,不能为了赚钱而不顾做人。

其次,孔子认为“仁”就是“爱人”(12.22),但爱人要由近及远,首先要“亲亲”“入则孝,出则弟”,然后再“泛爱众”。这就与墨子的“博爱”大不相同了。

再次,从本章还可以看出孔子是重“行”的。中国文化就是“行”的文化。仁、义、礼、智、信五种德行,最后必归结于“行”。于学问,除了主张博学、审问、慎思、明辨,贵在“笃行”。于德行,认为“力行近乎仁”,一个君子必须“先行其言,而后从之”(2.13)。

最后,“行有余力,则以学文”这句话,今天对我们很有教育意义。我常接触一些已经参加工作的年轻人,特别是年轻教师,他们开口就说工作太忙,没有时间学习。仔细观察,他们并不是真的没有时间,是思想上满足现状,没有认识到学习的重要性。大科学家爱因斯坦说过:“人与人的差别,就在于业余时间。”

1.7 子夏[1]曰:“贤贤易色[2];事父母能竭其力;事君能致[3]其身;与朋友交,言而有信。虽曰未学,吾必谓之学矣。”

【注释】

①子夏:姓卜,名商,字子夏。晋国温邑人。三家分晋后,温属于魏。孔子

弟子,小孔子44岁。家庭贫苦。孔子四科,子夏与子游同属文学(11.3)。看来,他对古代文献很有研究,得到大家的认可。在治学上,他主张“博学而笃志,切问而近思”(19.6)。他善于动脑筋,有自己的见解。有一次,他向孔子请教《诗经·硕人》的思想时,孔子的回答是“绘事后素”四个字。子夏听了马上就想到“礼”和“仁”的先后关系,就问:“礼后乎?”孔子对子夏能由一首诗联想到“仁”“礼”关系这样的根本问题十分赞赏(3.8)。子夏还主张“仕而优则学,学而优则仕”(19.13)。孟子夸他和子游、子张三个人“皆有圣人之一体”(《孟子·公孙丑上》)。他曾为莒父(今山东莒县东南)宰。孔子死后,他回故乡魏国西河讲学,曾为魏文侯的老师。子夏给弟子们讲的是儒家的经典,特别是《春秋》和《诗经》。关于《诗经》,一般认为是在孔子之后,子夏传之,毛公加以申说,这就是我们今天看到的《毛诗》。1994年,上海博物馆由香港抢救购回的珍贵竹简,已于2001年整理出版,书名是《上海博物馆藏战国楚竹书》。这是2001年中国学术界的一件大事。第一册收录的《诗论》,对研究中国学术史特别重要。经专家研究,这部《诗论》是亲闻孔子“诗学”的弟子所作。对照文献,可能是子夏。关于《春秋》,据说后来解释《春秋》的公羊高和谷梁赤都是子夏的再传弟子。后汉和帝时,徐防上疏说:“诗、书、礼、乐,定自孔子;发明章句,始于子夏。”以后六经虽遭秦火,然于汉代重新问世,其源盖出于子夏。孔子的弟子很多,然传六经之功,非子夏而莫属。子夏执教西河,影响很大。中原名士,如段干木、田子方、吴起、禽滑厘、李克、曾申、文子、子弓等都是他的门人,以致使西河老百姓怀疑他就是孔子(见《礼记·檀弓上》)。子夏的晚年是不幸的,最亲近的儿子死了,他哭瞎了眼睛,最后自己一个人度完余生。　②贤贤易色:第一个“贤”是动词,意思是“敬重”;第二个“贤”是名词,意思是“贤德的人”。易,更换。色,指女色。全句的意思是:把好色之心更换成敬贤之心。　③致:有委弃、献纳等意思。

【译文】

子夏说:“能易其好色之心以敬贤;侍奉父母,能竭尽自己的能力;侍奉国君,能献出自己的身心;与人交往,说话诚实守信。这样的人即使是没有学习过,我也一定要说他已经有学问了。”

【说解】

子夏这段名言,得之于孔子。日本《论语》专家竹添光鸿说:“子夏特病世之学者无行,惟以读书讲古为务,而未始切己(不联系自己,只是空谈)为人,故砭以此语。”(《论语会笺》)

今天一说到学问,人们总认为书读得多、知道的东西多就算有学问,其实这种认识是片面的。学识总得化为行动,特别是社会科学方面,必须身体力行才算有学问。在佛家禅宗的书里面,有这样一个故事:一位禅宗大师对许多和尚(能背诵许多佛经)说:"你们有一车兵器而不能用,老僧虽有寸铁在手,却能杀人。"这寸铁是大师自己的,已掌握在手,所以有用。别人虽眼前摆着许多兵器,但与自己无关,不能用。这个故事告诉我们,学问必须"自得","自得"的关键是去"行"(实践),就是"学而时习之"。孔子生前经常这样教育学生,子夏当了老师之后,也认真地传授"重行"的师说。本章就是他用老师的语气和学生们讲话,认为一个人把这四条做到了,就是一个有学问的人了。

子夏的话虽好,但容易产生不重视学习知识的流弊。不如孔子的"行有余力,则以学文"周全。

1.8 子曰:"君子不重则不威,学则不固[①]。主忠信。无友不如己者[②]。过[③]则勿惮[④]改。"

【注释】

①固:牢固,扎实。 ②无:同"毋"。不要、禁止之辞。 友:名词作动词用,交朋友。 ③过:过失,错误。 ④惮(dàn):害怕。

【译文】

孔子说:"君子如果不自重,就没有威严,即使读书,也不会扎实。做人重要的是讲求忠诚,守信用。不结交不如自己的人做朋友。有了过错就不要怕改正。"

【说解】

本章的几个重点,前面都提到了。《论语》的编者之所以把孔子的这番话安排在这里,我想是因为孔子的话比子夏、曾子的话更深入。

首先,学习是重要的,但怎样才能学好?孔子教育我们,想学习扎实,为人不能轻浮,"轻乎外者,必不能坚乎内",为人必须自重才行。近年来学风浮躁,有才华的学者也涉嫌剽窃。做人不庄重,不注重品德修养,才干出剽窃的勾当。这么干,他在别人眼里还有什么威信可言呢?

前面七章中,有四章提到交友问题。本章孔子教育我们"无友不如己者"。围绕这句话,有一些争论。我想对这句话不应讲得太死。人无完人,人又各有自己的优点。一个人身上有一项优点,有一种特长,就可以做自己的朋友。如此看来,可交的朋友是很多的。交友要掌握好标准,那就是“友直,友谅,友多闻”(16.4)。“主忠信。无友不如己者。过则勿惮改”这句话,在《子罕篇》第二十五章重复出现。

“过则勿惮改”是鼓励人改过自新的千古名言。在人生的道路上,难免要犯错误。开始犯错误,往往是无心的,只要能改,就不会再犯了。“过而不改,是谓过矣。”(15.30)所以孔子在这里强调“过则勿惮改”。当然改过是一件很难的事情,但是我们不能因为难就不改。

本章中心是讲君子要自重。全章分作两半:前半从反面讲不自重之害;后半讲自重之道,具体条件有三:一是主忠信,二是无友不如己者,三是过则勿惮改。重要的是“主忠信”。

1.9 曾子曰:“慎终①追远②,民德归厚矣。”

【注释】

①慎终:“终”,南朝梁皇侃的《论语义疏》说:“丧为人之终。”“慎终”的意思是“丧尽其哀也”。 ②追远:追,上溯已往。远,远祖、祖先。“追远”的意思是“祭尽其敬”。

【译文】

曾子说:“要谨慎地办理好父母的丧事,不忘祭祀、追念远代的祖先,[这样做了]人民中间的道德风气就会变得淳厚了。”

【说解】

“慎终追远”是孝顺父母、尊敬祖先的具体表现。父母劳苦一生,养育自己成人,我们应该怎样对待他们的丧事?祖先虽远离了我们,但他们为我们建立的功业永在,自己身上流的是祖先的血,我们应该把他们忘掉吗?如果人人能“慎终追远”,民风自然能归于淳厚,不会干对不起父母和有辱祖先的事,而是要积极为父母和祖先争光。

有人认为曾子这句话是“为了叫人民老老实实”。我想曾子的本意并非如此。

黄帝是中华民族的始祖,我国每年都要在黄帝陵举行隆重的祭典。世界各地有不少华人千里迢迢回国来参加祭典。我们国家这么重视对黄帝的祭祀,是为了让人民老老实实做顺民呢,还是为了“民德归厚”?

1.10　子禽[1]问于子贡[2]曰："夫子[3]至于是邦也，必闻其政，求之与，抑[4]与之与[5]？"子贡曰："夫子温、良、恭、俭[6]、让以得之。夫子之求之也，其诸[7]异乎人之求之与？"

【注释】

①子禽：姓陈，名亢（kàng），字子禽。陈国人。孔子的弟子。一说不是。　②子贡：姓端木，名赐，字子贡。卫国人。小孔子31岁。利口巧辞，善思好问。《论语》中记录孔子与弟子答问，以他为最多。孔子很器重他，说他像"瑚琏"——廊庙之材。子贡多次向孔子请教有关政治、政治人物的问题。事实也证明子贡有非凡的政治才干。鲁哀公十一年，齐国田常想率大军伐鲁。在鲁国危难之际，孔了派子贡到各国去做说服工作。由于他的机智和利口巧辩，使"国际"形势大变。《史记·仲尼弟子列传》说："故子贡一出，存鲁，乱齐，破吴，强晋而霸越。子贡一使，使势相破，十年之中，五国各有变。"子贡又是春秋末期有名的商人。他到各地经商，对孔子做了很好的宣传。子贡为孔子守墓六年。晚年居齐，直到去世。　③夫子：古代为了表示对做过大夫的人的尊敬，称他们为夫子。孔子做过鲁司寇，所以弟子们称他为夫子。后来因此沿袭，也称呼老师为夫子。　④抑：连词。表示选择。　⑤与之与：前面的"与"，上声，动词，给。后面的"与"同"欤"，句尾语气词，表疑问。　⑥俭：节制，没有过分的言行。　⑦其诸：或者，大概。表示不肯定的语气。

【译文】

子禽问子贡说："老师他老人家每到一个国家，必然要了解那个国家的政事。是他自己去问的呢，还是别人主动告诉他的呢？"子贡说："这是由于他老人家的温和、善良、恭敬、节制、谦让的圣德表现，使各国国君主动拿国政向他请教。他老人家求得的方法，大概与别人求得的方法不一样吧？"

【说解】

子禽提的问题很好。孔子周游列国，就是想"从政"。想"从政"，必须先"问政"。孔子到了一个国家究竟怎样"问政"呢？的确是人们想知道的问题。

子贡认为孔子的温、良、恭、俭、让的态度，是其圣德的具体体现。具有这样高尚的品德，为政者自然愿意向他请教，百姓也愿意接近他。这样，在和为政者交往、和百姓接近的过程中，孔子也就了解了该国政治。

朱熹说:“圣人之德无不备,非是只有此五者。但是此五者,皆有从后谦退不自圣之意,故人皆亲信而乐告之也。”(《朱子语类》卷二二)

遗憾的是各国统治者都没有任用孔子。这是因为孔子的政治理想与统治者的私欲相抵触。孔子之所以离开鲁国,就是因为鲁定公和季氏贪图享乐,接受了齐人馈赠的女乐,而置鲁国的安危于不顾。

本章是《论语》中第一次评论孔子。陈子禽的问题不好回答,答案并不现成。子贡却答得恰如其分,看出子贡对自己的老师是很了解的。

1.11 子曰:“父在观其[①]志;父没[②]观其行[③];三年[④]无改于父之道[⑤],可谓孝矣。”

【注释】

①其:这里指儿子。 ②没(mò):死。 ③行(xìng):名词。行为,做事。 ④三年:这里可指一段较长的时间,译成“许多年”。但照周礼的规定,父亲死后,儿子要守孝三年,所以译成三年较符合原意。 ⑤道:在这里含义宽泛。一般指一个人的理想,为人做事的原则。就国君说,指他的内政外交的政策、制度等。

【译文】

孔子说:“父亲在世的时候,要看他的志向;父亲去世以后,要看他的行事;如果三年都不改变父亲生前所行之道,这个人可以称得上孝顺。”

【说解】

古时君父专制,世子的职务,只是在祭祀的时候,跟在君父身边捧着祭品,以及在君父进膳时,陪着君父,看吃不吃得好而已。这时评价世子的品德,只能看他有没有继承父业的雄心壮志。父死之后,世子继位,能在较长一段时间内不改变父亲所行之道,看出他内心对父亲的尊重和怀念,这也是孝的表现。周武王和周公就是继承周文王之志,发展了文王的事业,孔子称赞他们为“达(至)孝”(《中庸》)。

朱熹说:“此章必有为而发,然无所考。”(《朱子语类》卷二二)

在《子张》第十八章,曾子告诉我们,孔子曾称赞孟庄子是孝子,因为父亲孟献子死后,他能“不改父之臣与父之政”,而且说:就这一点,别人很难办得到(见19.18)。看来,春秋时统治阶层能“三年无改于父之道”的很少。

对这句话，有些人提出不同意见，认为父亲生前办了一些坏事，如果不赶快改正，是“重显先人之非”（唐颜师古）。

孔子的话，在旧社会统治阶层中是神圣的，常被一些人利用。有不少守旧派就利用这句话反对改革。

1.12 有子曰：“礼①之用，和②为贵。先王③之道，斯为美，小大由之。有所④不行，知和而和，不以礼节⑤之，亦不可行也。”

【注释】

①礼：这里指周礼。周代先王留下来的已比较完善的行为规范和礼仪制度。 ②和：谐和。各种不同的事物相互配合、制约、均衡，从而达到和谐统一叫和。如厨师把各种味道调配得可口叫和。别人的意见有错误或不足，能提出纠正或补充意见，使其恰到好处叫和。和不是和稀泥，不能违背礼。③先王：指周文王等古代贤王。 ④所：古文中经常用的辅助性代词。加在谓词性成分前面，指代某种动作的对象，组成“所字结构”，使谓词性成分名词化。这里的“所不行”是名词性词组，作“有”的宾语，意思是“行不通之处”。 ⑤节：节制，约束。

【译文】

有子说：“礼的应用，以做到［人际关系的］和谐为可贵。古代贤王治理国家的方法，可贵之处就在这里。小事大事，都依着这个原则。如果有的地方行不通，只知道为和谐而和谐，不用礼来节制，那也是不可以的。”

【说解】

《论语》中74次提到“礼”，这是第一次。

一提到礼，人们就认为它是封建统治者巩固自己统治的工具。其实礼的实质并非如此。资本主义社会需要礼，社会主义社会也离不开礼。

自有了人类社会，就产生了怎样规范人与人之间关系的问题，就有了维持社会秩序的要求。于是就出现了一些规约，这是人类走向文明的体现。《礼记·曲礼第一》说：“夫礼者，所以定亲疏，决嫌疑，别同异，明是非也。”我想这都是人们的共同要求。礼表面看起来是一种外在的强制，实际上是内在的人性自然流露的结果。当代新儒家杜维明说：“礼的根源在于人的心灵的自然感情。"(《一阳来复》)以后随着社会的进步,出现了阶级,出现了国家,礼仪制度越来越完备,不可避免,礼仪制度成了维护宗法制度与等级制度的工具,成为一种封建性很强的权威主义思想体系。

有子的话表现了原始儒学对礼的根本的认识。他提出礼的应用固然有许多规定(礼法),有的定得很细,但应用上最根本的一条是"和"。就是使人际关系达到理想状态。先王的经验也是这样告诉我们的。"贵和"是儒家思想的一个原则。从个人到家庭到国家,事事都要以"和"为准。人类已经历了两次世界大战,遭受巨大的苦难。假如再发生第三次,人类将遭受毁灭性打击。人类只有一个地球,而且今天的地球越来越小,各国面临共同的挑战。今天,各国必须亲如一家,风雨同舟,休戚与共。处理国际问题,提倡"贵和"才是唯一可行的办法。

但是"和"必须合乎礼。离开了礼而言"和"不是真"和",是行不通的。

1.13 有子曰:"信近于义①;言可复②也。恭近于礼,远③耻辱也。因④不失其亲,亦可宗⑤也。"

【注释】

①义:事之宜也。合理的、适宜的事迹称义。 ②复:实践。复言,实践诺言。有子告诉我们,实践诺言不一定就是讲信用。实践合于义的诺言才是讲信用。 ③远(yuàn):在这里是动词,古汉语的使动用法。在本句中是"使(耻辱)远离"的意思。用现代汉语可译成"避免"。 ④因:依靠,凭借。 ⑤宗:本义是"主"。在本句是动词,引申义为"可靠"。

【译文】

有子说:"讲信用要合于义,这样你的诺言才能去实践。恭敬要合于礼,这样才能避免耻辱。所依靠的都是亲近自己的人,才是靠得住的。"

【说解】

本章有子提出三个问题,都涉及人际关系。他是在告诉我们:一个人的言行交际,应该"谨之于始,而虑其所终"。开始时要谨慎,要考虑其后果。如果开始时疏忽大意,早晚会有后悔的时候。我们看到有些人之所以犯罪,就是为了讲信用被人拉下水的。孟子在《离娄下》篇中说:"大人(德行高尚的人)者,言不必信,行不必果,惟义所在。"和有子的意见一样。不遵守不合道义的约言，不算失信。

对人恭敬，要合于礼法。如果一味地对人恭敬、卑躬屈节，是会招来侮辱的。

办事一定要找可靠的人、真心亲近自己的人。历史上，有许许多多正反的例子。春秋时，管仲依靠好朋友鲍叔牙，在齐国当上了首相，使齐国称霸诸侯。而战国的孙膑相信老同学庞涓而去投靠他，结果被挖去了膝盖骨。

“因”不是一般交朋友，是你要依靠他，你的许多事情决定于他，岂能不慎重。

1.14　子曰：“君子食无求饱，居无求安，敏于事而慎于言，就[①]有道而正焉，可谓好学也已。”

【注释】

①就：靠近，到……那里去。

【译文】

孔子说：“君子吃饭不要求饱，居住不求舒适，做事勤快，说话谨慎，[有了问题]到有道的人那里去请求指正，这样，可以说是好学的了。”

【说解】

好学者志向远大，不能为吃、住等生活问题所累。好学者的另一特点是多做少说，在做中学习本领。最后，对好学者来说，不可缺少的是“就有道而正焉”，也就是要“从师”。

孔子提出好学者的几个条件，听起来容易，做起来就难了。鲁哀公和季康子都曾问过孔子：“弟子孰为好学？”孔子同样回答二人说：“有颜回者好学……不幸短命死矣，今也则亡，未闻好学者也。”（见6.3、11.7）

孔子提出的条件不容易做到，但不是不可能，这样就可以作为人们的长期的奋斗目标。如果一种称号很容易得到，谁还去重视呢？过去如此，今天也是一样。

1.15　子贡曰：“贫而无[①]谄[②]，富而无骄，何如[③]？”子曰：“可也[④]；未若贫而乐，富而好礼者也。”

子贡曰：“《诗》[⑤]云：‘如切如磋，如琢如磨[⑥]。’其斯之谓与[⑦]？”子曰：“赐也，始可与[⑧]言《诗》已矣，告诸往而知来者⑨。”

【注释】

①无:不。 ②谄:谄媚,卑躬屈节,巴结别人。 ③何如:《论语》中的“何如”,都可以译为“怎么样”。 ④可:只是可以,尚有不足。 ⑤《诗》:先秦时《诗经》还没有尊为经书,只称《诗》。汉时始尊为经书,称《诗经》。 ⑥“如切”句:出自《诗经·卫风·淇奥》。把骨头加工成器物叫“切”,把象牙加工成器物叫“磋(cuō)”,把玉加工成器物叫“琢(zhuó)”,把石头加工成器物叫“磨”。 ⑦其斯之谓与:斯,这,代词。在本句指代“贫而无谄,富而无骄”尚有不足,应进一步做到“贫而乐,富而好礼”。就语法结构看,“斯”在本句是动词“谓”的前置宾语,用代词“之”复指。 ⑧与(yǔ):同,和。 ⑨告诸往而知来者:诸是“之于”的合音,在这里的用法同“之”一样。往,过去的事、已知的事。来,未来的事、未知的事。原先表示时间有先后。在本章中,师生的对话内容没有时间性,所以就意译了。

【译文】

子贡说:“贫穷而不谄媚奉承,有钱而不骄傲自大,[这种人]怎么样?”孔子说:“可以了;但是还不如贫穷却快快乐乐[而忘其贫],有钱却谦虚好礼[而忘其富]的人。”

子贡说:“《诗》上说:‘要像加工骨头、象牙、玉、石头一样。切磋它、琢磨它[精益求精]。’就是讲的这个意思吧?”孔子说:“端木赐啊,我可以开始和你谈论《诗》了。告诉你一件事,你就可以想象到另一件事。”

【说解】

本章记述了孔门师生讨论学问的精益求精的情况,对我们很有启发。子贡大概有过从贫到富的经历,他的话说出了自己的心得。“贫而无谄,富而无骄”,说明自己是有操守的。孔子肯定了他的成就,但又勉励他向更高的境界努力。“贫而无谄”,只是固穷;“富而无骄”只是消极的有所不为,还都有贫富之心。“贫而乐,富而好礼”则已超脱贫富,达到了更高的精神境界。

本章是《论语》中第一次论《诗》。《诗经》的比兴,委婉而深远。子贡能由孔子的教导想到《诗经·淇奥》的比兴,表明他聪明过人和要求上进。孔子所喜欢的就是像子贡这样的学生,孔子赞赏子贡“始可与言《诗》”。为什么呢?因为子贡能够“告诸往而知来者”。春秋时学习《诗经》不是仅仅局限在诗中的本事本义和篇章的字句理解上，还要从中获得启发、获得感悟。孔子平时就是这样给弟子们讲授《诗经》的。翻看《论语》中有关《诗经》的篇章，都贯穿着这样的思想。春秋时代都是这样学习《诗经》的。《诗经》的编纂就是为了观风俗、知得失、施教化，有实用的目的。所以编成之后，广泛地应用于社会生活。从古至今，从来没有一个时代像春秋这样广泛地用《诗》。《诗经》在文学之外的天地里，发挥着政治、军事、外交等方面的巨大作用。在用诗的时代里，学《诗》的人关心的是个人的主观领悟和个人意志的表达，而不是《诗》的本事本义。通过本章师生的对话，可以领会当时用诗的风气。

1.16 了口："不患[①]人之不己知[②]，患不知人也。"

【注释】

①患：担心，忧虑。　　②不己知：就是"不知己"。己，人称代词，作宾语。在古汉语里，否定句代词作宾语，要放在动词前面(前置)。

【译文】

孔子说："不担心别人不了解自己，担心的是自己不了解别人啊！"

【说解】

"不患不知人，患人不知己(的优点)"是知识分子的通病，古今一样。孔子教育我们，一个人担心的应该是"不知人"。因为知人实难，何况正直君子易知，邪曲小人难知。我们不在知人上下功夫，则贤愚莫辨、是非混淆。交人则不能亲贤远佞，用人则不能进贤退奸。往小里说可关乎个人的安危荣辱，往大里说关乎国家的治乱兴亡。历史上许多故事都说明了这个道理。

三国时的荀彧(yù)有王佐之才，受到曹操的重用。由于他足智多谋，曹操称为"吾子房(汉张良)也"。但最后还是怀恨死去。因为曹操了解他，他却不了解曹操。曹操功高自傲，想当魏公。董昭知道曹操的心事，就建议让曹操晋爵为魏公。他去和荀彧商量，而荀彧说："曹公本兴义兵，以匡朝宁国。秉忠贞之诚，守退让之实。君子爱人以德，不宜如此。"曹操知道后，很不满意。于是就在征讨孙权的时候，军队到了濡须(今安徽省无为县境内)，荀彧病了，曹操给荀彧送去一只空盒子。荀彧这时才知道曹操的心意，就喝药自杀了。第二年曹操晋爵为魏公。

为政第二

本篇共24章。前篇讲"为学",本篇讲"为政"。"为学"是本,"为政"是用。"为政以德",应以教化为先,所以在本篇中,许多章提到孝和君子的问题。孔子认为所谓"为政"不专指直接参与政治,参与社会教化工作也是"为政"。

2.1　子曰:"为政以德,譬如北辰[①]居其所,而众星共[②]之。"

【注释】

①北辰:北极星。即小熊座 α 星。极星的移动很缓慢,所以古人错误地以为极星不动。　②共(gǒng):同"拱",环绕。

【译文】

孔子说:"用道德教化来治理国家,[为政者]就像北极星一样,处于一定的位置上[不动],而许多星辰都环绕在它的周围。"

【说解】

孔子的以"仁"为核心的思想有两个落脚点:一个是落到个人修养上,争取成贤成圣;一个是落到政治上,就是要施行德政。

"为政以德"是孔子政治思想的核心。为了说明其成败,孔子用了生动的比喻。他用"北辰居其所,而众星共之"的比喻,说明为政者只要施行德政,就用不着操心费力,人心就自然归服,受到人民的拥护和爱戴。

"为政以德"是中国历代当政者常挂在嘴边的一句话,但在中国历史上,真正施行"为政以德"的比较少见。其中有代表性的,要算唐太宗李世民的"贞观之治"了。

公元626年,唐高祖李渊退位,唐太宗李世民即位。李世民即位之初,就确定了"专以仁义、诚信为治"的方针。首先,李世民在日常生活中,不断以儒家规定的道德条目要求自己,非常注意自己的一言一行。他礼贤下士、谦抑自律、清心寡欲,从而在臣民的心目中树立起了一个圣主明君的形象。其次,他能虚心接受臣下的意见。他向臣下说,自己不会因"犯颜忤旨,妄有诛责"。如贞观初年,唐太宗下令,把征兵的年龄由21岁提前到18岁,却一连四次被门下省的长官魏徵驳回,唐太宗非常生气。但当他听到魏徵用"竭泽而渔"来指责自己这一政策的弊端时,就立即收回了命令。另如贞观四年,唐太宗下令修缮洛阳宫,给事中张玄素上书谏,认为这一行为与隋炀帝的暴政无异。对此,唐太宗不但没有斥责张玄素无礼,反而给以重赏,并下令停修洛阳宫。类似的例子在贞观年间可谓不胜枚举。皇帝能虚心纳谏,就是对臣下的极大尊重,臣下必然竭力效忠皇帝。这是孔子所说的"君使臣以礼,臣事君以忠"(3.19)的具体表现。再有,唐太宗亲自参加并领导了推翻隋朝的战争,充分认识了百姓力量的强大,所以他在即位之初,就实行了休养生息的政策,减轻赋税,少事营造。他还教育太子说:"舟所以比人君,水所以比黎庶,水能载舟,亦能覆舟。尔方为人主,可不畏惧!"(《贞观政要·教戒太子诸王》)这样,唐朝社会很快就出现了"唐民奉法,盗贼日稀"的状况。唐太宗也深得人心,在《贞观政要·政体》中有这样的记述:"帝志在忧人,锐精为政,崇尚节俭,大布恩德。是时,自京师及河东、河南、陇右,饥馑尤甚,一匹绢才得一斗米。百姓虽东西逐食,未尝嗟怨,莫不自安。至贞观三年,关中丰熟,咸自归乡,竟无一人逃散,其得人心如此。"

但在贞观十年以后,唐太宗逐渐暴露了他刚愎自用、拒绝劝谏、贪图享受的本性。到了贞观之治的后期,唐太宗的所作所为更是与历史上的昏君庸主没有什么两样。他好事征伐,热心营造,大量征夫征税,"民至卖田宅,鬻子女不能供"。

贞观之治证明了德治思想确实是一种有效的治国之道,但在封建社会不能持久。因为在封建社会的专制制度下,皇帝个人独裁,他的权力几乎是无限的,没有一个相应的、有效的监督机制控制皇帝的行为。这就不可能希望皇帝始终如一地施行德治。德治的施行是一个思想问题,也是一个制度问题。

2.2 子曰:"《诗》三百①,一言②以蔽之,曰'思无邪③'。"

【注释】

①《诗》三百:《诗经》实有305篇。孔子说"三百",只是举其整数。

②言:名词。在古文里有时作“一句话”讲,有时作“一个字”讲。这里是“一句话”的意思。 ③思无邪:原出《诗经·鲁颂·駉》篇。孔子借用这句话来评论所有诗篇。

【译文】

孔子说:“《诗》三百篇,如果用一句话来概括,那就是‘思想纯正,没有邪恶的东西’。”

【说解】

“《诗》三百”,就是今天仍在流行的《诗经》,它是我国最早的一部诗歌总集。孔子说“《诗》三百”,今天的《诗经》305 篇,由此可知孔子当时用以讲给弟子们的《诗》和今天的《诗经》没有什么差别。

《诗经》分风、雅、颂,都是音乐的歌词。风诗是各地的民歌。据《汉书·食货志》说:“孟春之月,郡居者将散,行人(采诗官)振木铎(以木为舌的大铃)徇于路,以采诗,献之太师(古代乐官之长),比其音律,以闻于天子。”天子采诗是为了“观风俗,知盛衰”。因为每年都要采,所以积累起来,数量相当可观,据《史记》说有三千篇。后来经太师筛选,最后由孔子编定。没有入选的诗歌大都失散了,只在先秦诸子百家书中,还留有少量的逸诗。

采诗和编诗都要有一个标准,采用的是“可施教化”和“备王道”者。孔子概括地说是“思无邪”。说雅、颂“思无邪”还可以,说风诗“思无邪”就有异议了。因为风诗中有许多表示男女爱情、幽期密约的内容,这在道学家的眼里就不能说“无邪”了,而孔子偏偏说是“无邪”,该怎样解释以自圆其说呢?宋朝朱熹在《朱子语类》中说:“诗有善有恶,头面最多……上至于圣人,下至于淫奔之事,圣人皆存之者,所以欲使读者知所惩劝。”按朱熹的说法,那些爱情诗,是为了做反面教材才留下来的。我想这不是孔子删诗的本意,也不是孔子说“思无邪”的本意。

《诗经·诗序》是阐述《诗经》的主题思想、诗人创作目的以及孔子与《诗经》关系的。据上海古籍出版社出版的《上海博物馆藏战国楚竹书》中的《孔子诗论》,可知《诗序》是经过孔子之手的。因为《诗论》和《诗序》的观点一致。所以看一看《诗序》对《诗经》的看法,能帮助我们对“思无邪”的理解。《诗序》说:“诗者,志之所之也,在心为志,发言为诗。……先王以是经夫妇,成孝敬,厚人伦,美教化,移风俗。”又说:“上以风化下,下以风刺上。”可见春秋时代人们对《诗经》的理解重点不在诗的本事本义。例如《八佾》篇第八章,子夏和老师讨论《诗经·硕人》这样一首描写女性美丽的诗篇,竟和礼仪教化联系起来。那么表示男女爱情、幽期密约的诗也可以和礼仪教化甚至国家大事联系起来。既然这样,孔子说:“《诗》三百,一言以蔽之,曰‘思无邪’。”并无偏颇。它代表了整个时代对《诗经》的评价。

《诗经》从收集诗篇到编辑成书,始终没有离开政治,而且成了教化人民的重要手段。所以《论语》的编者把孔子这句话安排在《为政》第二章是有道理的。

2.3 子曰:“道之以政①,齐②之以刑,民免③而无耻;道之以德,齐之以礼④,有耻且格⑤。”

【注释】

①政:法制政令。 ②齐:整治,约束。 ③免:避免,逃避。 ④礼:这里是指礼仪制度。 ⑤格:正,纠正。

【译文】

孔子说:“用法制政令来治理,用刑罚来整治,人民虽然能想法逃避刑罚,却不懂什么是耻辱;用道德教化来治理,用礼仪制度来约束,人民就会有羞耻之心,而且会[自觉地]改过。”

【说解】

治理国家使用“德”和“礼”是孔子的理想主张;使用“政”和“刑”,是当时各国治国的政策。孔子在这里评论了它们的优劣。

孔子在这段话里提出两个问题:一个是德治与法治的关系,即道德教化与刑罚的关系;一个是德和礼的关系。关于德治与法治的关系,孔子认为德治能使百姓有知耻之心,自觉从善,走上正路。这是把外在的强制性的规范和内心的自觉的道德约束相结合,为社会秩序的稳定提供了一个合理的途径。而法治可以使百姓不敢做坏事,但难使百姓有知耻之心。一旦社会有变,法治松弛,就容易发生动乱,只靠外在的强制性的规范就不起作用了。关于德和礼的关系,孔子二者并提,这是他德治思想的两个方面。实行德治,启发人民内心的道德感情,外面再用礼仪制度规范人们的行为,二者相辅相成,缺一不可。

1993年,在湖北荆门郭店的一座战国墓中出土了一批楚文字竹简,其中儒家著作占大部分,多为孔子弟子或再传弟子的作品。其中有《缁衣》一篇,内容与本章相近:子曰:“长民者,教之以德,齐之以礼,则民又(有)劝心;教之以正(政),齐之以型(刑),则民有□(免)心。”

郭店楚简与《论语》不同之处在于“教之以正(政)”和“道之以政”、“教之以德”和“道之以德”。从楚简看出孔子认为“长民者”不只是用行政命令管理民众,还要担负教化民众的任务。《论语》中有几章谈到教化民众的问题(见13.9、13.29等)。

2.4　子曰:“吾十有①五而志②于学,三十而立③,四十而不惑④,五十而知天命⑤,六十而耳顺⑥,七十而从心所欲,不逾⑦矩。”

【注释】

①有(yòu):同“又”,表示相加。十有五,即15岁。　②志:心之所向谓之志。　③立:立足于社会。孔子从立志学习到能立足于社会,花了15年时间。　④不惑:对事物无所疑。知识既广博,又深通事物之理。　⑤天命:孔子很看重天命。什么是天命?天命是天所主宰的必然性。孔子心目中的天,是有意志的道德化的义理之天。这样,天既有意志,又讲道德和义理,所以人可以认识和掌握天命,天也可以知人(见14.35)。当然天命不是人人能知,只有大智大德之人才能知天命。　⑥耳顺:讲法很多。讲成“能听得进不同意见”较合理。　⑦逾(yú):超过,越过。

【译文】

孔子说:“我15岁时开始立志学习,30岁时能自立于世,40岁时面对一切事物之所当然之理不再疑惑,50岁时懂得了天命的道理,60岁时能听得进不同的意见,到了70岁时已经达到随心所欲,任何想法都不致逾越法度。”

【说解】

本章是孔子自述其生命成长与精神境界提升的漫长历程,绝口不谈官阀履历、事业成就。

“吾十有五而志于学”,并不是只要增加知识,而是重在提高精神境界。“十五志于学”是孔子终于成为圣人、到70岁时能做到“从心所欲,不逾矩”的第一原因。人无志不立,怎样才能立呢?孔子在别处说:“立于礼。”(8.8)那么“三十而立”的意思就是说自己在30岁左右,经过勤奋刻苦的努力,完成了对“礼”的修养了。有志之士不能只满足于立足于社会,必须有所作为。想真正有所作为,必须要看透事理,成为一个智者。孔子说“知者不惑”(9.29),那么“四十而不惑”的意思就是说在40岁左右,自己完成了“四德”之一“智”的修养了,对于事物之所当然,皆无所疑。一部《论语》就充分证明了这一点。

50岁,是人一生的关键时期。孔子饱经50年的世事沧桑,穷理尽性以至于命,终于说出“五十而知天命”。孔子的“知天命”不是宿命论,而是心灵与天道相通,知天对自己之所命。孔子有深刻的天命意识。孔子在宋国遇到桓魋之难时,并不畏惧,他对弟子们说:“天生德于予,桓魋其如予何?”(7.23)这种天命感会要求自己有对之无可推诿的责任。60岁时更上一层楼,达到“耳顺”,精神境界进一步提高。因已知天命,什么话都能顺利地听进去,逆耳的话也能听进去,表明心境和平,能宽恕容忍,超然物外,所谓“声入心通,无所违逆”(朱熹《论语集注》)。“七十而从心所欲,不逾矩”是人生自我完善的最高境界,即自己的一举一动、一言一行都能恰到好处,是一种不过分也没有不及的圆融境界。

孔子对自己生命历程的阐述,表明他有很高的自我认知能力。一个人能清醒地把“我”分成认知的我(主体)和被认知的我(客体),对于“我”做出客观评价,正确地给自己定位,是很难的。

精神境界的提升,需要时时处处勤奋努力。即使这样,有些境界也是难以企及的。当代新儒家钱穆先生说:学者所能用力,亦在“志学”与“立”与“不惑”之三阶段。至“知天命”以上,则非用力所及,不宜望有希效。但不能因此而放松对自己的要求。一个人只有不断地学习和接受教育,才能够不断地完善自我,求得发展。2000多年前的孔子,给我们树立了“终身”进德修业的榜样。

2.5　孟懿子①问孝。子曰:“无违②。”

樊迟③御④,子告之曰:“孟孙问孝于我,我对曰:‘无违。’”樊迟曰:“何谓⑤也?”子曰:“生,事之以礼;死,葬之以礼,祭之以礼。”

【注释】

①孟懿(yì)子:春秋末年,鲁国的政权掌握在孟孙、叔孙和季孙三家手里。因为他们都是鲁桓公的后代,所以合称为三桓。其中季孙氏势力最强。孟懿子就是三桓之一。鲁定公九年(前501年),孟懿子之父孟僖子在临死前召见他的家臣,遗命在他死后,让他的家臣送他的两个儿子孟懿子和南宫敬叔拜孔子为师,学习礼仪。因为在十几年前,他随鲁君出使楚国时,因不懂礼仪而当

众出丑。所以他深知“不知礼,无以立”的道理。孟懿子,姓仲孙,亦即孟孙,名何忌。“懿”是谥号。 ②无违:这句缺少宾语。从下文看,宾语应该是“礼”。 ③樊迟:姓樊,名须,字子迟。鲁人,小孔子46岁。好学广问。《论语》记其三问“仁”,两问“知”,一问“孝”,一问“崇德修慝辨惑”,一请学“稼、圃”。可见他对问题喜欢刨根问底。他向孔子请学稼圃,孔子斥他为小人。有人据此认为他的思想与孔子思想格格不入。这种看法未免片面。樊迟是孔子的一名好学生,在战场上也是一员遵守命令的干将。鲁哀公十一年,齐伐鲁,鲁迎战。樊迟正在季氏家做官。尽管季康子嫌他太年轻,但冉求仍以他为副将。在两军对峙中,鲁军不敢越沟迎战,形势十分危急。樊迟对冉求说:“战士不是不敢越沟迎战,是不相信您。请您把号令申明三次,然后带头越沟,他们就跟上了。”冉求照他的话办了,战士们果真越沟冲入齐军,把齐军打败(《左传·哀公十一年》)。 ④御:赶车,驾车。 ⑤何谓:说的是什么(意思)。何,疑问代词作宾语,前置。

【译文】

孟懿子[向孔子]问怎么做才叫孝。孔子说:“不要违背礼。”

樊迟为孔子赶车,孔子告诉他说:“孟孙氏向我问怎么做才叫孝,我回答说:‘不要违背礼。’”樊迟说:“这是什么意思?”孔子说:“父母活着的时候,要按礼法侍奉他们;父母死后,要按礼法埋葬他们,并按礼法祭祀他们。”

【说解】

孝是发自人的自然真情,发自良心。从根本上说,我们用真情、用良心对待父母,就像父母用真情对待我们一样,那才是孝的本色。

家庭始终是中华民族文化的中心点。儒家正是从自然血缘纽带为基础的亲情出发,逐步形成亲亲、仁民、爱物的伟大思想体系,成为中华文化的主流。孝是亲亲的起点,也是中国人评定一个人品德的首要条件。古人更是这样,所以很多人向孔子请教什么是孝。

孔子对几个人的问孝,回答都不一样,对孟懿子的问孝回答得十分简单,只答了两个字:“无违。”孔子之所以这样告诉孟懿子,就是因为在孔子的眼里,高高在上的统治者为了表示孝顺父母,利用手中的权势,做了许多花架子,实际上许多人并不是真的孝顺父母。据《春秋氏左传》记载,春秋时代,臣弑君者有之,子弑父者有之。孔子在向樊迟解释“无违”时说:“生,事之以礼;死,葬之以礼,祭之以礼。”孔子始终反对只走形式的礼。他在林放问礼之本

时说："礼，与其奢也，宁俭；丧，与其易也，宁戚。"（参看3.4）

2.6 孟武伯①问孝。子曰："父母唯其②疾之忧。"

【注释】

①孟武伯：姓仲孙，名彘（zhì），字洩。是孟懿子的儿子。"武"是谥号。在《左传》中又称孟孺子洩。 ②其：第三人称代词，相当于"他的""他们的"。因为古汉语十分简练，这个"其"指代的是父母呢，还是儿女呢？两种说法，都言之成理。我认为指代孝子更好些。

【译文】

孟武伯［向孔子］问怎么做才叫孝。孔子说："做父母的只是为孝子的疾病忧虑。"

【说解】

孔子的意思是，一个孝子就应该品德好，为人处事用不着父母担心。如果还有叫父母担心的，只有难以预防的疾病了。言外之意是品德不好让父母担心的就不是孝子。

孟懿子是鲁哀公十四年（前481年）去世的。孟武伯问话时，父亲孟懿子大概还活着。孟武伯这位贵族子弟从小娇生惯养，从《左传》的几处记载看，他无能却好胜，做事任性。有一次他要到成邑去养马，成邑的宰臣告诉他，因为成邑的老百姓贫困，他父亲孟懿子不让养马，孟武伯不听，率兵去攻打成邑，也没有成功。后来成邑的宰臣派人来解释，他的怒气还未消，亲自用皮鞭把来人痛打一顿。孟懿子死后，成邑的宰臣去奔丧，孟武伯不接纳，宰臣哭着跪在那里表示愿供驱使，他也不答应。宰臣害怕，不敢再回成邑了。

看来孔子对孟武伯是很了解的。孔子是劝孟武伯加强品德修养，让父母放心。

2.7 子游①问孝。子曰："今之孝者，是谓能养②。至于犬马，皆能有养；不敬，何以别乎？"

【注释】

①子游：姓言，名偃，字子游。吴国人，小孔子45岁。与子夏、子张同为孔子晚期的著名弟子。以文学著称。二十多岁即任武城（今山东费县东南）长官。在任期间善于用人（见6.14），并遵循孔子的教导，注重礼乐教化，使武城

满城“闻弦歌之声”，受到孔子的赞扬(17.4)。子游后来也收徒讲学。在教学上，重视儒家仁、礼的根本教育。他对子夏在教学上重视洒扫应对的教育提出了批评，子夏也做了相应的回答(见19.12)。《论语》里，子游的名言有：“事君数，斯辱矣；朋友数，斯疏矣。”(4.26)“丧致乎哀而止。”(19.14)看来，他善于学习，对孔子的为人处世要取乎“中”(6.29)和“过犹不及”(11.16)的教导，领悟很深。孟子夸他和子夏、子张三个人“皆有圣人之一体”(《孟子·公孙丑上》)。据说其后学在战国时期形成了一个很有影响力的学派。他的墓在今常熟西北虞山东麓，被称为吴中文学鼻祖。　②养：奉养，供养，饲养。

【译文】

子游[向孔子]问怎么做才叫孝。孔子说：“现在的所谓孝，只是说能够奉养父母就行了。[试想]狗、马都能够得到饲养，如果对父母不诚心孝敬，那养活父母和饲养狗、马怎样去分别呢？”

【说解】

孔子对自己得意弟子问孝的回答与对前两人的回答相比，深刻多了，接触到孝的本质。孔子在这里强调了子女发自内心真诚的“敬”、自觉的伦理意识和道德感情。供养父母缺乏敬意，那和饲养牲畜就没有区别了。

今天有的人常将爱犬爱马放在心上，爱护备至，而父母在他们心里却没有地位，甚至被认为是负担。

前文已经指出孔子回答问话是有针对性的，“皆切其所短”。那么子游是否对父母不敬孔子才这样回答他呢？当然不是。孔子的这番话，是针对“今之孝者”的。“今之孝者”把孝浅薄化、形式化，缺乏对父母真诚的敬意。“敬”是孝的灵魂。“敬”发自人的内心，也必然要表现在容色态度上。请看下一章孔子对子夏的回答。

2.8　子夏问孝。子曰：“色①难。有事，弟子②服其劳；有酒食③，先生④馔⑤，曾是⑥以为孝乎？”

【注释】

①色：脸色。指和颜悦色，是一个人有孝心在脸上的自然表现。　②弟子：晚辈，这里指儿女。　③食(shí)：饭。　④先生：长辈。这里指父母。　⑤馔(zhuàn)：食用。　⑥曾(zēng)是：曾，副词，难道、竟。是，代词，此、这个。

【译文】

子夏[向孔子]问怎么做才叫孝。孔子说："[对父母]和颜悦色是最难的。有了事，孩子们替父母去做；有了酒食，让父母吃喝，难道这样就能算是孝了吗？"

【说解】

深深爱着父母的孝子，侍奉父母时必然是心气和顺、和颜悦色的。一个人心中有一分孝，外面就有一分的悦色，自然流露，无可掩盖。所以真正的难不在"色"，而在心中的"敬"。正因为不在色，孔子才说"色难"。如果难就在"色"，那么在父母面前装出一副笑脸就可以称为孝子了。

本章的精神和前一章是一样的，本章可以说是对前一章的补充，都强调侍奉父母要"敬"。

通过前四章论孝，就可以看出春秋末期孝道已经废弛了。孔子要求贵族们对父母不要违礼，要求民众侍奉父母要"敬"。而今，"礼"和"敬"更加淡薄了，只得用"法"。"法"可以保障老年人度过晚年，但老年人希望的不只是这些。他们希望得到的是儿女的孝心。当年有一位老人起诉儿女，原因不是儿女不供养，是因为他们不回家看自己。所以《常回家看看》这首歌，老年人听起来心里感到很舒服。今天，让子女常回家看看，几乎成为老年人的一种奢望。

我看到不少人年轻时不孝敬父母，却溺爱子女。可是等他们老了，他们的子女也是溺爱子女而不孝敬他们。这个违反人类良知、违反人伦的怪圈，什么时候才能停止转动？

2.9　子曰："吾与①回②言终日，不违，如愚。退而省③其私④，亦足以发⑤，回也不愚。"

【注释】

①与：上声。和。　②颜回：姓颜，名回，字子渊，也称颜渊。鲁国人，小孔子30岁。颜回的家庭比较贫寒，他一生都没有做官，一直跟随孔子学习和生活。颜回是最受孔子喜爱的弟子，孔子把他看作自己学说的继承人。以至于颜回死时，孔子哭得特别悲痛，连呼："天丧予！天丧予！"(11.9、11.10)颜回天资聪颖，勤奋好学。在孔子弟子中，子贡也是佼佼者，可是他在老师面前承认自己远远不如颜回。他说："回也闻一以知十，赐也闻一以知二。"(5.9)颜回生活在清苦的环境里，"一箪食，一瓢饮，在陋巷，人不堪其忧，回也不改其乐"(6.11)。

《论语》中,收录了许多孔子称赞颜回好学上进的语录。在孔子所进行的四科教育中,颜回被列为德行一科之首(11.3)。颜回十分尊敬孔子,他的态度对孔子其他弟子也产生了良好的影响。孔子说:“自吾有回,门人益亲。”(《史记·仲尼弟子列传》)颜回也是最了解孔子的。颜回十分感叹地说:“仰之弥高,钻之弥坚。瞻之在前,忽焉在后。夫子循循然善诱人,博我以文,约我以礼,欲罢不能。既竭吾才,如有所立卓尔。虽欲从之,末由也已。”(9.11)颜回作为一位儒者,自然也关心政治,他曾向孔子问过“为邦”(怎样治理国家)。大概是因为没有合适的机遇,所以才没有出仕。 ③省(xǐng):观察,考察。 ④私:私下。这里指退居独处的言行。 ⑤发:发挥,阐发。

【译文】

孔子说:“我整天和颜回讲论学问,他从不提出问题和不同意见,像是愚笨。可是等他回去考察他个人的言行,[发现他对我所讲的]发挥得很好。颜回并不愚笨。”

【说解】

在《子罕》第二十章,孔子说:“语之而不惰者,其回也与!”看来颜回在听孔子讲课时是全神贯注的。孔子讲的他不仅都理解了,而且还能有所发挥,真是“大智若愚”。

孔子讲课学生能注意听,固然和学生的素质有关,也和老师讲课的吸引力有关。老师讲课的吸引力来自讲课内容的丰富和教育方法的得当。颜回赞美孔子“循循然善诱人”(9.11)。

美国的孔子研究专家顾立雅(H. G. Creel)在《孔子与中国之道》中,介绍了孔子的教学方法。他说,孔子是用启发式的教学形式,按学生的兴趣和能力,因材施教。他主要是用提问的方法,不拘形式地进行个别指导或集体讨论。他不用强迫命令的方法,让学生死记旧章或强迫学生接受他自己的意见。如果旧的典章礼教不合时宜对人不利时,他也勇敢地加以批评和改革。如果他自己的意见不对时,他也能坦白承认,毫不隐瞒自己的过错和无知。(陈景磐:《西方学者孟录、顾立雅等论孔子的教育思想》,《北京师范大学学报》1981 年第 1 期)

孔子的教学内容是自由的,教学方法是启发式不拘形式的,学生可以根据自己的特点和条件进行学习,各有自己的特点(11.3)。但是一旦学习有了功利目的,特别是有了科举制度之后,中国的教育整个变了形,孔子在教育上创造的优点荡然无存了。今天的教学受升学考试的影响,也难以和孔子的教育思想契合。

2.10 子曰："视①其所以②，观③其所由④，察⑤其所安。人焉廋⑥哉？人焉廋哉？"

【注释】

①视：看。 ②以：有许多讲法，都能自圆其说。朱熹《论语集注》："以，为也。"根据下文，"所以"讲成"干什么"较合适。 ③观：观察。比"视"更详细。 ④由：经由，走的道路。指为达到目的所采用的方式方法。 ⑤察：考察。比"观"更深入细致。 ⑥廋（sōu）：隐藏，隐瞒。

【译文】

孔子说："看看他干些什么，观察他所达到目的的方式方法，考察他安心于做什么。那么，这个人的品质怎么能隐瞒得了呢？这个人的品质怎么能隐瞒得了呢？"

【说解】

知识分子应该"不患人之不己知，患不知人也"（1.16）。可是知人很难，因为人总是有意无意地伪装自己，特别是小人难知，他们更会伪装。那么怎样才能知人呢？孔子教育我们分三步去观察人：

首先要"视其所以"。就是看他做些什么。做好事的是君子，做坏事的是小人。这是对人的第一印象。但这第一印象，有时并不可靠，并不能由此就下结论。想了解一个人必须进一步观察。第二步是"观其所由"。一个人办事是由正道，还是由歪道，采取怎样的手段，这是了解人的重要方法。如一个人想成为君子，不是加强自我修养，为人民多做好事，而是结党营私，宣传自己，虽然他也能迷惑一部分人，但从他所用的手段看，绝不是一个好人。第三步是"察其所安"。就是看一个人做了好事或坏事之后，神情是否安稳。安于做好事的人是君子，做了坏事却心安理得的人必是坏人。总之，一个人安于什么，最能看出他的内心世界，看出一个人的品质。"所以""所由"是一个人的外面表现，而"所安"则直指人的良心，是躲避不了的。

知道了怎样知人，也应该反过来用这三点观人之法来检查一下自己，自己的"所以""所由""所安"是否也有问题。不要认为观人之法与己无关，观人之法正是观己之法。这才是读《论语》的正确态度。

值得注意的是，孔子的观人之法，不是只着眼于别人的缺点。观人之道如此细微，待人之道却应尽可能地宽容，不要求全责备。因为人无全人。有缺点或不足之处，能在生活和工作中逐渐改正就好了。

孟子在"察其所安"上,提出一种办法,就是看人的眼睛。他说:"观察一个人,再没有比观察他的眼睛更好的了。因为眼睛不能掩盖一个人内心的邪恶。心正,眼睛就明亮;心不正,眼睛就昏暗。听一个人说话的时候,注意观察他的眼睛,这个人的善恶又往哪里隐藏呢?"(《孟子·离娄上》,用译文)

2.11 子曰:"温故①而知新,可以为师矣。"

【注释】

①故:旧的,原先的。

【译文】

孔子说:"温习已知的旧知识,由此能够有新的体会、新的发现,就可以做老师了。"

【说解】

本章主旨在说什么人"可以为师"。

孔子生于春秋末世,以一介平民担当起教化天下的重任。他除政道之外,又创造性地提出师道。他寄希望于弟子们能继承自己的事业,当老师教化天下。孔子逝世后,有许多弟子如子夏、子张等都收徒授业,培养出一批又一批的人才。

孔子指出,当老师的必须"温故而知新",这样才能在旧的基础上不断创新,这样的知识才是"活"的。孔子一生删诗书、订礼乐、修春秋,是一位"温故知新"的好老师。这句话是孔子一生为师的总结。可是旧社会的旧教育提倡记问之学,学生们只知道死记硬背,违背了孔子的教导。两千年来,中国社会之所以发展缓慢,不能说和死记硬背的教育没有关系。

孔子的话是2500年前说的,在今天仍有指导意义。

2.12 子曰:"君子①不器②。"

【注释】

①君子:指德才兼备的人。 ②器:器具。只有一种固定用途的东西。

【译文】

孔子说:"君子不要像器具一样[只有一种固定的用途]。"

【说解】

孔子这句话既指出一个君子应遵循的道路,同时也在针砭和批评当时所谓“君子”的作为。君子应有远大的抱负，应志于道，以天下为己任，能担负起社会需要的各种工作。旧社会的君子应该如此。今天，科学飞速发展，人也越来越专业化，“君子不器”这句话是否还有意义？有人认为今天由“君子不器”过渡到“君子必器”了。我想人们虽然越来越专业化了，但是以天下为己任、“君子不器”的思想不能丢。人的一生不能局限于一才一艺。你是研究计算机的专家，如果选你做行政领导你干吗？选你代表国家去和外国专家谈判你干吗？调你去做大学教授你干吗？我想每个有抱负的君子都会感到义不容辞。人千万不能异化为机器，人始终是有头脑的“人”。“器”与“不器”的关键是是否“志于道”，是否以天下为己任。

2.13　子贡问君子。子曰："先行其言而后从之。"

【译文】

子贡问怎样做才是君子。孔子说："先去做，然后再按照做了的去说[这就可称为君子了]。"

【说解】

子贡利口巧辞，善思好问。成为君子，是当时读书人所向往的，所以子贡向老师请教，以便今后努力有个方向。孔子说，一个君子应该“先行其言而后从之”。这不只是针对子贡说的，也是就青年的通病说的。清代学者王船山说："夫子生平作圣之功，吃紧处无如此言之切。"这是一个人进德修业的入手处。

孔子强调学了就要用，说了就要做，十分重视言行一致的问题。这里孔子在“言”与“行”的问题上，对君子的要求似乎更高一些，不是“说了就做”，而是“做了再说”。做到了就说，没做到就不说，一个人有很高的修养才能这样。做君子必须下真功夫。

2.14　子曰："君子周①而不比②，小人③比而不周。"

【注释】

①周：本义是普遍，没有遗漏。在这里是合群、团结人的意思。　②比(bì)：本义是并列，挨着。用在这里是贬义，指拉帮结伙、互相勾结。　③小人：这里指道德品格低下的人。《论语》中，“小人”一词共出现 24 次，有 19 次是与“君子”作对比。古代也称常人、一般的人为小人。

【译文】

孔子说："君子能团结人，却不拉帮结伙，小人只拉帮结伙，却不团结人。"

【说解】

君子居心，能跳出小圈子，对人同等，好恶爱憎，一本于公（周）。小人居心，看人行事，对和我好的一个态度，对和我不好的又一个态度，好恶爱憎，一本于私（比）。"周"和"比"，从外面看很相似，可是深入到内部就大不相同了。其根本差别就在于君子以义合，小人以利合。

《论语》中有19次把君子和小人对比着说，逐步加深了对君子和小人的本质的认识。如"君子喻于义，小人喻于利"（4.16）、"君子坦荡荡，小人长戚戚"（7.37）、"君子和而不同，小人同而不和"（13.23）等，和本章的意思相辅相成。

2.15 子曰："学而不思则罔①，思而不学则殆②。"

【注释】

①罔（wǎng）：同"惘"。昏无所得，迷惑。一说，欺罔、受骗。 ②殆：危险。一说，没有信心。

【译文】

孔子说："学习了而不思考，就会糊涂而无所得；［但］只是空想而不去学习，那就危险了。"

【说解】

本章主旨是说"学""思"应并重，不可偏废。"学"是求乎外，在于知物；"思"是求乎内，在于明理。二者是生命开发中相辅相成的事。如果偏废，就会劳而无功，甚至危及身心。

"学"不只是读书，做事也是"学"。譬如学开汽车，听了老师的讲课和实际指点，而不经过思考把道理弄明白，汽车就难开好，汽车有了问题，也不知问题出在什么地方。反过来，如果认为开汽车简单，不经学习就凭自己的小聪明硬去开，那就危险了。许多交通事故就出在这些不好好学习的人的身上。

2.16 子曰："攻①乎异端②，斯害也已③。"

【注释】

①攻：攻读，钻研。有的讲成"攻击"。 ②异端：指不同于儒家的学

说、主张。 ③已：句尾语气词，表感叹，相当于“矣”。有的讲为“止”。

【译文】

孔子说：“去攻读钻研邪说，那就有害了。”

【说解】

这一章，杨伯峻的《论语译注》是这样讲的：“批判那些不正确的议论，祸害就可以消灭了。”这种讲法有一定代表性。

但我认为，这么讲就表明孔子对和异端斗争的复杂性、艰巨性缺乏认识，异端绝不是一攻击就可以消灭的。孔子不会这么武断。

按本书的讲法，表明孔子以一位老师和长者的身份与弟子以及年轻人讲话，告诉他们不要研究异端、邪说，那是有害的。春秋末期，百家争鸣，儒家只是其中一家。孔子认为自己继承的是传统思想，是正宗。而异端究竟指什么？并没有具体说。当时成形的，除儒家外，只有道家，但孔子曾向老子学习，儒道两家还没有成为不相容的两派。不过当时反对儒家、蛊惑人心的议论不可能没有。据王充的《论衡》说，鲁人少正卯与孔子争弟子时，孔子之门，三盈三虚，唯颜回不去。少正卯的理论恐怕就是孔子说的异端之一吧？

2.17 子曰：“由①，诲女②知之乎！知之为知之，不知为不知，是知③也。”

【注释】

①由：姓仲，名由，字子路。鲁国人，小孔子9岁。子路出身微贱，从小就参加劳动。他性格果敢爽直，孔子说他“喭”（见11.18）。子路刚见到孔子时，很不礼貌。但他是一个闻过则喜的人，经过孔子的教导，终于成为孔子有名的弟子之一。子路十分尊敬老师，在孔子周游列国时，和颜回等人一样，始终跟随孔子。他对老师有意见，就直接提出来。如“子见南子，子路不悦”，使得孔子和他发誓(6.28)。孔子也很喜欢这位比自己小9岁的学生。在孟武伯和季康子面前都曾赞许子路完全可以从政。在孔子的教导和推荐下，子路终于从政了。首先在季氏那里干些小事，后来得到季氏的信任而成了季氏家的总管（季氏宰）。在此期间，他还举荐同学高柴做了季氏的费邑宰。公元前498年，鲁国“堕三都”时，子路就站在孔子的立场，积极参加了这一活动。孔子在卫国的时间较久，有的弟子就在卫国做官。子路也在卫国做了卫国大夫孔悝的邑宰。孔子回国后，子路也一度回国，但不久又回到卫国。这时卫国发

生了贵族内部争权夺利的斗争。子路闻讯奔回城里想平定动乱。高柴劝他不要进城,赶快逃走。他说"食其食者,不避其难",就投入到斗争中。当他的冠缨被击断时,还记着"君子死而冠不免"的礼法,当即重结缨带,结果被杀,并被碎尸。时年62岁。孔子在鲁国听到这个不幸的消息后,十分悲痛,说:"噫!天祝(断)予!"并把爱吃的肉酱扔掉。 ②诲(huì):教导,教育。 女:同"汝",你。 ③知:前五个"知"字是知道,懂得。最后的"是知也"的"知"同"智",聪明、智慧,读作 zhì。 之:代词,这里指知识、学问。

【译文】

孔子说:"仲由,我教给你的[知识]都知道了吗?知道就是知道,不知道就是不知道,这种态度才是明智的。"

【说解】

子路好勇,有强其所不知以为知的毛病,所以孔子对他说了这样一番话。

例如《子路》第三章记述了子路和孔子的一段对话。子路问孔子:"假如卫国国君请你去治理卫国,你首先抓什么工作?"孔子说:"那一定是正名了。"子路说:"您真是太迂腐了。名分还有什么要纠正的吗?"子路不懂"正名"的重要,就硬是不懂装懂,说孔子是迂腐。孔子当即批评他说:"你怎么这么鲁莽!君子对他听不懂的事,要采取保留的态度,你怎么能乱说呢?"

我们应该记住"知之为知之,不知为不知"的人是聪明人,强不知以为知的人是傻子。

2.18 子张①学干禄②。子曰:"多闻阙③疑,慎言其余,则寡④尤⑤;多见阙殆⑥,慎行其余,则寡悔。言寡尤,行寡悔,禄在其中⑦矣。"

【注释】

①子张:姓颛孙,名师,字子张。陈国人。出身微贱,曾为马市经纪人。小孔子48岁,是孔子最年轻的一个弟子。他虽在孔子晚年入门,但入门后学业出众,与子游、子夏齐名。孟子夸这三个人"皆有圣人之一体"。《论语》中记他向孔子问学20次。他才高意广,但有所偏激,孔子批评他:"师也过。"(11.16)"师也辟。"(11.18)他大概是孔子周游列国到陈国时跟随孔子的。当绝粮陈蔡时,他就问孔子如何能使自己到处行得通。孔子告诉这位年轻人要

牢记:“言忠信,行笃敬,虽蛮貊之邦行矣。”子张把老师的话写在束在腰间的大带子上,以便随时都能看到。他就是这样听老师的话。他常向孔子问政,学干禄,但终身未仕。孔子逝世后,子张回到陈国,收徒讲学,其后学形成“子张之儒”,为儒家八派之首。 ②干禄:谋求做官。干,求、谋。禄,官职的俸禄,指官职。 ③阙(quē):空,缺,有所保留。 ④寡:少。 ⑤尤:过错,错误。 ⑥殆:疑问。“阙疑”和“阙殆”是互文见义。 ⑦在其中:意思是不求而自生。

【译文】

子张向孔子学习怎样谋求官职。孔子说:“要多听听[意见],把可疑的意见保留,而把其余的[可信的]部分谨慎地说出来,就能少犯错误。要多看看[情况],把可疑的情况保留,而把其余[可信的]部分,谨慎地去做,就能减少后悔。语言少犯错误,做事减少后悔,谋求官职的机遇就在其中了。”

【说解】

“学而优则仕”是儒家的一贯主张。

怎样求仕?不是去求人,找关系,而是“求诸己”,即加强自己的品德修养。多闻多见,是要学习广博;阙疑阙殆,是要善于思考,分清是非善恶;慎言慎行,是要善于检点自己的言行,不出错误。对于一个年轻的学干禄的人来说,孔子的话是至理名言。

子张为什么没有走上仕途?我想,一是机遇问题,子张年轻,求仕也不着急;二是志向问题,子张才高意广,当时乌烟瘴气的官场,他也不愿意涉足。他说:“士见危致命,见得思义,祭思敬,丧思哀,其可已矣。”(19.1)从中可以看出他对人生意义、人的终极关怀已经有了清醒的认识。最后他回国讲学是十分自然的归宿。

2.19 哀公①问曰:“何为②则民服?”孔子对曰③:“举直错诸枉④,则民服;举枉错诸直,则民不服。”

【注释】

①哀公:鲁国春秋时代最后一位国君。姓姬,名蒋(《史记》作“将”)。鲁定公之子,在位27年。“哀”是谥号,从中可以看出他在历史上的地位。 ②何为:何,疑问代词作宾语,放在动词“为”之前。意思是做什么、

怎样做。 ③孔子对曰:《论语》的行文体例是,臣下回答国君的询问时,一定用“对曰”,以表示对国君的尊重。 ④举:选拔,推举。 直:正直的人。 错:同“措”,放置、安排。一说,废置、舍弃。 枉:不正直、不正派的人。有的注释家把“枉”讲成“邪恶的人”,“错”讲成“废置”。清刘宝楠的《论语正义》认为这种讲法“与夫子尊贤容众之德似不甚合。且哀公与三桓衅隙已深,夫子必不为此激论也”。从文字上看,“错”讲成“废置”,“诸”(之于)就成了虚设。“举直错枉”即可,何必加“诸”。

【译文】

鲁哀公问道:“怎样做老百姓才能心服呢?”孔子回答说:“选拔正直的人,位置安排在不正直的人之上,老百姓就心服了;选拔不正直的人,位置安排在正直的人之上,老百姓就不心服。”

【说解】

鲁哀公想摆脱三桓(孟孙、叔孙、季孙)的控制,争取人民的拥护,向孔子请教“何为则民服”。孔子告诉他要从用人处下手。事情发生在鲁哀公十一年,孔子回国以后。

喜欢正直的人,憎恶邪曲的人,是天下的至情。正直的人当政,一定会奉公而无私,重义而轻利,老百姓哪能不拥护?

诸葛亮的《前出师表》就曾告诫刘禅:“亲贤臣,远小人,此先汉所以兴隆也;亲小人,远贤臣,此后汉所以倾颓也。”

李泽厚的《论语今读》用现代眼光对用人问题做了阐述。全文如下:“在近代民主制度之前,总有这个所谓‘用人当否’的问题。老百姓至今对上层人事仍极关心,亦以此故,可叹亦可伤。如无制度保障,‘举直错枉’亦又何益;如有制度保证制,‘有治人’当更有意义。诚如黄梨洲所言,‘有治法而后有治人’。黄此语极大地发展了儒学的社会性公德学说,是‘外王’一线的重镇,岂可仅以宋明理学家看待之。”

2.20 季康子①问:“使民敬,忠以②劝③,如之何④?”子曰:“临⑤之以庄,则敬;孝慈,则忠;举善而教不能,则劝。”

【注释】

①季康子:姓季孙,名肥。“康”是谥号。“子”是尊称。鲁哀公时任正卿

（宰相），政治上最有势力。冉求曾帮助他推行革新。　②以：连词。而，和。　③劝：努力。　④如之何：怎么样，怎么办。　⑤临：对待。

【译文】

季康子问道："要使老百姓对我尊敬、对我忠实而又努力为我效力，应该怎么办呢？"孔子说："你用庄重严肃的态度对待他们，老百姓就会尊敬你；你孝顺父母，对人仁慈，老百姓就忠实于你；选拔好人，又教育那些能力差的人，老百姓就会努力为你效力了。"

【说解】

孔子的学生子贡、有若、冉有等在外交、内政以及战争上，为鲁国建立了不小的功勋。当政的季康子感到孔子的弟子中确有不少人才，也改变了对孔子的态度。公元前484年，68岁的孔子被季康子派人以重礼请了回来。

孔子回到鲁国后，鲁哀公和季康子以国老之礼相待，多次向他问为政之道。但季康子的所作所为与孔子的政治思想背道而驰。他反对季康子的奢侈多欲，反对季康子在田赋之外又依田地多少征收军赋。

季康子这里提的问题与前一章鲁哀公提的问题，都是如何使民服的问题。因为问者的身份地位不同，孔子的回答也不一样。孔子回答季康子虽然也提出用人的问题，但重点是叫他加强自我修养。孔子曾对他说："政者，正也。子帅以正，孰敢不正？"（12.17）至于对哀公的回答，因为哀公是国君，与人民还有一段距离，所以重点就放在用人上。老百姓常接触的是国君任命的臣子，臣子用人得当，老百姓自然就心服了。

2.21　或①谓孔子曰："子奚②不为政？"子曰："《书》③云：'孝乎惟孝，友于兄弟，施④于有⑤政。'是亦为政，奚其为为政⑥？"

【注释】

①或：代词，无定指。有人。　②奚（xī）：疑问代词。怎么，为什么。　③《书》：《尚书》。是商周时期的政治文告和历史资料的汇编。这里孔子引用的三句是《尚书》中的句子，但原篇已散失。后来伪古文《尚书》的编者把这三句收入《君陈》篇。　④施：延及，影响于。　⑤有：助词。无意义，加于名词之前。这是古代构词法的一种形态。　⑥"奚其"句：其，代词，这里指代做官。为：是。为政：参与政治。

【译文】

有人对孔子说:“你为什么不参与政治呢?”孔子说:“《尚书》上说:‘孝啊,就是孝顺父母,友爱兄弟,把这种风气带到政治上去。’这也就是参与了政治,为什么一定要做官才算是参与政治呢?”

【说解】

孔子志欲行道于天下,必然以政治为重。但是政治并不是人人所得为。而孔子宣传的礼教如孝悌等,却是人人得为,家家得为。如果能使人人懂礼,家家敬老爱幼,兄弟友爱,那么,一国的政治必会清明。这就是儒家讲的:家齐而后国治,国治而后天下平。孔子的话,是对《尚书》一句话的体会和发挥。

《大学》一书,对这一问题也有阐述:“君子不出家,而成教于国。”“一家仁,一国兴仁;一家让,一国兴让;一人贪戾,一国作乱;其机如此。此谓一言偾(fèn,败坏)事,一人定国。”孟子也说:“人人亲其亲,长其长,而天下平。”(《孟子·离娄上》)

孔子一向不把政治孤立起来,而是把政治问题放在人文背景——文化教育、人民的道德修养这上面来考察。

2.22 子曰:“人而[①]无信,不知其可也。大车无輗[②],小车无軏[③],其何以[④]行之哉?”

【注释】

①而:连词,表转折。却。 ②輗(ní):古代用牛拉的车叫大车,车辕前面有一道横木,就是驾牲口的地方。横木两端要固定在车辕上,起关联作用的木销子(榫头)叫輗。 ③軏(yuè):古代用马拉的车叫小车。把横木两端固定在车辕上,起关联作用的木销子(榫头)叫軏。 ④何以:何,疑问代词,是动词“以”的宾语,前置。何以,用什么、靠什么。

【译文】

孔子说:“做一个人,却不讲信用,真不知道怎么可以。[就好比]大车上没有安横木的輗,小车上没有安横木的軏,它靠什么行走呢?”

【说解】

作“信实不欺”讲的“信”,在《论语》中出现24次。本章的主旨和“自古皆有死,民无信不立”(12.7)一样,都是说“信实不欺”是个人道德修养的底线。

过去如此,今天社会进步了,“信”字丝毫没有褪色。请看下面的“实话实说”:

在中国加入WTO(世界贸易组织)的前一天,中央电视台节目主持人崔永元请对外贸易经济合作部副部长、中国入世谈判首席代表龙永图来参加《实话实说》节目。当一个年轻人提问:“中国入世之后,那些不讲诚信的人是否还能吃得开?”(大意)龙部长听了连说:这个年轻人的问题提得好。他随即讲了一个故事。他说:“有一次我在瑞士一个公园的厕所发现一个小孩在厕所里忙着什么。我到跟前一问,他说自己便后,抽水马桶坏了,不能冲洗,自己正想法把大便冲走。”龙部长很有感慨地说,外国人从小就有一种社会责任感。一个人讲诚信,有社会责任感,这是社会道德的底线。

2.23　子张问:“十世[①]可知也[②]?”子曰:“殷[③]因[④]于夏礼,所损益[⑤],可知也;周因于殷礼,所损益,可知也;其或继周者,虽百世,可知也。”

【注释】

①十世:古时称30年为一世。这里指朝代,十世就是十个朝代。　②也:句尾语气词,这里表示疑问。　③殷:就是商朝。商朝传至盘庚(商汤王的第九代孙),将首都从奄(今山东曲阜市)迁到殷(今河南安阳市),所以商朝又称为殷。　④因:沿袭。　⑤损益:减少和增加。

【译文】

子张问道:“往后十个朝代[礼法制度]的事,可以知道吗?”孔子说:“殷朝沿袭夏朝的礼法制度,所减少和增加的,是可以知道的;周朝沿袭殷朝的礼法制度,所减少和增加的,是可以知道的;将来或有继承周朝的,即使传到一百代,[其礼法制度]也是可以知道的。”

【说解】

子张问:“十世可知也?”问的是什么事?从孔子的回答来看,问的是礼法制度。孔子从夏商周的历史演变来看,认为各朝即使政权变化了,但礼法制度是相因的。虽有损益,但其根本点不会变化。如君臣、父子、夫妇、兄弟、朋友等关系,虽百世也不会有变化。抓住这一根本点,其余随着时代的变化而有损益的礼法制度,则属于枝叶问题。只要了解了时代,礼法制度的损益是不难知道的。孔子对夏、商、周三代的礼法是有研究的(参看3.9)。

本章中的“因”字最为重要。任何变革，总有所因承接续，绝非无中生有。五四时期部分学者认为传统的都是反动的，必须打倒，实在是违背了历史发展的规律。

2.24　子曰：“非其鬼①而祭之，谄②也。见义③不为，无勇也。”

【注释】

①鬼：古代人死都叫“鬼”。一般指已死的祖先，有时也泛指。　②谄：谄媚。　③义：事之宜也。合理的、适宜的事称义。

【译文】

孔子说：“不是自己应该祭祀的鬼，却去祭祀它，就是谄媚。遇到自己应当做的合理的事而不去做，就是没有勇气。”

【说解】

君子有所不为，守其节义；见义勇为，全其心志。小人祭其不当祭之鬼，意在邀福；见义不为，只想避祸。岂知大化之中，正气流行，邀福者未必得福；见义不为，未必免祸。某县领导下乡，眼见一女孩落水，胆小怕死，不去营救，结果受到处分，声名扫地。

一则不当为而为，一则当为而不为，这都是为政者的大忌。把这一章放在《为政》的结尾，也是很有意义的。

八佾第三

本篇共26章，主要记孔子谈论礼乐以及批评贵族僭礼、僭乐之事。

3.1 孔子谓季氏[①]："八佾[②]舞于庭，是可忍也，孰不可忍也[③]？"

【注释】

①季氏：鲁国正卿季孙氏。此可能指季平子（季孙意如），是季康子的爷爷。 ②八佾（yì）：佾，特指古代奏乐舞蹈的行列。一佾有8人，八佾就是八八六十四人。按周礼的规定，天子的乐舞才可用八佾。诸侯，用六佾；卿大夫，用四佾；士用二佾。季氏只有资格用四佾。 ③孰：疑问代词，谁、什么。忍：忍心。

【译文】

孔子谈论季氏，说："他在家庙的庭院里表演八佾的舞蹈，这样[违礼]的事他都忍心做得出来，那还有什么事不能忍心做出来？"

【说解】

鲁是周公的封国。周公因留在镐京（今陕西西安西南）辅佐武王，就命其子伯禽就封。为了表彰周公的功绩，鲁国经成王特许，在祭周文王和周公的时候，可用八佾舞，其他诸侯则不可以。而季氏作为鲁国的上卿，却把八佾拿到自家来用，足见他并不把周天子和鲁国国君放在眼里，而是为所欲为、无人敢管，只有孔子发发牢骚而已。鲁国不只季氏一家如此，下一章还有"三家者以《雍》彻"。当时诸侯叛天子、卿大夫叛诸侯、家臣叛卿大夫的事，已经屡见不鲜。可见当时孔子恢复周礼、实现以德治国的理想太难办到了。面对这种现实，我们深深为孔子那种"知其不可为而为之"的精神所感动。在艰难的时代，需要的不是"知其可为而为之"的人，而是"知其不可为而为之"的人，这种人才是伟大的。

3.2　三家[①]者以《雍》[②]彻[③]。子曰："'相维辟公[④]，天子穆穆[⑤]。'奚取于三家之堂？"

【注释】

①三家：指鲁国的孟孙、叔孙、季孙三家。三家掌握着鲁国的政权。②《雍》：也写作"雝"，《诗经·周颂》中的一篇。本是天子祭祖撤供时唱的诗篇。诸侯祭祖时不能唱，卿大夫祭祖时更不能唱。　③彻：同"撤"。撤除，拿掉。　④相维辟公：相，协助、帮助，这里指助祭者。维，动词，没有意义。辟（bì），本指君王。这里的"辟公"指诸侯。　⑤穆穆：庄严肃穆。

【译文】

孟孙、叔孙、季孙三家，在祭祀完祖先后，让乐工唱着《雍》诗来撤掉祭品。孔子说："'助祭的是四方诸侯，天子是庄严肃穆的主祭者。'在三家祭祖的庙堂上，能取《雍》诗这两句话中的哪一点呢？"

【说解】

礼、乐不是形式，是有内容的。祭祀这样严肃的事情，内容和形式更应该一致。《雍》本是武王祭祀文王的乐章，后来天子祭祖时也用。《雍》诗中有"相维辟公，天子穆穆"的诗句，说明诸侯在天子的祭祀中，只是一个助祭的角色，天子是主祭。三家只是上卿，他们祭祖撤供时，也唱"相维辟公，天子穆穆"，他们的助祭是什么人？又由谁来主祭呢？三家连助祭的资格都不够，却要冒充天子，所以孔子十分气愤地加以指摘。

3.3　子曰："人而不仁，如礼何[①]？人而不仁，如乐何？"

【注释】

①如……何：是古代常用句式，当中可插入代词、名词或其他词语，意思是"把（对）……怎么样（怎么办）""怎样对付它"。

【译文】

孔子说："一个人不仁，怎样对待礼法呢？一个人不仁，怎样对待音乐呢？"

【说解】

《论语》的编者把孔子这番话安排在一、二章之后，可能认为孔子的话是针对季氏三家僭礼乐者而发。

三家礼乐可谓盛矣，春秋末期，没有哪国大夫能比得上。但三家的礼乐是违礼的。孔子除了具体批判外，本章又从根本上加以斥责。礼乐并不只是祭祀乐舞的外在形式，从根本上说，礼乐是以"仁"为核心的道德原理的体现。三家既然干出"是可忍孰不可忍"的事情，其心之不仁已显而易见。所以礼乐对他们毫无意义。

仁是礼的本体、灵魂，礼是仁的体现、落实。孔子划时代的巨大贡献是引仁入礼，用仁来解释礼。有人把它比喻成"在旧瓶中注入新酒"。"人而不仁，如礼何"就深刻地说明了仁和礼的关系。

什么是"仁"？"仁"是人的本心，是人内在的善良本质。人之所以为人，在于仁心的觉醒。点出"仁"，周公所规范的礼乐文化才有了根，有了灵魂。这个根不是"本无今有"，由孔子外加的，而是礼内固有的。孔子只是以其大智大慧及广泛深入的研究而悟得的。有了根，传统文化才有了损益的根据和变迁的目标；有了根，礼才不会异化而误入歧途。

"人而不仁，如乐何？"说明孔子认为"仁"也是"乐"的基础、灵魂。在中国，对音乐这种文化活动最先进行评价和考察的是孔子。孔子重视音乐，也是当时其他思想家无法相比的。孔子领悟到音乐的伦理意义，他在评价《韶》乐和《武》乐时说："《韶》：'尽美矣，又尽善也。'谓《武》：'尽美矣，未尽善也。'"(3.25)在这里，孔子提出音乐和善的关系，这是个社会伦理问题。孔子深刻地认识到音乐有助于人格的完善和社会的和谐。孔子把"礼"和"乐"放在同等重要的地位。《论语》的后半部分(第十一篇之后)，有许多章是"礼""乐"并称。

3.4 林放[①]问礼之本[②]。子曰："大哉问！礼，与其[③]奢也，宁俭；丧，与其易[④]也，宁戚[⑤]。"

【注释】

①林放：姓林，名放。鲁国人。有人说是孔子弟子。　②本：根本，主要精神之所在。　③与其：连词。用在决定两件事的取舍的句子里。"与其"用在"舍"的一面。下面常用"宁""无宁""不如"来呼应。　④易：本义是把土地平整好。在这里指办事完备周到。　⑤戚：心里悲哀。

【译文】

林放问礼的根本是什么。孔子说："你提的问题真是个重要的问题啊！就一般的礼仪说，与其奢侈，不如节俭；就丧礼说，与其把丧事办得完备周到，不如心里真正悲哀地悼念死者。"

【说解】

林放是位肯于思考的人。他看到当时礼的形式越来越奢侈、越来越繁杂，就怀疑礼的本质究竟是什么，于是去请教孔子。这也正是孔子所关心的问题，所以他赞扬林放"大哉问"。

什么是礼之本呢？"仁"是礼之本。孔子为什么不告诉林放说"仁"是礼之本呢？因为"仁"并不容易为人所理解，所以把它具体化，说："礼，与其奢也，宁俭；丧，与其易也，宁戚。"孔子答案的精神实质是要当事人有真诚的心——"仁"，礼仪上的奢侈和丧事上的铺张、浪费，都违背了礼的本质。朱熹的《论语集注》引范氏的注说："夫祭与其敬不足而礼有余也，不若礼不足而敬有余也；丧与其哀不足而礼有余也，不若礼不足而哀有余也。礼失之奢，丧失之易，皆不能反本。……俭者物之质，戚者心之诚，故为礼之本。"

但是礼仪和办丧事一旦奢侈成风，就不好改变了。《红楼梦》中写贾母死时，贾府因为抄过家，经济上已捉襟见肘了。贾政虽然提出孔子的话"丧，与其易也，宁戚"，想俭办，但为了照顾体面，还是想法筹借银两，甚至变卖东西，把丧事办完了。

奢侈之风，易增不易改，古今一理。

3.5　子曰："夷狄[①]之[②]有君，不如[③]诸夏[④]之亡[⑤]也。"

【注释】

①夷狄：所谓"东夷北狄"。"夷"，指我国古代东方的少数民族。"狄"，指我国古代北方的少数民族。　②之：连词。这里连接主语和谓语，取消了句子的独立性，使主谓结构转变为定语和中心词关系的名词性词组。这在古汉语中是常见的。　③如：赶得上，及。只跟否定词用在一起。　④诸夏：指中原华夏诸国。　⑤亡（wú）：同"无"。在《论语》中，"亡"下不用宾语，"无"下必有宾语。

【译文】

孔子说："夷狄国家虽有君主，还赶不上中原华夏诸国没有君主好呢。”

【说解】

西周、春秋时,是否用周礼,已成为区分夷狄和诸夏的主要标准。秦在西方,与戎狄杂处,周礼影响较弱,被诸夏视为夷狄。楚和吴越在南方,不用周礼,也被诸夏视为夷狄。孔子发这番感慨,大概是在鲁国国君(昭公)逃往国外的时期。当时国内无君,但由于有礼法制度维系,国家仍然井然有序,并未陷入混乱。从中看出“礼”在维系社会秩序上的巨大作用。

3.6 季氏旅[①]于泰山。子谓冉有[②]曰:“女弗能救[③]与?”对曰:“不能。”子曰:“呜呼!曾[④]谓泰山不如林放乎?”

【注释】

①旅:古代祭祀山川叫旅。在当时,只有天子才能祭祀全国的名山大川。诸侯只能祭祀自己封地内的名山大川。季氏作为臣下,是没有资格祭祀山川的。 ②冉有:姓冉,名求,字子有。小孔子29岁。鲁国人。和冉雍、冉耕是同族,都是孔子弟子。在孔门四科中,冉有和子路以善于政事出名。孔子说:“求也,千室之邑,百乘之家,可使为之宰也。”(5.8)不仅孔子这样肯定他,季氏也很看重他。在孔子周游列国前,季氏就已任用他办事,在孔子周游列国时,季氏又指名请他回来帮助治理政事。冉求回国后,做了季氏家的总管(宰)。鲁哀公十一年,冉求还率领军队打败了齐军,立下了战功。冉求有政治才能,但做事有时不够果敢,想讨好季氏。为此孔子多次对他提出批评。本章就是其中的一次。 ③救:劝阻,设法改正。 ④曾:副词。难道,竟。

【译文】

季氏要去祭祀泰山。孔子对冉有说:“你不能劝阻吗?”冉有回答说:“不能。”孔子说:“哎呀!难道说泰山之神还不如林放[知礼]吗?”[泰山之神怎么能接受季氏的祭祀呢!]

【说解】

春秋末期,鲁国的孟孙、叔孙、季孙三家四分鲁国,季氏势力最大,有其二,孟孙、叔孙两家各有其一,鲁君只成了一个牌位,已没有祭祀泰山的能力。季氏是以当权者自居而去祭泰山。没有鲁君的授命而去祭泰山,这当然是严重的僭越行为。

神是不享非礼的。林放尚知问礼之本,泰山之神反不如林放吗?季氏祭泰山,无非是想让泰山之神赐福给自己。泰山有知,是不会保佑季氏这种非礼之人的。

3.7 子曰:"君子无所争。必也射①乎!揖②让③而升,下而饮④。其争也君子。"

【注释】

①射:射箭。箭是古时的远程武器,因而受到人们的重视。射箭想射中目标,需要力气,更需要技术,必须经过长时间的训练才可以。所以古时有各种射箭比赛,并把射箭和礼法结合起来。按周礼规定的射箭比赛有四种,一是大射,即国家级的射箭比赛,选出全国的射箭好手参加。二是宾射,在贵族之间朝见聘会时举行。三是燕射,即贵族间的娱乐性比赛。四是乡射,即民间的射箭比赛、切磋射艺。(请参看3.16) ②揖:古时的见面礼是作揖。古时射箭比赛是两人一组。比赛前两人相向三揖而后升堂。 ③让:让先。④饮:比赛完了,参加比赛的下堂,得胜者向不胜的作揖,然后走到摆酒器的地方,端起装酒的觯(zhì),两人相对,站立而饮。

【译文】

孔子说:"君子没有什么可争的事。[如果有所争,]那一定是射箭比赛吧![比赛时]互相行礼作揖、谦让,然后登堂;射完下来又饮酒[祝贺]。这种争,是君子之争。"

【说解】

世上的问题多起于争。文人争名,商人争利,勇士争功,艺人争能,强者争胜。争并不是坏事,能促使人向上,促进事业的发展。但争要合乎规矩,不能采取不正当的手段,干损人利己的事。

君子之学是为了进德修业,与人无争,与事也无争。孔子以当时射箭比赛的情形,说明君子立身处事的风度。射箭比赛本是争胜负的事,最容易看出一个人的品格。君子参加比赛,雍容揖让,但不是只走形式,也要争取胜利。不过君子对待胜负的态度是"不怨胜己者,反求诸己而已矣"(《孟子·公孙丑上》)。本章所说的射箭比赛,是《礼记》中的"乡饮酒"礼法的一种。

3.8 子夏问曰:"'巧笑倩兮①,美目盼兮②,素以为绚兮③。'何谓也?"子曰:"绘事后素。"曰:"礼后④乎?"子曰:

"起子者商[5]也！始可与言《诗》已矣。"

【注释】

①巧笑:美好的笑容。 倩(qiàn):美丽。笑时出现的酒窝也叫倩。 兮:助词,啊。 ②盼(pàn):眼睛好看,黑白分明。 ③绚(xuàn):色彩华丽,有文采。"巧笑"二句,见于《诗经·卫风·硕人》。"素以为绚"不见于《诗经》,可能在流传过程中散失了。 ④礼后:本篇第三章"人而不仁,如礼何"是孔子教育弟子的重要课题。作为孔子得意弟子的子夏,当然知道"礼"是在"仁"之后。 ⑤起:启发。 予:第一人称代词,我。 商:卜商,即子夏。

【译文】

子夏问道:"'笑得美,现出两个小酒窝！眼儿媚,黑白分明多么美！在洁白的底子上画出美丽的彩绘！'是什么意思呢?"孔子说:"先有白色底子,然后才画上画。"子夏说:"礼是不是在[仁]后面呢?"孔子说:"卜商啊,你真是能启发我的人。现在可以开始同你谈论《诗》了。"

【说解】

孔子告诉子夏《硕人》诗句的意思是"绘事后素",并没有进一步去解释。孔子回答弟子们问话,总是不把话说尽,留下余地让弟子们去领悟。

在本章中,"绘事后素"是以绘画做比喻,说明美人的笑、美人的眼睛之所以动人,是因为她们的素质(底子)就是美的,再加上"倩"和"盼"的修饰就更动人了。子夏由孔子的答话想到"仁"与"礼"的关系。他就着孔子回答的"绘事后素"问:"礼后乎?"孔子对子夏的颖悟十分赞赏,并说对自己也很有启发。

子贡论学而知《诗》(1.15),子夏因论《诗》而知学,孔子都赞许他们可以言《诗》。

《诗经》是孔子教学中一门极重要的课程。这不仅是由于孔子对《诗经》意义的深刻理解,也由于春秋时期对《诗经》的重视。那时《诗经》中的篇章被广泛地应用于社会生活。从古至今,从来没有一个时代如此广泛地用《诗》。《诗经》在文学之外的天地里,发挥着政治、军事、外交等巨大的社会作用。孔子曾告诫自己的儿子伯鱼,不学《周南》《召南》"其犹正墙面而立"(17.10),甚至"不学《诗》,无以言"(16.13)。孔子给学生讲《诗经》除了本事本义外,更重视学生个人对《诗》的主观领悟。本章子夏提出的《卫风·硕人》,本是一首描写女性美丽的诗篇,子夏不懂的不是字句的含义,而是诗句中蕴涵的思想。孔子告诉他"绘事后素”，这令子夏恍然大悟，于是联想到“仁”先“礼”后的问题。这与《硕人》的内容毫不相干，而孔子认为像子夏这样思想开阔、告往知来的人，才可以言《诗》。孔子就是这样把一首描写女性美丽的诗篇，上升到“仁”先“礼”后的高度来加以理解。“以色喻礼”，“色”的原义已变得无足轻重了。从这里，我们可以理解孔子说的“《诗》三百，一言以蔽之，曰‘思无邪’”(2.2)的意思了。

3.9 子曰：“夏礼，吾能言之，杞①不足征②也；殷礼，吾能言之，宋③不足征也。文献④不足故也。足，则吾能征之矣。”

【注释】

①杞(qǐ)：周武王灭殷后，封夏禹后代于杞(今河南杞县一带)。 ②征：证明，引以为证。 ③宋：周武王灭殷后，封纣王的庶兄微子于今河南商丘一带，成为宋国。 ④文献：文，指历史文献资料。献，指贤人。古代称德才兼备的贤人为“献臣”。

【译文】

孔子说：“夏朝的礼，我能说出来，但它的后代杞国[现行的礼法制度]却不足以作证；殷朝的礼，我能说出来，但它的后代宋国[现行的礼法制度]却不足以作证。这是因为历史文献和熟悉夏礼、殷礼的贤者不够的缘故。如果文献和贤者足够的话，我就可以用来作证了。”

【说解】

三代的礼法制度有的记载于文献中，有的则没有，而孔子皆能言之。孔子删定周礼，还想考证夏、殷之礼，以丰富现行的周礼。据记载，孔子在出仕前，对三代的礼乐制度就有广泛而深入的了解。他曾去他的先祖所在的宋国去考察殷礼。35岁时，到京师洛邑去考察周礼。36岁赴齐时，又到位于齐都临淄以东的杞国去考察夏礼。杞国距夏朝已经很远了，国家又小，所以从杞国已找不到夏礼的证据。在《左传》上，从宋国还能看到一点殷朝的礼法制度，不过对了解殷礼还远远不够。所以，由于历史文献的不足和缺少熟悉夏礼、殷礼的贤者，孔子深入研究夏礼、殷礼的想法难以实现。孔子对此十分惋惜。

《中庸》中引用孔子的一段话，与本章的意思相仿：“子曰‘吾说夏礼，杞不足征也；吾学殷礼，有宋存焉。吾学周礼，今用之，吾从周。’”

3.10 子曰:“禘[①]自既灌[②]而往者,吾不欲观之矣。”

【注释】

①禘(dì):古代只有天子才能举行的祭祀祖先的隆重典礼,但周成王因周公之大功,所以特许鲁国国君也可以举行禘祭。 ②灌:禘礼刚开始时即举行的献酒降神仪式。古代祭祀不用牌位,一般用活人代表受祭者,这活人叫作尸。尸一般用小男孩或小女孩。第一次献酒给尸叫“灌”。尸并不喝,只是闻一闻,祭者就把酒浇在地上,用来降神。

【译文】

孔子说:“举行禘祭典礼时,从第一次献酒之后,我就不想看下去了。”

【说解】

禘祭五年举行一次,祭祀远近的祖先神主。周的禘祭一直要祭到后稷、帝喾。所以禘祭是追远中的追远,根本之中的根本。参加这样的祭祀,人们是否还有诚敬之心?这就很难说了。

由下一章看,禘祭已经走形,参加祭祀的人,并不懂什么是禘。这是孔子不喜欢看禘祭的主要原因。《韩诗外传》说:“禘祭不敬,山川失时,则民无畏矣。”(卷五)

3.11 或问禘之说。子曰:“不知也。知其说者之于天下也,其如示[①]诸斯乎!”指其掌。

【注释】

①示:古代假借字,本应该写作“置”,意思是“摆”“放”。

【译文】

有人向孔子请教关于禘祭的理论。孔子说:“我不知道。能懂禘祭道理的人治理天下,会像把东西摆在这里一样(容易)吧!”[孔子一面说,一面]指着手掌。

【说解】

从孔子答话的下文来看,孔子对禘的理论不是不知道,是不愿意说。

为什么懂得禘祭道理的人很容易把天下治理好呢?我想孔子说这话不是毫无根据的空谈。孔子想在政治上实现自己的理想,而且相信自己如果能掌握政权，一定会把国家治理好。《论语》中有许多话表明了孔子的信心。如："为政以德，譬如北辰居其所而众星共之。"(2.1)"能以礼让为国乎？何有？"(4.13)等等。懂得禘祭道理而毕恭毕敬参加禘祭的人，一定是极为仁孝诚敬之人(当时几乎没有)。这样的人掌握政权，一定会把国家治理好。《礼记·祭统》说："禘、尝之义大矣，治国之本也，不可不知也。明其义者君也，能其事者臣也。不明其义，君人不全；不能其事，为臣不全。"

孔子是懂得禘祭道理的，为什么不能掌权把国家治理好呢？围绕这个问题，有许多说法，诸如孔子保守、孔子反动之类。我以为从历史事实来看，最根本的一条是：孔子当政，必然要损害贵族的利益。谁保守、谁反动不是很清楚吗！

以"运掌"来比喻政治，是从孔子开始的。以后许多思想家、政治家也用这个比喻来表明天下很容易治理好。如孟子说："武丁朝诸侯，有天下，犹运之掌也。"又说："以不忍人之心，行不忍人之政，治天下可运之掌上。"(《孟子·公孙丑上》)

3.12 祭如在，祭神如神在。子曰："吾不与[1]祭，如不祭。"

【注释】

①与(yù)：动词。参与，参加。

【译文】

祭祀祖先时，就好像祖先真在那里；祭神时，就好像神真在那里。孔子说："我如果不亲自参加祭祀，那就如同不祭祀一样。"

【说解】

孔子有深刻的天命意识，神的观念虽然淡化，但相信它的存在。这个"存在"，不是说在人的世界之外又有一个神的世界，而是人的内心世界体验到的存在，这只能呈现在信徒的内心体验中。所以本章说"祭如在，祭神如神在"的确切含义，是指在祭祀过程中，祭者的内心就像体验到可由感官感知的客观事物那样，真切地体验到了祖先和神的存在。祭祀当然要有一定仪式，仪式的规格大小不同，但祭祀的实质不在于它的仪式，而在于仪式之下那种奇妙而难以言传的体验。所以孔子说："吾不与祭，如不祭。"就是说，我不参加祭祀，没有感知祖先与神的存在，内心没有与祖先和神相通，就等于没有祭祀。亲自参加祭祀,心中有祖先与神,祭祀才有存在感。

孔子的话可能是对当时的祭祀违反礼法、流于形式、求人代祭的批判。

3.13 王孙贾①问曰:"与其媚②于奥③,宁媚于灶④,何谓也?"子曰:"不然。获罪于天⑤,无所祷也。"

【注释】

①王孙贾:卫灵公时的卫国大夫,有实权。《左传·定公八年》载,王孙贾帮助卫侯在晋国面前维护了卫国的尊严。此外无其他记载。《论语·宪问》第十九章称赞他善治军旅,保住了卫灵公的君位。　②媚:谄媚,巴结。　③奥:本义指室内的西南角。古代迷信,以为那里有神,为一室之主。神的名字也叫奥。　④灶:本义指做饭用的炉灶。这里指灶神。祭祀灶神(灶王爷)的历史在中国已经很久了,"祭灶君"为五祀之一,旧社会几乎家家供灶神,神像两侧的对联是"上天言好事,下界降吉祥",横批是"一家之主"。每年腊月二十三日,人们把旧的灶神神像烧掉,送灶神升天,向天帝汇报一年的工作。腊月三十日(除夕),人们又把新的灶神贴上,把灶神迎回来。灶神的地位较低,不如奥神,但它可以直接向天帝汇报工作,决定一家的祸福,所以古时流行一句俗话:"与其媚于奥,宁媚于灶。"　⑤天:《论语》中,"天"有多种含义。大部分的意思是指有意志、道德化、能主宰人生死祸福的人格神(如本章);还有的指有意志的创生化育的天,如"天生德于予"(7.23);有的指自然之天,如"犹天之不可阶而升也"(19.25)。人格神的天,公正无私,有律有则,不尽人力只靠祈祷是没有用的:"天道无亲,唯与善人。"

【译文】

王孙贾问道:"[人们说]与其巴结奥神,不如巴结灶神。这句话是什么意思?"孔子说:"不对,若是得罪了上天,向谁祈祷都是没用的。"

【说解】

王孙贾是周人,在卫国做官,虽受重用,但他的权势不如卫灵公夫人南子和宠臣弥子瑕。弥子瑕的妻子和子路的妻子是姊妹,弥子瑕曾派人告诉子路,孔子如果听他的,就可以做卫国的卿相,可见他在卫国的权势之大。南子是卫灵公的宠姬,连孔子也不得不去见她一面。王孙贾问孔子的意思是:自己为了保住地位,是巴结卫灵公还是巴结南子。

孔子答话的意思是劝王孙贾堂堂正正做人，不要干违反道义的事。如果干坏事，早晚要得到应有的报应，向谁祷告都没有用。

本章的另一种讲法是：奥，比喻卫灵公；灶，王孙贾比喻自己。他问话的意思是暗示孔子来巴结自己，如果是这样，孔子答话则表示自己不巴结任何人。因为问答都是用比喻，所以两种讲法都可通，如果还有第三、四种讲法，也并不奇怪。因为王孙贾地位高，还想在卫国有所作为，所以按本章说解的讲法比较合理。

3.14　子曰："周监①于二代②，郁郁③乎文④哉！吾从周。"

【注释】

①监：通"鉴"。本义是镜子，引申为借鉴、引以为戒等意思。　②二代：指夏、商(殷)两个朝代。　③郁郁：原意是草木茂密的样子，也指香气浓郁。这里指礼仪制度的丰富多彩。　④文：文采，有文采。

【译文】

孔子说："周朝的礼仪制度，是借鉴夏、商两代建立起来的，多么丰富多彩啊！我遵从周朝的。"

【说解】

本章孔子告诉我们，周朝文化是继承了夏、商两代的文化传统。周朝建国之初，周公就制礼作乐，使中国文化又前进了一大步，达到空前繁荣。后来周公受封于东方的鲁国，文化中心东移，于是春秋时代"周礼尽在鲁矣"(《左传·昭公二年》)。孔子生在鲁国，勤奋好学。年轻时，鲁昭公曾给了他一乘车、两匹马、一竖子，他到周的首都洛邑去研究周礼并会见了对周礼很有研究的老子(见《史记·孔子世家》)。所以孔子对周文化有深入的研究，对周文化做出了很高的评价。

学习本章可参看2.23、3.9。

3.15　子入太庙①，每事问。或曰："孰谓鄹人之子②知礼乎？入太庙，每事问。"子闻之，曰："是礼也。"

【注释】

①太庙：古代开国的君主叫太祖，祭祀太祖的庙叫太庙，因为周公(姬旦)

是鲁国最初受封的国君,所以鲁国的太庙就是祭祀周公的庙。 ②鄹(zōu):又写作“郰”,春秋时鲁国地名,今山东曲阜东南一带。孔子的父亲叔梁纥(hé)曾经做过鄹大夫,所以这里的鄹人指叔梁纥,鄹人之子是指孔子。

【译文】

孔子进入太庙,对每件事都要问一问。有人说:“谁说鄹邑人的儿子懂得礼呢?进了太庙,对每件事都要问一问。”孔子听到后,就说:“这是礼[所要求的]呀!”

【说解】

孔子入太庙,每件事都要向有司询问,可能是他做官之后,在太庙祭祀时当助祭时的事。以孔子的博学多才,尤精于礼,对太庙祭祀的事情包括一些细节,应该说是很了解的,但孔子还是像一个小学生一样“每事问”。所以人们对“孔子知礼”这一评价表示怀疑。孔子认为自己这样做是由于对太庙祭祀的“诚敬”,这是礼所要求的。《乡党》第二十一章也说:“入太庙,每事问。”不懂装懂,怕丢面子,是人的通病。

3.16 子曰:“射不主皮[①],为[②]力不同科[③],古之道也。”

【注释】

①射不主皮:皮代表箭靶子。古代箭靶子叫“侯”,有用布做的,也有用皮做的。《仪礼·乡射礼》说:“礼射不主皮。”意思是演习礼乐的射箭比赛以是否射“中”为主,不以是否射“穿”皮靶子为主。 ②为(wèi):因为。 ③同科:同等。科,指等级、类别。

【译文】

孔子说:“射箭比赛,主要不在是否射穿那皮靶子,因为各人的力气大小不一样,这是古时的规矩。”

【说解】

箭在古时是一种远程武器,无论是狩猎还是作战,都讲究使用强弓劲弩,射得越远、越准、越具杀伤力为好。但射箭比赛就不同了。射箭比赛是习礼的一种方式。这在“君子无所争”一章(3.7)已经看到了。但就参加比赛的个人来说,想射得好,不只是技术问题,还要有好的心态、好的姿势,通过这些可以观察一个人的德行。《礼记·射义》说:“故射者进退周还(旋)必中礼。内志正,外体直,然后持弓矢审固;持弓矢审固,然后可以言中。此可以观德行矣。”这是古时的规矩。春秋末期,战争频繁,射箭比赛的规矩是否改变了呢?

3.17 子贡欲去①告朔②之饩羊③。子曰:“赐也!尔爱④其羊,我爱其礼。”

【注释】

①去:除去,去掉。 ②告朔:阴历的每月初一叫“朔”。古代制度,每年秋冬之交,周天子把下一年的历书颁给诸侯。这历书包括那年有无闰月,每月初一是哪一天,因之叫“颁告朔”。诸侯接受了这一历书,藏于祖庙。以后每月初一,便杀一只活羊祭于祖庙,然后回到朝廷听政。这祭祖庙叫作“告朔”,听政叫作“视朔”或者“听朔”。鲁国自文公开始(距子贡提建议时已有150年),国君已不去祖庙“告朔”,但每月初一,有司仍杀羊上供。所以子贡认为不必留此形式,不如干脆连羊也不杀。 ③饩(xì):活的牲畜。饩羊,活羊。 ④爱:爱惜,舍不得。

【译文】

子贡想要把鲁国每月初一告祭祖庙的那只活羊去掉。孔子说:“端木赐呀!你爱惜的是那只羊,我爱惜的是那种礼。”

【说解】

杀一只羊微不足道,但它却代表着几百年传下来的礼仪制度。这一制度是有积极意义的,它可以勉励诸侯“追远”“勤政”。这一制度到春秋末期,已名存实亡。如果按子贡的建议,连羊也不杀了,那么“告朔”这一制度连名字也没了。孔子无力让国君每月参与“告朔”,但还愿意保留“告朔”这一礼仪形式。

3.18 子曰:“事①君尽礼,人以为谄也。”

【注释】

①事:侍奉。

【译文】

孔子说:“侍奉国君,一切按照周礼要求的礼节去做,别人就会认为你是[对国君]谄媚。”

【说解】

孔子事君尽礼的情况,可以参看《乡党》第十。清刘宝楠的《论语正义》对这一章作了如下的说明:“当时君弱臣强,事君者多简傲无礼,或更僭用礼乐,皆是以臣干君。尽礼者,尽事君之礼,不敢有所违阙也。时人以为谄,疑将有求媚于君。”

本章的“人”指“时人”,也可以说是正常的人。他们看惯了臣对君的无礼,所以一旦看到“事君尽礼”的人,就怀疑这个人居心不良。孔子的话并无批评时人之意,而是叹惜君权的失落和礼法的废弛。

3.19 定公[①]问:“君使臣,臣事君,如之何?”孔子对曰:“君使臣以礼,臣事君以忠。”

【注释】

①定公:春秋时鲁国国君,姓姬名宋。“定”是谥号。鲁定公是襄公之子,昭公之弟。昭公时,三桓强大,昭公在君臣关系上处理不当,被三桓打败,逃到齐国,后来又逃到晋国的乾侯,想借晋国的力量回国,没有成功,结果客死异乡。定公即位时,公室更加衰弱,当时臣多失礼于君,所以定公向孔子请教君臣之道。

【译文】

鲁定公问道:“君主使用臣子,臣子侍奉君主,应当怎么做呢?”孔子回答说:“君主应该依礼法使用臣子,臣子应该以忠心侍奉君主。”

【说解】

公元前500年(鲁定公十年),孔子由中都宰升司空,又由司空升大司寇。这年夏天,鲁定公和齐景公会于夹谷(今山东莱芜南)。孔子以大司寇身份为定公相礼。会上,齐国劫持定公,以使鲁国服从自己。孔子不畏强齐,以礼斥之,使齐景公不得不与鲁结盟。由此,孔子的政治才能得到定公赏识。第二年使摄相事。这样,孔子与定公经常接触,有时定公就向孔子请教一些问题,本章就是其中的一次。

定公向孔子请教的问题是怎样处理君臣关系。这是封建社会政治上的一个根本问题。孔子始终认为社会伦理是双向的,处理好君臣关系,君臣双方都有责任,首先是国君应该先以礼使臣,臣就会为君尽忠,这样君臣矛盾就会解决。这要求双方都要有自律精神。

孟子对孔子的思想作了进一步发挥。他告诉齐宣王说:“君之视臣如手足,则臣视君如腹心;君之视臣如犬马,则臣视君如国人;君之视臣如土芥,则臣视君如寇仇。”(《孟子·离娄下》)在春秋战国时代,君臣之间还有些民主气氛,但到了汉朝之后,道德要求变成单向的:君、父可以不义不慈,而臣民、子女绝不可不忠不孝。今天封建制度已成为历史,社会伦理随之发生了极大的转变,由单向转向双向。但是几千年由封建制度形成的伦理道德不会在短期内或经过一场“运动”就彻底消除,因为它已深深地扎根在人们心中。巴金先生在“文化大革命”后写的《随想录》中还强调:我们要继续“反封建”。

3.20 子曰:“《关雎》①,乐而不淫②,哀而不伤。”

【注释】

①《关雎(jū)》:《诗经·周南》第一篇的篇名。《诗经》一般都用首句头几个字作篇名,《关雎》的首句是“关关雎鸠”,故名。雎鸠是一种水鸟,关关是雎鸠的叫声。《关雎》是一首爱情诗。《诗经》中的诗是能唱的。诗篇的《关雎》没有悲哀的意思。音乐的《关雎》可能有悲哀和伤感的音调,所以这里把《关雎》译成“《关雎》这首歌”。 ②淫:这里是过度、过分的意思。

【译文】

孔子说:“《关雎》这首歌,快乐而不过分,悲哀而不伤害身心。”

【说解】

在《为政》第二章,孔子对《诗经》做了总的评价:“《诗》三百,一言以蔽之,曰‘思无邪’。”本章是对《诗经》首篇《关雎》的评价。《关雎》是一首爱情诗,共五章,原文如下:

关关雎鸠,在河之洲。窈窕淑女,君子好逑。
参差荇菜,左右流之。窈窕淑女,寤寐求之。
求之不得,寤寐思服。悠哉悠哉,辗转反侧。
参差荇菜,左右采之。窈窕淑女,琴瑟友之。
参差荇菜,左右芼之。窈窕淑女,钟鼓乐之。

诗中有忧有乐。“其忧虽深,而不害于和;其乐虽盛,而不失其正。”所以孔子评价它:“乐而不淫,哀而不伤。”希望学者能玩其辞,审其音,懂得一个青年这样热切地追求一个女孩子,仍不失性情之正,仍是“思无邪”。孔子思想在今天看来也并不保守。

3.21 哀公问社①于宰我②。宰我对曰:“夏后氏③

以[4]松，殷人以柏，周人以栗，曰，使民战栗。”子闻之，曰：“成事不说[5]，遂事不谏[6]，既往不咎[7]。”

【注释】

①社：土地神叫社，这里指供土地神的木制牌位。　②宰我：姓宰，名予，字子我。鲁国人，小孔子29岁。在周游列国时，宰我始终跟随孔子。由于他能言善辩，孔子常派他出使各国。宰我十分了解孔子。他出使楚国时，楚昭王要把一辆华丽的车子送给孔子，宰我认为孔子“言不离道，动不违仁……道行则乐其治，不行则乐其身……故臣知夫子之无用此车也”（《孔丛子·记义》）。他代孔子拒绝了这一礼物，受到了孔子的称赞。不过宰我在《论语》中只出现过五次。除在《先进》篇编者赞扬他擅长语言外，其余四章都受到了孔子严厉的批评，他的思想似乎与孔子思想不同，甚至对立。有些批孔的人因此对宰我大加赞赏。这种赞赏，宰我有知是不能接受的。的确，宰我思想很活跃，而且敢说敢做。孔门弟子中，思想活跃的不只宰我一个人，可以看出孔子的教育思想是解放的，弟子们可以有自己的想法，可以发表自己的想法。如果想法有错误或者作风有问题，孔子提出严厉的批评是很正常的。　③夏后氏：本是部落名，相传禹是部落的首领。禹传位给儿子启，建立了我国历史上第一个朝代——夏朝。后世指夏朝的人，就称夏后氏。　④以：用。　⑤成事不说：已做成的事，不必再解释。说，议论、解释。　⑥遂事不谏：遂，已经完成了。谏，规劝。　⑦咎（jiù）：追究，责备。

【译文】

鲁哀公问宰我，土神的神［主要用什么木头做牌位］。宰我回答说：“夏朝人用松木，殷朝人用柏木，周朝人用栗木，意思是使老百姓战栗。”孔子听到后，说：“已经做成的事，不必再解释了；已经做完的事，不必再劝谏了；已经过去的事，不必再追究了。”

【说解】

哀公问宰我，制作土神的牌位用什么木料。宰我能追溯历史，把夏、商、周三代使用的木料都告诉哀公，说明宰我历史知识丰富，连土神牌位用什么木料都很清楚。但最后他想当然地说了一句，周人所以用栗木，是为了震慑老百姓，“使民战栗”，这就出了问题。这会给鲁哀公造成什么印象呢？宰我的回答可能引起了人们的议论。孔子听到后，知道宰我又犯了老毛病，但话已出口，又有什么办法呢？于是连连说：“成事不说，遂事不谏，既往不咎。”其目的是严厉地告诫宰我,以后不应该强不知以为知,说话要谨慎。

3.22 子曰:“管仲[①]之器[②]小哉!”或曰:“管仲俭乎?”曰:“管氏有三归[③],官事不摄[④],焉得[⑤]俭?”“然则管仲知礼乎?”曰:“邦君[⑥]树塞门[⑦],管氏亦树塞门。邦君为[⑧]两君之好[⑨],有反坫[⑩],管氏亦有反坫。管氏而[⑪]知礼,孰不知礼?”

【注释】

①管仲:姓管,名夷吾,字仲,齐国人。生年不详,死于公元前645年。春秋初期著名的政治家,帮助齐桓公以“尊王攘夷”相号召,使桓公成为春秋时诸侯中第一个霸主。孔子高度评价管仲的历史功绩(见14.16、14.17),但对管仲的某些行为也提出了批评。《管子》一书,不是出自管仲之手,主要是管仲一派的学者所著。 ②器:气量,胸襟。 ③有三归:指管仲将照例归公的市租据为己有。据说这是齐桓公称霸后赏给管仲的。三归,有几种讲法,这里讲成市租为妥。 ④摄:兼职,兼差。大夫家臣的俸禄都是自己开支,所以一个家臣常兼数职,而管仲的家臣不兼差,一人一职,当然开销就大了。 ⑤焉得:怎么可以,哪能说是。 ⑥邦君:诸侯,国君。 ⑦塞门:塞,遮蔽。古代天子和诸侯在宫殿大门口建筑一道短墙,用以间隔内外的视线,类似旧社会大户人家门口的影壁。 ⑧为(wèi):为了。 ⑨好(hào):交好,友好。 ⑩反坫(diàn):古代供祭祀或宴会放礼器或酒具的土台子。 ⑪而:假设连词,假如,假设。

【译文】

孔子说:“管仲的气量小啊!”有人问:“管仲节俭吗?”孔子说:“管仲家收取老百姓的大量市租,他手下的家臣[一人一职]从不兼差,哪能说是节俭呢?”又问:“那么管仲懂得礼法吗?”孔子说:“国君在宫殿门前都要树立一道影壁短墙,管仲家门口也树立影壁短墙。国君为了两国国君友好[设宴招待别国的君主],在堂上专门设置献过酒后放空杯的土台子,管仲家也设置了这样的土台子。若说管仲懂得礼法,那谁还不懂得礼法呢?”

【说解】

管仲帮助齐桓公称霸诸侯，功勋卓著，做了齐国的宰相。人们以为管仲的器量大，孔子却批评管仲气量褊狭。因为管仲只知尊王攘夷，以法治国，却不懂圣贤之道，不能扶助齐桓公为政以德，施行王道。这样，无论建立的功勋有多大，也不能说他器量宽宏。这由下面孔子批评他做了宰相后不知节俭、不懂礼法的表现也可以看出来。

孔子就事论事，就人论人，既具体，又平实。尽管孔子高度赞扬管仲的历史功绩，但对他气量狭小的缺点，还是给予实事求是的批评。对人的评价不应该以点概面，好人一切都好，坏人一切都坏，这样评价人物，有失公正。

3.23 子语[①]鲁大师[②]乐，曰："乐其可知也：始作，翕如[③]也；从之[④]，纯如[⑤]也，皦如[⑥]也，绎如[⑦]也，以成。"

【注释】

①语(yù)：告诉。 ②大(tài)师：国家的乐官之长。 ③翕(xī)：和顺，协调。 如：助词，同"然"。放在形容词后，表示"样子"。 ④从：同"纵"。放纵，展开。 ⑤纯：美好。 ⑥皦(jiǎo)：明亮。这里指音乐节奏分明。 ⑦绎(yì)：连绵不断。

【译文】

孔子对鲁国的大师谈论音乐的演奏，说："演奏音乐的道理是可以知道的：开始时合奏，音调和顺、协调；乐曲展开以后，音调美好，节奏分明，又连绵不绝，直到乐曲演奏完成。"

【说解】

孔子说："吾自卫反鲁，然后乐正，《雅》《颂》各得其所。"(9.15)本章所记，大概是孔子在正乐时和鲁大师的一次谈话。乐师们只是按照定式的乐谱演奏乐曲。为了充分表达感情，什么时候音调应和顺，什么时候音调应优美，什么时候要放纵，什么时候要连绵不断、不绝如缕，乐师们领悟得并不深。所以孔子特意给乐队的首长——大师讲了这番话。

音乐与绘画等不同，是没有形质的艺术，看不到，抓不着。这里孔子用语言、拟态词和拟声词把没有形质的音乐加以描绘，让人们感受到只有深谙音乐的人才能做到。

3.24　仪封人[①]请见[②]，曰："君子之至于斯也，吾未尝不得见也。"从者[③]见之[④]。出曰："二三子[⑤]何患[⑥]于丧[⑦]乎？天下之无道也久矣，天[⑧]将以夫子为木铎[⑨]。"

【注释】

①仪封人：仪，地名，属卫国，在今河南兰考县境内。封，边界。封人，边防官员。　②见(xiàn)：请求孔子接见他。　③从(zòng)者：这里指跟随孔子的弟子。　④见之：见(xiàn)，古汉语中的使动用法，意思是"使仪封人见孔子"。　⑤二三子：你们这些人。这里指孔子弟子。　⑥患：忧虑，担心。　⑦丧：失去。这里指孔子没有官职。　⑧天：这里指有意志、道德化的义理之天。这样，人可以与天相通，人可以预见天的意图。　⑨木铎：一种铜质木舌的大铜铃。古代用它来召集群众，宣布政教法令，或在有战事时使用。这里比喻孔子在国家中的作用。

【译文】

仪地的边防官员请求孔子接见他，说："凡是有道德学问的人到这个地方来，我都能和他们见面。"随行的弟子让他和孔子见了面。边防官员出来以后说："你们这些人何必担心[孔子]没有官职呢？天下无道的日子也太久了。上天必将会让他老人家做人民的导师的。"

【说解】

读春秋和战国的历史，我们会发现有许多地位低下却难得的忠义之士。本章的仪封人可算是其中的一位。

仪封人无名无姓，只是边防的一个小官，但他关心时事，见识高远。凡是来到仪地的有道德学问的人，他都要亲自拜见。有权势的人经过这里就不一定去见了。他见的君子很多，当然对每位都有自己的看法。对别人的评价已不可知，见了孔子就断言："天下之无道也久矣，天将以夫子为木铎。"他认为天生孔子，不只是要孔子在某一国担任一定官职，而是让孔子担负起教化民众、改变世风、使天下由无道成为有道的重任。"天下之无道也久矣"，多么需要像孔子这样教化人民的导师啊！

3.25　子谓《韶》[①]："尽美矣，又尽善[②]也。"谓《武》[③]：

"尽美矣,未尽善也。"

【注释】

①《韶》:相传是虞舜时期的乐曲名。歌颂舜能够继承尧的盛德而致太平。 ②美、善:美,可能指声音言;善,可能指内容言。 ③《武》:相传是周武王时期的乐曲名。歌颂武王用武力伐纣而致太平。

【译文】

孔子论到《韶》时说:"美极了,而且好极了。"论到《武》时说:"美极了,但还不够很好。"

【说解】

《史记·孔子世家》说:"三百五篇孔子皆弦歌之,以求合《韶》《武》《雅》《颂》之音。"看来孔子对《韶》《武》是很熟悉的。

孔子最初在齐国听闻《韶》乐,就深深为它所吸引。据《述而》第十四章记载:"子在齐闻《韶》,三月不知肉味,曰:'不图为乐之至于斯也。'"这里孔子对《韶》的评价是"尽美尽善",不仅音乐好,内容也好。至于《武》,音乐很美,但"未尽善"。孔子认为《韶》乐表现了虞舜以圣德受禅,故"尽善";《武》乐表现的是周武王以征伐取天下,故"未尽善"。由此看出孔子论《诗》论乐,始终和伦理道德连在一起。

2001年出版的《上海博物馆藏战国楚竹书》中的《孔子诗论》,论及孔子对颂乐的欣赏:"其乐安而迟,其歌绅而篪(节奏鲜明而和顺),其思深而远,至矣!"(第二简)孔子对舒缓、悠扬、宁静、祥和的颂乐极为欣赏,称赞它是"至矣",即达到了极高的境界。《武》乐也属于颂乐,也是难得的歌颂周初建国的乐章,只是稍有不足。所以当颜渊问怎样建设国家时,孔子告诉他许多措施,其中有"乐则《韶》《舞》(同'武')",可见孔子对《武》也是很赞赏的(见15.11)。

3.26 子曰:"居上不宽,为礼不敬,临丧[①]不哀,吾何以观之哉!"

【注释】

①丧(sāng):丧事。

【译文】

孔子说:"居上位却不宽容大量,行礼时却不严肃认真,遇到丧事却不悲伤,这种样子我怎么看得下去呢?"

【说解】

居上主于爱人，应以宽为本，为礼以敬为本，临丧以哀为本。一个人处事不能把握根本，居心必是不正，难以做人，也难以做事。

“为礼不敬，临丧不哀”，关系到个人的品格；“居上”过分苛刻而“不宽”，就要引起动乱。《后汉书·班超传》中有这样一个故事：班超（公元 32～102 年）是东汉时期征服西域的著名大将。他守卫西域 31 年，后来由于妹妹班昭的请求，被汉和帝召回，由任尚接替他。任尚说：“我接替您做都护，任重虑浅，请您多多指教。”班超说：“年老失智，任君数当大位，岂班超所能及哉！必不得已，愿进愚言。塞外吏士，本非孝子顺孙，皆以罪过徙补边屯。而蛮夷怀鸟兽之心，难养易败。今君性严急，水清无大鱼，察政不得下和。宜荡佚简易，宽小过，总大纲而已。”班超的金玉良言，任尚并没有听进去。班超走后，他对亲信说：“我以班君当有奇策，今所言平平耳。”后来任尚统治西域仅仅几年，西域就发生叛乱，任尚因而获罪，被召回。

一些急功近利的人也许认为孔子的话只是平平。如果这样想，那他们的命运也许就和任尚一样吧！

里仁第四

本篇共26章,主要讲仁。仁是孔子思想的核心。

4.1　子曰:"里①仁为美。择不处②仁,焉③得知④?"

【注释】

①里:邻里。周制,五家为邻,五邻(25家)为里。这里作动词用,意思是居住。　②处(chǔ):居住,存身于。　③焉:怎么,哪能。　④知:同"智"。

【译文】

孔子说:"居住在有仁德之风的地方才是美好的。如果不选择有仁德之风的地方居住,哪能算得上是明智呢?"

【说解】

孔子素重习惯,曾说:"性相近也,习相远也。"(17.2)不选择有仁德之风的地方居住,容易受风气的影响,特别是青年人和孩子。明智的家长要注意择邻而居。战国时孟母三迁的故事,流传至今。孟母一直作为贤母的榜样,受到人民的尊敬。孟子以后之所以能成为亚圣,很大程度上是因为他有一位贤德的母亲能择邻而居。她发现邻里的作风不正,就搬家,最后终于迁到有仁德之风的好地方。

一位美学家说:"孔子把'仁'和'美'联系起来,肯定'仁'就是'美',是一个创见。""美"在孔子的思想中,占有十分重要的地位。

4.2　子曰:"不仁者不可以久处约①,不可以长处乐。仁者②安仁③,知者④利仁。"

【注释】

①约:俭约,贫困。　②仁者:道德修养极高的人。　③仁:这里的意

思是“仁德”。仁是五德(仁、义、礼、智、信)之首。 ④知者:聪明的人。知,同“智”。

【译文】

孔子说:“不仁的人,不能长期过穷困生活,也不能长期过安乐生活。仁者安于行仁,智者知道行仁对自己有利。”

【说解】

不仁的人,精神境界不高,难有操守,久约必滥,久乐必淫。而仁人长期处于贫困或安乐之中,也安于仁,能做到“贫而乐,富而好礼”(1.15)。智者虽未达到仁者的境地,但知道行仁之利,不管遇到困难条件或顺利条件,都不会干违背仁德的事情。

孔子有时“仁”“智”并举,而以“仁”为主。孔子这里说的“智”,不能简单地作“聪明”“智慧”讲,能看透事物之理才算“智”。古语说“大智若愚”。耍小聪明的人,目光短浅,看不透事理,岂能知道行仁之利?

4.3 子曰:“唯仁者能好[①]人,能恶[②]人。”

【注释】

①好(hào):动词。喜爱。 ②恶(wù):动词。憎恶,讨厌。

【译文】

孔子说:“只有仁者才能[公正无私地]去喜爱人,憎恶人。”

【说解】

仁者“爱人”(12.22)。仁者的“爱人”是发自人的本心,是人的真性情的流露,是无私透明的爱。只有仁者,才能达到这一境界。由于仁者能爱人,所以对害人的人也从心里憎恶。孔子在这里用了一个“能”字,意思是只有仁者的“爱人”“恶人”才是真爱真恶,公正无私,因为它发自人的本心,是人的真性情的流露。

4.4 子曰:“苟[①]志于仁矣,无恶[②]也。”

【注释】

①苟:假如,如果。 ②恶(è):坏,坏事。

【译文】

孔子说:“[一个人]如果立志去行仁,那就不会去做坏事。”

【说解】

一个人虽不是仁者,但能立志行仁,内心就会有一股向善的自律力量,一旦有了坏思想,这股向善的自律力量就会使人弃恶向善。这并不是说志于仁者没有过错,而是有了过错能自觉改正。

本章说明立志对于一个人成长的重要意义。“志”是心之所向,志有多种多样,首先应该志于仁,使自己“心灵有主”,这也是推动志向的前进动力。

4.5　子曰:“富与[1]贵,是人之所欲也;不以其道得之,不处[2]也。贫与贱,是人之所恶[3]也;不以其道得[4]之,不去[5]也。君子去仁,恶[6]乎成名?君子无终食之间违仁[7],造次[8]必于是,颠沛[9]必于是。”

【注释】

①与:连词。和。　②处(chǔ):居处,引申为享受、接受。　③恶(wù):憎恶,讨厌。　④不以其道得之:“得之”应改为“去之”。自古即如此,不必强改。　⑤去:避开,摆脱。　⑥恶(wū):疑问副词。怎样,如何。　⑦终食之间:吃完一顿饭的工夫。违:违背,离开。　⑧造次:紧迫,仓促。　⑨颠沛:颠沛流离,处于困境。

【译文】

孔子说:“发财和升官是人们所盼望的,若是不通过正当的途径得到,君子是不接受的。贫困和地位卑贱是人们所憎恶的,若是不通过正当的途径去摆脱,君子是[甘心接受而]不逃避的。君子离开仁,怎么能配得上君子之名呢?君子连吃完一顿饭的工夫也不离开仁,在最紧迫的时候也一定按仁的要求去做,在颠沛流离的时候也一定按仁的要求去做。”

【说解】

人都喜欢富贵而厌恶贫贱。然而富贵的求取、贫贱的摆脱,都应经由正道。君子所应走的正道是什么呢?是“仁”。违反仁道而得到富贵,君子不应该接受;违反仁道而摆脱贫贱,君子也应该拒绝。君子想成为一个名副其实的君子,必须随时随地不能离开“仁”。

富与贵的诱惑、摆脱贫贱的要求,其力量实在太大了,是许多人想用毕生的努力达到的目的。这样的情况下,随时随地,在任何条件下都能坚持走正道,是很困难的。许多人就是因为抵挡不住“诱惑”和“要求”而走上犯罪的道路。

孔子认为人是有能力摆脱“诱惑”和“要求”的。请看下一章。

4.6　子曰:“我未见好仁者,恶不仁者。好仁者,无以[①]尚[②]之;恶不仁者,其为仁矣,不使不仁者加乎其身。有能一日用其力于仁矣乎? 我未见力不足者。盖[③]有之矣,我未之见[④]也。”

【注释】

①无以:用动词“无”和介词“以”组成的固定性词组,意思是“没有东西(或办法)用来……”。　②尚:动词。超过。　③盖:句首语气副词。大概。表推测性的论断语气。　④未之见:之,代词,作“见”的宾语,在否定句中,代词“之”前置。

【译文】

孔子说:“我没见过好仁的人和厌恶不仁的人。好仁的人,那是没有人能超过他的;厌恶不仁的人,在行仁的时候,不会让不仁的人影响自己。有没有能在某一天下力气去行仁的人呢? 我还不曾见过力量不够的。这样的人大概会有吧? 但我并没见过。”

【说解】

春秋末期,社会动乱,社会风气也每况愈下。人们认为行仁或拒不仁是迂阔而不切实际的事情,所以看不见热衷于行仁者,这也是孔子到处碰壁的原因之一。

前一章孔子说:“君子无终食之间违仁,造次必于是,颠沛必于是。”看来真正做到“仁”是很难的。行仁难吗? 孔子认为不难。“有能一日用其力于仁矣乎? 我未见力不足者。”这是孔子的一贯思想。孔子认为“为仁由己”。因为“仁”不是外在的,是与生俱来的人的本心。所以一个人真想行仁,就可以成为仁人。那么是什么东西阻碍一个人去行仁呢? 是私利私欲。这也就是为什么颜渊问仁时,孔子告诉他要“克己复礼”(见12.1)。

4.7　子曰:“人之过[①]也,各于其党[②]。观过,斯知

仁[③]矣。"

【注释】

①过:过错,错误。　②党:古代五百家为党。引申为朋党,意气相投的一帮人,同类型的一帮人。　③仁:同"人",这里的意思是指人的道德修养。

【译文】

孔子说:"[人有各种类型,]什么类型的人,犯什么类型的错误。考察一个人所犯的错误,就能知道他的精神境界如何了。"

【说解】

《为政》第十章孔子已经告诉我们怎样去观察一个人。本章是讲从消极方面观察人的方法。看一个人所犯的错误,就可以知道他的精神境界如何。

后汉的吴祐曾任胶东侯相,为政清廉宽厚,体察民情。在任期间,当地的诉讼案件大大减少。手下的官吏在他的教育影响下,也都个个清廉守法。有一个叫孙性的乡官,为了给父亲买件衣服,竟私下里向老百姓要钱。他父亲知道后,十分生气,说:"吴太守这样清廉,你怎么忍心给他抹黑?快去自首认罪!"孙性惭愧地拿着衣服去向吴祐自首,吴祐屏退左右问是怎么回事。孙性就把自己的错误和父亲的教导一五一十地告诉了吴祐。吴祐说:"你为了孝敬父亲而背上不好的名声,正所谓'观过,斯知仁矣'。"就叫他回去向父亲认错,并把衣服也送给了他。由孙性所犯的错误和悔过的表现,可以看出他是一位孝子。

4.8　子曰:"朝闻道,夕死可矣。"

【译文】

孔子说:"早上懂得了真理,要我当晚就死去,也是可以的。"

【说解】

本章表示孔子爱真理甚于爱生命的精神,"朝闻夕死"也说明要求闻道的迫切。孔子这里只说了一个"闻"字,其中必然包括:真正了解,深信不疑。不然不会以生命作代价。说"夕死可矣"也不是说"必死"。意思是说,付出多大代价都可以,包括生命。《朱子语类》把这句话改成从反面说:"若人一生而不闻道,虽长生亦何为?"此二句意思相辅相成。

关于"道",《论语》中有多种讲法。本章的"道"是指终极真理。这一真理是什么?本篇第十五章孔子曾说:"吾道一以贯之。"曾子对孔子的道解释说："夫子之道，忠恕而已矣。"但终极真理是一元的，忠恕只是真理之用。那么道是什么？是"仁"（见4.15）。

孔子既然说"吾道一以贯之"，可知孔子已经"闻道"。那么本章的话是对弟子们说的，勉励弟子们去追求真理。孔子既已闻道，为什么不讲给弟子们听，让大家都闻道岂不好？这就把问题看简单了。宋程颐说得好："人知而信者为难。"须知"闻道"要有一个正心诚意的过程，有一个内心领悟的过程，有一个实践的过程。一说一听，岂能闻道？再说，孔子虽没有系统地讲"道"，但在他的讲话中，都贯穿着"道"的精神，按孔子的话脚踏实地去做，就会逐步"闻道"的。

4.9 子曰："士[①]志于道，而耻恶[②]衣恶食者，未足与议也。"

【注释】

①士：西周、春秋时，贵族阶层有卿、大夫、士。士是最低的一层。到春秋末期，"士"成为知识分子的通称。 ②恶（è）：形容词。坏，恶劣。

【译文】

孔子说："读书人有志于真理，却又以穿得不好、吃得不好为可耻，这种人是不值得和他谈论'志于道'的事情的。"

【说解】

本章是《论语》第一次提到"士"。这里孔子对"士"提出了基本要求："志于道。"既志于道，而为衣食等琐事所累，岂能一心向道？上一章孔子说："朝闻道，夕死可矣。"知识分子应该有这种向道的精神。

曾参后来对孔子关于"士"的理论作了进一步发挥，他说："士不可以不弘毅，任重而道远。仁以为己任（即志于道），不亦重乎？死而后已，不亦远乎？"（8.7）

孔子和曾子的话，对今天的知识分子也是很有益的。

4.10 子曰："君子之于天下也，无适也，无莫[①]也，义之与比[②]。"

【注释】

①适（dí）、莫：这两个字的讲法很多。一种解释是：适，厚。莫，薄。"无适无莫"就是一视同仁，做事不讲亲疏厚薄。另一种讲法是：适，通"敌"，指敌

对。莫,通“慕”,指爱慕。“无适无莫”就是“无所为仇,无所欣羡”。宋朱熹的讲法是:适,专主、固定不变。莫,不肯、没有。“无适无莫”是:君子对于天下的事情,没有一定要怎样干,也没有一定不要怎样干。本书是按朱熹的讲法。 ②比(bì):亲近,依附。

【译文】

孔子说:“君子对于天下的事情,没有一定要怎样干,也没有一定不要怎样干,而是服从于义理[,义理要求怎样干就怎样干]。”

【说解】

君子立身处事,完全依据公道、正义来作为行事的基准,而没有主观的偏执和个人私利的考虑。义当富贵便富贵,义当贫贱则贫贱,义当生则生,义当死则死,义理上要求怎样干就怎样干。孔子自己正是这样做的。

孟子介绍说:“孔子离开齐国时,不等把米淘完、沥干就走;离开鲁国时,却说:‘我们慢慢走吧,这是离开祖国的态度。’应该马上走就马上走,应该继续干就继续干,应该不做官就不做官,应该做官就做官,这就是孔子。”(《孟子·万章下》)孟子称赞孔子是“圣之时”,即孔子不墨守成规,而是根据时、地、条件,决定自己应该怎样做。

台湾“中央大学”哲学研究所王邦雄教授说:“孟子说孔子是圣之时,想是为百代传承的文化大业预留活路与空间吧!”(《论孔孟儒学的安身立命之道》,《鹅湖》2001年第12期)

孔子学说、儒家理论是活的,是有生命力的,是有无限发展空间的。

4.11 子曰:“君子怀[①]德,小人[②]怀土;君子怀刑[③],小人怀惠。”

【注释】

①怀:想念。 ②小人:常人,一般人。 ③刑:指法度。

【译文】

孔子说:“君子心里想的是道德教化,一般人心里想的是乡土田宅;君子心里想的是法度,一般人心里想的是实惠。”

【说解】

本章君子和小人对举,指出二者心里的想法不同,差别就在于公私之间。有些人对“君子怀刑”提出质疑。实际上,君子并不是完人,他能奉公守法,自觉遵守国家法度。而一般人常常不顾法度,有的甚至想钻国家法律的空子,以求得个人的私利。商场上有句俗话:“(违法,甚至)杀头的买卖有人做,赔本的买卖没人做。”

4.12 子曰:“放①于利而行,多怨。”

【注释】

①放(fǎng):仿照,依据。引申为一味追求。

【译文】

孔子说:“做事一味追求私利,会招来很多的怨恨。”

【说解】

《朱子语类》说:“凡事只认自家有便宜处做,便不恤他人,所以多怨。”“若放于利,则悖理徇私。其取怨之多,必矣。”(卷二六)

可是,如果像孔子做事那样“无适无莫,义之与比”(4.10),放于义而行又将如何呢?不能说没有怨言,但通情达理者会说:“你做的合乎义理,有怨言,不必管他。”扪心自问,也无愧于心。

4.13 子曰:“能以礼让①为②国乎?何有③?不能以礼让为国,如礼何?”

【注释】

①让:辞让。辞让是礼的实际内容。 ②为(wèi):治理。 ③何有:何,疑问代词,作宾语,前置。何有,有什么。这里是指有什么困难(意即不难)。

【译文】

孔子说:“能够用礼让来治理国家吗?那[在治国上]还有什么困难呢?如果不能用礼让来治理国家,那又怎样来对待礼呢?”

【说解】

升降进退,跪拜俯伏,只是礼的形式,辞让才是礼的实际内容。遇好事能做到辞尊居卑,辞多受少,才符合礼的精神。有些人平时很懂得礼貌,遇事就现出原形:好事都归自己,吃亏的事都推给别人。这样的人,礼数再周到也是假的。

《朱子语类》说:“君子欲治其国,亦须是自家尽得恭敬辞逊之心,方能以礼为国。所谓‘一家让,一国兴让’,则为国何难之有!”(卷二六)

4.14 子曰:“不患无位①,患所以立②。不患莫己知,求为可知③也。”

【注释】

①位:官职地位。 ②所以立:古汉语中的“所以”是两个词,“所”是辅助性代词(已见于1.12注释④),“以”是介词,意思是“用”“凭”。“立”是“以”的宾语。“所以立”的意思是:用来立足于自己职位的本领。 ③可知:足以使别人知道的。

【译文】

孔子说:“不要担心没有官职地位,要担心的是掌握立足于自己职位的本领。不要担心没有人知道自己,[重要的是]去追求足以使别人知道自己的本领好了。”

【说解】

《论语》有许多章阐述立身社会、知人知己的问题。如:“不患人之不己知,患不知人也。”(1.16)“不患人之不己知,患其不能也。”(14.30)“君子病无能焉,不病人之不己知也。”(15.19)总的精神是“君子求诸己,小人求诸人”(15.21),这是儒家的一贯主张。本章“求为可知”的意思不是做了一些事情就宣传出去,想法让别人知道,而是尽自己的力量在进德修业上下功夫,追求足以使别人知道的本领。宋程颐说得好:“君子求其在己者而已矣。”至于别人知道不知道,那就顺其自然,不刻意去追求,俗话说:“好酒不怕巷子深!”

4.15 子曰:“参乎!吾道一以贯①之。”曾子曰:“唯②。”

子出,门人问曰:“何谓也?”曾子曰:“夫子之道,忠恕③而已矣。”

【注释】

①贯:贯穿,贯通。 ②唯:在这里是答应之词。是的。 ③忠恕:尽己之谓忠,推己及人之谓恕。孔子自己给忠恕下的定义是:忠,“己欲立而立人,己欲达而达人”(见6.30)。恕,“己所不欲,勿施于人”(见12.2)。忠、恕二者是互动的。

【译文】

孔子说:“曾参啊!我所主张的‘道’是用一个基本思想贯穿

着的。”曾子说:“是的。”

孔子出去以后,别的弟子就问:“[老师的话]是什么意思?”曾子说:“老师所主张的道,只是忠和恕罢了。”

【说解】

孔子说这话时,说明孔子的思想已经形成一个系统的整体。在这个整体中,贯穿着一个核心思想,那就是道。

孔子说“吾道一以贯之”,并没有解释那个“一”是什么。所以自古围绕“一”就有许多说法。曾子解释为“忠恕”,固然不错,为后世所接受,但还是未能穷尽道的内涵。《中庸》也只是说“忠恕违道不远”,以为“忠恕”并不就是“道”,并不就是贯穿“道”的那个“一”。孟子说:“强恕而行,求仁莫近焉。”(能够勉力从推己及人的恕道上去用功实践,求仁的途径就没有比这更近的了。)(《孟子·尽心上》)孟子认为那个“一”是“仁”。

孔子教人“下学而上达”。“忠恕”是属于下学的内容,是可以在生活中实践的。孔子教育人并不止于这种社会层面的东西,还要求由此而上达,就是成为一个“仁人”。“忠恕”是“仁”的基本内涵,也是行仁的着手处。

孔子所倡导的忠恕之道,要求“己立立人,己达达人”“己所不欲,勿施于人”,其精神就是以爱人为基础帮助别人、尊重别人。所以在樊迟问仁时,孔子告诉他“仁”就是“爱人”。

孔子对曾子说“吾道一以贯之”,就表明孔子知道曾子已经领悟了自己的“道”。在众弟子中,除颜渊外,只有曾子对孔子之“道”领悟得最深刻、最正确,所以在颜渊不幸早逝后,是曾子担负起了传道的重任。

4.16 子曰:“君子喻于义,小人①喻②于利。”

【注释】

①君子、小人:这里的“君子”指有德者,“小人”指常人、一般人。 ②喻:明白,懂得。

【译文】

孔子说:“君子懂得的是义,一般人懂得的是利。”

【说解】

君子和小人的区别,就是在义、利二字。君子摆脱私心杂念,一切按义理行事,必要时可以“舍生取义”,小人则反是。

最近我收到一位朋友的来信,他说:"儒家义理是从与民疾苦一体的良心中流出来的。"可是"今天的知识分子离开老百姓愈来愈远"。我的朋友说得很对。一个人只顾个人利益是违背义理的。让我们想一想,你谋生的本领是从学校学来的,学校校舍的一砖一瓦是从哪里来的?从小学到大学以至研究院的教学设备是从哪里来的?教职员工的工资是从哪里来的?各级学校的各项开支是从哪里来的?有人说,那是国家拨给的。不对!那是人民的心血!学校的一砖一瓦、实验室里的一根试管都来自于人民的奉献。没有人民哪有国家?没有人民的奉献,国家的钱又从哪里来?靠人民的奉献念完书,从学校出来,找到工作,过上舒适的生活就把人民忘掉了,难道不违背义理吗?这就是儒家的民本思想。

在这多元化的时代,儒家的东西,年轻人是听不进去的,他们要走自己的路。有些经过父母苦心培养留学回来的孩子,对父母一点都不领情,说什么要去做浪迹天涯的"背包侠"。今天,这已不足为奇。他们对人民的培养,更不放在心上了。

必须经过生活的磨炼,年轻人才会懂得怎样做人,心里才安稳。

4.17 子曰:"见贤思齐焉,见不贤而内自省①也。"

【注释】

①省(xǐng):反省,自我检查。"吾日三省吾身"的"省"。

【译文】

孔子说:"看见贤人,就应该想到向他看齐,看见不贤的人,心里就应该进行自我反省。"

【说解】

孔子教育我们,无论是"见贤"或"见不贤"都要进行"内省"。一个人有了这种内省的功夫,贤人和不贤的人对自己精神境界的提高都有帮助,他们都是自己的老师。《述而》第二十二章中孔子更明确地说:"三人行,必有我师焉。择其善者而从之,其不善者而改之。"

在从师学习上,孔子是我们的榜样。唐韩愈说:"圣人无常师。孔子师郯子、苌弘、师襄、老聃。郯子之徒,其贤不及孔子。"可是他们每个人都有专长,孔子就虚心向他们每个人学习。孔子向郯子学习古代的官名,向苌弘学习音乐,向师襄学琴,特意千里迢迢向老聃去学礼。孔子教育我们的话,自己全做到了。正是"先行其言而后从之"(2.13)。

韩愈的《师说》只讲了以贤者为师，对不贤者如何却没有说。这就有违孔子的教导了。应该记住孔子的教导："见不贤而内自省也。"

4.18　子曰："事父母几[1]谏[2]。见志不从，又敬不违[3]，劳[4]而不怨。"

【注释】

①几（jī）：委婉，轻微。　②谏：下劝阻其上叫谏。　③违：变也。　④劳：操劳，辛劳。

【译文】

孔子说："侍奉父母，[如果他们有不对的地方，]要委婉地劝说。看到自己的话父母听不进去，就仍然恭恭敬敬地不改变主意，[等有机会再劝，]为规劝父母，无论怎样操劳，也不能有一丝的不耐烦。"

【说解】

本章总的精神是"规亲之过，使归于正"。父母有过失，子女有规劝的责任，在态度、方式、方法上，应使父母能够接受。如果父母一时不肯接受，那就找机会再劝。

我们规劝父母不能浅尝辄止，任其错误发展下去。父母对我们是劳而不怨，我们对父母也应劳而不怨。这样静下来扪心自问，才能心安。

4.19　子曰："父母在，不远游，游必有方。"

【译文】

孔子说："父母在世，不出远门，如果要出远门，必须有一定的去处。"

【说解】

儿女出门，父母必然挂念。出门愈远，时间愈久，思念愈深。有些地方至今还留有"望儿山"之类的古迹。孝子总以父母之心为心，所以父母在就不远游了。

杨伯峻说："古代交通不便，又没有私人通信的设备，同时儒家又把'养亲''慎终'看作大事，自然地主张'父母在，不远游'。"

其实古人也不完全受孔子这番话的限制。读书人都志在四方，做官之后也需天南海北,听从朝廷调遣。

今天,世界缩小,交通、通信设备日新月异,几千里外,也是朝发夕至。何况今天想有大的发展,必须放眼世界。但是不管走多远,也应该"游必有方",以免父母挂念。

4.20 子曰:"三年无改于父之道,可谓孝矣。"

【说解】

已见于《学而》第十一章。

4.21 子曰:"父母之年,不可不知[1]也。一则以喜,一则以惧。"

【注释】

①知:这里应译为"记住"。

【译文】

孔子说:"父母的年龄,不能不记住。一方面为他们年龄大而喜欢,一方面为他们年龄大而担心。"

【说解】

孔子的话,出自对孝子心情的充分理解。一个孝子对父母的高寿感到高兴和自豪,但心中对父母的衰老感到担心,这都是出自孝子的良知。

记住父母的年龄,就说明你心里还有父母,还在想着父母。所以孔子说:"父母之年,不可不知也。"至于"喜"与"惧"的感情,也是出于自然。今天,这样美好的感情已经不多了。

4.22 子曰:"古者[1]言之不出,耻[2]躬[3]之不逮[4]也。"

【注释】

①古者:古代的人。 ②耻:古汉语的意动用语,以……为耻。 ③躬:身体。这里引申指自身的行动。 ④逮(dài):赶上,及。

【译文】

孔子说:"古代的人,话不轻易出口,就是深以自身做不到为可耻。"

【说解】

本章最要紧的是一个"耻"字。一个人知耻,就会约束自己走正道。"知耻"是一个人的重要品格。孔子说"古者",意思是说古代人都具有这种好的知耻品格。孔子当时的人较古人就差多了。只有那些有很高道德修养的人才能做到像古人那样。孔子说:"君子耻其言而过其行。"(14.27)孔子的话大有"今不如古"之感。

君子不是不善于口才,是"耻其言而过其行"。君子也不是不懂得安逸的乐趣,但深知安逸就要沉沦于荒唐颓废,隳业败事,所以不图安逸而勤于做事,以提高自己的道德修养和业务能力。《颜渊》第三章孔子曾对司马牛说:"仁者,其言也讱。""为之难,言之得无讱乎?"可与本章互相发明。

4.23　子曰:"以约①失②之者鲜③矣。"

【注释】

①约:《论语》中,"约"字有两种讲法:一是穷困,如"不仁者不可以久处约"(4.2)。二是约束。本章的"约"是约束的意思。　②失:有过失,犯错误。　③鲜(xiǎn):少。

【译文】

孔子说:"因为能约束自己而犯错误的人是很少的。"

【说解】

清汪绂的《四书诠义》对本章解释得较详细:"约者,束也。内束其心,外束其身,谨言慎行,审密周详,谦卑自牧,皆所谓约,以约则鲜失,敬慎不败也。"

实际上前一章(4.22)和后一章(4.24)都属于"约"。"约"从积极方面说,是进德修业所必需;从消极方面说,是少犯或不犯错误的关键所在。一个人必须经常注意"约",古今一理。

4.24　子曰:"君子欲①讷②于言,而敏③于行④。"

【注释】

①欲:要,应该。　②讷(nè):本义是说话迟钝。这里指说话谨慎。　③敏:快速而有力,勤快。　④行(xìng):行为,做事。

【译文】

孔子说:"君子说话要谨慎,但做事要勤快。"

【说解】

这句和《学而》第十四章的“敏于事而慎于言”的意思一样。

4.25 子曰:“德不孤,必有邻。”

【译文】

孔子说:“有道德的人不会孤寂,必然有同他相亲近的人。”

【说解】

南怀瑾的《论语别裁》对本章的解释很深刻,现节录如下:“这篇《里仁》,并不是教你去找一个仁爱路去住。古人的解释,即是选一个住处要找一个仁里,世界上哪来这许多仁里?到哪里去找?孔子自己的家乡,当年也不一定是仁里。哪里是仁里?假如我们的故乡是不仁统治的世界,我们就不管他了吗?我们正要把他恢复回来,把罪恶打垮。这才是人性的仁道呀!其实那个‘里’字,就是‘自处其中’的意思,脚跟站得稳的地方就叫‘里’。‘里仁’,是我们做人的立足点处于仁道,所以‘德不孤,必有邻’。自己有道德的涵养,能体用兼备,自然会影响近身的人。……所以我以为如果寂寞能当成一种享受,那就可以讲道德了。如果你视寂寞为痛苦而不是享受,就难讲真学问真道德了。但是在此,孔子告诉我们,如果真为道德而活,绝对不会孤苦伶仃,一定有与你同行的人,有你的朋友。”

孔子说“德不孤,必有邻”,就是相信人,相信人皆有向善之本心,人皆可以为尧舜。

4.26 子游曰:“事君数①,斯②辱矣;朋友③数,斯疏④矣。”

【注释】

①数(shuò):多次,这里指多次、频繁地提意见。 ②斯:副词。就。 ③朋友:在这里指对朋友劝善规过。 ④疏:疏远。

【译文】

子游说:“侍奉君主[如果]频繁地提意见,就会招致羞辱;对待朋友[如果]频繁地提意见,就会造成疏远。”

【说解】

《颜渊》第二十三章:“子贡问友。子曰:‘忠告而善道之,不可则止,毋自辱焉。'"

南怀瑾的《论语别裁》对本章作了如下的说明:"子游的话为什么放在这里?这是人性的另一面。虽然行仁之道,理所当然,但是要讲究方法。譬如大家喜欢看《贞观政要》这本书。魏徵的忠贞和他的道德学问,使唐太宗很敬畏,而且信任他。唐太宗喜欢一只小鹞子,一天正在玩鸟,魏徵来了,唐太宗怕他讲话,赶快把小鸟藏到怀里,魏徵假装没看到,故意留下来和他谈国家大事,唐太宗心里虽为鸟着急,也拿他没办法。等魏徵走了,唐太宗拿出怀里心爱的小鸟一看,早已魂归奈何天了。于是伤心得回到后宫,大发雷霆说:'我非杀掉这个田舍翁(乡巴佬,指魏徵)不可!'长孙皇后问明了原委,立刻穿了大礼服向唐太宗行礼道贺,唐太宗说有什么可贺的?皇后说,唐朝有魏徵这样的好臣子,又有你这样的好皇帝,这是有史以来没有过的好现象,国家的兴盛是可期的,这还不可贺吗?于是唐太宗息怒不谈了。以唐太宗这样器量宽宏的人,对魏徵的意见,样样接受,到最后唐太宗还气得要杀他,若不是唐太宗的皇后暗中救魏徵一把,这个老头儿的头也是要保不住的啊!后来魏徵死了,唐太宗终于信了谗言,还是把他的墓碑给推倒了。一直到唐太宗征高丽失败,才又想起魏徵若在,必不会有此失。因此又树立起他的墓碑。"

公冶长第五

本篇共28章，主要评论古今人物的贤否得失。儒家认为这是格物穷理的一个重要方面。

5.1　子谓公冶长①："可妻②也。虽在缧绁③之中，非其罪也。"以其子④妻之。

【注释】

①公冶长：姓公冶，名长，字子长，齐国人。是孔子在齐国时收的弟子。《论语》中提到他的只有这一章。从现有资料看，公冶长并没有什么特殊的才能，其道德、学问在同门中并不出色。民间传说，公冶长懂得鸟语，而且编出许多故事，也都是不可信的。本章提到的公冶长曾被囚禁过，可能因为某个案件把他牵扯进去，不久也就被释放了。唐诗人沈佺期有诗说："不知黄雀语，能免冶长灾。"说公冶长入狱和通鸟语有关。这只能是传说。由于公冶长是孔子喜爱的弟子之一，又是孔子的女婿，所以后代奉祀孔子，他也跟着受祀。

②妻（qì）：本是名词，在这里作动词用。把女儿嫁给他。　③缧绁（léi xiè）：捆绑犯人的黑绳子。这里代指监狱。　④子：儿女。这里指女儿。

【译文】

孔子谈论公冶长，说："可以把女儿嫁给他。他虽然被囚禁在监狱里，但不是他的罪过。"[于是]把女儿嫁给了公冶长。

【说解】

由本章的内容看，我们可以知道孔子为人的一个方面。孔子认识许多权贵，而那些权贵又很敬仰他。他的弟子中，有钱的、有势的、德才兼备的也很多，他却把女儿嫁给了公冶长，一个曾入过狱的人。他看中的，是公冶长的德，认为他"可妻"。我想公冶长大概属于那种"人不知而不愠"的君子，所以得到了孔子的器重。圣人身上,一点也没沾染俗人的气味。

5.2　子谓南容[①]:"邦有道[②],不废[③];邦无道,免于刑戮[④]。"以其兄之子妻之。

【注释】

①南容:姓南宫,名适(kuò),字子容。《论语》中二次提到南宫适,他是孔子的得意弟子。因为他的性情、思想十分符合孔子对弟子的要求,所以孔子称他为"君子"(14.5)。南宫适尚德、慎言,而且有智谋,所以在春秋时代能做到"邦有道,不废;邦无道,免于刑戮"。鲁昭公二十五年(前517年),因讨伐季氏失败,昭公逃亡到齐国,孔子也带着弟子去了齐国,其中就有南宫适。
②邦有道:指国家政治上了轨道,社会稳定,政权巩固。　③废:废置,指人才不被使用。　④刑戮(lù):泛指受刑罚,不论轻重。

【译文】

孔子谈论南容,说:"国家有道的时候,不被废弃[,有官职];国家无道的时候,他也能免于刑罚。"[于是]把哥哥的女儿嫁给了南容。

【说解】

孔子的出身很苦,他的生母是继室。孔子的前母留下来一个残废的哥哥,家里很穷。孔子十一二岁时就担负起了家庭生活,一切艰难困苦他都尝过,他是从艰苦中站起来的一个人。他因道德、文化、学问被后人尊称为圣人,并不是偶然的。他对哥哥孟皮早死留下来的女儿,也是尽心地照顾,最后将侄女嫁给了南容。

有人说,公冶长之贤赶不上南容,所以孔子把女儿嫁给公冶长,而把侄女嫁给南容,这是厚于兄而薄于己也。宋程颐批评这种说法是"以己之私窥圣人",圣人的言行都出于公心。把两个孩子嫁人,为她们选婿,是由种种因素决定的,如年龄的大小、机遇的早晚等,不是为了避嫌才这样做。

关于南容的性格,可以参看《先进》第六章。

5.3　子谓子贱[①]:"君子哉若人[②]!鲁无君子者,斯焉[③]取斯[④]?"

【注释】

①子贱:姓宓(fú),名不齐,字子贱,鲁国人。孔子的弟子,比孔子小30岁。子贱曾任单父(今山东单县)宰,史称:“有才智,爱百姓,身不下堂,鸣琴而治。能尊师取友,以成其德。”著有《宓子》16篇,久佚。后经清人马国翰收集整理,成《宓子》一卷。 ②若人:这个人。若,代词。此,这。 ③焉:疑问代词。哪里,怎么,怎样。 ④斯:代词。在句中,第一个“斯”代指子贱,第二个“斯”代指君子的品德。

【译文】

孔子谈论子贱,说:“这个人真是君子啊!假如鲁国没有君子,这个人从哪里学得这样好的品德呢?”

【说解】

春秋末年,礼崩乐坏,周代文化走向没落,真正懂得礼乐、道德高尚的君子也似乎很少了。本章孔子借评论子贱,想说明鲁国并不乏君子。

本章孔子对宓不齐给予了很高的评价,想来他一定有过人之处,可惜在《论语》中只出现了一次。在《孔子家语》《吕氏春秋》和《韩诗外传》等书中,却有很多宓不齐为政的记载。

据《说苑·政理》和《孔子家语·子路初见》的记载,孔子赞扬宓不齐的话,是在下面的情况下说的:

孔子有个侄儿叫孔蔑,跟宓不齐一块做官。孔子去看望孔蔑,并问他:“自从你做官得到了什么?失去了什么?”孔蔑回答说:“没得到什么,却失去了三样东西:一是工作忙,没有工夫复习,学到的东西总也弄不明白。二是俸禄少,亲戚因得不到周济而疏远。三是公事多,是急于要办的,所以不能吊死问疾,致使友情也淡漠了。”孔子听了不高兴,就又拿同样的问题去问宓不齐,他说:“我自从做官没有失掉什么,却得到了三样东西:一是过去背熟的东西得以实践,使得到的知识更明白了。二是得到的俸禄除自用外,还能帮助亲戚,使骨肉更亲近了。三是虽有公事,但同时可以吊死问疾,所以友情更深厚了。”孔子听后十分感叹地说:“君子哉若人!鲁无君子者,则子贱焉取斯?”孔子还不无遗憾地说:“可惜子贱只做到单父宰。子贱原非只有治理一个采邑的才华,如果官做得再大一些,成就会非同一般。”

5.4 子贡问曰:“赐也何如?”子曰:“女,器也。”曰:

"何器也?"曰:"瑚琏[1]也。"

【注释】

①瑚琏(hú liǎn):古代祭祀时盛粮食(黍稷)用的一种器皿。竹制,上面用玉装饰,很华美,有方形的,有圆形的。夏代称"瑚",殷代称"琏",是相当尊贵的。

【译文】

子贡问孔子:"我是怎样一个人?"孔子说:"你好比一个有用的器皿。"[子贡]问:"什么器皿?"孔子说:"是[宗庙里祭祀用的器皿]瑚琏。"

【说解】

子贡听了孔子对其他弟子的评论,当然想知道老师对自己的看法。老师的话,一言九鼎,能使他认识真的自我。

孔子对子贡做了较高的但实事求是的评价,说他是"瑚琏",是廊庙之材。子贡听了,自然高兴。

子贡与其他弟子相比,应该是个多面手,在语言、政治、经济、外交等方面都是出类拔萃的,究竟应该怎样评价他?说他是政治家?外交家?市场学家?语言学家?都不能概括多才的子贡。还是孔子的评价好:子贡是"瑚琏",国家的廊庙之材。

5.5　或曰:"雍[1]也仁而不佞[2]。"子曰:"焉用佞?御[3]人以口给[4],屡憎于人。不知[5]其仁,焉用佞?"

【注释】

①雍:姓冉,名雍,字仲弓。鲁国人,与冉求、冉耕同宗。小孔子29岁。他出身贫贱,不善于口才,但品德高尚。他曾向孔子请教什么是仁。孔子提出了"己所不欲,勿施于人"(12.2)的名言。他向老师表示:"雍虽不敏,请事斯语矣!"他虽然没有达到仁的境界,但确实在努力实践老师的教导。他与颜回、闵子骞、冉耕同属"德行"一科(11.3)。孔子很喜欢和器重冉雍,说:"雍也可使南面。"(6.1)后来他做了季氏的家臣,曾向孔子请教为政之道。在政治上他主张"居敬而行简"(6.2),得到孔子的首肯。　②佞(nìng):有口才,能言善辩;花言巧语(贬义)。　③御:抗拒。这里指与人家辩驳。　④口给(jǐ):话多,言词不穷。给,本义是丰足。　⑤不知:孔子说"不知",不是

真的不知，是“不同意”的一种表达方式。

【译文】

有人说：“冉雍是个仁人，却不善于口才。”孔子说：“何必要口才呢？凭口才同人家辩驳，常常引起别人的讨厌。我不知道冉雍是不是个仁人，但为什么一定要有口才呢？”

【说解】

据文字学家考证，汉字先有“仁”，后有“佞”。“佞”原来的意思并不坏，一个人善于言谈，是一种才能（今天有些行业非得有口才不可）。所以，人们评论冉雍，说他“仁而不佞”，“不佞”是个缺点，按这些人的意见，冉雍“仁而佞”就好了。可是孔子认为“不佞”并不是缺点。孔子认为没有的、不着边际的话要少说，说多了就成了花言巧语，是让人讨厌的。如果强嘴利舌、花言巧语成为一个人的性格，那就是“佞者”了。孔子是憎恶“佞者”的（11.25）。

孔子一贯主张“言行一致”，主张“先行其言而后从之”，闲话、没用的话、做不到的话要少说，但并不意味着孔子不注意对弟子们的语言训练。弟子们根据孔子平时对他们的评论，把其中最好的十个人按其特长分为四科，宰我、子贡就属于“语言”科（11.3）。在春秋战国时代，政治斗争十分激烈，非常需要人才。那时没有“举孝廉”和科举制度，人才的选用有多种途径，自我推荐是其中的一条。这样，语言就显得非常重要。孔子是注意对弟子们的语言训练的（参看12.20）。

孔子认为不善于言谈不是缺点，善于言谈是优点，但反对花言巧语，说了不做。

5.6 子使漆雕开①仕②，对曰：“吾斯之未能信③。”子说④。

【注释】

①漆雕开：复姓漆雕，名开，字子开（一说字子若）。小孔子11岁。《韩非子·豆学篇》说他性格刚直。他的理论是：对人神色不屈从，目光不回避。行为不正当，连奴仆也不敢见；行为正当，连君主也敢顶撞。在人性问题上，他主张性有善有恶。后收徒讲学，弟子众多，形成了一个很有影响的学派，被韩非子称为“漆雕开之儒”，列为儒家八派之一。所著《漆雕子》13篇，久佚。经清人马国翰收集整理，成《漆雕子》一书。　②仕：做官。　③吾斯之未能

信："斯"，代词，是"信"的宾语，指做官这件事。"之"是复指。这样形成"吾未能信斯"的倒装。　④说：通"悦"。

【译文】

孔子让漆雕开去做官。他回答说："我对做官还没有信心。"孔子听了很高兴。

【说解】

孔子既然让漆雕开去做官，必是认为他有这个能力，而漆雕开却没有答应。儒家主张"学而优则仕"(19.13)，"不仕无义"(18.7)，孔子为什么对漆雕开的不仕高兴呢？清王夫之在《读四书大全说》中说："而子之所以悦开者，悦其不自信之切于求己。"就是说，孔子喜欢漆雕开的严格要求自己。据《韩非子·显学篇》介绍，漆雕开性格刚直，对自己要求严格，答应别人做的事情，一定要做好，否则宁可不做。这是他未能答应老师要求的原因吧！

5.7　子曰："道不行，乘桴[①]浮于海，从[②]我者，其[③]由与？"子路闻之喜。子曰："由也好勇过我，无所取材[④]。"

【注释】

①桴(fú)：用竹子或木头编成的简单的水上交通工具。大的叫筏，小的叫桴。　②从(zòng)：跟随。　③其：副词，表示推测。大概，可能，恐怕。　④材：同"哉"。句尾语气词。

【译文】

孔子说："我的道行不通，我想乘木筏到海外去，跟随我的人，可能只有仲由吧？"子路听了这话很高兴。孔子又说："仲由这个人争强好胜超过我，这就没有什么可取的了。"

【说解】

孔子说的"乘桴浮于海"是一件十分危险的事情。孔子表示，自己去从事危险的事情，能跟随自己的恐怕只有仲由吧？子路对老师的赞许和信任自然十分高兴。孔子不失时机地对自己心爱弟子的缺点提出批评。孔子告诉子路：勇敢是很可贵的品质，但如果"过分"，不但不可贵，而且将成为不可取的缺点。

孔子在许多地方告诫子路有勇还要有谋。如："暴虎冯河，死而无悔者，吾不与也。必也临事而惧，好谋而成者也。"(7.11)可惜子路遇事没能按老师的话去做，最后遇害。

孔子说“道不行，乘桴浮于海”只是一时的感叹。他已知天命，必然要“知其不可为而为之”的，不会放弃自己的理想。

5.8 孟武伯[①]问：“子路仁乎？”子曰：“不知也。”又问。子曰：“由也，千乘[②]之国，可使治其赋[③]也，不知其仁也。”“求也何如？”子曰：“求也，千室之邑[④]，百乘之家[⑤]，可使为之宰[⑥]也，不知其仁也。”“赤[⑦]也何如？”子曰：“赤也，束带[⑧]立于朝，可使与宾客言也，不知其仁也。”

【注释】

①孟武伯：已见于2.6。 ②乘（shèng）：量词，一辆车。“千乘之国”已见于1.5。 ③治其赋：古代以田赋地税出兵役，故称兵为赋。治其赋，即管理赋税和军政工作。 ④邑：国家的政治设施，相当于后世的乡镇，周围的土地归属于邑。大的可以至千室或万室，最小的也可以十室。 ⑤家：指的是卿、大夫的采地食邑。家，可设“家臣”，以管理政务。 ⑥宰：商代开始设立，掌管家务和家奴。两周也沿袭下来。春秋时，卿、大夫的家臣和采邑的长官也都称宰。 ⑦赤：姓公西，名赤，字子华。鲁国人。孔子的弟子。小孔子42岁。公西赤是一个很活跃、不墨守成规的年轻人。据《淮南子·齐俗训》说：其养亲“若与朋友”。这在当时是很新鲜的。他熟悉礼仪，长于应对，很有外交才能。曾代表孔子出使齐国（见6.4）。 ⑧束带：整理衣服，扎好衣带。这里指穿上礼服去上朝。

【译文】

孟武伯问道：“子路仁吗？”孔子说：“不知道。”又问。孔子说：“仲由这个人，在一个有一千辆兵车的国家里，可以让他负责赋税和军政的工作，不知道他是否仁。”“冉求这个人怎么样？”孔子说：“冉求这个人，在有一千户人口的城镇或有一百辆兵车的采邑，可以让他担任总管，不知道他是否仁。”“公西赤这个人怎么样？”孔子说：“公西赤这个人，穿上礼服，立于朝廷之上，可以让他接待外宾，不知道他是否仁。”

【说解】

通过《论语》的许多章，可知春秋时人们想了解一个人，常常先问他是否“仁”。当时人们已经知道“仁”是人的最高尚的品格，“仁”可代表“全德”。

在孔子的心目中，"仁"是人的本心，是人的最善良的内在本质。究竟谁能够上"仁"呢？孟武伯认为孔子最得意的、很活跃的几位弟子差不多了吧？于是他挨个问子路、冉求、公西赤是不是做到"仁"了。孔子认为自己的弟子除颜回之外，子路等人只是在短时间内想起"仁"罢了（见 6.7），都够不上"仁"。但子路等人在政治、外交上还是很能胜任的。可以看出孔子对自己得意弟子的评价是实事求是的，没有一点水分。

本章可以和第十九章论令尹子文和陈文子合看，可见孔子是不轻易以"仁"许人的。

5.9 子谓子贡曰："女与回也孰愈①？"对曰："赐也何敢望②回？回也闻一以知十③，赐也闻一以知二④。"子曰："弗⑤如也，吾与⑥女，弗如也。"

【注释】

①愈：更好，更强。　②望：仰望，这里有相比的意思。　③闻一知十：一是数的开始，十是数的终了。子贡用"闻一知十"来说明颜回颖悟能力强，能即始见终。　④闻一知二：闻一只能知道和"一"相邻的"二"，稍远一点的"三"都不知道。表明理解的面很窄。　⑤弗（fú）：不。　⑥与（yù）：动词。赞同。

【译文】

孔子对子贡说："你和颜回相比，谁更强一些？"子贡回答说："我怎么敢和颜回相比呢？颜回听到一件事，能够即始见终，了解事物的整体；我听到一件事，只能因此而识彼，理解的面很窄。"孔子说："［你］是不如他，我赞同你的话，［你］是不如他。"

【说解】

在孔子的众弟子中，子贡是很聪明的，事业上也有了成就。无论是在社会上还是在"国际上"的名气，他都比颜回大得多，有些人甚至认为子贡比孔子还强（见 19.23、25）。孔子很了解自己的学生，子贡虽是一个杰出的人才、廊庙之具，但在进德修业与真理的颖悟上，与颜回不能相比。

孔子担心子贡依仗自己的聪明和名气，不能正确认识自己，于是找机会让子贡自己和颜回做一比较。子贡不愧为一位贤者，他对自己和颜回的差距十分清楚。他不是简单地认为自己不如颜回，而是通过数字表明自己和颜回差得很远很远。一个人能闻一知二，由此而识彼就算是很聪明了，而颜回竟能闻一知十，即始而见终，什么人能比得上呢？

孔子对子贡能有自知之明，恰当地给自己定位，十分赞许。

5.10　宰予昼寝。子曰："朽木不可雕也，粪土之墙不可圬[①]也。于予与何诛[②]？"子曰："始吾于人也，听其言而信其行[③]；今吾于人也，听其言而观其行。于予与改是[④]。"

【注释】

①圬(wū)：泥工抹墙的工具叫"圬"。这里名词作动词用，意思是"粉刷"(墙壁)。　②诛：责备，谴责。　③行(xìng)：名词。行为，做事。④是：代词。此，这。在这里代指观察人的方法。

【译文】

宰予在白天睡觉。孔子说："腐朽的木头不能再雕刻什么了，粪土的墙壁不能再粉刷了。对于宰予，何必再责备他呢？"孔子说："最初我对于人，是听了他的话就相信他会按说的去做；现在我对于人，是听了他的话，还要观察他是否真的做了。宰予这个人使我改变了观察人的方法。"

【说解】

人们常赞扬"严师益友"。所谓严师，一则对学生的进德修业要求严，一则对学生的错误绝不宽恕。在《八佾》第二十一章我们对宰予已作了介绍。宰予是一位思想活跃、敢说敢做的人。他"我行我素"，不守规矩。这次挨批评，可能是因为他在孔子讲课时睡大觉。

从本章的批评来看，孔子是否认为宰予已不可救药了呢？不是。批评是批评，教育是教育，教育寓于批评之中，这才是孔子。孔子不只对宰予，对别人的批评也很严厉。例如孔子批评子路是"侫者"(11.25)。冉有做季氏的家臣为季氏聚敛财富，孔子知道后非常气愤，说："非吾徒也，小子鸣鼓而攻之，可也。"(11.17)简直要把冉有开除学籍，还要大张旗鼓地口诛笔伐。宰予的错误不过是昼寝而已。

这样严厉的批评，弟子们受得了吗？古时一个人所尊敬的是"天地君亲师"，老师的地位仅次于父母。老师的批评再严厉，也要洗耳恭听，下决心改正。当然古时的老师对学生也非常负责任。

我认为"始吾于人也"句中的"人",孔子是指自己的学生说的,这样上下文才协调。至于社会上的人,孔子是不会轻易地"听其言而信其行"的。自己的学生,都是求上进的,孔子自然"听其言而信其行"了。但人的性格不同,在众弟子中难免要有像宰予这样能言善辩、言行脱节的人,所以孔子改变了观察人的方法,以是否身体力行来作为检验道德修养的试金石。

5.11 子曰:"吾未见刚者。"或对曰:"申枨①。"子曰:"枨也欲②,焉得刚?"

【注释】

①申枨(chéng):姓申,名枨,字周。鲁国人。在《史记·仲尼弟子列传》中有"申党"。古音"党"和"枨"相近,那么"申党"就是"申枨"。但也有人认为是两个人。 ②欲:私欲重。

【译文】

孔子说:"我没见过刚毅不屈的人。"有人回答说:"申枨[是刚者]。"孔子说:"申枨这个人私欲重,怎么能刚毅不屈呢?"

【说解】

刚毅不屈是周礼的一个德目,也是仁的一种品质,一个人的私欲重,就不能刚毅不屈。一个人想刚毅,必须克服私欲,要做到富贵不能淫,贫贱不能移,威武不能屈。梁皇侃说:"刚者质直而明理者也。夫子以时皆柔佞,故云:'吾未见刚者'。"(《十三经注疏》)

5.12 子贡曰:"我不欲人之加诸①我也,吾亦欲无加诸人。"子曰:"赐也,非尔所及②也。"

【注释】

①诸:"之于"的合音。 ②及:赶得上,做得到。

【译文】

子贡说:"我不愿意别人强加给我的事情,我也不愿意把它强加给别人。"孔子说:"端木赐啊,这不是你所能做到的。"

【说解】

子贡的话,是由自己想到别人,实质上就是"己所不欲,勿施于人"的恕道,是实践"仁"的着手处,也是"仁"的内涵。子贡想到了,但真正做到还是很难的。

这里我们最好看一看《卫灵公》第二十四章子贡和孔子的一段对话:"子贡问曰:'有一言而可以终身行之者乎?'子曰:'其恕乎!己所不欲,勿施于人。'"从内容看,这次对话应该发生在本章对话之前。子贡听了老师的教导,心领神会,决心要"我不欲人之加诸我也,吾亦欲无加诸人。"孔子听了子贡的决心,心里当然高兴,但很认真地告诉他:"赐也,非尔所及也。"这也许是为了鼓励他,使他认识到要行"恕"道必须下一番苦功吧!(请参看15.24)

5.13 子贡曰:"夫子之文章①,可得而闻也;夫子之言性②与天道③,不可得而闻也。"

【注释】

①文章:孔子是古代文献的整理者,这里的"文章"是指有关古代文献的学问。在《论语》中我们看到的有《诗》《书》《史》《礼》等。 ②性:人的本性。有人把"性"解释为"人的自然本性"。所谓"人的自然本性"就是《孟子·告子上》中所说的"食色性也"的"性"吧!这样的性与动物之性又有什么区别呢?这里的"性"应该是人区别于动物的本性,即人的"良知",也就是"仁"。 ③天道:宇宙和人生的终极的道理。

【译文】

子贡说:"老师关于文献方面的学问,我们听得到;老师关于性与天道的理论,我们不能听到。"

【说解】

关于本章,当代新儒家牟宗三先生有一段很好的说明,现摘录如下:"所谓'文章',当然不是文学作品,而是成文而昭彰的东西,其中最典型的应是实际的工作或事业。其次,'不可得而闻'向来有相异的两种解说:第一种是说孔子认为性与天道过分玄妙深奥,索性根本不谈它们;另一种说法认为孔子不讲性与天道,只因性与天道不易为青年学生所领悟,所以很少提及。我们可以推想,子贡说'不可得而闻'那话时,年龄一定不小了,最低限度他可略懂性与天道的道理。如此,他所说的'不可得而闻'其实是对孔子的赞叹,这赞叹又表示子贡对性与天道有若干程度的解悟。也许,孔子的确很少谈论性与天道,从《论语》看来是如此;然而,孔子五十而读《易》,至'韦编三绝',而且又曾赞《易》,显然他对《易经》下了一番功夫。《易经》的中心就是性与天道,因此孔子对性与天道，确曾下了一番研究的心血。说孔子对性与天道根本不谈，或根本无领悟，那是不对的。不过他不愿客观地空谈，而却开辟了仁、智、圣的领域。只要践仁成圣，即可契悟天道。”（牟宗三：《中国哲学的特质》第五讲《孔子的仁与“性与天道”》，上海古籍出版社 1997 年版。）

子贡天资聪颖，他从孔子讲述的仁、智、圣等理论中，领悟到孔子的思想核心是性与天道，但孔子却很少直接谈性与大道。在《论语》中谈到“道（天道）”的，只有“朝闻道，夕死可也”（4.8）、“士志于道”（4.9）、“吾道一以贯之”（4.15）等，但对道的理论与实质却避而不谈。

5.14　子路有闻，未之能行[①]，唯恐有[②]闻。

【注释】

①未之能行：即未能行之。之，代词，“行”的宾语，因是否定句，前置。　②有：同“又”。

【译文】

子路听到某一道理，在还没有能够去做的时候，唯恐又听到另外的道理。

【说解】

由本章看出，子路勇于为善。他不急于“闻”，而急于“行”。行就行到底。这句话很能表现子路的性格。有人这样称赞子路：其人巍巍堂堂，一任其真。他以真对真，以真对假，平实以对，无有诡谲。他具有朴野愤悱的真性情，是一个浩然刚正的大生命。

孔子对子路这种敢作敢为的性格并不完全赞同。所以当子路向老师请教“闻斯行诸”时，孔子说：“有父兄在，如之何其闻斯行之？”孔子是希望子路在“行”上多动脑筋（见 11.22）。

5.15　子贡问曰：“孔文子[①]何以谓之‘文’也？”子曰：“敏而好学，不耻下问，是以[②]谓之‘文’也。”

【注释】

①孔文子：卫国的执政上卿，姓孔，名圉（yǔ），字仲叔。“文”是谥号。古代帝王、贵族、大臣等死后，根据他生前的品德、事迹所给予的称号叫“谥”。例如鲁哀公的“哀”，晋文公的“文”；诸葛亮谥“忠武”，岳飞谥“武穆”

等。　②是以:因此,所以。

【译文】

子贡问道:“孔文子凭什么被谥为‘文’呢?”孔子说:“他聪明勤快,爱好学习,向下面的人请教而不以为耻,所以被谥为‘文’了。”

【说解】

据《左传》记载,孔圉是卫国的老臣,很有权势。他让卫国的继承人太叔疾休弃了妻子,而把自己的女儿孔姞(jí)嫁给他。而太叔疾结婚后,又和前妻的妹妹同居,这使孔圉十分生气,就夺回自己的女儿,并且要去攻打太叔疾。在动手之前,他先征求孔子的意见。这时孔子在卫国已待了很长时间,在卫国君臣的心目中有很高的威望,他的弟子有的已在卫国做了官。孔圉问孔子怎样攻打太叔疾。孔子说:“祭祀的事情,我曾经学过;战争的事情,我没有听说过。”说完就命人套车,想离开卫国,并且说:“鸟则择木,木岂能择鸟?”孔圉连忙拦住孔子说:“圉哪里敢为自己打算?我为的是防止卫国的祸患。”孔子见孔圉是真心实意留自己,就决定不走了。正在这时,鲁国派人带着财礼请孔子回国,于是孔子就回国了。

看来孔圉这个人的品德并不好,而“文”是一个好谥号,因此子贡提出疑问。孔子认为孔圉的品德虽然不好,但他身上还有“敏而好学,不耻下问”的优点。位高者往往不好学而耻下问,而孔文子却不是这样,所以谥为“文”了。古代的谥法很宽,所谓“节以一惠”,就是把一个人身上的许多缺点都“节略”,而取其中一善来谥。

5.16　子谓子产[1]:“有君子之道四焉:其行己也恭,其事上也敬[2],其养民也惠,其使民也义[3]。”

【注释】

①子产:公孙侨,字子产,郑穆公的孙子,是春秋时郑国有名的贤相。在郑简公、郑定公时执政22年。其时晋楚争霸,郑国正处于两大国之间,是两国必争之地。由于子产的不亢不卑、运筹周旋,使郑国得到尊敬,保全了国土。他是中国古代杰出的政治家和外交家。　②敬:严肃认真。　③义:事之宜也。合理适宜的事称义。

【译文】

孔子谈论子产,说:“[他]有四种行为合于君子之道:他自己的言谈行止，庄严恭敬；他侍奉君主，严肃认真；他教养人民，有恩有惠；他使唤人民，合乎义理。”

【说解】

在《左传》中，子产（公孙侨）的名字共出现139次，可见他有许多事迹流传后世。子产的政治思想和措施也是孔子所称赞的。例如郑简公二十五年，晋平公有病，郑国派子产去问候。晋平公问他：“我经人占卜，说我有病是因为有鬼神作祟，对吗？”子产说：“所谓鬼神，并不伤害您的身体。您的病是因为饮食、哀乐、女色过度而引起的。”郑定公六年，郑国发生大火。郑定公想举行仪式向鬼神祈祷来消除灾殃。子产说：“国君您祈祷鬼神不如修养品德。”

子产为郑国相，任用贤能，实行重大改革，国人不理解，就念诵说：“计算我的家产而收费，丈量我的耕地而征税（丘赋制），谁杀死子产，我助他一臂之力。”子产听到了说：“这有什么妨害？如果有利于国家，生死都由它去。……《诗》说：‘在礼义上没有过失，为什么担心别人说的话？’我是不会改变的。”三年后，郑国的政局稳定，生产发展，人民的生活得到改善。国人又念诵说：“我有子弟，子产诲之；我有田畴，子产殖之。子产而死，谁其嗣之？”所以当子产死时，据《史记·郑世家》记载：“［郑］声公五年，郑相子产卒。郑人皆哭泣，悲之如亡亲戚。子产者，郑成公少子也。为人仁爱人，事君忠厚。孔子尝过郑，与子产如兄弟云。及闻子产死，孔子为泣曰：‘古之遗爱也！’”子产年长，孔子兄事子产。看来孔子对子产是十分了解的。孔子对子产的评价很高，有根有据。

5.17　子曰：“晏平仲[①]善与人交，久而敬之[②]。”

【注释】

①晏平仲：姓晏，名婴，字仲。一说“平仲”为谥号。齐国的贤大夫，历任灵公、庄公、景公三世。曾任宰相，是当时著名的政治家。他平生厉行节俭，食不重（chóng）肉，一件狐裘穿了30年。传世的有《晏子春秋》一书，此书不是晏婴亲自写的，是战国时人收集晏婴的言行编辑而成。　②之：代词，代晏婴。一说指代朋友。

【译文】

孔子说：“晏平仲善于和别人交往，相交愈久，别人愈尊敬他。”

【说解】

齐庄公六年（前548年），权臣崔杼杀死了齐庄公，要求国人都服从他。在死亡的威胁下,晏婴发誓服从国家,决不效忠私人。景公时晏婴为相,他的生活依然十分简朴,住在低矮潮湿的屋子里。《史记·管晏列传》说他"以节俭力行重于齐。既相齐,食不重肉,妾不衣帛"。司马迁还称赞他:"进思尽忠,退思补过。"

本章孔子从交友方面赞扬晏婴。孔子到齐国去,和晏婴相处得不错,但二人的政治观点却不同。齐景公想封孔子,把孔子留在齐国,却遭到晏婴的反对。他认为,对齐国来说,孔子之道"不可以示世,其教也不可以导民"。虽然这样,经过长期的交往,孔子还是十分敬重晏婴。据孔子观察,别人对晏婴也是"久而敬之",所以孔子说:"晏平仲善与人交。"

5.18 子曰:"臧文仲[①]居蔡[②],山节藻棁[③],何如其知[④]也?"

【注释】

①臧文仲:姓臧名辰。春秋时鲁国大夫。历任庄公、闵公、僖公、文公四朝。执政期间,废除了关卡,促进了商业的发展。《左传·庄公二十八年》说,在鲁国大饥荒时,"臧孙辰告籴于齐,礼也"。看来他在政治上做了一些好事,死后谥"文"。但也遭到了孔子的批评,孔子批评他是"窃位者"(见15.14)。

②居蔡:蔡,蔡国出产的大乌龟,用来占卜。居,居处。这里是使动用法。意思是"使蔡居住"。　③山节藻棁(zhuō):即雕梁画栋。节,房柱子头上的斗拱;山节,是把斗拱雕刻成山形。棁,梁上短柱;藻棁,是在短柱上画上藻草图案。　④知:同"智"。

【译文】

孔子说:"臧文仲为大乌龟盖了房子,把房子的斗拱雕刻成山形,在房梁的短柱上画了藻草,这个人怎么能说是明智呢?"

【说解】

臧文仲是孔子前一百多年的鲁国著名大夫。在鲁国上下都有很好的声誉。在他死后,人们还常常提起他。鲁襄公二十四年,穆叔出使晋国,有一次和晋国的范宣子讨论什么是"死而不朽"的问题时,穆叔说:"鲁国有一位大夫叫臧文仲,死了以后,他的话世世不废弃。'死而不朽'说的就是这个吧?"这时臧文仲已逝世70年了。

看臧文仲生前,在政治上的确是一位肯动脑筋的人。鲁僖公二十一年,鲁国大旱,僖公要烧死巫师和仰面朝天的畸形人。文仲说:"这不是防旱的办法,想防旱就要减少开支,效力农事,劝人施舍。如果是巫师和畸形人能造成旱灾,烧死他们,旱灾会更厉害。”僖公听从了臧文仲的话,这一年虽有饥荒,但没有伤害百姓。

第二年,邾人要攻打鲁国,僖公认为邾国弱小,也不设防。臧文仲说:“国家无所谓弱小。应该像《诗》上所说,‘战战兢兢,如临深渊’。你不要认为邾国小,黄蜂蝎子虽小,但都有毒,何况一个国家呢?”僖公不听,结果被邾国打败。

臧文仲在政治上有远见,而自己却迷信蔡龟,就不能说是聪明了。《左传》记载,孔子批评臧文仲有三不智:一是养了一个大乌龟;二是纵容不合顺序的祭祀;三是祭祀海鸟爰居。孔子认为龟卜未必有灵,吉凶求其在己。

5.19　子张问曰:“令尹子文[①]三仕为令尹,无喜色,三已[②]之,无愠色。旧令尹之政,必以告新令尹。何如?”子曰:“忠矣。”曰:“仁矣乎?”曰:“未知,焉得仁?”

“崔子[③]弑齐君[④],陈文子[⑤]有马十乘[⑥],弃而违[⑦]之,至于他邦,则曰:‘犹吾大夫崔子也。’违之。之一邦,则又曰:‘犹吾大夫崔子也。’违之。何如?”子曰:“清矣。”曰:“仁矣乎?”曰:“未知。焉得仁?”

【注释】

①令尹:楚国的宰相叫令尹。子文,姓鬬(dòu),名榖於菟(gòu wū tú),字子文。楚语“榖”是“乳”的意思,“於菟”是老虎。据说子文是吃虎奶长大的。他是楚国著名的贤相。　②已:停止。这里指罢免,去职。　③崔子:指齐国大夫崔杼(zhù)。　④弑(shì)齐君:古时臣杀死君主或子女杀死父母叫弑。崔杼杀的君主是齐庄公。　⑤陈文子:齐国大夫,名须无。崔杼弑齐庄公时,陈文子离开了齐国,两年后又回来。　⑥乘(shèng):量词,四匹马拉的一辆车叫一乘。马十乘是40匹马。　⑦违:离开,离别。

【译文】

子张问道:“令尹子文三次做令尹,没有喜色;三次被罢免,也没有流露出怨恨的意思。[每次被免职]一定把自己的一切政令公务全告诉接任的令尹。[这个人]怎么样呢?”孔子说:“够得上忠了。”[子张]说:“够得上仁了吗?”[孔子]说:“不知道。这怎么能算是仁呢？”

[子张又问:]“崔杼杀了齐庄公，陈文子有40匹马，他舍弃不要，离开了齐国。到了另一个国家，说道：‘[这里的执政者]同我们的崔子差不多。’又离开了，再到另一个国家，又说：‘[这里的执政者]同我们的崔子差不多。’又离开了。[这个人]怎么样呢？”“孔子说：“够得上清白了。”[子张]说：“够得上仁了吗？”[孔子]说：“不知道。这怎么能算是仁呢？”

【说解】

根据《左传》，楚国令尹子文于鲁庄公三十年（前664年）开始做令尹，到鲁僖公二十三年（前637年）让位给子玉，其间相距28年。在这28年中，可能有几次被罢免，过一段时间又被任命。他为官清廉，当政二十多年卸任之后，“无一日之积”。他的忠心更是有名，他喜怒不形于色，物我无间；知有其国，而不知有其身。所以子张认为子文算得上仁了。孔子修《春秋》，对各国的名人（包括反面的）都有公正的评价，对子文更为了解。孔子认为令尹子文做到忠了，还不够仁（关于“忠”“仁”关系请参看4.15的说明）。

崔杼弑齐庄公的事，就发生在鲁襄公二十五年（前548年），当时孔子3岁，《左传》的作者对这件事写得很精彩。许多大臣同时遇害。齐太史（史官）不怕死，直书“崔杼弑其君”，被杀。他弟弟继任太史，并没有畏缩，仍是直书“崔杼弑其君”，保持了中国史官的光荣传统。这时许多人逃往他国。晏婴没有走，而是伏在庄公尸体上大哭，因为晏婴的民望很高，崔杼没敢杀他。

陈文子在《左传》中出现了十几次。他对齐国的政局有清醒的认识，他早就预见到崔杼将不利于齐庄公。事后，他舍弃家业，离开齐国。但是走了几个国家后，看到各国政局和齐国是大同小异，两年后终于又回到齐国。子张看到陈文子舍弃家业，想找一块干净的地方而绝不与坏人同流合污，认为差不多够上仁了，于是向孔子请教。孔子认为陈文子做到清了，但还不够仁。

通过本章的师生对话，看出子张已认识到仁是人的最高精神境界，但什么是仁，还摸不准。

仁是孔子思想体系的核心，是指人的本心，是人的善良的内在本质。令尹子文和陈文子虽有过人之处，但还没有达到仁。

5.20　季文子①三思②而后行，子闻之，曰：“再③，斯可矣。”

【注释】

①季文子：鲁国人，姓季孙，名行父。“文”是其谥号。历任文公、宣公、成公大夫，鲁襄公时担任正卿。孔子生时，季文子已去世17年。　②三思：三，这里表示“多次”。旧读去声。　③再：下边应有一“思”字。《唐石经》作“再思”。

【译文】

季文子对每件事总是考虑多次才去做。孔子听到后，说：“考虑两次也就可以了。”

【说解】

今天我们提倡“三思而后行”，为什么孔子却不同意文子这样做呢？清宦懋庸的《论语稽》解释说：“文子生平盖祸福利害之计太明，故其美恶两不相掩，皆三思之病也。其思之至三者，特以世故太深，过为谨慎，然其流弊将至，利害徇一己之私矣。盖孝义节烈之士，虽天分学力兼而有之，而临时要必有百折不回之气而后可成。古今来以一转念之误而抱恨终身者多矣。此章再思三思，界限甚大，分际甚明，读者不可忽也。”

季文子在鲁为官34年，在各种政治风波中，居然能平安无事。他是从鲁文公时开始做官的，文公死后，季文子为了个人利益，协助襄仲杀死了太子恶和他的弟弟视，而立了庶子俀为国君，这就是鲁宣公。宣公死后，襄仲的儿子公孙归父当权。季文子为了去掉政敌归父，就在朝廷上说：“当初让我杀死嫡子，而立庶子的就是襄仲啊！”这样，鲁国就把襄仲的家族驱逐出国，公孙归父也逃亡到齐国。由这一件事可以看出季文子善于用心计。

还有一件小事，说明季文子遇事是“三思而后行”。文公六年，他去晋国聘问。出发前，他让人替他问一问，遇到丧事该用什么样的礼仪。手下人都说：“这用不着。”他说：用不着也没什么害处。季文子就是这样一个多思多虑、过分计较祸福利害的人。

5.21　子曰：“宁武子①邦有道，则知；邦无道，则愚②。其知可及也，其愚不可及也。”

【注释】

①宁武子：卫国人。姓宁，名俞。“武”是其谥号，他是卫庄公之子，文公、

成公时的大夫。比孔子大约早一百年。　　②愚：愚蠢，傻。

【译文】

孔子说："宁武子，当国家有道的时候，就聪明；当国家无道的时候，他就愚蠢了。他的聪明，别人可以赶得上，他的愚蠢，别人就赶不上了。"

【说解】

春秋时期是我国历史上大动乱、大转变的时代。几百个小国逐渐归并为几个大国，为建立一个多民族的统一国家奠定了基础。

一个诸侯国的兴衰，主要看该国的统治者是有道还是无道。《论语》中有许多章谈到士大夫阶层应如何面对有道和无道。卫国在春秋时介于晋楚两大国之间，处处受气。这样的诸侯国的大夫是很难当的。

朱熹的《论语集注》是这样介绍宁武子的："按《春秋传》，武子仕卫，当文公、成公之时。文公有道，而武子无事可见，此其知之可及也。成公无道，至于失国，而武子周旋其间，尽心竭力，不避艰险。凡其所处，皆智巧之士所深避而不肯为者，而能卒保其身，以济其君，此其愚之不可及也。"

宁武子的愚不可及处：一是智巧之士不敢干的，他敢干；二是既保卫了国家和国君，而自己又平安无事。无论哪个时代，国家所需要的，就是像宁武子这样愚不可及的干部。

5.22　子在陈①，曰："归与②！归与！吾党③之小子④狂简⑤，斐然⑥成章⑦，不知所以裁⑧之。"

【注释】

①陈：春秋时的古国，姓妫（guī）。武王灭商，找到舜的后代妫满，封他于陈。其地约在今河南省东部、安徽省北部一带。首都在今河南省淮阳县。秦置为县，唐始称陈州。境内和周边，诸如太昊陵等名胜古迹甚多。民间保存了不少有关中华民族始祖的传说。陈国在春秋末年，被楚国所灭。孔子两次到过陈国：一次是在鲁哀公三年（前 492 年）；一次是在鲁哀公六年（前 489 年），这一年，孔子困于陈蔡之间。鲁哀公十一年（前 484 年），孔子自卫回鲁。　　②归与：回去吧。与，同"欤"。　　③吾党：我的故乡。古代五百家为党。　　④小子：学生。　　⑤狂简：志向高远，而行为粗率简单。　　⑥斐（fěi）然：形容有文采的样子。　　⑦章：花纹，文采。引申为文学、文

章。　⑧裁：节制，指导。

【译文】

孔子在陈国时说："回去吧！回去吧！我的家乡的学生们，志向高远，而行为粗率简单，文采都有可观的成就，我不知道怎样去指导他们。"

【说解】

孔子的一生，都在为行道而献身。周游列国之后，见道不行，就想回国从事教育下一代的工作。特别吸引孔子回国的力量，是那些年轻需要指导教育的学生。这批年轻人都是"狂简"之士，他们志向高远，很可造就，但思想行为粗率简单，容易"过中失正"。

据《史记·孔子世家》记载，孔子说这话的时候正在陈国。孔子已年过六十。这一年，季桓子一病不起，他想起正是自己当政时孔子离开了鲁国，使鲁国不能振兴，十分后悔。临终前，他告诉继承人季康子，一定把孔子请回来任鲁国的宰相。桓子死后，康子就想请回孔子。宗族公之鱼说："先君生前用了孔子几个月就不用了，已被诸侯耻笑。如果再用，还是不能长久，更要被人耻笑。"后来经过商量，决定召回冉有。就在冉有要回国的时候，孔子也动了回国的念头，于是说了这番话。子贡知道孔子想回国，就在冉有临走时嘱咐他，想法把老师接回国去。但是因为种种原因，孔子在几年后才回到鲁国。

在冉有走后的第二年，孔子由陈国去了蔡国。

5.23　子曰："伯夷、叔齐[①]不念旧恶，怨是用[②]希[③]。"

【注释】

①伯夷、叔齐：是商朝末年一个小国的国君孤竹君的两个儿子。父亲死后，两人互相让位，谁都不肯做国君。后来二人逃到周文王的统治区。文王死后，武王伐纣，他们认为父死不葬是不孝，以臣伐君是不忠，曾拦住武王的车马劝谏。周灭殷后，传说他们对改朝换代不满，以吃周朝的粮食为耻，就到首阳山隐居，不吃周粟，以采薇（一种野菜）为食，终于饿死。　②是用：因此。相当于"是以"。　③希：同"稀"，少。

【译文】

孔子说："伯夷、叔齐不记旧仇，因此，[别人对他们的]怨恨就少了。"

【说解】

孔子说的"旧恶"是指什么？孔子知道，但没有说明。伯夷、叔齐二人连国君都不想做，连生死都不放在心上，可见心志高洁，心里想的都是忠义大事，区区一些旧恶，不会放在心上。这样别人对他们也就没意见了。

请听二人死前所作的歌：

登彼西山兮，采其薇矣，
以暴易暴兮，不知其非矣。
神农、虞、夏忽焉没兮，
我安适归矣？
于嗟徂(死也)兮，命之衰矣。

"不念旧恶"实是人的一大美德：心胸清明开阔，对人宽容，体现了恕道精神。今天我们看到一些人、一些宗教、一些国家，牢牢记住旧恶不放。你打我一拳，我踢你一脚；你伤我一指，我砍你的手。如此循环报复，何时是了？

可是在另一端，欧盟成立了。这些欧盟国家间的"旧仇"还少吗？一部欧洲史，就是你打我、我打你的历史。可是今天，有远见的政治家，不再提旧仇了，眼睛往前看，这于人于己都有好处。将来世界各国必然要往联合的方向走。

儒家是主张宽容，提倡恕道的，将来世界必然要走宽恕之路。

5.24 子曰："孰谓微生高[①]直？或乞醯[②]焉，乞诸其邻而与之。"

【注释】

①微生高：姓微生，名高。鲁国人。《庄子》《战国策》中都有尾生高守信的故事。传说他与一位女子相约在一座桥下见面。女子没有按时来，而尾生却一直在桥下等候。后来河水暴涨，尾生还在桥下等着，终于淹死。后世戏曲《兰桥会》就是根据这个故事编写的。 ②醯(xī)：醋。

【译文】

孔子说："谁说微生高这个人直爽？有人向他要点醋，[他不说自己没有，]却到他的邻居家要点给了那人。"

【说解】

微生高与尾生高不一定是一个人，鲁国还有微生亩等，姓微生的不止一个人。二人的性格也不一样：尾生高是死心眼，而微生高心眼却很活。不过是否是一个人对本章的意义并无影响。微生高是用邻居的醋来赢得借醋人的感谢，而他自己对邻居是不会感谢的，他是占了邻居的便宜来给自己买好。

今天，借助或牺牲别人而树立自己的大有人在。有些人的美名和荣誉，就是用“乞诸其邻而与之”的办法取得的。一个正直的人，绝不会这样做。下一章的意思和本章是相连的，都是反对虚伪。

5.25　子曰：“巧言、令色、足恭[①]，左丘明[②]耻之[③]，丘亦耻之。匿[④]怨而友其人，左丘明耻之，丘亦耻之。”

【注释】

①足恭：过度的谦恭。足，古音 jù。　②左丘明：春秋鲁国人，担任过鲁国的太史（史官），与孔子同时，稍早。司马迁在《报任安书》中说：“左丘失明，厥有《国语》。”有人说《左氏春秋传》（简称《左传》）和《国语》都是左丘明所作。多数人持反对意见。　③耻之：耻，动词，意动用法，以……为可耻。　④匿（nì）：隐藏起来。

【译文】

孔子说：“花言巧语、装出和善的面孔、过度的谦恭，这种态度，左丘明以为可耻，我也以为可耻。把怨恨藏在心里，表面上却同他要好，这种行为，左丘明以为可耻，我也以为可耻。”

【说解】

本章的中心，全在一个“耻”字上，揭露了两种人的无耻。“巧言、令色、足恭”者，必有私心。为满足其私心，宁可丧失自己的人格，装出这种下贱的样子。时人习以为常，左丘明和孔子却深以为耻。

“匿怨而友其人”者，表面装作亲密，而实际上却心存奸诈，令人难以防范。历史上有多少人因为受人迷惑、误交恶人而丧身败家以致亡国。左丘明和孔子都深以为耻。

上述两种人的共同特点是“虚伪”，不直爽。怎样能看清这两种人的真面目？孔子教育我们要“视其所以，观其所由，察其所安”（2.10）。

5.26　颜渊、季路侍[①]。子曰：“盍[②]各言尔志？”子路曰：“愿车马衣（轻）裘[③]，与[④]朋友共，敝之而无憾。”颜渊曰：“愿无伐[⑤]善，无施劳。[⑥]”子路曰：“愿闻子之志。”子曰:“老者安之,朋友信之,少者怀之[⑦]。”

【注释】

①侍:在长者跟前站着,随时听候吩咐。 ②盍(hé):何不,探询而不肯定之词。 ③衣(轻)裘(qiú):裘,皮衣。与前面的“车马”相对应,“轻”字当删。否则“衣”将是动词,句子就不通顺了。 ④与(上声):介词,同,和。 ⑤伐:夸耀,自夸。 ⑥施:表白。一说,“施”的意思是施加给别人。“无施劳”的意思是不把劳苦的事情加在别人身上。 ⑦安之、信之、怀之:都是使动用法。宾语“之”分别指代“老者”“朋友”“少者”。

【译文】

颜渊、子路侍立在孔子身边。孔子说:“何不各人说说自己的志向?”子路说:“我愿意把自己的车、马、衣服、皮衣和朋友共同使用,用坏了也不抱怨。”颜渊说:“我愿意不夸耀自己的长处,不表白自己的功劳。”子路说:“愿意听听老师您的志向。”孔子说:“我的志向是:使老年人生活安逸,使朋友能互相信任,使孩子们得到关怀并受到良好的教养。”

【说解】

这是师生之间的一次亲切的谈心。

子路的志向高远,就是我们平时称赞的与朋友“有福同享,有难同当”。但他思想上还有个“我”。颜渊的志向似乎不如子路的豪迈,但他并不把自己的“善”和“劳”当回事,认为都是自己应做的平常事,“我”的观念已很淡泊了,这需要有很高的自律意识。至于孔子的志向是要化及天下,使万物各得其所,毫不想到个人。子路有济人利物之心,颜渊有平物我之心,夫子有万物得其所之心。宋程颐评论三个人的志向说:“夫子安仁,颜渊不违仁,子路求仁。”

夫子的理想是使老年人的生活安逸,使孩子们得到关怀,这在一些发达国家已经做到了。经济条件允许,用法令就可以实施。但“朋友信之”却是法令做不到的。把“朋友”的范围扩大一些,社会上的人都能互相信任、互相帮助,没有欺诈、没有争权夺利,那才是理想的社会。如果一个社会产生了信任危机,谁都不相信谁,互存戒心,生活还有什么乐趣?又有什么意义呢?

5.27　子曰:“已[①]矣乎!吾未见能见其过而内自讼[②]者也。”

【注释】

①已:止,罢了,算了。　②讼(sòng):责备。

【译文】

孔子说:"算了吧!我没有看见过这样的人,他看到自己的过错,心里能够进行自我责备。"

【说解】

孔子的话很简单,含意却很深刻。人非圣贤,孰能无过?但是知过很难,知过而反躬自责就更难。知过能改,非大智大勇者不能。

社会上有一种人,从不知道自己有什么过错,甚至把错的也看成是对的。这是不能见其过的人。有一种人,明知自己错了,却甘于自弃,或只在口头上承认,这是不能内自讼的人。还有一种人,有错误也能责备自己,却下不了决心改正,这是不能改过的人。

孔子弟子三千,贤者七十二人,皆高世之才,但在见过、知过、改过上还欠火候。如子路闻过则喜,可算是能"自讼"的人,但以子路之直,未必能见过;冉求聪明能干,能见过,但在改过上,自己承认"力不足";颜渊"不迁怒,不贰过"(6.3),是能改过的人,但不幸过早地离开了人世。所以孔子开头说"已矣乎",是想到始终不能见到"能见其过而内自讼者"而发的感叹吧!

5.28　子曰:"十室之邑,必有忠信如丘者焉,不如丘之好学也。"

【译文】

孔子说:"就是只有十户人家的小村落,也一定有像我这样讲究忠信的人,[只是]不如我这样爱好学习啊!"

【说解】

时人及弟子们以为孔子圣而多能是得天之厚,常人是赶不上的。孔子现身示教,告诉大家:社会上像我这样忠信的人并不难找,连"十室之邑"这样小的地方也有;但像我这样好学的人却很少见。在孔子三千弟子中,只有颜渊一人称得上"好学"。所谓"美质易得,至道难闻"。好学,可成圣成贤;不好学,只凭出自人的本质的忠信,是不会有什么成就的。本章的主旨是勉励人好学。

《韩诗外传》说:"剑虽利,不厉不断;材虽美,不学不高。故学然后知不足。"这里说的"学习",不只是指知识的学习,也包括品德的不断琢磨践履。

雍也第六

本篇共30章,主要讲孔子评论弟子和时人以及人生的道理。

6.1 子曰:"雍也,可使南面[①]。"

【注释】

①南面:就是脸朝南。坐北朝南的位置好,自古就被定为是尊者所坐的正位。天子、诸侯、卿大夫以及地方首长坐堂听政时,都是南面而坐。

【译文】

孔子说:"冉雍这个人,可以让他做首长。"

【说解】

下一章可作为本章的说明。朱熹和南怀瑾等把一、二章合并为一章。一般认为这两章的事不是同时发生的,作为相连的两章较好。

6.2 仲弓问子桑伯子[①]。子曰:"可也,简[②]。"仲弓曰:"居[③]敬而行简,以临[④]其民,不亦可乎?居简而行简,无乃[⑤]大[⑥]简乎?"子曰:"雍之言然。"

【注释】

①子桑伯子:人名。此人已经不可考。有人以为就是《庄子》中的子桑户,鲁国人,与孔子学生琴张是朋友。又有人以为是秦穆公时的子桑(公孙枝),都未必可靠。据《孔子家语》记载,子桑伯子其人"不衣冠而处",平时不穿衣服也不戴帽子。但孔子说他"可",必有过人之处,所以能引起人们的评论。

②简:简约,简单。 ③居:平时为人。 ④临:面临。宾语是"其民",所以这里有治理的意思。 ⑤无乃:岂不是。用于反问句。 ⑥大:同"太"。

【译文】

仲弓问子桑伯子这个人怎么样。孔子说:"还可以。办事简约

[不烦琐]。”仲弓说:“为人严肃认真,又办事简约,这样来治理老百姓,不也可以吗?如果为人随随便便,办事又简约,岂不是太简约了吗?”孔子说:“冉雍,你的话是对的。”

【说解】

本章仲弓与夫子的问答,可证明前一章“雍也,可使南面”中夫子对冉雍的评价。冉雍虽然不善于口才,但说话却十分中肯,合于中道。

冉雍认为做官要居敬而行简,不能居简而行简。如果居简而行简,那在上位者就不会认真为老百姓办事,老百姓的苦难就不能得到解决。

老百姓最怕的是在上者“居不敬”,奢侈腐化,为了求得“政绩”,还对老百姓提出种种不合理的要求,使老百姓无法活下去。儒家对为政者的要求是“居敬而行简”五个字。

中学时学的柳宗元的《种树郭橐驼传》,使我终生难忘。郭橐驼是唐朝时的一位种树能手。他种的树不但枝繁叶茂,而且结的果子又早又多。柳宗元问他:把你种树的道理用在为官上可以吗?“驼曰:‘我知种树而已,官理,非吾业也,然吾居乡,见长人者,好烦其令,若甚怜焉,而卒以祸。旦暮吏来而呼曰:“官命促尔耕,勖(xù,勉励)尔植,督尔获,蚤缫(sāo)而绪,蚤织而缕,字(养育)而幼孩,遂而鸡豚!”鸣鼓而聚之,击木而召之。吾小人辍飧饔(晚饭、早饭)以劳吏者且不得暇,又何以蕃吾生而安吾性耶?故病且怠。若是,则与吾业者其亦有类乎?’问者嘻曰:‘不亦善夫!吾问养树,得养人术,传其事以为官戒也。’”

论语说解

6.3　哀公问:“弟子孰为好学?”孔子对曰:“有颜回者好学,不迁怒①,不贰过②。不幸短命死矣③。今也则亡④,未闻好学者也。”

【注释】

①迁怒:把愤怒发泄在别人身上。　②贰过:同样的过错又犯了。　③短命死矣:颜回小孔子30岁,死于鲁哀公十四年,时年41岁。　④亡:同“无”。

【译文】

鲁哀公问道:“你的学生中谁爱好学习?”孔子回答说:“有一个叫颜回的爱好学习。他从不拿别人出气,也从不犯同样的过错。不幸短命死了。现在没有这样的人。我再也没听到过好学的人。”

【说解】

孔子曾教育颜回:“克己复礼”为仁(12.1),颜回说:“回虽不敏,请事斯语矣。”事后他就按老师的教导去做,做到了“其心三月不违仁”。其他弟子问仁的不少,孔子也做了很认真的回答,但都没有做到仁,只是“日月至焉而已矣”(6.7)。颜回的“克己复礼”的功夫,可以由“不迁怒,不贰过”的高尚风格看出来。所以孔子在鲁哀公面前称赞颜回好学。

至于具体说什么叫“好学”,孔子也有个标准:“君子食无求饱,居无求安,敏于事而慎于言,就有道而正焉,可谓好学也已。”(1.14)颜回的一生正是“一箪食,一瓢饮,在陋巷”(6.11),即在最坏的客观条件下,表现出最充分的人性光辉。

《先进》第七章,季康子向孔子提出同样的问题,孔子的回答同本章一样,只是没有说“不迁怒,不贰过”。季康子在鲁哀公时任正卿。所以两个人问的时间不会相距很远,都是在颜回去世之后,即公元前481年以后。两年后(公元前479年),孔子也去世了。

6.4 子华使①于齐,冉子为其母请粟②。子曰:“与之釜。③”请益④。曰:“与之庾⑤。”冉子与之粟五秉⑥。

子曰:“赤之适⑦齐也,乘肥马⑧,衣⑨轻裘。吾闻之也,君子周⑩急不继⑪富。”

【注释】

①使(去声):出使。 ②粟:小米。古时以粮食为俸禄或劳动报酬。 ③釜(fǔ):古代容量名。一釜合当时6斗4升。古代的斗小,约合现在的2升。一釜约合现在的1斗2升8合。约合57市斤。 ④益:增加。 ⑤庾(yǔ):古代容量名。一庾当时合2斗4升,约合现在的4升8合。 ⑥秉(bǐng):古代容量名。一秉当时合16斛(1斛10斗),5秉就是800斗,约合现在的16石。 ⑦适:往,去。 ⑧乘肥马:不能解释为骑肥马。因为在孔子那个时代,穿着大袖子宽腰身的衣裳,是不便于骑马的。直到战国时的赵武灵王,才改穿胡人衣服,学习胡人的骑马射箭,以便于作战。 ⑨衣(yì):穿。 ⑩周:周济,救济。 ⑪继:接济,增益。

【译文】

公西华为孔子出使齐国,冉求为公西华的母亲请些小米。孔子说:“给他一釜(6 斗 4 升)。”冉求请求增加些。孔子说:“再给他一庾(2 斗 4 升)。”冉求却给了他一秉(80 石)。

孔子说:“公西赤到齐国去,坐着肥马驾的车,穿着轻暖的皮衣[,十分阔绰]。我听说过:君子只周济贫穷的人,而不能帮助富人更富。”

【说解】

本章的中心是“君子周急不继富”。但本章有些问题有争议。如公西赤是为孔子出使,他是为季氏出使,还是为鲁国出使?南怀瑾在《论语别裁》中说:“有一次公西赤派出去做大使,这时孔子大概在当政。冉求是公西赤的同学,他因为公西赤还有母亲在家,于是代公西赤的母亲请求实物配给,也就是拨一笔安家费。”

孔子当政是在公元前 500 年,时任鲁司寇,公元前 497 年离开鲁国,其曾一度代行相事,前后不过两年多,是在 52 岁至 55 岁之间。而公西赤比孔子小 42 岁,看来孔子当政时,公西赤才十一二岁,受命出使齐国是不可能的。

鲁齐两国紧密相连。鲁昭公二十五年,鲁国内乱,昭公逃到齐国,孔子也到了齐国。孔子在齐国待了两年,和齐国上层人士和社会各界都有广泛的接触。齐景公曾向他问政,一度想重用他,由于大臣们的反对而作罢。所以孔子回国后,依然和齐国上下保持着联系是可以想象的。这次公西赤出使齐国就是替孔子去办事。这时冉求已在季氏手下任职。现在公西赤出使齐国,他不向季氏和鲁国要粮,却向孔子请求粮食,这就足以说明公西赤这次是为孔子出使齐国。

从孔子的态度看,是否有些小气呢?不是。孔子知道公西赤的家庭比较富足,孔子一贯主张“君子周急不继富”。

6.5 原思①为之②宰。与③之④粟九百⑤,辞。子曰:“毋⑥!以与尔邻里乡党⑦乎!”

【注释】

①原思:姓原,名宪,字子思。鲁国人。小孔子 36 岁。有节操,以安贫乐道著称。孔子为鲁司寇时,曾担任孔子家总管。在修身上主张不行“克、伐、怨、欲”(14.1)。他遵循孔子关于“邦有道,谷;邦无道,谷,耻也”(14.1)的教导,终身不仕。孔子死后,他隐居在卫国的草泽中,过着贫苦的生活。子贡有一次“结驷连骑,排黎藿,入穷阎(里巷)”去拜访他,原思就穿着破衣冠相见。子贡替老

同学害羞,就问:“你是否有病了?”原思说:“我听老师说:没有钱叫作贫,学了道而不能去行道叫作病。原宪我是贫,不是病。”子贡听完很惭愧地走了。他一辈子都感到误解了原思,把话说错了。　②之:代孔子。　③与:给予。　④之:代原思。　⑤九百:没有量词,不知九百“什么”。有人说是“九百”斗,有人说是“九百”斛(一斛10斗),已难确定。暂定为“九百”斗。　⑥毋:勿,不要。禁止之辞。　⑦邻里乡党:都是古代地方单位的名称。5家为邻,25家为里,500家为党,12500家为乡。这里泛指原思家乡的人们。

【译文】

原思为孔子做总管,孔子给他小米九百斗,[原思]推辞不要。孔子说:“不要推辞!拿给你家乡的人们吧!”

【说解】

原思有知识、有政见、有操守,本可以做官,但他不愿混迹污浊的官场,终生过着贫苦的隐居生活。在他和子贡的对话中,露出一股侠气。司马迁在《史记·游侠列传》中,曾提到他和季次(孔子的弟子,名公皙哀,字季次)。

宋程颐说:“夫子之使子华,子华之为夫子使,义也。而冉子乃为之请,圣人宽容,不欲直拒人,故与之少,所以示不当与也;请益而与之亦少,所以示不当益也。求未达而自与之多,则已过矣,故夫子非之。盖赤苟至乏,则夫子必自周之,不待请矣。原思为宰,则有常禄(应得之月俸)。思辞其多,故又教以分诸邻里之贫者,盖亦莫非义也。”(《论语集注》)

有的注释本把本章和前一章合为一章。两章合起来,充分体现了孔子的“周急不继富”的精神。

6.6　子谓仲弓,曰:“犁牛之子骍①且角②,虽欲勿用,山川③其④舍诸⑤?”

【注释】

①骍(xīng):本义是赤色的马,也指赤色的牛。周代崇尚赤色,祭祀用的牛的毛皮要求赤色。　②角:这里指角长得周正。　③山川:指山川之神。　④其:同“岂”,难道。　⑤诸:“之乎”两字的合音。

【译文】

孔子谈论仲弓,说:“耕牛生的小牛长着赤色的毛、周正的角,虽然不想用他[作为牺牲来祭祀],山川之神难道会舍弃它吗?”

【说解】

据说冉雍(字仲弓)的父亲是“贱人”,品行也不好。这样人家的孩子在当时是不能重用的。可是孔子认为,冉雍的德行、才学都好,子能改父之过,变恶以为美,是可以做大官的(当时冉雍担任季氏的家臣)。

本章谈论冉雍是用比喻。犁牛是杂色的耕牛,本不能做祭祀用的牺牲。但其子长着一身赤色的毛和周正的角,正适合做牺牲,山川之神知道一定会享用。所以,孔子说:“雍也可使南面。”(6.1)

封建社会是十分重视一个人的出身的。严重的时候,达到“上品无寒门,下品无士族”的地步。孔子对此十分反感。他主张“有教无类”,他的学生的出身,形形色色,孔子都一视同仁。在选拔人才上,也主张任人唯贤。

6.7 子曰:“回也,其心三月不违仁①,其余则日月②至焉而已矣。”

【注释】

①三月:这里泛指较长时间。 ②日月:一天,一月。这里泛指较短时间。

【译文】

孔子说:“颜回啊,他的心长久地不离开仁,其他学生,只是在短时间内想起仁罢了。”

【说解】

这里的“仁”,不是“仁义礼智信”五德之首的“仁”,而是指人的本心,人的善良的内在本质。《朱子语类》对心和仁的关系作了这样的说明:“心犹镜,仁犹镜之明。镜本来明,被尘垢一蔽,遂不明。若尘垢一去,则镜明矣。”(卷三一)“尘垢”就是人的私心杂念。

孔子这句话是赞美颜渊已达到“仁”,他已经能够长期心明如镜,不为私欲所累。而其他学生也能恢复心明如镜,但难以持续较长时间,心灵还是难以摆脱私欲,就像明镜被尘垢蒙蔽一样。

6.8 季康子问:“仲由可使从政也与?”子曰:“由也果,于从政乎何有①?”曰:“赐也可使从政也与?”曰:“赐也达,于从政乎何有?”曰:“求也可使从政也与?”曰:“求

也艺，于从政乎何有？”

【注释】

①何有：有什么(困难)。疑问代词“何”作“有”的前置宾语。

【译文】

季康子问道：“仲由这个人，可以让他从政吗？”孔子说：“仲由办事果断，对于从政有什么困难呢？”又问：“端木赐这个人，可以让他从政吗？”孔子说：“端木赐通达事理，对于从政有什么困难呢？”又问：“冉求这个人，可以让他从政吗？”孔子说：“冉求多才多艺，对于从政有什么困难呢？”

【说解】

季康子自鲁哀公四年到二十七年执鲁国政。而孔子于鲁哀公十一年自卫返鲁，直到鲁哀公十六年去世，正是季康子当政时期。孔子回国时，子路、冉求已是季氏家的总管，子贡也任鲁国大夫。在这种情况下，季康问三人是否可使从政，是否还要委以重任呢？

从孔子的回答中，可知孔子十分了解自己的学生。他的意思是，三人各有所长，如能取其长，皆可用也。

6.9 季氏使闵子骞[①]为费[②]宰。闵子骞曰：“善为[③]我辞焉！如[④]有复我者，则吾必在汶[⑤]上矣。”

【注释】

①闵子骞：姓闵，名损，字子骞。鲁国人。小孔子15岁。是孔子早年的弟子。他出生在一个较为富裕的家庭。在政治上，他“不仕大夫，不食污君之禄”(《史记·仲尼弟子列传》)，季氏想请他去做费地的县长，但他婉言谢绝了。闵子骞是有名的孝子，他的孝行受到孔子的赞赏(见11.5)。 ②费(bì)：季氏的封邑。在今山东费县西北。 ③为(wèi)：替。 ④如：假如。 ⑤汶(wèn)：今山东省大汶河。汶水在齐国以南，鲁国以北，介于两国之间。“在汶上”就是在汶水之上(汶水以北)，暗示要由鲁国去齐国，不愿为季氏做事。

【译文】

季氏叫闵子骞担任费地的县长。闵子骞[对来人]说：“请好好地为我辞掉吧！假如有再来找我的人，那我必定是在汶河以北了。”

【说解】

孔子培养的学生，许多都是高世人才，大大优于世家子弟。从上一章看，季康子反复问子路等是否可以从政，是想从孔子的学生中选拔一批人才。当然他要了解的，不只是这三个人。他知道闵子骞是一位德才兼备的难得的人才，就想把费邑交给闵子骞。没想到闵子骞拒绝了，而且要躲到齐国去，态度十分坚决。

朱熹在《四书集注》中议论闵子骞说：处乱世，遇恶人当政，“刚则必取祸，柔则必取辱”，去他处以保全自己，这种做法是可取的。

前一章写孔子认为子路、子贡、冉有三个人都可以从政（实际三个人已经从政），而这一章又写到闵子骞拒绝从政。《论语》的编者这样安排，恐怕不是无意义的吧？

孔子培养的学生各有所长（见11.3），其中有的愿意从政，有的不愿意从政，如颜回、闵子骞、漆雕开、原宪等，孔子对他们都很赞许。由此看出作为一位伟大的教师，他要培养的是“人”，而不是“官”。

6.10 伯牛[①]有疾，子问之，自牖[②]执其手，曰：“亡之[③]，命[④]矣夫[⑤]！斯人也而有斯疾也！斯人也而有斯疾也！”

【注释】

①伯牛：姓冉，名耕，字伯牛。鲁国人。孔子的得意弟子。孔子任鲁司寇时，冉耕曾任中都宰。有德行。据说他得的是“癞病”（即麻风病），在当时是不治之症。　②牖（yǒu）：窗户。　③亡之：之，在这里只是凑成一个音节，不是“亡”的宾语。“亡”是自动词，不需要宾语。“之”字的这种用法，在古汉语中常见。　④命：指天所主宰的必然性，非人力所能改变。　⑤矣夫：句尾语气词。语气词连用，重心一般都是落在最后一个语气词上。“矣夫”连用，表示感叹。

【译文】

伯牛得了重病，孔子去看望他，从窗口握着伯牛的手说：“不能活了，这是命啊！这样[好]的人竟得了这样的病！这样[好]的人竟得了这样的病！”

【说解】

冉耕小孔子7岁，为人“危言正行”（《白虎通·奉命》），以德行著称。应该说,他是孔门中的年长者,言行可作为年轻弟子们的表率。在《孟子·公孙丑上》中,公孙丑说:“从前我曾听说过,子夏、子游、子张都各有孔子的一部分长处;冉耕、闵子、颜渊大体近于孔子,却不如孔子那样博大精深。”看来人们对冉耕的评价是很高的。孔子当然很器重冉耕,不幸的是冉耕得了不治之症,孔子为此非常痛心,最后只好归咎于命。

孔子去看望不久于人世的学生,这是令人心酸的一幕。至于孔子为什么不进屋却“自牖执其手”,有不同的解释。我认为东汉包咸的解释比较合理。他说:“牛有恶疾,不欲见人,故孔子从牖执其手也。”是冉耕不愿意见人。

6.11 子曰:“贤哉,回也!一箪[①]食[②],一瓢饮,在陋巷,人不堪其忧,回也不改其乐。贤哉,回也!”

【注释】

①箪(dān):古时候盛饭的一种圆形竹器。 ②食(sì):饭。

【译文】

孔子说:“颜回的品德多么好啊!一竹筐饭,一瓢水,住在简陋的巷子里,一般人忍受不了这种困苦忧愁,而颜回却不改他的快乐。颜回的品德多么好啊!”

【说解】

在本篇第七章,孔子曾说颜回“其心三月不违仁”。心中的“不违仁”外人怎么会发现?因为任何人的内心世界一定在外面有所表露。颜渊心中的“不违仁”自然也表现在多方面,如“不迁怒,不贰过”等。通过对待生活的态度就能看出,他生活在人不堪其忧的环境中而能不改其乐,与现实的痛苦世界若无交涉。其乐在何处?

孔子在谈到自己对生活的态度时也说:“饭疏食,饮水,曲肱而枕之,乐亦在其中矣。”(7.16)师徒二人所乐的并不是那种贫苦的生活。孔子在这两段话中所说的“乐”,是指“知天”“乐天”的那种精神境界。

说容易,真正能领悟那种精神境界却很难。宋代大儒周敦颐教授本章时,教他的学生“寻孔颜乐处,所乐何事”,这道练习题留得非常好。周敦颐认识到了孔颜精神境界的核心之处。

6.12 冉求曰:“非不说子之道,力不足也。”子曰:

"力不足者,中道而废。今女画[①]。"

【注释】

①画:画地为界,自己不想越过这条线。即主观上限制住自己,实际自己还有很大潜能。

【译文】

冉求说:"我不是不喜欢您阐发的道,而是我的精力不够。"孔子说:"力量不够的话,你可以做到半道[力量用尽]而停下来,而现在你是画地自限。"

【说解】

力不足者,想为而不能为;自画者,能为而不肯为。两种心态,两种表现,截然不同。冉求说"非不说子之道",恐怕也是托词吧?如果他真的喜欢孔子之道,岂肯画地自限?所以孔子批评了他。

冉求这句话是什么时候说的?大概是做了季氏家的总管之后吧!冉求在季氏家里可以说是春风得意,帮助季氏做了许多违背夫子之道的事,受到孔子的严厉批评,孔子甚至说:"非吾徒也,小子鸣鼓而攻之可也!"冉求自我省察,和同学们相比,在进德修业上,感到差距越来越大,于是向老师说自己"力不足",孔子批评他是画地自限。孔子的批评,我想是对冉求的有力推动。老师对学生的批评始终是"怒其不争",爱护才是根本的。

一个人对自己的能力往往估计过高,对自己的潜能估计过低。对自己的能力估计过高,认为别人不如自己,就容易骄傲或埋怨自己不受重视;对自己的潜能估计过低,就会画地自限。一个人对自己能力的估计只是认识自己的初步,更难的是正确认识自己的地位、价值,认识自己究竟是怎样一个人。一个人最难的是认识自己。希腊的大哲学家苏格拉底说:"认识你自己吧!"佛经中也经常可以找到释尊劝告弟子们进行自我省察的语句。

6.13 子谓子夏曰:"女为君子儒,无为小人儒。"

【译文】

孔子之所以对子夏说:"你要做君子式的儒者,不要做小人式的儒者"

【说解】

孔子认为儒者可以分为君子儒和小人儒。君子儒是指品德高尚、立志修己以安人的儒者。小人儒是指没有修己以安人的心胸的读书人,或者说不是志于道而是志于名利的人。

孔子之所以对子夏说这番话,是因为子夏为人细密严谨,在世事人情中委曲周旋,容易误入投时人之所好的歧途,以便让他提高警惕。

6.14 子游为武城①宰。子曰:“女得人焉耳②乎?”曰:“有澹台灭明③者,行不由径④,非公事,未尝至于偃⑤之室也。”

【注释】

①武城:鲁国的城邑。即今山东省嘉祥县。 ②焉耳:犹言“于此”。耳,同“尔”。 ③澹(tán)台灭明:复姓澹台,名灭明,字子羽。鲁国武城人。孔子晚年弟子,小孔子三十几岁。相貌丑陋。开始想就学孔子,孔子以为他材薄。等到入学之后,发现他的学习十分认真,要求自己很严格。《史记·仲尼弟子列传》还说他“后南游至江,从弟子三百人,设取予去就,名施乎诸侯。孔子闻之,曰:‘吾以言取人,失之宰予;以貌取人,失之子羽’”。 ④径:小路。 ⑤偃:子游自称。

【译文】

子游任武城县的县长。孔子说:“你在这儿得到什么人才了吗?”子游说:“有一个叫澹台灭明的人,走路不抄小道,不是公事,从不到我的屋里来。”

【说解】

为政以得人为先,所以子游任武城宰之后,孔子就问他得到了什么人才。子游向老师介绍了澹台灭明。他的优点第一是“行不由径”,即澹台灭明在走路时坚持走正道,不走捷径。第二是“非公事,未尝至于偃之室”,即澹台灭明无公事不接近领导,和领导始终保持正常的关系,不阿谀奉承。可见澹台灭明是一位真正的君子。他的两个优点表现了一种性格——正直。

澹台灭明的作风,一直为后人所称道、效法。宋朝司马光任宰相时,选拔谏官,只录取那些不和自己联系的人,写信托人情的,一概不取。

6.15 子曰:“孟之反①不伐②,奔而殿③,将入门,策④其马,曰:‘非敢后也,马不进也。’”

【注释】

①孟之反:姓孟,名侧,字之反。《左传》作"孟之侧"。鲁国的大夫。 ②伐:夸耀。 ③殿:殿后。即行军时走在最后,或败退时留在最后。 ④策:鞭打。

【译文】

孔子说:"孟之反从不夸耀自己。败退时,他留在最后,将要进城门时,他一边打马一边说:'不是我敢于留在最后,是马不肯快跑啊!'"

【说解】

"孟之反不伐"的故事发生在鲁哀公十一年(前484年)的齐鲁之战。在前一年,鲁哀公会合吴王、邾子、郯子等攻打了齐国的南部边境,占领了鄎地。为了报复,齐国派国书和高无邳两员大将攻打鲁国。这时冉求任季氏家臣。在他的努力下,鲁国派两股军队迎敌。冉求率领左军,樊迟做他的车右(副将)。孟孺子泄(即孟武伯)率领右军。鲁军和齐军在郊外作战。冉求率领的左军攻入齐军,取得胜利。孟孺子洩所率领的右军却仓皇逃走。孟之反属于右军。为了掩护部队,他主动出来殿后,抵挡齐军,使右军免于覆没。孟之反拯救了右军却不居功,把自己落后的原因说成是马不肯快跑。孔子对孟之反的品格十分赞赏。冉求在这次战争中立了大功,樊迟也很勇敢,孔子却没有赞扬自己的学生,只是说冉求用矛对付齐军"是合乎道义的"。

在这次战役中,孔子还赞扬了另一个人,那就是汪锜(qí)。汪锜是贤德的鲁国废公子公叔务人的小童。他们主仆同坐一辆战车参加了战斗,一起战死。人们在埋葬战死者的时候,有的人想把汪锜作为小孩夭折来处理,不作为国牺牲的战士。孔子则坚决主张:"能够拿起干戈保卫国家,可以不作为夭折来对待。"(见《左传·哀公十一年》)

6.16 子曰:"不有[①]祝鮀[②]之佞,而[③]有宋朝之美,难乎免于今世矣。"

【注释】

①不有:这里表示假设语气,"如果没有"。 ②祝鮀(tuó):卫国大夫,字子鱼。《左传·定公四年》记载了他的外交辞令。 ③而:王引之的"《经

义述闻》认为"'而'犹'与'也。言有祝鮀之佞与有宋朝之美也。"很多人同意这种看法。 ④宋朝:宋国的公子朝,以貌美闻名于世。据《左传·鲁定公十四年》记载,他与卫灵公夫人南子私通,惹出祸乱。

【译文】

孔子说:"如果没有祝鮀的能言善辩,没有宋朝的美丽,在当今之世,恐怕难以避免灾祸了。"

【说解】

孔子在卫国待了很长时间,看到卫国统治阶层的腐化堕落而发出这样的感慨。

当时祝鮀以能言善辩、阿谀奉承得到卫灵公的宠信,而宋朝因貌美得到南子的欢心。统治者爱好阿谀奉承,喜欢美色,那么正人君子就危险了。

6.17 子曰:"谁能出不由户①?何莫②由斯道③也?"

【注释】

①户:房门。 ②何莫:为什么没有。 ③斯道:这条路。指孔子所主张的仁义之路。

【译文】

孔子说:"谁能外出不由房门经过呢?为什么没有人从这一条仁义之路行走呢?"

【说解】

人的为人处事,应走仁义之路,就像人出门必须经过房门一样。这是古今正理。但是社会上"出不由户"的人太多了,走仁义之路的却极少。这种反常现象人们不以为怪,所以孔子"怪而叹之"。

6.18 子曰:"质①胜文②则野③,文胜质则史④。文质彬彬⑤,然后君子。"

【注释】

①质:指孝悌忠信等人本有的真实本性。 ②文:指诗书礼乐等外在的文饰。 ③野:粗野,缺少文采。 ④史:文多质少,浮夸虚伪,心中缺乏诚意。 ⑤文质彬彬:文与质互相融合,配合恰当。

【译文】

孔子说:“内在的真实本质胜过外在的礼乐等文饰,就未免粗野;外在的礼乐等文饰胜过内在的真实本质,就未免浮夸虚伪。文和质配合恰当,然后才能成为君子。”

【说解】

孔子的教育理想,是使人成为君子。君子虽以行仁为己任,但孔子又强调“文质彬彬,然后君子”。在孔子的“文质”见解中,质是指孝悌、忠信、仁义等人本有的真实本性,文是指诗书礼乐等外在的文饰。君子一方面能行孝悌、忠信、仁义,一方面又能懂得诗书,实践礼乐。孔子教育弟子的内容是“文行忠信”(7.25)。“忠信”属于“质”,“文行”属于“文”。孔子认为只有孝悌忠信的教育还不够,还须有诗书礼乐的熏陶,达到“文质彬彬”才能成为君子。

孔子虽然文质并重,但二者相比,还是先质后文,“绘事后素”(3.8)。孔子强调:“人而不仁,如礼何? 人而不仁,如乐何?”(3.3)

关于文质的关系,在《颜渊》第八章子贡作了生动的比喻,可参看。

6.19 子曰:“人之生也直,罔①之生也幸而免。”

【注释】

①罔(wǎng):诬罔。指不正直的人。

【译文】

孔子说:“一个人能生存,是由于正直;不正直的人也能生存,那是他由于侥幸而避免了祸患。”

【说解】

本章孔子教育人们活着要走正路。可是有些人靠走歪路获得了名利,许多人羡慕他们。孔子教育我们不要羡慕走歪路的人。这些人虽然获得了名利,有的还寿终正寝,但那是由于侥幸。不过走歪路能幸免的毕竟是少数,多数还是要受到应得的惩罚。即使侥幸者,他们的内心也是忐忑不安的。一个人生活在不安之中,连做梦都是噩梦,生活还有什么意义?

再说,历史是无情的。不走正道的人,虽然生前幸免,但留给子孙的又是什么呢? 是耻辱,是骂名。历史绝不会饶恕他们。

以上几章都与人生的直与罔相关。

6.20　子曰："知之者不如好①之者，好之者不如乐之者。"

【注释】

①好（hào）：爱好，喜爱。

【译文】

孔子说："［对于任何学问和事业，］知道它的人，不如爱好它的人；爱好它的人，不如以它为乐的人。"

【说解】

知之、好之、乐之，是一个人主观的三种境界。"知之"浅，"好之"深入了一步，但欲体会其中的乐趣，还需要下功夫。只有乐之者，才是真正领会其中精神的人、才是有收获的人。到了"乐之"的境界，就是遇到很大的困难，也不会改变其乐。本章的"之"，含意很广，学问、事业等都可包括在内。以学《论语》为例，程颐说："读《论语》，有读了全然无事者；有读了后其中得一两句喜者；有读了后知之好之者；有读了后直有不知手之舞之，足之蹈之者。"（《论语序说》）

三种境界的第一步是"知之"。我们不能因为它是第一步而轻视。应该知道：由"不知"到"知"这一步也是很难跨越的。

6.21　子曰："中人以上，可以语①上也；中人以下，不可以语上也。"

【注释】

①语（yù）：告诉。

【译文】

孔子说："对有中等水平以上才智的人，可以告诉他高深的学问；对中等水平以下才智的人，不可以告诉他高深的学问。"

【说解】

孔子对学生因材施教，认为对中等水平以下才智的人讲高深的学问，就违反了循序渐进的原则，学生是接受不了的。本章孔子提出的教学原则，任何时代、任何教师都应当遵守。

在实践中，孔子就是按这一原则进行教学的。如几个学生都问什么是"仁"，孔子的回答因人的才智而异。颜渊问仁，子曰"克己复礼"为仁（12.1）。

司马牛问仁,子曰"仁者其言也讱"(12.3)。樊迟问仁,子曰"爱人"(12.22)。孔子的回答,充分体现了这段话的精神。

但孔子并不是说才智低下的人就不能学习高深的学问。只要刻苦学习,愚笨的人也可以变得聪明。在孔子弟子中,"柴也愚,参也鲁"(11.18),而结果是,曾参对夫子之道领悟最深,成为儒学的传人。

6.22 樊迟问知[①]。子曰:"务[②]民之义[③],敬鬼[④]神[⑤]而远之[⑥],可谓知矣。"

问仁。曰:"仁者先难[⑦]而后获,可谓仁矣。"

【注释】

①知:同"智"。 ②务:致力于,专心去做。 ③义:宜也。合理、适宜的事称义。 ④鬼:已故之先人为鬼。有时也泛指死去的人为鬼。 ⑤神:指天地山川之神。 ⑥远(yuàn)之:疏远,不去接近。远,及物动词。 ⑦先难:先从难的做起。程颐说:"先难,克己也。"

【译文】

樊迟问怎样才是"智"。孔子说:"致力于有益于人民的合理的工作,尊敬鬼神但是远离它们[不迷信],可以说是'智'了。"

问怎样才是"仁"。孔子说:"仁者先从难的做起,不计较所获,可以说是'仁'了。"

【说解】

孔子认为一个"智者"应该把人民的工作放在首位,不能迷信鬼神。当时的统治者好鬼神之事,却不肯为人民办事。

"先难后获"是如何行仁的问题。如先计算所获,再去从事艰苦的工作,最多算是一个智者,仁者是不计较所获的。当时的统治者只想不劳而获,坐享其成,那是违反仁道的。

孔子回答樊迟这番话,是从现实出发的。

6.23 子曰:"知[①]者乐[②]水,仁者乐山。知者动,仁者静。知者乐[③],仁者寿。"

【注释】

①知:同"智"。　②乐(yào):喜爱。　③乐(lè):快乐。

【译文】

孔子说:"聪明人爱水,仁人爱山。聪明人爱动,仁人爱静。聪明人快乐,仁人长寿。"

【说解】

孔子经过深入的观察体验,把人的性格和山水的性格联系起来,颇富启发性。自古至今,人们都赞同孔子的意见,经常引用。为什么说"知者乐水,仁者乐山"呢?朱熹解释说:"知者达于事理,而周流无滞,有似于水,故乐水。仁者安于义理,而厚重不迁,有似于山,故乐山。"(《论语集注》)知道了知者和仁者的喜好,那么"知者动,仁者静。知者乐,仁者寿"也就容易理解了。"动静以体言,乐寿以效言。动而不忧故乐,静而有常故寿。"

孔子这里是从三个方面讲述"仁""知"并举,但以"仁"为主。孔子这里说的"知",不是一般意义上的"聪明""智慧"的意思。朱熹的解释是:"达于事理,周流无滞",即能看透事物之理,达到生命的通体透明。"仁且智"就是说生命既能表现"仁",又能里外明澈、毫无幽暗。

6.24　子曰:"齐一变至于鲁,鲁一变至于道。"

【译文】

孔子说:"齐国改变一下,就达到鲁国这样;鲁国改变一下,就合于大道了。"

【说解】

周朝建国后,周公封于鲁,吕尚(姜太公)封于齐。齐鲁两国自然条件不同,文化背景各异,再加上周公和姜尚的思想体系不同,其发展方向自然不同。经过几百年的发展,到了春秋时代,齐鲁两国无论在物质生产上,还是在文化思想上,都表现出明显的差异。齐濒海,有鱼盐之利而重事功,于是产生了管子及其思想体系。鲁国继承着正统文化,注重仁义礼乐。孔子"删诗书,定礼乐",标志着制礼作乐的发展。当时鲁国的礼乐制度最为完备。吴公子季札,没做吴国国君时来到鲁国,请求听一听、看一看周朝的音乐和舞蹈。他听完鲁国的音乐之后,给予很高的评价。看完舞蹈,认为尽善尽美、叹为观止。当时只有鲁国完整地保留着周的礼乐制度。相比之下,齐国的礼乐制度就略逊一筹。所以孔子说“齐一变至于鲁”，同时认为鲁国如能在现有基础上，再加以变革，就能“至于道”了。这个“道”是指先王之道。

6.25　子曰：“觚[①]不觚，觚哉？觚哉？”

【注释】

①觚(gū)：古时木制盛酒的器皿，腹部作四条棱角，足部也作四条棱角。容量为古制2升(一说3升)，量不大。

【译文】

孔子说：“说是觚又不像觚，这是觚吗？这是觚吗？”

【说解】

杨伯峻的《论语译注》对本章的解释很好，介绍如下：“孔子为什么说这话，后人有两种较为近于情理的猜想：(甲)觚有棱角，才能叫作觚。可是做出棱角比做圆的难，孔子所见的觚可能只是一个圆形的酒器，而不是上圆下方(有四条棱角)的了。但也名为觚，因之孔子慨叹当日事物名实不符，如‘君不君，臣不臣，父不父，子不子’之类。(乙)觚和孤同音，寡少的意思。只能容酒两升(或三升)的叫觚，是叫人少饮不要沉湎之意。可能当时的觚实际容量已经大大不止此数，由此孔子发出感慨。(古代酿酒，不懂得蒸酒的技术，因之酒精成分很低，而升又小，两三升酒是微不足道的。《史记·滑稽列传》载淳于髡的话，最多能够饮一石，可以想见了。)”

6.26　宰我问曰：“仁者，虽告之曰，‘井有仁[①]焉’，其从之也？”子曰：“何为其然也？君子可逝[②]也，不可陷也；可欺也，不可罔[③]也。”

【注释】

①仁：同“人”。　　②逝：往，去。　　③罔：诬罔，愚弄。

【译文】

宰我问道：“仁者就是告诉他，‘井里掉下了一个人’，他会跟着跳下去吗？”孔子说：“为什么要他那样做呢？君子可以去[到井边设法救人]，但不会[也跟着]下去；[君子]可以欺骗他，不可以诬陷他。”

【说解】

宰我志于仁，但不坚定。他担心仁者心地善良，容易受到别人的诬陷，所以向孔子提问，并举例说：有人告诉仁者说井里掉下一个人，仁者会跟着跳下去吗？孔子告诉他，对于君子，可以欺骗他，但不可以诬陷他。君子可以在井上想法救人，但不会跳下去，干那种没有理智的傻事。

《孟子·万章上》有一个故事，可以帮助我们理解本章的内容："昔者有馈生鱼（活鱼）于郑子产，子产使校人（管池沼的小吏）畜之池。校人烹之，反命（回头复命）曰：'始舍之，圉圉（不活泼）焉；少则洋洋（舒缓摇尾的样子）焉，攸然而逝。'子产曰：'得其所哉！得其所哉！'故君子可欺以其方，难罔以非其道。"

校人欺骗子产是"欺以其方"，就是用合乎情理的方法来欺骗他，所以子产信以为真。而宰我的假设是"罔以非其道"，就是用违反道理的诡诈办法骗人，君子是不会上当的。

6.27　子曰："君子博①学于文②，约③之以礼，亦可以弗畔④矣夫⑤！"

【注释】

①博：广博。　②文：先王留下的古文献。　③约：约束。　④畔：同"叛"。背叛，背离。　⑤夫（fú）：句尾语气词，表示感叹。

【译文】

孔子说："君子广泛地学习古代文献，用礼来约束自己，就可以不背叛正道了吧！"

【说解】

孔子认为君子要"博学于文"，即要有广博的知识，这样就能眼界开阔、通达事理。在言行上要"约之以礼"，这样就能提高道德修养，君子能做到这两点，就不致"离经叛道"了。

《子罕》第十一章，颜渊赞叹孔子说："博我以文，约我以礼，欲罢不能。"和本章的"君子博学于文，约之以礼"的意思一般认为没有差别。"约之以礼"的"之"是指代"君子"。但毛奇龄的《论语稽求篇》认为"之"指代前句的"文"。这样一来，君子博学的"文"还必须用"礼"来约束一下才可以。否则学到很多知识而没有约束，就容易偏离正道。毛奇龄的意见也言之成理。

6.28 子见南子[①]，子路不说[②]。夫子矢[③]之曰："予所否者[④]，天厌之！天厌之！"

【注释】

①南子：卫灵公的夫人。她对政治很有兴趣，把持着国政，但行为淫乱，名声不好。她召见孔子，想以此抬高自己。起初孔子辞谢不见。但从"礼"的角度看，应该去见，孔子才会见了她。 ②说：同"悦"。 ③矢：同"誓"。 ④予所否者：予，我。所……者，相当于"假如……的话"，古代用于誓言中。否，不是、不对。

【译文】

孔子会见了南子，子路不高兴。孔子发誓说："我假若做得不对的话，上天会厌弃我！上天会厌弃我！"

【说解】

南子约见孔子并不是尊贤，只是想抬高自己的名声。就在一个多月以后，卫灵公和南子出门带着孔子，卫灵公和南子同车，而把孔子一个人放在后车上，招摇过市，据说事后出现一首歌谣："同车者色耶？从车者德耶？"孔子感到很可耻，就又离开卫国。他对弟子们说："已矣乎！吾未见好德如好色者也。"(15.13)

子路跟随孔子的时间很长，孔子做的许多事情他都表示反对。可见鲁莽的子路不很了解自己的老师，但孔子对子路却非常了解，也非常喜爱。他深情地说："道不行，乘桴浮于海，从我者其由与？"(5.7)

6.29 子曰："中庸[①]之为德也，其至矣乎！民鲜久矣。"

【注释】

①中庸：中，无过无不及。庸，平常。

【译文】

孔子说："中庸作为一种道德，该是最高尚的了！人民缺少这种道德已经很久了。"

【说解】

孔子把中庸视为最高的道德准则，而慨叹很少有人能做到。什么是中庸？中庸是不偏不倚的日用常行之道。其基本内容就是待人处事既不要过分，也不要不及。

中庸往往被理解为“不过火”,这是片面的。中庸也反对“不及”。朱熹作《皇极辨》,指责当时诸儒把中庸说成“只是含糊苟且,不分是非,不辨黑白。遇当做的事,只略作些,不要做尽”。

孔子论德主中庸。子张(颛孙师)和子夏(卜商)是孔子的得意弟子,他们身上有许多优点。当子贡问孔子他俩谁更好一些时,孔子说:“师也过,商也不及。”(见11.16)子贡以为“过”比“不及”要好一些,孔子告诉他“过犹不及”。两位好学生在品德修养上还差在哪里呢?就差在有所偏而不合中庸。在众弟子中,孔子认为颜渊能坚守中庸之道。他说:“回之为人也,择乎中庸。得一善,则拳拳服膺(牢牢保持在心中),而弗失之矣。”(《中庸》第八章)

一个人想做到中庸,必须加强品德修养。提高自我调控能力,使自己的言行、情感、欲望等要适度、恰当,避免“过”与“不及”。

6.30 子贡曰:“如有博施于民而能济众,何如?可谓仁乎?”子曰:“何事于仁,必也圣乎!尧、舜[1]其[2]犹病[3]诸。夫[4]仁者,己欲立而立人,己欲达而达人,能近取譬[5],可谓仁之方也已。”

【注释】

①尧、舜:传说中上古两位贤明的君主,是孔子心目中帝王的典范。②其:副词,表示推测。大概,可能,恐怕。③病:不是患病的意思,指忧虑、难过。④夫(fú):句首语气词,能提起语气。有的语法书称为发语词。⑤近取譬:近,指眼下切近的生活,包括自身。譬,比喻。

【译文】

子贡说:“如果有人广泛地给人民许多好处,又能周济众人,怎么样呢?可以说是仁人吗?”孔子说:“何止是仁人,那简直是圣人了!尧、舜恐怕还难以做到呢。仁是什么呢?自己要站得住,同时也[启发帮助别人,]让别人站得住;自己通达了,同时也[启发帮助别人,]让别人也通达。自己能够从切近的生活选取事例,[将心比心,]可以说是实行仁的方法啊。”

【说解】

本章是孔子解释“仁”的很重要的一章。

子贡志于仁，但他把仁想得太高了。“博施于民而能济众”，这是有位者的事。一个有位者能做到使全国老百姓都得到好处，那只有圣人了。连贤明的尧、舜都做不到。要是以子贡说的为标准，那天下就没有仁人了。

那么什么是“仁”呢？“仁”是人的本心，是人的善良的内在本质。其重要内涵就是“己欲立而立人，己欲达而达人”。在这里，成就自己与成就他人是统一的。遇事不只考虑自己，应设身处地为他人考虑。这就是仁者的性格，是“爱人”的具体表现，也是“克己复礼”的目标。关于“仁”，孔子在回答弟子问仁时有种种说法，相比之下，以本章的说法为最清晰、最易为人所理解。当然这里说的“己”，不是有特性的个别的己，而是普遍的“己”，是每个人都要这样想的“己”，是“我心之所同然”的“己”。

“能近取譬”是行仁的正路。也就是说，行仁从自己做起，从身边的人与事做起，不要想得太高远，事事先想到别人就可以了。

在孔子心目中，圣人是高于仁人的。由孔子的话中可知圣人不只有仁人的品格，而且能“博施于民而能济众”。我们称孔子为圣人，是因为他德配天地，是万世师表。

述而第七

本篇共38章,多记孔子谦己诲人的言辞和他的容貌、行事等。

7.1 子曰:"述而不作[①],信而好古,窃[②]比于我老彭[③]。"

【注释】

①述:传述,阐述。与"作"(创作、创新)相对。这里说的是对待传统文化典籍。 ②窃:私下,私自。第一人称的谦称。 ③我老彭:据说彭祖是商朝有名的贤大夫,自小爱恬静养性,观览古书,好述古事(见《神仙传》《列仙传》《庄子》)。老彭前加"我",表示孔子对老彭的亲切和尊敬。一说"老彭"指老子和彭祖两个人。

【译文】

孔子说:"阐述而不创作,相信而且喜爱古代文化,我把自己比作老彭。"

【说解】

本章孔子谈自己对待古文化典籍的态度。孔子说自己是"信而好古"。孔子删《诗》《书》,定礼乐,赞《周易》,修《春秋》,围绕古文化典籍的整理做了大量工作。他在一生的教学过程中,也是以古文化典籍为教材的。对此,孔子十分谦虚地说自己只是"述而不作"。

实际上,孔子是儒学的创始人,是既述且作的。夏商周三代历史的演进为中华民族积累了灿烂的文化。不过那些只是"政规业绩"之道、是文制之道。周代文化演变到春秋末期已经疲敝,中国文化到了反省时期。所谓反省,就是自觉地解析。天生孔子,他兴办私学,自觉地承担起三代文化承传的历史使命。是孔子对周代文化的核心由"尊尊亲亲"提升为道德形而上学的仁义原理。如果说周代文化是一条长龙,孔子的仁义原理实是点睛之笔,使这条长龙有了生命、有了灵魂。《论语》中关于"仁"与"义"的论述是前无古人的。儒学自此有了以“仁”为核心的理论体系。

7.2　子曰：“默而识[①]之，学而不厌[②]，诲人不倦，何有[③]于我哉？”

【注释】

①识（zhì）：记住，不言而存诸心。也可读作 shí，不言而心解也。②厌：通“餍”，本义是吃饱，引申为满足。　③何有：在古代是一个常用语，在不同场合表示不同意义，意为“有什么”。在这里孔子自谦，意思是说，上述三点自己都没有做到。很多情况下作“有什么（困难）”讲，意思是“不难”（见4.13、6.8）。

【译文】

孔子说：“[把所见所闻]默默地记在心里，努力学习而不满足，教诲别人而不知疲倦，这些事情我做到了哪些呢？”

【说解】

时人推尊孔子，以为孔子道德、学问高深，不可窥测。于是孔子坦言自己和常人一样，并无超人之处。学者必须做到三件事，而自己还没有完全做到。其实孔子这番话是自己经验的总结。他说这番话，也有教育弟子的意思。让他们知道学与教都无止境，不要满足于已有的成绩而停步不前。

7.3　子曰：“德之不修，学之不讲[①]，闻义不能徙[②]，不善不能改，是吾忧也。”

【注释】

①德之不修，学之不讲：“之”是连词，其作用是把主谓结构变成偏正结构。　②徙（xǐ）：本义是迁移。这里是“去从事”“去做”的意思。

【译文】

孔子说：“品德没有培养好，学问没有讲习好，听到了应该做的事却不能去做，自己有缺点却不能改正，这些都是我所忧虑的。”

【说解】

孔子“七十而从心所欲，不逾矩”（2.4），看出他是经常担忧这四件事情。《中庸》开头说：“道也者，不可须臾离也，可离非道也。是故君子戒慎乎其所不睹，恐惧乎其所不闻，莫见乎隐，莫显乎微，故君子慎其独也。”

孔子这里说的只是担忧，并不是身上有这些缺点。既然能时常担心，不断反省自己，那么就可以避免上述缺点，使品德走向完美。

本章和前一章一样是孔子坦言自己的忧虑。如果我们能像孔子一样有忧虑意识，进德修业就不是难事了。

7.4 子之燕居①，申申②如也③，夭夭④如也。

【注释】

①燕居：在家闲居。燕，通“宴”，安逸、闲适。 ②申申：衣冠整齐，容貌舒展安详的样子。 ③如也：像是……的样子。 ④夭(yāo)夭：脸色和乐轻松的样子。

【译文】

孔子在家闲居，衣冠整齐，容貌舒展安详，脸色显出和乐轻松的样子。

【说解】

本章是弟子们的记录。孔子在家闲居时的表现，也很值得我们学习。

常人在家闲居往往懒散，也常常为一些家庭琐事弄得焦头烂额。

第十篇《乡党》是专门谈孔子平素的言谈举止、衣食住行和生活习惯的。这些问题对一个人的修养也十分重要。前一章的“说解”引用了《中庸》开头中的一段话，要求“君子慎独”，本章就介绍了孔子在家独居时的表现，从衣冠到容貌神色无不合于礼。

7.5 子曰：“甚矣吾衰也！久矣吾不复梦见周公①！”

【注释】

①周公：姓姬，名旦。是周文王的儿子，武王的同母弟，成王的叔父，也是鲁国的始祖。传说周公是西周政治、礼乐、典章制度的制定者。他辅佐成王、安天下、有德政，是孔子心目中敬服的古圣先贤之一。

【译文】

孔子说：“我衰老得多么厉害呀！好久好久我都没再梦见周公了！”

【说解】

孔子在精力旺盛时，一心想在政治上有所作为，想实现周公时代的理想政治。梦是心头想，日有所思，则夜有所梦，所以那时周公有时在孔子梦中出现。

孔子68岁，周游列国回来，两手空空，在政治上已不可能再有所作为了，所以也不再梦见周公，于是发出本章的慨叹。有感慨，说明心不甘，表明孔子虽身体衰老，但行道的理想仍活在心里。

7.6　子曰："志于道，据①于德，依②于仁，游③于艺④。"

【注释】

①据：根据。　②依：依靠。　③游：游憩，玩习。　④艺：六艺。指礼、乐、射、御、书、数，是孔子的教学内容。

【译文】

孔子说："以道为志向，以德为根据，以仁为依托，以六艺为游憩所在。"

【说解】

台湾"中央大学"哲学研究所王邦雄教授在《论孔孟儒学的安身立命之道》的一文中，对本章作了如下的说明："此为孔子儒学的总纲。人能弘道，而天下有道，端在士志于道。'道'何由开出？凭借德行；德行之所以可能的依据，就在于仁心的觉醒（'仁'是人的本心，人的道德行为是发自仁心，'仁'是人的道德行为的依据。——幺注）；而仁心养成的园地（仁心与生俱来，但需要培养——幺注），就在诗书礼乐的涵咏化成。志乃心的动向，据于德与游于艺的能源，当在依于仁的价值感与理想性。士修德讲学，就在寻求可以安立此身之'道'。人之所以为人，在仁心的觉醒，而士之所以为士，在人道的开拓。"（《鹅湖》，2001年第12期）

从上面的说明可知，超越的"道"、客观的德和不安不忍的内在的仁心，三者间存在着贯通性和相依性。知识分子应志在弘道，想弘道，自己必须有很高的以仁为依据的道德修养，这就需要经过六艺的熏陶。学习六艺不是最终目的，所谓"下学而上达"（14.35），要志在弘道。

7.7　子曰："自行束脩①以上，吾未尝无诲焉。"

【注释】

①束脩(xiū):一束十条干肉。脩,干肉。古人常用束脩作为初次见面的薄礼。

【译文】

孔子说:“只要是亲自送来十条干肉[作为见面礼],我从来没有不教诲的。”

【说解】

孔子开春秋时代私人办学的先河,打破了学在官府的局面。只要主动交一点菲薄的进见之礼,便来者不拒,悉心教导,不分贫富、地域、学历、身份。孔子这种招收学生的办法,体现了他的“有教无类”的思想(见15.39)。

7.8 子曰:“不愤[①]不启,不悱[②]不发,举一隅不以三隅[③]反,则不复也。”

【注释】

①愤:心求通而未得。 ②悱(fěi):口欲言而未能之貌。对问题已明白三五分,只是想说却说不出来。 ③隅(yú):角,角落。

【译文】

孔子说:“[教学生]不到他苦思冥想怎么也弄不明白的时候,不去开导他;不到他想说而又说不出来的时候,不去启发他。告诉他[四方形的]一个角,他不能由此推出另外三个角,就不再教他[新知识]了。”

【说解】

这是孔子自己讲述的教学方法。在教学过程中,孔子充分调动学生的主动性、积极性,培养学生的独立思考能力。他主张必须受教者先有困难,有求知的要求,然后再去启发他。这样,才能收到理想的教学效果。

“举一隅不以三隅反”,问题不在智力如何,而在于有没有学习的积极性、肯不肯用力。没有学习积极性的学生,怎样费力教也不会有效果。

孔子的教学方法对今天的教学改革也很有帮助吧。

7.9 子食于有丧者[①]之侧,未尝饱也。

【注释】

①有丧者:有丧事的人。指刚刚死去亲属的人家。

【译文】

孔子在有丧事的人旁边吃饭,未曾吃饱过。

【说解】

从这里可见孔子富有同情心。

7.10　子于是日哭,则不歌。

【译文】

孔子在这一天哭泣过,就不再唱歌了。

【说解】

唱歌是当时士阶层生活的一部分。孔子是喜欢唱歌的。

唱歌和哭泣都是人真情的流露。一个人在哭泣之后,自然无心再去唱歌。

九、十两章都是写人之常情,弟子们为什么把它们收入《论语》之中呢?我想一方面是为了表示孔子丰富的感情,一方面也是因为当时上层社会缺乏真情:在有丧者之侧照样可以吃饱,哭完了照样可以唱歌。

7.11　子谓颜渊曰:"用之则行,舍之则藏,惟我与尔有是夫!"子路曰:"子行①三军②则谁与③?"子曰:"暴虎冯河④,死而无悔者,吾不与也。必也临事而惧,好谋而成者也。"

【注释】

①行:此字古人用得很活。这里有指挥、统帅的意思。　②三军:大国有三军,每军12500人,三军相当于37500人。这里指庞大的军队。③与:在一起,跟随。　④暴虎冯河:是用来比喻那种有勇无谋、冒险行事而往往导致失败的人。暴,徒手搏击。冯(píng),涉水。河,在古文中有时专指黄河,有时指大河。

【译文】

孔子对颜渊说:"用我,我就去干;不用我,就隐藏起来。只有我和你才能这样吧!"子路说:"您如果统帅三军,将跟谁在一起呢？”孔子说：“赤手空拳去和老虎搏斗，没有船只却要蹚水过大河，[这样做]死了都不后悔的人，我是不同他共事的。[我要共事的人]必须是遇事谨慎认真、善于谋划而能争取成功的人。”

【说解】

孔子和颜回都能以平常心对待“用”和“舍”。就是后来孟子所说的：“穷则独善其身，达则兼善天下。”（《孟子·尽心上》）能做到这点很难（见16.11）。

在《公冶长篇》第七章，孔子批评子路“好勇过我，无所取材”，可是子路一直把勇敢视为自己的长处，而看不到它的负面结果。此外，他对颜渊的优点也没有认识。这一点他就不如子贡。子贡认为颜回比自己高得多，而子路就不服颜渊。当他听到老师夸奖颜渊时，就很不客气地问孔子：“子行三军则谁与？”意思是：你总不能带颜回吧？只能带我。孔子顺势严肃地批评了子路，并告诉他，一个统帅三军的大将，必须“临事而惧，好谋而成”才可以。

子路跟随孔子的时间很长，孔子对子路的类似批评也不少，可惜子路没有把老师的忠告听进去，最后还是“暴虎冯河，死而不悔”了。

7.12　子曰：“富而①可求也，虽执鞭之士②，吾亦为之。如不可求，从③吾所好④。”

【注释】

①而：用法同“如”。假设连词。　②执鞭之士：指手拿皮鞭的下等差役。当时主要指两种人：一种是市场的守门人，执鞭以维持秩序；一种是贵族外出时执鞭开路，让行人让道的差役。　③从：顺从。　④好（hào）：喜好。

【译文】

孔子说：“财富如果可以求得的话，就是去当一名手拿皮鞭的下等差役，我也干。如果不可求得，那还是干我所愿意干的工作吧！”

【说解】

“富而可求也，虽执鞭之士，吾亦为之”，话都说绝了，意思是财富是不可追求的。为什么不可追求？有人说富贵在天，有人说富贵在命。我想这都不是孔子的本意。苏东坡说得好：“圣人未尝有意于求富也，岂问其可不可哉？为此语者，特以明其决不可求尔。”（《论语集注》）

孔子的意思是：作为君子，不能追求财富，应该从事自己愿意干的工作。

君子愿意干的工作是什么呢？是“修己安人”的工作吧！

7.13　子之所慎：齐①，战②，疾。

【注释】

①齐：同“斋”。古时在祭祀之前要进行斋戒。要求不喝酒、不吃荤、不与妻妾同房、沐浴净身等，以达到身心的全面整洁。古人认为只有经过这种斋戒，才能与神明相通，神明才能接受你的祭祀。　②战：战争。春秋时代的战争与今天的战争有很大的不同，除了武器不同外，春秋时代的战争特点是：时间短、频率高、死伤多（相对的）、影响深。有时一次战争就可以消灭一个国家。西周初的一百多个小国，到战国时就剩下七个国家了。

【译文】

孔子所小心慎重的事是：斋戒，战争，疾病。

【说解】

杨伯峻《论语译注》对本章的“余论”很好，介绍如下：“《乡党第十》说孔子‘齐必变食，居必迁坐’；上文说到孔子作战必求‘临事而惧，好谋而成’的人，因为它关系国家的存亡安危；《乡党篇》又描写孔子病了，不敢随便吃药，因为它关系个人的生死。这都是孔子不能不谨慎的地方。”

7.14　子在齐闻《韶》①，三月②不知肉味，曰：“不图为乐之至于斯也。”

【注释】

①《韶》：传说是虞舜时期的乐曲，水平很高，孔子赞美它“尽善尽美”（见3.25）。　②三月：比喻很长时间，不是实指三个月。《史记·孔子世家》在“三月”上面有“学之”二字，应该说是合理的。

【译文】

孔子在齐国，欣赏并学习了《韶》乐，很长时间不知肉味，说：“真想不到欣赏并学习《韶》乐竟到了三月不知肉味的境界。”

【说解】

鲁昭公二十五年（前517年），因鲁国发生内乱，孔子到了齐国，时年35岁。闻《韶》大概就在这一时期。

《韶》是舜的乐曲，齐国为什么能有《韶》乐呢？据说是齐桓公灭了遂国，遂是舜的后代，《韶》乐就是在这时传到齐国的。

《史记·孔子世家》对孔子闻《韶》是这样写的："与齐太师语乐，闻《韶》音，学之，三月不知肉味。"司马迁说孔子在齐国学习《韶》乐，三月不知肉味。司马迁的补充是合理的。

今天我们也用"三月不知肉味"来形容一个人专心于某件事，是用夸张的手法。孔子是否也在夸张？我想孔子说的是实话。孔子曾说"发愤忘食，乐以忘忧"(7.19)。孔子发起愤来，把吃饭都忘了，高兴了，把什么愁事都忘光。由此可知，孔子专心致志于《韶》乐的学习而长期不知肉味，并不难理解。

7.15 冉有曰："大子为①卫君②乎？"子贡曰："诺③，吾将问之。"入，曰："伯夷、叔齐何人也？"曰："古之贤人也。"曰："怨乎？"曰："求仁而得仁，又何怨？"出，曰："夫子不为也。"

【注释】

①为(wèi)：这里是赞成、帮助的意思。　②卫君：指卫灵公的孙子卫出公。姓蒯(kuǎi)，名辄(zhé)。他的父亲蒯聩(kuì)本是卫国太子，但因谋杀卫灵公的宠姬南子未成，被灵公驱逐，逃到了晋国。卫灵公死后，蒯辄被立为国君。晋国赵简子要把太子蒯聩送回，借以侵略卫国。卫国出兵抵抗，拒绝蒯聩回国。这就形成了父子争夺王位的局面。这与伯夷、叔齐兄弟二人互相推让，终于都放弃了君位相比，正好相反。孔子赞成伯夷、叔齐，自然就反对卫出公辄了。　③诺：应答声。嗯，好吧。

【译文】

冉有[问子贡]说："老师赞成卫国的国君吗？"子贡说："好吧，我去问问老师。"子贡进到孔子屋里，问道："伯夷、叔齐是什么样的人呢？"孔子说："是古代的贤人。"子贡又问道："他们有怨恨吗？"孔子说："他们追求仁而得到了仁，又有什么怨恨呢？"子贡出来，[对冉求]说："老师不赞成卫国的国君。"

【说解】

这段师生对话大约发生在鲁哀公二年(前493年)。这一年夏，卫灵公病死，其孙出公辄即位。逃亡在外的太子蒯聩在晋国的帮助下也想回国争夺君位。这时，孔子的弟子有的已在卫国做官，卫出公也想请孔子来帮助自己。以冉求为代表的弟子们,对老师是否赞成已取得君位的卫出公表示怀疑,于是子贡出面去问老师。

人们把子贡分到"语言"科(见11.3),一点不错,他真会说话。如果是子路出面,一定是直来直去地问:"您赞成蒯辄做国君吗?"子贡的问话就巧妙多了。他不仅要知道老师对卫出公的态度,而且要知道老师对这件事是怎么想的。他先从历史上举出两个与卫国父子争位相反的两个人:伯夷、叔齐,问这两个人是什么样人,孔子说是"贤人"。接着子贡又深入一步问:"怨乎?"孔子说:"求仁而得仁,又何怨?"孔子这样高度赞扬伯夷、叔齐,自然就不会赞成卫出公了。既然不赞成卫出公,也就不可能在卫国做官了。

下一章,孔子就明确表态:"不义而富且贵,于我如浮云。"

7.16　子曰:"饭[1]疏食[2],饮水[3],曲肱[4]而枕[5]之,乐亦在其中矣。不义而富且贵,于我如浮云。"

【注释】

①饭:动词。吃。　②疏食(sì):粗粮或糙米。指粗糙的饭食。③水:古代冷水叫水,热水叫汤。　④肱(gōng):由肩到胳膊肘这一部分,一般也泛指胳膊。　⑤枕(zhèn):这里用作动词。

【译文】

孔子说:"吃粗粮,喝冷水,弯起胳膊当枕头,乐趣就在其中了。用不义的手段取得的富贵,对我来说,就像天上的浮云一样。"

【说解】

本章表现了孔子安贫乐道的思想。孔子和颜渊都是"用之则行,舍之则藏"。不被任用时,生活条件很苦,但孔子也能乐在其中。孔子不是喜欢吃粗粮、喝冷水,而是在吃粗粮、喝冷水的生活条件下也不改其乐。哀公六年(前489年),孔子一行绝粮陈蔡之间,跟随的弟子都饿倒了,而孔子却"讲诵弦歌不衰"(《史记·孔子世家》)。孔子的"乐"不是一种肉体的快乐,而是一种精神的平静和满足。

从孔子在生活中的表现,也可以看出他对富贵的态度。孔子不是一般地反对富贵。孔子的弟子许多在鲁卫两国做了官,孔子的富贵也唾手可得,但孔子对富贵的态度是:不义的富贵,对他来说,轻如浮云。

7.17　子曰："加[①]我数年，五十以学《易》[②]，可以无大过矣。"

【注释】

①加：增加，增添。　　②《易》：古代一部占卜的书，后来定为经书，就称为《易经》了。孔子时，《易经》只有《经》，还没有《传》，后来才有了阐述《易》理的《传》。今天的《易经》含《经》《传》两部分。《易经》中虽有迷信色彩，但其中含有丰富的哲学思想，是中国哲学的源头，是我国古人大智慧的结晶。清华大学的校训"自强不息，厚德载物"，就是取自《易经》。

【译文】

孔子说："让我多活几年，到五十岁时学习《易经》，就可以不犯大的过错了。"

【说解】

关于孔子和《易经》的关系，自古就有人怀疑，就有争论。这里不能一一介绍。通过本章的学习，我想有两点应该肯定：第一，孔子认为《易经》是一部伟大的著作，是一部穷理尽命之书。一个人把《易经》学好了，就能明乎吉凶消长之理、进退存亡之道，可以无大过。

第二，孔子对《易经》的推崇，大大提高了《易经》在经书中的地位，使《易经》成为五经之首。

1973年12月，马王堆帛书的《易经》的《经》《传》出土之后，使孔子与《易传》的关系变得明晰起来。今本《易传》虽有部分是后人加入的，但《文言》《系辞》的主要内容皆为孔子所作，已成定论。

孔子这句话是什么时候说的？有种种不同说法。我想我们还是应该相信《论语》。宦懋庸的《论语稽》说得有理："此孔子四十二岁以后，自齐反鲁，退修《诗》《书》《礼》《乐》时语也。盖《诗》《书》《礼》《乐》之修，非数年之功不可。因《诗》《书》《礼》《乐》而思及《易》，情之常也；方修《诗》《书》《礼》《乐》而未暇及《易》，理之常也。"

此时孔子已经知道《易经》是一部非常繁复的穷理尽命之书，所以希望几年之后，下功夫深入研究，这样，可以保证此生"无大过"。"无大过"，是孔子的谦虚，他没有把学《易》的成就估计过高。结果如何呢？通过孔子自述的进德修业的进程（见2.4）看，他"五十而知天命"，大大超过了原先的预计。当然孔子能"知天命"有许多因素，但"学《易》"必定是其中的重要因素。

7.18 子所雅言①,《诗》《书》、执礼,皆雅言也。

【注释】

①雅言:西周的政治中心在今陕西地区,当时称以陕西语音为标准音的"官话"为"雅言"。平王东迁后,雅言未废。因为列国五方杂音有碍交往,需要有一种标准音。孔子平时讲话,授课用的是齐鲁方言,但在读《诗》《书》和赞礼时,则用"雅言"(标准音)。"雅"者,"常"也。

【译文】

孔子[有时]讲官话,读《诗经》、读《尚书》、赞礼时,都是用官话。

【说解】

通过本章可知,远在周朝时就已经重视标准音的问题了。泱泱大国,为了便于统治,不能没有标准音。

现在虽然国泰民安,但由于历史的原因,仍然存在着严重的方言分歧,不利于社会交往和经济发展,所以国家推广以北京语音为标准音、以北方话为基础方言、以典范的现代白话文学著作为语法规范的普通话,要求全国各地中小学老师在教学上要使用普通话。今天,去全国各地使用普通话,都会被理解。

7.19 叶公①问孔子于子路,子路不对②。子曰:"女奚③不曰,其为人也,发愤忘食,乐以忘忧,不知老之将至云尔④。"

【注释】

①叶(shè)公:叶,地名,当时属楚。今河南省叶县南30里有古叶城。叶公,姓沈,名诸梁,字子高。在当时楚国算是一位贤者。公元前490年(鲁哀公五年),孔子从蔡国到了楚国叶地,见到了叶公,那时叶公只是一县之长。由于他知人能干、正直勇敢,逐渐在楚国受到重视。哀公十六年,他平定了白公胜之乱,稳定了楚国政局,自己功成身退,回叶地养老,得到楚王的尊重和信任。 ②不对:不回答。 ③奚:何,为什么。 ④云尔:如此罢了。云,如此。尔,同"耳"。

【译文】

叶公向子路问孔子是怎样一个人,子路没有回答。孔子说:"你为什么不告诉他,说我的为人,发愤时竟忘记吃饭,快乐时就忘记了忧愁，把自己就要老了这件事也不放在心上，如此罢了。”

【说解】

子路心粗，但对介绍自己的老师，还是十分谨慎的，所以对叶公的提问没有做出回答。

孔子把自己说得很平常，常人却难以赶上。孔子的“发愤忘食，乐以忘忧”中，渗透着追求理想的忘我精神，其中有苦有乐。在追求理想的过程中，自己是“发愤忘食”的；有了收获之后，其快乐可以忘掉忧愁；孔子一生致力于理想的追求，就忘掉了“老之将至”。

孔子在谈到自己时，总是把自己极高远而精纯的境界说得很平常，这是值得我们深思的。下一章同样有这种精神。

7.20 子曰：“我非生而知之者，好古，敏以求之者也。”

【译文】

孔子说：“我不是生下来就有知识的人，而是爱好古代文化，勤奋敏捷地去求得知识的人。”

【说解】

本章对正确理解孔子是很重要的。自古以来，有些人把孔子神化，认为孔子是生而知之，孔子大概也听到了这种说法，所以说了这番话。

人们说孔子“生而知之”也有根据。因为孔子说过：“生而知之者上也，学而知之者次也……”(16.9)既然孔子说有“生而知之者”，那么除了圣人孔子之外还有谁呢？

我认为孔子说“生而知之者上也”，是一种虚设，并没有说一定有。孔子自始至终所强调的是“学”。

7.21 子不语怪、力、乱、神。

【译文】

孔子不谈论怪异、勇力、叛乱、鬼神的事情。

【说解】

宋谢良佐解释本章时说：“圣人语常而不语怪，语德而不语力，语治而不语乱，语人而不语神。”(《论语集注》)

《春秋》中记载不少灾异、战伐、篡弑的事。孔子修《春秋》，那是为了“使《春秋》之义行，则天下乱臣贼子惧”。(《史记·孔子世家》)

春秋时代是一个动乱的时代，正是“怪、力、乱、神”得势的时候，孔子独能“不语怪、力、乱、神”，使中华传统文化充满正气，实在是万世之功。

7.22 子曰：“三人行，必有我师焉。择其善者而从之，其不善者而改之。”

【译文】

孔子说：“[如果]三个人(我在其中)在一起走路，其中必定有可以作为我老师的人。选择善者的优点来学习，不善者的缺点[作为借鉴]来改正自己缺点。”

【说解】

孔子说：“见贤思齐焉，见不贤而内自省也。”(4.17)贤不贤都可以作为我的老师。知道这句名言，那么“三人行，必有我师焉”的道理也就容易理解了。

但自古以来，人们对待求师就不是这种态度。唐朝的韩愈早就慨叹：“师道之不传也久矣，欲人之无惑也难矣。”(《师说》)

今天，人们往往认为别人不如自己，没什么可学的；对有缺点的人，更是不屑一顾。这种人对于自己崇拜的人却是五体投地，认为他身上一点缺点都没有。这种盲目自大而又自卑的人，如何能够进步？

7.23 子曰：“天生德于予，桓魋[①]其[②]如予何？”

【注释】

①桓魋(tuí)：宋国的司马(主管军事行政的长官)向魋。因为它是宋桓公的后代，所以又叫桓魋。　②其：副词，将。表示将来。

【译文】

孔子说：“上天使我生得了这种品德，桓魋他将把我怎么样呢？”

【说解】

孔子为什么要说这番话呢？《史记·孔子世家》有一段这样的记载：“孔子去(离开)曹适宋，与弟子习礼大树下。宋司马桓魋欲杀孔子，拔其树。孔子去。弟子曰：‘可以速矣。’孔子曰：‘天生德于予，桓魋其如予何！’”此事发生在鲁哀公三年(前492年),孔子年60岁。

孔子在危难时说这番话,是相信自己之德是上天所赐。他说:“大德者,必受命。”(《中庸》)小人桓魋必不能违天而伤害自己。

7.24 子曰:“二三子①以我为隐乎?吾无隐乎尔。吾无行②而不与③二三子者,是丘也。”

【注释】

①二三子:这里是孔子客气地称呼弟子们。 ②行(xìng):名词。行为,做事。 ③与(yǔ):告知。

【译文】

孔子说:“你们这些学生以为我有所隐瞒吗?我对你们是没有任何隐瞒的。我无论做什么事,没有不能告诉你们的,这就是我孔丘的为人。”

【说解】

孔子曾说过“中人以下,不可以语上也”(6.21)。子贡也说过:“夫子之文章,可得而闻也;夫子之言性与天道,不可得而闻也。”(5.13)弟子们大概认为孔子智广道深,没有把自己的全部学问都拿出来教给他们,所以孔子才说了这番话来做解释。

“吾无行而不与二三子”这句话要认真领会。学生只注意老师讲些什么,认为老师讲的才是学问,对于老师的平时言谈和行事却不注意观察。其实学问就寓于言谈和行事之中。

一部《论语》是孔子一生言谈和行事的主要记录,话与事都很平常,却体现了孔子的生命人格和智慧。所以孔子对弟子们的怀疑解释说“吾无行而不与二三子者”,这是真话。

7.25 子以四教:文,行①,忠,信。

【注释】

①行(xìng):行为,做事。名词。

【译文】

孔子用四种内容教育学生:《诗》《书》、历史文献,社会生活实践,忠诚老实,讲求信用。

【说解】

这是弟子们对孔子教学内容的概括。

《诗》《书》、历史文献等的学习只是初步的、入门的课程。接着必须把学到的知识用在社会实践上，譬如学到了孝悌的道理，就应该孝顺父母、敬爱兄长。礼、乐、射、御、书、数也包括在“文、行”之内。文、行只是一个人的外衣，做人的根本在于内心的“忠、信”。

孔子的好学生曾参每天都要从三方面检查反省自己(见1.4)。实际上，他就是反省老师教给的“文、行、忠、信”做得怎样。因为“忠、信”是做人的根本，所以要放在首要地位。“传不习乎”就是反省“文、行”的问题。

孔子是一位伟大的教育家。他突破了春秋前“学在官府”的政教一体模式，开创了私人办学的先河。他的成功使自由教育体系在中国站稳脚跟，其贡献古今中外无与伦比。他的教学内容是集才智培养与道德培养为一体的，为以后的中国教育思想体系奠定了基础。

7.26　子曰：“圣人①，吾不得而见之矣，得见君子②者，斯③可矣。”

子曰：“善人，吾不得而见之矣，得见有恒者④，斯可矣。亡⑤而为有，虚而为盈⑥，约⑦而为泰⑧，难乎有恒矣。”

【注释】

①圣人：按孔子的意见，圣人是才德完美无缺，而且能“博施于民而能济众”(见6.30)。　②君子：才德出众的人。　③斯：就，则。　④有恒者：有恒心的人，不改变自己操守的人。　⑤亡：同“无”。　⑥盈：丰满，充实。　⑦约：穷困。　⑧泰：宽裕，豪华，奢侈。

【译文】

孔子说：“圣人，我不可能见到了，能够见到君子就可以了。”

孔子说：“善人，我不可能见到了，能够看到有恒心的人就可以了。本来没有，却装作有；本来空虚，却假装充实；本来穷困，却装作富裕。这样的人就难以有恒心了。”

【说解】

本章孔子提出四种人：圣人、君子、善人、有恒者。这四种人的品德虽高下不同，但都值得称赞。

孔子心目中的圣人,只有尧、舜、周公等少数几个人,周公以后,再也没有出现过。圣人不得见,就求其次,能看到君子也就可以了。关于君子,孔子有很多解释,总之是才德出众的人(请参看8.4)。

善人不如君子,他们本质好、凭良心为善、有所不为,但学问道德还没有到家。有恒者虽然不是一心向善,但能坚持走自己的路,有操守、不虚伪、不变心。

孔子说这番话,是慨叹世人的道德水准每况愈下,连有恒者也少见了。世人一般是"亡而为有,虚而为盈,约而为泰"。

世人道德水准的高低,关系国家的盛衰强弱。古代如此,今天又何尝不如此?孔子感叹的意义十分深远。

7.27 子钓而不纲[①],弋[②]不射宿[③]。

【注释】

①纲:网上的大绳叫纲。这里指在河水上横着拉一根大绳,上面系着许多鱼钩来钓鱼。 ②弋(yì):用带生丝的箭射鸟叫弋。 ③宿:这里指已经归巢的鸟。

【译文】

孔子钓鱼,不用大绳横断流水来取鱼;用带生丝的箭射鸟,不射已经归巢的鸟。

【说解】

孔子少贫贱,为了生活,曾钓过鱼,射过鸟,但都不过分。钓鱼,适可而止;射鸟,鸟归巢后,让它们休息,不出其不意地射杀它们。由此可见圣人的本心。孔子待物如此,待人可知。

7.28 子曰:"盖[①]有不知而作之者,我无是也。多闻,择其善者而从之;多见,而识[②]之。知之次[③]也。"

【注释】

①盖:句首语气副词,大概,表示推测性的论断语气。 ②识(zhì):记住。 ③知之次:比"生而知之"次一等的"学而知之"。孔子曾说过:"生而知之者,上也;学而知之者,次也。"(见16.9)"学而知之"仅次于"生而知之",也是很了不起的。

【译文】

孔子说："大概有一种自己不懂其理而妄为的人，我没有这种毛病。[我是]多听听，选择其好的跟着学习；多看看，把应该记的记下来。这样，就可以达到'知之次'了。"

【说解】

孔子曾谦虚地说"我非生而知之者"(7.20)，本章又明确说自己是"知之次也"。

我们都不是"生而知之"，就要像孔子那样用刻苦学习来弥补，不应该"不知而妄作"。邪说、邪教之徒，都是"不知而作之者"，他们把自己和自己的邪说吹嘘得神乎其神，诱使一些人上当。

孔子说这番话是有所指。春秋末期，有些人"不知而作"，异端邪说逐渐流行。孔子的话，批评了"不知而作"的风气，给人指出做学问和做人的正确道路。

7.29 互乡[①]难与[②]言。童子见[③]，门人惑。子曰："与[④]其进也，不与其退也；唯何甚？人洁己[⑤]以进，与其洁也，不保[⑥]其往也。"

【注释】

①互乡：地名。究竟是何处，已不可考。这里的人据说是习于不善。②与(yǔ)：介词。同，和。③见(xiàn)：(得到)接见。④与(yǔ)：动词。赞许，肯定。下面的两个"与"同此。⑤洁己：清洁自己，即改正错误。⑥保：守。引申为追究，纠缠。

【译文】

互乡这个地方的人，难于和他们交谈。一个儿童却受到孔子的接见，弟子们都疑惑不解。孔子说："我赞成他的向善前进，不赞成他的后退，何必做得太过分呢？人家自己改正错误以求进步，我是赞许他的改过向善的，而不管他以往的行为。"

【说解】

孔子的原则是：肯求上进的人，不管过去如何，我们一定要帮助他，不要使人没有进步的机会。孔子对人，一贯是抱着与人为善的态度(方式方法可能因人而异),不立门户,不立派系。

7.30　子曰:"仁远乎哉?我欲仁,斯仁至矣。"

【译文】

孔子说:"仁[离我们]远吗?[只要]我想要做到仁,仁就能做到。"

【说解】

孔子这句话的核心是"我欲仁"三个字。

人性善,有仁心,仁心总会随时呈现。如忽然看见童子将跌入井里去,任何人都会涌起同情之心,所以道德才成为可能。问题是仁心随时呈现,也会随时隐没,人的良心又陷于昏睡,人变得麻木不仁。这样社会道德就难以保证了。"仁远乎哉?我欲仁,斯仁至矣。"在觉醒的时候,要自我呼唤,让自己永远保持清醒的状态,仁就不会离你而去了。

人的德行是"求则得之,舍则失之,是求有益于得也,求在我者也"(《孟子·尽心上》)。仁心(德行的根据)就是自己的本心,与生俱来,需要你自己去开发,不能等待别人的帮助,别人的帮助是很次要的。如果你自己不去开发,就要受物欲的吸引而异化,就不是本来的你了。

要记住:"为仁由己。"(见12.1)天命不能决定一个人的道德品质,道德品质靠个人修养。

7.31　陈司败[①]问:"昭公[②]知礼乎?"孔子曰:"知礼。"

孔子退,揖[③]巫马期[④]而进之,曰:"吾闻君子不党[⑤],君子亦党乎?君取[⑥]于吴,为同姓,谓之'吴孟子'[⑦]。君而知礼,孰不知礼?"

巫马期以告。子曰:"丘也幸,苟有过,人必知之。"

【注释】

①陈司败:陈国的司寇(主管司法的官员)。一说,姓陈,名司败,是齐国的大夫。《左传》中没有记录此人。　②昭公:春秋时,鲁国第十位国君,姓姬,名裯(chóu)。公元前541年至公元前510年在位。"昭"是其死后的谥

号。所以陈司败这番话是在鲁昭公死后说的。　③揖(yī):拱手行礼,作揖。　④巫马期:复姓巫马,名施,字子期。鲁国人。小孔子30岁。曾为单父宰。据说宓不齐任单父宰时,“身不下堂而单父治”。而巫马期却是“以星出,以星入,日夜不居,以身亲之,而单父亦治”(《吕氏春秋·察贤》)。相传巫马期和子路在陈国的宛丘,看见富人驱“脂车百乘”出游。子路就试探问巫马期,是否愿意拥有这样的富贵,终身不再见夫子?巫马期听了就叹息说:“我曾听老师告诉我:‘一个勇士,不要忘记为国捐躯;一个志士仁人,不要忘记为真理而献身。’你是不了解我呢?还是想试探我?我想这也许是你的志愿吧?”(《韩诗外传》卷二)巫马期、宓不齐、漆雕开等,在《论语》中都只出现一次,而在他们身上却有那么动人的故事。孔子开创的儒学之所以能够发扬光大,除了它本身具有的无限生命力之外,也和这些品德高尚的弟子们的身体力行、积极宣传是分不开的。　⑤党:偏袒。　⑥取(qǔ):同“娶”。　⑦吴孟子:春秋时代,国君夫人的称号,一般是出生国名加她的本姓。鲁娶于吴,这位夫人就应该称为吴姬。但同姓不婚是周朝的礼法。鲁国也是姬姓,如果昭公从吴国娶的夫人叫吴姬,显然让人们知道他违背了周朝的礼法,所以改称“吴孟子”。“孟子”可能是这位夫人的字,也许她排行老大,所以叫“孟子”。《左传·哀公十二年》记有:“昭夫人孟子卒。”《春秋》也记有:“夏五月甲辰,孟子卒。”

【译文】

陈司败问道:“鲁昭公知礼吗?”孔子说:“知礼。”

孔子出去以后,[陈司败]向巫马期作了个揖,走近他说:“我听说君子是不偏袒别人的,难道君子也偏袒别人吗?鲁君从吴国娶了位夫人,是同姓,称她为‘吴孟子’。如果说鲁君知礼,还有谁不知礼呢?”

巫马期[把这些话]转告给孔子。孔子说:“我真幸运,如果有了过错,人家一定会知道。”

【说解】

孔子不愧为圣人,当别人指出自己的错误时,并不辩解,而是老老实实承认自己错了,并说自己有错误别人就知道是很幸运的。

其实孔子的这次错误,不是因为疏忽而犯的错误,而是为了维护本国国君的威信而犯的错误。昭公违礼娶于吴的事,孔子是知道的。但“臣不可言君亲之恶,为讳者礼也”。孔子为了遵守礼法而说了假话,甘心接受了别人的批评。如果进行辩解,就等于"言君过"了。孔子宁可自己承担过错,而不说昭公不知礼。

考之历史,昭公娶于吴也是不得已。当时吴国强大,齐景公为了保障齐国的安全,也不得不流着眼泪,把女儿嫁到吴国。鲁国离吴国较近,而国势又不如齐国,昭公娶吴国的女儿和吴国结亲,也是为了鲁国的安全。

7.32　子与人歌而善,必使反①之,而后和②之。

【注释】

①反:反复,再来一次。　②和(hè):跟随着唱,应和。

【译文】

孔子和别人一起唱歌,[如果]别人唱得好,就一定请他再唱一遍,然后自己又和他一起唱。

【说解】

《史记·孔子世家》说:"诗三百篇,孔子皆弦歌之,以求合《韶》《武》《雅》《颂》之音。"可见孔子是经常唱歌的。他有时独唱,有时与人合唱。本章就记述了与人合唱时的情景。孔子是老师,在唱歌时他并不认为自己高于别人。当他发现一个人唱得好时,就一定请那个人回头再单独唱一遍,让他唱歌的优点充分显露出来,然后再一起合唱。每次与人唱歌,都要有这样三个层次。

为什么孔子要这样做?有人说这是为了提高唱歌水平,有人说是为了不掩人之善,有人说是与人为善等,都言之成理。但我认为重要的是从中看出孔子"无我"的坦荡胸怀。事情该怎样做就怎样做,一切是那样自然。"君子坦荡荡,小人长戚戚。"(7.37)正是说夫子自己吧!

7.33　子曰:"文①,莫②吾犹人③也。躬行君子,则吾未之有得。"

【注释】

①文:指学习的古代文献等书本上的学问。　②莫:大约,大概。表示推测之词。一说,"文莫"连读,即"忞慔",意为"黾(mǐn)勉努力"。这样意思就成为:在黾勉努力方面,大概我和别人差不多。　③犹人:和别人差不多。不比别人强,但还可以赶得上。

【译文】

孔子说："书本上的学问，大概我和别人差不多。至于身体力行的君子，我还没有做到。"

【说解】

本章是孔子对自己的评价，十分谦虚。从孔子的话中，我们应该体会到道德修养的关键是身体力行，即孔子所说的"躬行"。书本上的知识是容易学到的，但要按道德规范的要求去做，那就不容易了。因此孔子很强调学了就要用，说了就要做，十分重视言行一致的问题（见1.14、2.13、4.22、4.24等）。

7.34　子曰："若圣与仁，则吾岂敢！抑[①]为之不厌，诲人不倦，则可谓云尔已矣。"公西华曰："正唯弟子不能学也。"

【注释】

①抑：连词。一表转折，不过、然则；一表选择（见7.19）。

【译文】

孔子说："如果说到圣与仁，那我怎么敢当呢！只不过是[向着圣与仁]努力而从不厌倦，教导别人从不疲劳，只是如此罢了。"公西华说："这正是弟子学不到的。"

【说解】

前一章和本章都是孔子的自省之辞。本章是有人推尊孔子为"圣人""仁人"，孔子作了解释。孔子的意思是：自己够不上"圣"和"仁"，只能说是不厌倦地向着"圣"与"仁"的方向努力，并以此教育别人罢了。关于"圣"与"仁"的关系，我在《雍也》第三十章已作了说明，请参看。

实际上，当时尊敬孔子的人都认为孔子就是圣人。《孟子·公孙丑上》记载了子贡和孔子关于这一问题的对话："昔者子贡问于孔子，曰：'夫子圣矣乎？'孔子曰：'圣则吾不能。我学不厌而教不倦也。'子贡曰：'学不厌，智也；教不倦，仁也。仁且智，夫子既圣矣。'"

从公西华的赞叹来看，他对老师是十分了解和敬服的（见7.2）。

7.35　子疾病[①]，子路请祷。子曰："有诸[②]？"子路对曰:“有之。《诔》[③]曰:‘祷尔于上下神祇[④]。’”子曰:“丘之祷久矣[⑤]。”

【注释】

①疾病:疾病连用,表示病重。 ②诸:“之于”或“之乎”的合音。这里是“之乎”的合音。 ③诔(lěi):古时向神灵祈祷的文章。哀悼死者的文章也叫诔。 ④神祇(qí):古代称天神为“神”,地神为“祇”。 ⑤丘之祷久矣:这句话是孔子婉言拒绝子路为自己祈祷。

【译文】

孔子得了重病,子路请求祈祷。孔子说:“有这个道理吗?[祷告就能治好病?]”子路说:“有的。《诔》文上说:‘为您向天地上下的神灵祈祷。’”孔子说:“这样,我早就祈祷过了。”

【说解】

古时科学不发达,医学也不发达,得了重病向神灵祈祷是常见的事。子路很关心老师的疾病,也要老师向神灵祈祷,孔子没有答应。

孔子相信鬼神的存在(见3.12),但“敬鬼神而远之”(6.22)。他认为承认有天和天命是最主要的。一个人能顺天命而行,就不需要鬼神的帮助、保护了。孔子认为自己一向“畏天命”,顺天命而行,这就等于祷告了,不需要在有病时再向鬼神祷告。反过来,那些违天行事的人,怎样向鬼神祷告也是没用的。这就是“获罪于天,无所祷也”(3.13)。由此看出,孔子虽身患重病,但自己的信仰并不动摇。

7.36 子曰:“奢则不孙[①],俭则固[②]。与其不孙也,宁固。”

【注释】

①孙:同“逊”。不孙,不谦逊、骄傲。 ②固:固陋,寒酸。

【译文】

孔子说:“奢侈了就会骄傲,俭朴了就显得寒酸。与其骄傲,宁可寒酸。”

【说解】

骄傲与寒酸都失中道。相比之下,由于奢侈而骄傲的危害更大,所以孔子说:“与其不孙也,宁固。”孔子的话是针对时弊的。

孔子赞成俭约,虽然俭约还不是十分完美。《里仁》第二十三章,孔子说“以约失之者鲜矣”,和本章的精神一致。

7.37 子曰:“君子坦①荡荡②,小人③长④戚戚⑤。”

【注释】

①坦:安闲,开朗。 ②荡荡:宽广的样子。 ③小人:一般人,常人。 ④长:经常,总是。 ⑤戚(qī)戚:局促不安,忧愁。

【译文】

孔子说:“君子的心胸开朗宽广,一般人却经常局促忧愁。”

【说解】

君子不为名牵、不为利役,循理而行、光明磊落、俯仰无愧,所以心里总是安稳的。一般人,不为名牵,便为利役,患得患失,所以心里总是局促不安,长期处于忧愁之中。君子像是走在阳关大道上,平平坦坦,无忧无虑。小人像是过独木桥,提心吊胆,时时刻刻怕掉下去。

7.38 子温而厉①,威而不猛,恭而安。

【注释】

①厉:严肃。

【译文】

孔子温和而又严肃,有威严而不厉害,恭谨而又安详。

【说解】

人的性格由于气质不同,都有所偏。只有圣人在言行态度上,能保持中和之气,无所偏颇。

本章是孔子弟子对老师性格的描述。不真正了解孔子、对孔子的德行有深入研究的人,是不可能对孔子性格说得这样准确的。宋程颐认为这段话是曾参说的。

在《子张》第九章记录了子夏的一段话:“君子有三变:望之俨然,即之也温,听其言也厉。”子夏的话,不能不和观察孔子的性格有关。

泰伯第八

本篇共21章,主要讲孔子评论古代贤君和为政的一些道理以及曾子的一些名言。

8.1　子曰:“泰伯①其可谓至德②也已矣,三以天下让③,民无得而称焉。”

【注释】

①泰伯:周朝祖先古公亶父有三个儿子:泰伯、仲雍、季历。季历的儿子姬昌,德才兼备。古公亶父预见到姬昌将来可成大业,就想打破长子继承的惯例,把王位让给季历。泰伯体察到父亲的心意,就主动把王位的继承权让给三弟季历。季历也很贤德,他认为王位应由大哥泰伯继承,自己不愿接受。后来泰伯和仲雍密谋,以去衡山采药为名,一起悄悄离开国都逃到江南的吴国。泰伯后来成为周代吴国的始祖,所以吴国和鲁国同姓姬。　②至德:最高尚的品德。　③三以天下让:天下,指古公亶父时的统治区域。这里指代王位。第一次让,是指泰伯离开国都出走。第二次让,是泰伯知道父亲去世的消息,故意不回国,以避免回国后被推上王位。第三次让,是发丧之后,群臣议立新君,泰伯索性断发文身,表示永远留在荆蛮。这样,季历只好继承了王位。季历死后,姬昌继位,即周文王。

【译文】

孔子说:“泰伯可以称得上品德最高尚的人了。三次以天下相让,人民真不知该怎样称赞他。”

【说解】

泰伯的故事,类似伯夷、叔齐。孔子主张“孝悌”“礼让”,所以对泰伯和伯夷、叔齐都极为称赞。春秋末期,道德沦丧,为了争权夺利,各国都君不君、臣不臣、父不父、子不子。所以孔子称赞礼让为国的人,在当时是很有教育意义的。

清代刘宝楠的《论语正义》说:“古之以天下让者,莫大于尧、舜,莫难于泰伯,及周之服事。若禹虽传世,而其始亦是让。故弟子记此篇,以论泰伯始,以论尧、舜、文王及禹终也。”

8.2 子曰:“恭而无礼则劳,慎而无礼则葸①,勇而无礼则乱,直而无礼则绞②。君子③笃④于亲,则民兴于仁;故旧⑤不遗,则民不偷⑥。”

【注释】

①葸(xǐ):畏畏缩缩,胆怯。 ②绞(jiǎo):说话尖酸刻薄。 ③君子:《论语》中的君子有两种意义:一指有道德的人,一指有高位的人。本章的“君子”与“民”相对,所以是指有高位的人。 ④笃:诚实,厚道。 ⑤故旧:老同事、老朋友等旧相识。 ⑥偷:淡薄。这里指人与人的感情而言。

【译文】

孔子说:“只是恭敬却不知礼,就劳而无功;只是谨慎小心而不知礼,就会畏畏缩缩;只是勇猛而不知礼,就会作乱;只是心直口快而不知礼,就会说话尖酸刻薄。在上位者如果能用深厚的感情对待亲族,老百姓就会走向仁德;在上位者如果能不遗忘故旧,老百姓待人就不会冷淡无情。”

【说解】

恭、慎、勇、直是很好的四种德行,都属于仁的范畴。但这些范畴,都必须以礼去节制。礼的核心是“中”,无过无不及。恭、慎、勇、直四种好的德行,如果做得不够或者过分,就是违礼了,就会出现种种毛病,被人们视为缺点,甚至是不可原谅的缺点。可见礼是使仁统领的诸德成为“德”的根本保证。但礼如果失去仁,将成为没有生命的空壳、成为束缚人的枷锁。仁与礼相互不可分。

由本章我们可以深切体会到礼的巨大作用。在我们的日常生活中必须注意礼。否则好事会变成坏事。

“君子笃于亲”以下四句似与前面联系不大,有人主张应另立一章。还有人说后四句不是出自孔子之口,是曾子说的。实际上,后四句和前面是紧密相连的。前面四句强调了礼的重要,但要想让人民知礼,在上者(君子)必须以身作则。孔子举例说:“君子笃于亲,则民兴于仁;故旧不遗,则民不偷。”在上者的言行会直接影响人民的精神面貌。“上有好者,下必有甚焉。”

8.3 曾子有疾,召门弟子曰:“启[①]予足!启予手!《诗》云:‘战战兢兢[②],如临深渊,如履[③]薄冰。’而今而后,吾知免夫。小子!”

【注释】

①启:《说文》有“䀈”字,当“看”讲。 ②“战战兢兢”句:引自《诗经·小雅·小旻》篇。 ③履:本义是单底鞋,也泛指鞋。这里用作动词,意思是踩、走。

【译文】

曾子病了,他把弟子们召集来说:“看看我的脚!看看我的手!《诗经》上说:‘战战兢兢,就好像面临深渊,就好像脚踩薄冰。’从今往后,我知道自己可以免于毁伤了。弟子们!”

【说解】

据《孝经·开宗明义章第一》记载,孔子曾对曾参讲过自己关于孝的理论。孔子说:“身体发肤受之父母,不敢毁伤,孝之始也。立身行道,扬名于后世,以显父母,孝之终也。”曾子是一个好学生,事后,他谨遵老师的教导,在临终前,叫弟子们看一看自己的手足完好无损,才算放了心,这说明自己是尽孝道了。

不过从曾子和他的后学写的《孝经》来看,“身体发肤,受之父母,不敢毁伤”,只是孝道初级的、开始时的要求。孝道高级的、最终的要求是:“扬名声,显父母。”所以自古以来,一些忠臣义士如岳飞、文天祥等,为了国家民族,抛头颅、洒热血,人们并不说他们不孝,而赞颂他们为忠臣,受到人们永远的尊敬。而秦桧之流,虽然没有遭到刑戮,却被斥为奸臣贼子,不仅自己遗臭万年,连自己的父母、祖先都遭到唾骂。

一个人,大节不亏,就算对得起父母了,不必拘泥于小节。

8.4 曾子有疾,孟敬子[①]问之。曾子言曰:“鸟之将死,其鸣也[②]哀;人之将死,其言也善。君子[③]所贵乎道者三：动容貌[4]，斯远[5]暴慢[6]矣；正颜色，斯近信矣；出辞气[7]，斯远鄙倍[8]矣。笾豆之事[9]，则有司[10]存。”

【注释】

①孟敬子：姓仲孙，名捷，“敬”是谥号。是孟武伯(见2.6)的儿子。 ②也：句中语气词。表示提顿，以起下文，兼有舒缓语气的作用。 ③君子：因为曾子是说给孟敬子听的，所以指在位者。 ④动容貌：使容貌合于礼，指容貌谦和、恭敬、严肃等。 ⑤远(yuàn)：及物动词，疏远、不去接近。 ⑥暴慢：粗暴，放肆。 ⑦出辞气：即“出辞气以礼”。出，出言。辞气，指所用的词句和语气。 ⑧鄙倍：鄙，粗野鄙陋。倍，同“背”。指悖理，不合理。 ⑨笾豆之事：笾(biān)，古代一种竹制礼器。高脚，上面圆口，祭礼时用来装果食等祭品。豆，古代一种像“笾”一样的器皿，木制，有盖，用来盛肉等有汁的祭品，平时装食品也用它。笾豆之事，这里代表礼仪中的一切具体细节。 ⑩有司：管事的小吏。

【译文】

曾子病了，孟敬子去问候他。曾子对他说：“鸟将要死的时候，它的叫声是悲哀的；人将要死的时候，他说的话是善良的。在上位的人在为人之道上，应注重三件事：使容貌谦和严肃，别人对你就不会粗暴和放肆；使脸色端庄正派，就容易使人相信；说话时注意言辞和口气，别人对你就不会粗野和悖理。至于礼仪的细节，自有主管的官吏去办。”

【说解】

据《礼记·檀弓下》记载，孟敬子举动任性，出言鄙俗。有这样一件事：鲁悼公死了，季昭子问孟敬子：“国君去世应该吃什么？”孟敬子说：“按天下的正礼，应该喝粥。可是我们三家谁也不拿国君当国君，这老百姓都知道。如果喝粥，老百姓也认为是假的。我还是吃干饭。”这件事情发生在和曾参谈话之后。

曾子知道孟敬子不好教育，但人家来看望自己，表明还有一点好贤之诚，所以虽在重病之中，还是向他讲了为政者应该注重的三件事及其效果。遗憾的是，曾子的金玉良言在孟敬子身上并没起到什么作用。

曾子死于公元前435年，时年70岁。和孟敬子的谈话是否就在这一年，不得而知。这一年距孔子去世已40多年。从和孟敬子谈话这件事可以看出自孔子去世后，曾子的地位逐步提高，已受到鲁国统治者的尊重。

8.5 曾子曰："以能问于不能，以多问于寡；有若无，实若虚；犯而不校①。昔者吾友②尝从事于斯矣。"

【注释】

①校(jiào)：计较。　②吾友：有人认为曾参指的是颜回。

【译文】

曾子说："有才能的却向没有才能的人询问，知识多的却向知识少的人询问；有学问却像没有学问的人一样，满腹知识却像没有知识的人一样；有人冒犯也不去计较。从前我的一位朋友曾经这样做了。"

【说解】

本章曾子讲述了自己一个朋友身上的超乎众人的三种优点。这位朋友是谁呢？人们都认为是颜回。从这三种优点看，的确应该是颜回。

首先是"以能问于不能，以多问于寡"，这表现了一心向学、不耻下问的精神。其次，"有若无，实若虚"，不把拥有的知识当作资本而炫耀于人。以上两点不正是颜回自己说的"愿无伐善，无施劳"的品格吗？（见5.26）

颜回能"三月不违仁"(6.7)，孔子还称赞他"不迁怒，不贰过"(6.3)。既然这样，别人冒犯他，他是不会计较的。

颜回是曾子最敬佩的一位同学，据《大戴礼·曾子疾病》篇记载，曾子对儿子曾元、曾华说："我没有像颜回那样的名言，我将告诉你们什么呢？"可见曾子认为颜回远远超过自己。可惜的是《论语》中颜回留下的名言不多，曾子的名言却不少。

曾子用"昔者"一词，表明颜回已经离开人世。曾子说这番话，既是对亡友的怀念，也是借以自勉。

8.6 曾子曰："可以托六尺之孤①，可以寄百里之命②，临大节而不可夺也。君子人与③？君子人也。"

【注释】

①六尺之孤：6尺，古代尺短，1尺合现代尺6寸9分。身长6尺，只合现代4尺1寸4分(约138公分)，一般指未成年的孩子。孤，死去父亲的孩子。六尺之孤，在这里指尚未成年而登基的年幼君主。　②寄百里之命：寄，寄托、委托。百里，指方圆百里的诸侯国。命，指国家的命运。　③与：同"欤"，句尾语气词，表示疑问。

【译文】

曾子说:“可以把年幼的君主托付给他,可以把国家的命运委托给他,遇到[安危存亡的]紧要关头而能保持自己的节操——这种人是君子吗?真正够得上君子啊!”

【说解】

本章曾子的话是否有所指?不得而知。

在中国历史上,托孤寄命的事很多,但成功者少,失败者多。伊尹、周公、诸葛亮等,可以说是成功的典范。他们共同的特点是:才德兼备,忠贞不贰。称他们为君子,当之无愧。

诸葛亮在白帝城,在极端困难的情况下,受刘备之托,辅佐幼主刘禅并一生为之鞠躬尽瘁。虽然刘禅昏庸,但在诸葛亮的辅佐下,总算稳定了西蜀的政局,形成天下三分的局面。《古文观止》在《后出师表》对诸葛亮作了如下赞语:“……伸讨贼之义,尽托孤之责,以教万世之为人臣者。鞠躬尽力,死而后已之言,凛然与日月争光。前表开导昏庸,后表审量形势,非抱忠贞者不欲言,非怀经济者不能言也。”

8.7 曾子曰:“士不可以不弘毅[①],任重而道远。仁以为己任[②],不亦重乎?死而后已,不亦远乎?”

【注释】

①弘毅:弘,宽广、开阔。毅,坚强、刚毅。解决“任重”必须“弘”,解决“道远”,必须“毅”。　②仁以为己任:是“以仁为己任”的倒装。“以”,介词。介词的宾语一般放在介词后面,但是少数介词(主要是“以”)的宾语,因为表达的需要而放在介词的前面。如“方城以为城,汉水以为池”“一以当十”“仁以为己任”等。

【译文】

曾子说:“读书人不可以不心胸宽广而有毅力,因为他担负的任务重大,而路途遥远。把实现‘仁’作为自己的任务,能说不够沉重吗?一直奋斗到底,能说不遥远吗?”

【说解】

“士”高于常人,就在于“仁以为己任”。这个行仁的任务,不是外人给的,而是士本人自觉担当起来的。

为士之道，不外乎行仁。首先必须身体力行，努力成为仁人，同时还要行仁于天下，任务可谓重矣。而且一息尚存，这种努力就不能稍有松懈，其志可谓远矣。一个人不弘毅，很难坚持到底。曾子这番话是说给士人的，实际也是阐述自己的抱负。曾子有很好的内省功夫（见1.4），所以能够说到做到，最终成为孔子最优秀的继承人。

8.8 子曰："兴于《诗》，立于礼，成于乐。"

【译文】

孔子说："《诗经》中的诗篇使我振奋，礼使我立足于社会，音乐使我的所学得以完成。"

【说解】

在本章，孔子总结了一个人道德人格的完成过程和最终目标。在这进程中，《诗》、礼、乐起着不同的作用。

《诗》本性情之作，《诗》的语言容易为人所接受。在吟咏之间，抑扬反复，即可振奋人的好善恶恶之心，而不能自已。

孔子使诗带有伦理和道德的内涵，因而和礼联系在一起。这样做，是《诗经》儒家化的起步。此后，《诗经》不仅是一部文艺著作，它也作为儒家的伦理教科书，化美为善。我们探讨儒家的美学思想，离不开儒家的伦理学。这可能是中国美学的独有体系。

一个人在社会上常常是摇摆不定的，他要想站得起来，贞定得住，就要立于礼。礼的核心是"中"，待人接物，均有节度（参看8.2），才能立足于社会。

在人生的道德教养过程中，音乐的蕴涵最深。好的音乐，可以养人之性情，而荡涤其邪秽。这是《诗》、礼办不到的。一个人学好音乐，道德教养才能说完成。"成人"的条件之一，就是"文之以礼乐"（14.12）。

"兴于《诗》，立于礼，成于乐"，三者相扶而用，只是有先有后。依孔子所言，乐是最后的谐和。《乐记》说："大乐与天地同和。"

古人对音乐作用的认识十分深刻。到了今天，音乐的作用并没有变。当今世界著名的小提琴家伯尔曼来中国时说："音乐是社会的灵魂，我们不能想象社会上如果没有音乐，将会是什么样子。"

8.9 子曰："民可使由之，不可使知之。"

【译文】

孔子说:"老百姓,可以使他们[自然地]按着当政者所指点的去做,而不可以使他们觉得自己是被牵着走。"

【说解】

围绕这句话,议论最多。批孔的人,认为通过这句话看出孔子是站在统治阶级的立场上,主张愚民政策。当然也有尊孔的人(如康有为),想法为孔子开脱。

我认为孔子的"仁者爱人"的伦理思想和"为政以德"的政治思想中,并没有主张愚民政策的迹象。孔子的学生子夏说:"君子信而后劳其民;未信则以为厉己也。"(19.10)老百姓并不傻,搞愚民政策、骗民政策的统治者,怎么会取得人民的信任呢?再说,孔子是一位伟大的教育家,以"文、行、忠、信"教育学生,他怎么会在政治上主张愚民政策呢?那样,孔子岂不成了善于权术的政客?孔子是不会的。那么"不可使知之"是什么意思呢?

1993年,在湖北荆门郭店出土的楚简中,有《成之闻之》一篇,其中第15、16简有这样的话:"[县成(孔子弟子)我听老师这样说:]'上不以其道,民之从之也难。是以民可敬道(导)也,而不可掩(?)也;可□[杵]也,而不可贤(牵)也。古(故)君子不贵庶勿(物),而贵与民又(有)同也。'"意思是:在上者为政偏离正道,想让老百姓听从你是很困难的。因此对老百姓要怀着尊敬的心情去引导他们,而不能欺骗他们。(措施)可以不合民众的心意,但不可牵着他们就范。所以在上者不看重物质方面的东西,而看重与民众有共同的认识。

在第21~22简的《尊德义》篇,孔子又这样说:"民可使导之,而不可使智(知)之。民可导也,而不可强也。"意思是:为政者要很自然地去引导老百姓,而不能使他们觉得自己是被牵着走。对民众只能引导,不能强迫。

我想按郭店楚简的意思解释本章,是符合孔子原意的。

8.10 子曰:"好①勇疾②贫,乱③也。人而不仁④,疾⑤之已甚⑥,乱也。"

【注释】

①好(hào):喜欢。 ②疾:厌恶,憎恨。 ③乱:包括偷盗、劫掠与公然作乱。 ④人而不仁:不仁的人。 ⑤疾:谴责,攻击。 ⑥已甚:太过分。

【译文】

孔子说："以勇敢自负而恨[自己]贫穷，会闹乱子。对不仁的人，谴责他太过分，也会激出乱子。"

【说解】

南怀瑾的《论语别裁》对本章从社会角度作了深刻分析，今摘录如下："一个社会到了贫穷的时候，人就不要命，好勇了，是乱源。以社会的观点看历史，一个时代好动乱，一定是在社会贫穷、经济衰落的时候，这就是所谓的'饥寒起盗心'。'人而不仁，疾之已甚，乱也。'社会教育没落，道德衰微，所有的人，心中没有爱人的心，大家自私，对失败、失足的人没有同情心，不能包容，这是社会的大病态，时积日久，时代就乱了。如果研究社会、政治演变的历史，都逃不出孔子这两句话的范围。一个普通人，要叫他只顾精神的修养，不受物质上贫困的影响，发挥出坚强崇高的人格，这是做不到的。可以如此要求少数人，不能要求一般的人。"

8.11 子曰："如有周公之才之美，使骄且吝①，其余不足观也已。"

【注释】

①吝(lìn)：吝啬，小气。

【译文】

孔子说："假如一个人有周公那样美好的才能，只要他骄傲自大而且吝啬小气，余下的(包括美好的才能)也就不值一提了。"

【说解】

本章孔子教人要谦虚、宽宏。

孔子之所以提出周公来，是因为周公除了在历史上建立了不朽的功勋外，还因谦虚、宽宏为后人景仰。周公旦为文王之子、武王之弟、成王之叔。武王死后，成王年幼，他就代成王管理国政，平定了管叔、蔡叔的叛乱，巩固了周王朝的政权，并在政治制度和周文化的建设上做出了杰出的贡献。他礼贤下士，平易近人，招揽了无数人才。当他的儿子伯禽代他就封鲁国时，周公说："我文王之子，武王之弟，成王之叔父，我于天下亦不贱矣。然我一沐三握发，一饭三吐哺，起以待士(为了接待士人，头也洗不好，饭也吃不好)，犹恐失天下之贤人。子之鲁，慎勿以国骄人(你到鲁国之后，千万不能因为你是国君，而对

人骄傲)。”(《史记·鲁周公世家》)

孔子是说,像周公这样伟大的人物,如果骄傲、吝啬,也不值得称道。至于我们普通人,本没有什么功勋,也没有什么才华,却要骄傲、吝啬,那就更不值一提了。一个人必须养成谦虚、宽宏的品格。

8.12 子曰:“三年学,不至于谷①,不易得也。”

【注释】

①谷:谷子,小米。古代官吏以谷子来计算俸禄,所以“谷”常代指做官及其俸禄。

【译文】

孔子说:“学习三年,却不存做官的想法,是难得的啊!”

【说解】

儒家主张“学而优则仕”(19.13),也主张“邦有道则仕”(15.7),学者的出仕是有条件的。但学者一开始就志在做官,就不可取了。康有为的《论语注》说:“盖学者之大患,在志于利禄。一有此心,则终身务外欲速,其志趣卑污,德心不广,举念皆温饱,萦情皆富贵,成就抑可知矣。而人情多为禄而学,此圣人所由叹也。”

学者之志应该立在什么地方?学者应该志于道。把它具体化就是:修身、齐家、治国、平天下。首先应该是修身,就是所谓的“为己之学”。“为己之学”最终要归于“为人之学”,但首先要通过“为己之学”打下做人的基础。

孔子对于闵子骞和漆雕开不愿做官,是很称赞的。

8.13 子曰:“笃信好学,守死善道。危邦不入,乱邦不居①。天下有道则见②,无道则隐。邦有道,贫且贱焉,耻也;邦无道,富且贵焉,耻也。”

【注释】

①危邦、乱邦:东汉儒学家包咸说:“臣弑君,子弑父,乱也;危者,将乱之兆(预兆)也。” ②见(xiàn):表现,出现。

【译文】

孔子说:“坚定信念,努力学习,誓死守护并热爱自己坚信的道[真理]。有危险的国家不进入,有祸乱的国家不停留。天下有道,就出来做官;天下无道,就退隐。国家有道,而自己却贫贱,是耻辱;国家无道,而你却富贵,也是耻辱。”

【说解】

前一章总的精神是“笃信好学,守死善道”,这也是本章的精神。孔子教育学生做人,就要做到这八个字。

本章就内容看,好像是一些弟子学习有成、将要步入社会、离老师而去时,孔子对他们说的话。他首先告诫弟子们,终生要“笃信好学,守死善道”。其次是“危邦不入,乱邦不居”,要善于保全自己,始终保持清醒的头脑,不作无谓的牺牲。同时也教育弟子们不要乘乱取利,不要玩火。

儒家的中心主张是“修己以安人”以至“修己以安百姓”。所以孔子嘱咐弟子要“邦有道则现”,而且认为“邦有道,贫且贱焉,耻也”。

在乱世,政治紊乱:“爵人不以德,禄人不以功。窃国而贵者有之,窃地而富者有之。奸邪得愿,仁贤失志。”(东汉徐干《中论·爵禄论》)孔子嘱咐弟子,在乱世一味追求富贵是耻辱的。

8.14 子曰:“不在其位,不谋其政。”

【译文】

孔子说:“不在那个职位上,就不要去过问那方面的政事。”

【说解】

这两句话是为政者的基本修养。所以在《宪问》第二十六章重出一次,而且加了曾子的一句话:“君子思不出其位。”《易经》艮卦的《象辞》也说:“君子以思不出其位。”曾子的话和艮卦的《象辞》都来自孔子这句话。

在一个单位内部,设官分职,各有所司,每个人都应严格遵守“不在其位,不谋其政”的原则,千万不要越俎代庖。

孔子并不在位,但当国君或当权者向他请教为政之道时,他也是说出自己的意见,如“举直错诸枉”(2.19)、“君君,臣臣,父父,子子”(12.11)等,但都是原则性的意见,并不涉及具体的人和事。这与“不在其位,不谋其政”的原则并不矛盾。

8.15 子曰:“师挚[①]之始[②],《关雎》之乱[③],洋洋[④]乎盈耳哉!”

【注释】

①师挚(zhì):鲁国乐师,名挚。　②始:乐曲的开端,即序曲。古代奏乐,开端由太师演奏,故说“师挚之始”。　③乱:乐曲结尾的一章,由多种乐器合奏。当合奏之时,奏《关雎》的乐章,所以说“《关雎》之乱”。　④洋洋:满满的,洋溢的。

【译文】

孔子说:“从太师挚演奏开始,到结尾演奏《关雎》,满耳朵都是音乐,实在是好听极了!”

【说解】

本章反映了孔子“反鲁正乐”后,鲁国音乐界所取得的成就。“洋洋乎盈耳哉”,是孔子对演奏的赞美,也表现了孔子内心的喜悦。

“师挚之始,《关雎》之乱”是一个完整乐章的演奏。师挚是乐队的指挥,由他开始发动金钟之声,以导引琴瑟笙竽或歌唱的进行。结尾合奏要多种乐器演奏《周南》的《关雎》《葛覃》《卷耳》和《召南》的《鹊巢》《采蘩》《采蘋》。这里只说《关雎》一篇作为代表,是举上该下之意。

8.16　子曰:“狂而不直,侗[①]而不愿[②],悾悾[③]而不信,吾不知之矣。”

【注释】

①侗(tóng):幼稚无知。　②愿:老实,谨慎、厚道。　③悾(kōng)悾:无能貌。

【译文】

孔子说:“狂妄而不正直,幼稚而不老实,无能而不讲信用,我不知道这种人怎么会这样!”

【说解】

天之生物,气质不齐,有某优点,往往伴随相应的缺点。跑得快的马,往往脾气大;驯顺的马,往往跑得慢。人也是这样。但令人不解的是,在社会上大量存在缺点的人的身上,却看不到什么优点。狂妄的人看起来豪迈得很,不拘小节,但细细品味,他是假狂,内心不正,说话办事都偏离正道。幼稚的人,应老老实实向别人学习,但争名夺利,贪得无厌。无能的人,就应守本分,讲信用,但很多人不走正道,想用欺骗的手段出人头地。

有缺点的人这样做人,将来如何是好?孔子深为慨叹。

8.17 子曰:"学如不及,犹恐失之。"

【译文】

孔子说:"学习[就像追赶什么似的,]生怕赶不上,[赶上了]又生怕失去它。"

【说解】

孔子说的,是一个好学的人应有的心理。"学如不及",才能奋勇前进,想法赶上。"犹恐失之",才能"学而时习",巩固所得。孔子的意思是:追求学问,巩固所得,必须全力以赴才行。

本章的思想和子夏所说的"日知其所亡,月无忘其所能"(19.5)的思想是一致的。

8.18 子曰:"巍巍[①]乎,舜、禹之有天下也而不与[②]焉!"

【注释】

①巍巍:本义是山势高大雄伟。在这里用来赞美舜、禹人格的崇高、伟大。 ②与:同"预",参与。含有私自占有和享受的意思。

【译文】

孔子说:"多么崇高啊!舜、禹得到了天下,一点也不为自己着想!"

【说解】

《书经》是孔子教育学生的重要教材,可是《论语》中只有两处直接提到《书经》。孔子对《书经》作了深入研究,并加以删改。他对《书经》吸其精华,明其意蕴,从中抽出政治上的若干最高原则和最大的借鉴,并由此找出历史演变的规律,把《书经》的价值升华到新的水准。这对他政治思想的形成和以后的修《春秋》有直接的帮助。

孔子以下四章的话,很明显的是取自《书经》。本章是孔子从《书经》中得到的第一条政治原则:即统治者不应以天下为己有,体现了"天下为公"的思想。

8.19 子曰："大哉，尧之为君也！巍巍乎，唯天为大，唯尧则[①]之。荡荡[②]乎，民无能名[③]焉。巍巍乎，其有成功也，焕[④]乎，其有文章[⑤]！"

【注释】

①则：效法，取法。 ②荡荡：广大，广大无边。 ③名：动词。用语言去形容，赞美。 ④焕：光辉，光明。 ⑤文章：指礼乐典章制度。

【译文】

孔子说："尧作为国君真伟大呀！崇高啊，只有天是最高大的，只有尧才能效法天。他的恩德广博无边，人民不知道该怎样去称赞他。崇高啊，他成就的功业！光辉啊，他制定的礼乐典章制度！"

【说解】

《书经》的第一篇《尧典》歌颂了尧的丰功伟绩，体现了尧效法天而行化的精神。在本章里，孔子就高度赞美了尧的这种精神。"唯天为大，唯尧则之"，所以才能成就伟大的事业，受到人民的敬仰。

"天"伟大在什么地方呢？伟大在天生万物于民而无私，既不表功，也不要求回报。尧就以这种精神君临天下。他开创了中华民族历史的新篇章，开启了中华文化的光辉传统。"唯天为大，唯尧则之"，尧这样的圣人可以效法天，说明孔子已深刻认识到天人不可分的关系，但他还没有提出"天人合一"的思想。

8.20 舜有臣五人[①]，而天下治。武王曰："予有乱臣[②]十人。"孔子曰："才难。不其然乎？唐虞[③]之际，于斯[④]为盛，有妇人焉，九人而已。三分天下有其二[⑤]，以服事殷。周之德，其可谓至德也已矣。"

【注释】

①传说舜有五位贤臣，他们是：禹、稷、契（xiè）、皋陶（gāo yáo）、伯益。

②乱臣十人：《说文》："乱，治也。"乱臣，指能治理国家的大臣。十人是：周公旦、召公奭（shì）、太公望、毕公、荣公、太颠、闳夭、散宜生、南宫适，另一名是妇女邑姜（武王夫人，专管内务）。 ③唐虞：唐尧、虞舜。唐，尧的国号；虞，舜的国号。 ④斯：代词。这里代指周武王时代。 ⑤"三分"句：传

说商纣时天下分九州，归附文王的已有六州（荆、梁、雍、豫、徐、扬），只有青、兖、冀三州属商纣王。

【译文】

舜有五位贤臣，就把天下治理好。周武王说："我有十位能治理天下的大臣。"孔子［因此］说："人才难得。难道不是这样吗？唐尧、虞舜之间，以及周武王时期，人才最盛。［武王的十位能臣中］有一人是妇女［，是主内的］，实际只有九位大臣罢了。［周文王］已经占有了天下的三分之二，却仍然向殷纣王称臣。周朝的道德，可以说是最高的了。"

【说解】

这一章是从《书经》中得到的第二条政治原则：以尧、舜和武王为例来说明用人是否得当，对治乱有决定性意义。但德才兼备的人很难找，一个英明君主的手下，也不过几个贤臣。所以孔子慨叹"才难"。

在本章，武王说"予有乱臣十人"，孔子却说"有妇人焉，九人而已"。瑞士的著名汉学专家胜雅律教授，针对孔子的话提出了疑问：在中国古人的心目中，女人算不算人？问题很尖锐。这恐怕和胜雅律教授认为在旧中国妇女地位低下的先入印象有关，所以不能仔细琢磨武王和孔子说话的本意。实际上，武王把自己的夫人作为一名治臣，就说明了对妇女的尊重，同时也说明邑姜作为一名妇女在武王推翻殷王朝、建立周朝的过程中起了不小的作用。

孔子对武王的话做了一点小小的修正，孔子认为武王的说法不够准确。因为他认为邑姜是主内的，与在朝廷上参政的大臣不同。孔子对武王是十分尊重的，对协助武王的邑姜自然也十分尊重，所以不会认为女人不算人。

8.21 子曰："禹，吾无间然①矣！菲②饮食而致孝乎鬼神；恶衣服而致美乎黻冕③；卑宫室而尽力乎沟洫④。禹，吾无间然矣。"

【注释】

①间（jiàn）然：本意指空隙，引申为不同的意见，含有挑剔、批评等意思。　②菲（fěi）：菲薄，不丰厚。　③黻冕（fú miǎn）：祭祀时穿的礼服叫黻，官职在大夫以上戴的礼帽叫冕。后来只有帝王的帽子叫冕。　④沟洫（xù）：就是沟渠。这里指农田水利。

【译文】

孔子说："对于禹，我没有可批评的地方了。他的饮食很菲薄，却尽量[用丰洁的食品]孝敬鬼神；穿得很简朴，却把祭祀的衣冠做得极华美；住的宫室低矮狭小，却把全部力量用在兴修农田水利上。对于禹，我没有可批评的地方了。"

【说解】

这一章是孔子从《书经》中得到的第三条政治原则：以禹为榜样，说明统治者要努力为民众办事，个人生活要刻苦，但对鬼神、黻冕等政治上的大事，也必须尽心竭力。

禹"尽力乎沟洫"、三过家门而不入的故事，一直在民间流传。禹作为全心全意为民众办事的好国君，受到人们的称颂。

这一章可以作第十八章"舜、禹之有天下而不与焉"的补充。

子 罕 第 九

本篇共31章，主要讲孔子的理念和感怀，以及别人对孔子的评价和孔子对弟子们的劝勉和告诫。

9.1　子罕①言利与②命与仁。

【注释】

①罕：副词。少（表示动作频率）。　　②与：连词，和。有的人把本章的“与”讲成动词，意思是“赞许”。

【译文】

孔子很少谈到财利、命运和仁。

【说解】

本章所说，是弟子们的共同看法。孔子的言行，只有跟随他的弟子才最有发言权。

有的人把“与”讲成“赞许”，这样，全句的意思是：孔子很少谈财利，赞许天命，赞许仁。他们的主要理由是：《论语》中谈“命”与“仁”的地方并不少。的确，《论语》中“命”和“仁”字出现的次数很多，但作为天命的“命”和作为人的本心的“仁”出现的次数却很少。

程颐对本章解释得很好：“计利则害义，命之理微（义理微妙），仁之道大（道体弘大），皆夫子所罕言也。”（《论语集注》）

子贡说：“夫子之文章，可得而闻也；夫子之言性与天道，不可得而闻也。”子贡的话应该是可信的。子贡说的“性与天道”就是“仁与命”。

明末湛甘泉学派的大儒冯少墟在《疑思录》中说：“《论语》一书，论工夫，不论本体；论见在，不论源头。盖欲学者由工夫以悟本体，由见在以觅源头耳。”从大的方面看，冯少墟说得不错，但《论语》也不是不论本体，不论源头，只是少罢了。

9.2　达巷党[①]人曰："大哉孔子！博学而无所成名。"子闻之，谓门弟子曰："吾何执[②]？执御乎？执射乎？吾执御矣。"

【注释】

①达巷党人：达巷那个地方的人。达巷，地名。今在济宁市兖州区西北。党，古代地方组织五百家为一党。　②执：专做，专门从事。

【译文】

达巷那个地方的人说："孔子真伟大！学问广博，可惜没有可以成名的专长。"孔子听到这话，就对本门弟子们说："我专做什么呢？赶马车呢？还是做射手呢？我赶马车好了。"

【说解】

孔子博学，道全而德备，不偏于一艺。其志在实现自己的政治理想。如果专于一艺，如礼、乐、射、御、书、数，固然可以成名于世，但背离了自己的理想。达巷党人知道孔子伟大，惜其不能以专长成名，说明他们并不了解孔子。孔子对达巷党人的意见并没作解释，反而虚心表示接受。圣人的心胸似海，无边无际，什么意见都能容得下。

实际上，孔子对六艺，从理论到实践，样样精通。孔子的回答很幽默。

9.3　子曰："麻冕[①]，礼也；今也纯[②]，俭[③]，吾从众。拜下[④]，礼也；今拜乎上，泰[⑤]也，虽违众，吾从下。"

【注释】

①麻冕：用麻布做的礼帽。　②纯：黑色的丝绸。　③俭：节俭。用麻布做的礼帽，依照规定，要用二千四百缕经线。麻质较粗，必须织得非常细密，这是很费工的。若用丝，丝质细，容易织成，因而俭省些。　④拜下：臣见君，按礼应在堂下跪拜，然后升堂再跪拜。　⑤泰：高傲。

【译文】

孔子说："用麻布做的礼帽，符合古礼；今天用丝绸做的，比较节俭，我同意众人的做法。[臣见君]先在堂下跪拜，符合古礼；今天，只在升堂后行跪拜礼，这是高傲的表现。虽然违反众人的做法，我还是同意先在堂下行跪拜礼。"

【说解】

孔子重礼,但并不死守礼法。随着时代的发展,礼法有了新的变化,孔子经过衡量,有的从新,有的守旧。孔子对礼的根本看法是:“人而不仁,如礼何?”(3.3)“礼,与其奢也宁俭;丧,与其易也,宁戚。”(3.4)

9.4 子绝四:毋[1]意,毋必,毋固,毋我。

【注释】

①毋:同“勿”。不,不要。

【译文】

孔子杜绝四种缺点:不凭空猜想,不绝对肯定,不拘泥固执,不自以为是。

【说解】

中国文化很早就形成了求真的传统。《论语》中就有不少有关求真的语录。如“知之为知之”(2.17),“多闻阙疑”(2.18),“君子于其所不知,盖阙如也”(13.3)等。本章的核心就是反对主观独断。由于“子绝四”,所以他的言行经得住时间的考验。不主观独断,既是伦理意义上的美德,又是认识真理的前提。

四点虽各具独立性,有的人看起来也似乎只犯一种毛病,如固执己见或自以为是,实际上四者是互相关联的。表面上是一种毛病,实际上其他毛病也在作祟。“意”与“必”往往发生在事前,而“固”与“我”往往发生在事后。

9.5 子畏于匡[1],曰:“文王[2]既没[3],文不在兹[4]乎?天之将丧斯文也,后死者[5]不得与[6]于斯文也;天之未丧斯文也,匡人其如予何[7]?”

【注释】

①子畏于匡:公元前497年,孔子自卫国去陈国时,经过匡地,被围困拘禁。畏,囚禁。匡,地名。在河南省长垣县西南15里有匡城,可能就是当年孔子被囚禁之地。　②文王:周文王,姓姬名昌,周武王和周公之父。孔子认为文王集中并发展了中国古代文化,是古代圣人之一。　③没(mò):死。　④兹:这,此。这里指孔子自己。　⑤后死者:孔子自称。　⑥与:动词,参与。引申为掌握,了解。　⑦如予何:如……何,怎样。如予何,把我怎么样。

【译文】

孔子在匡地受到围困拘禁，他说："周文王死了以后，一切文化遗产不都在我这里吗？上天如果想要毁灭这种文化，那我就不可能掌握这种文化了；上天如果不想毁灭这种文化，那匡人又能把我怎么样呢？"

【说解】

这是孔子一生中遭遇的几件大事之一。事情发生在鲁定公十三年（前497年）。孔子和弟子颜回、子路、子贡、冉有等，离开鲁国到卫国不久，就决定到陈国去看看，没想到途经匡地时遇到了麻烦。原来在七年前（前504年，鲁定公六年）鲁国曾攻打过郑国，当时季氏家臣阳货也在军中。鲁军经过匡地时，阳货杀戮过匡人，匡人对他十分仇恨。孔子他们由卫国去陈国要经过匡地，给孔子赶车的叫颜刻，七年前，他也参加了攻打匡地的战争。七年后，这里被战争破坏的城墙还没有修复，颜刻用马鞭指着一处破城墙说："从前攻打匡地时，我就是从那个缺口进城的。"没想到这句话被匡人听去了，仔细一打听，发现这帮人来自鲁国，而孔子又像阳货，于是匡人就把孔子一行围起来。

孔子畏于匡的表现，和五年后在宋国遇到桓魋的迫害时一样，泰然处之。遇到桓魋迫害时，孔子说："天生德于予。"（7.23）子畏于匡时，孔子说："天之未丧斯文也。"意思是匡人必不能违天害己。前者强调"德"，后者强调"斯文"，都同样表现出孔子的自信、责任感和使命感。可见，在生死的关键时刻，孔子想到的是民族文化的存亡，而不是个人的安危。

公元前497年，孔子55岁，已过知命之年。什么是"知天命"，本章和《述而》第二十三章可作例证吧。

9.6　太宰[①]问于子贡曰："夫子圣者与？何其多能也？"子贡曰："固天纵[②]之将圣，又多能也。"

子闻之，曰："太宰知我乎？吾少也贱，故多能鄙事[③]。君子多乎哉？不多也。"

【注释】

①太宰：周代掌管国君宫廷事务的官员。当时吴、宋二国的上大夫也称太宰。本章的太宰不知是哪国人。　②纵：让，使，听任，不加限量。　③鄙事：卑贱的事。孔子年轻时曾从事农业劳动，放过羊，赶过车（孔子车赶的好，

赶车当时是一艺)，当过仓库保管，还当过司仪，会吹喇叭，演奏乐器，歌唱的也好。

【译文】

太宰问子贡道："孔子是圣人吧？怎么这样多才多艺呢?"子贡说："这本是上天让他成为圣人，同时又使他多才多艺的。"

孔子听到后，说："太宰了解我吗？我小时候贫贱，所以学会许多卑贱的技艺。真正的君子会这么多的技艺吗？[我想]是不会这么多的。"

【说解】

从太宰、子贡、孔子三个人的谈话中，看出他们对圣人有三种不同的理解。太宰以多能为圣。子贡认为是上天使孔子为圣，多能是圣人的余事。孔子不谈"圣"，认为君子尚德不尚艺，是家庭环境使自己多能。

这段话最好和《里仁》第十五章对照看。孔子的精神内容无比丰富，又具备多方面的才能。而在孔子精神中，又将这些超化("吾道一以贯之")，而归于至简。曾子说是"忠恕"，归根结底是个"仁"字。

9.7 牢[1]曰："子云'吾不试[2]，故艺。'"

【注释】

①牢：汉郑玄说是孔子学生。但《史记·仲尼弟子列传》中并无此人。《论语集注》说："牢，孔子弟子，姓琴，字子开，一字子张。" ②试：用。引申为被任用、做官。孔子说的是自己年轻时"不试"。

【译文】

牢说："孔子说：'我不曾为国家所用，所以学会许多技艺。'"

【说解】

本章可以作为上一章的补充说明。"吾不试"，就是上一章的"吾少也贱"；"故艺"，就是上一章的"故多能鄙事"。

朱熹的《论语集注》把本章和上一章合为一章。

9.8 子曰："吾有知乎哉？无知也。有鄙夫[1]问于我，空空如也。我叩[2]其两端[3]而竭[4]焉。"

【注释】

①鄙夫:这里指乡下人。鄙,周制,以五百家为"鄙"。后也称小邑、边邑为鄙。　②叩:询问,盘问。　③两端:两头。本章指事情(问题)的正反、始终、本末、上下、内外等两个方面。　④竭:完全,穷尽。

【译文】

孔子说:"我有知识吗?没有知识。有位乡下人问我[一些问题],我脑子里像是空空的。但是我从问题的正反两方面去盘问之后[就有了答案],然后尽量地告诉他。"

【说解】

大概有人称道孔子是圣人,无所不知。孔子在这里很谦虚地作了回答。

知识的最高之处就是无知。不但孔子如此,世界上很多大宗教家、哲学家都是如此。希腊最伟大的哲学家苏格拉底,也和孔子一样,出身贫苦,行为做人也很像孔子。他说:"我只知道一件事情,那就是我什么也不知道。"这是真话。释迦牟尼也讲过这样的话。他十几岁放弃王位而出家修道,32岁开始传教,81岁圆寂。49年之间,他最后给自己作结论说:"我这49年中,没有讲一个字,没有说过一句话。""佛说法49年,而无一法可说。"真理是语言文字表达不出来的(以上说明据南怀瑾的《论语别裁》)。

孔子自己说:"四十而不惑,五十而知天命,六十而耳顺,七十而从心所欲,不逾矩。"(2.4)这样他对宇宙人生的事理,已全了然于胸,但对具体知识可以说空空如也。

有位乡下人向孔子请教问题,孔子本来对这个问题一无所知,可是,他运用"叩其两端"的方法,最终还是把问题弄清楚了。这是孔子"中庸"之道的一个方面。

《中庸》中记有孔子称赞大舜用中庸之道治理国家的一段话:"舜其大知也与?舜好问而好察迩言,隐恶而扬善,执其两端,用其中于民,其斯以为舜乎!"舜的"执两用中"和孔子的"叩两用中"的"中",绝不是把两端加在一起用二除之,而得出的"中"。而是了解两端之后,经过分析研究,从中找出不偏不倚的最佳点,才是所要求的"中"。

9.9　子曰:"凤鸟不至①,河不出图②,吾已矣夫!"

【注释】

①凤鸟:古代传说中的一所神鸟。雄的叫"凤",雌的叫"凰"。羽毛非常美丽,为百鸟之王。传说凤鸟在舜时出现过,周文王时,凤鸟曾鸣于岐山。凤鸟的出现,象征着天下太平,圣王将要出现。 ②河不出图:传说上古伏羲时代,黄河中有龙马背上驮着"八卦图"出现。"图"的出现,是"圣人受命而王"的预兆。《易经·系辞上》有"河出图,洛出书,圣人则之"的话。

【译文】

孔子说:"凤鸟不飞来,黄河也没有八卦图出现,我这一生恐怕是完了吧!"

【说解】

本章表现了孔子的"吾道不行"的悲伤。

孔子感叹"凤鸟至""河出图"这样两个了不起的时代再也不会出现了。社会这么黑暗,自己想行大道于天下,实现"老者安之,朋友信之,少者怀之"(5.26)的理想也不可能了。这种感叹,表现出孔子实行大道,挽救历史时代的热忱之高。正因为热忱高,所以失望才深。他觉得时间已不属于他了。

9.10 子见齐衰[①]者,冕衣裳者[②]与瞽者[③],见之,虽少[④],必作[⑤];过之,必趋[⑥]。

【注释】

①齐衰(zī cuī):古代用熟麻布做的孝服,其下边缝齐。另一种孝服叫斩衰,用粗而生的麻布制作,其下边不缝。斩衰重,子对父,臣对君,斩衰三年。齐衰的年限,看生者与死者关系,长短不一。 ②冕衣裳者:戴礼帽穿礼服的人。 ③瞽(gǔ)者:双目失明,盲人。 ④少(shào):年轻。 ⑤作:站起身来。表示同情和敬意。 ⑥趋:迈小步快走。表示敬意。

【译文】

孔子看见穿丧服的人,戴礼帽穿礼服的人和盲人,虽然他们年轻,相见时,孔子一定站起身来;从他们面前经过,一定快走几步。

【说解】

孔子提倡礼,自己也践行礼。本章说的几件事,不仅孔子,就是一个普通人也容易做到。从这几件小事也透露出礼的精神实质就是尊敬别人,而且发自内心。如见齐衰,是敬心生于哀;见瞽者,是敬心生于悯。可是后来礼的发展越来越复杂,直至成为束缚人的枷锁。

弟子们记载了这几件事,是想表现孔子遵行礼法和做人态度的诚敬。

9.11 颜渊喟然①叹曰:“仰之弥②高,钻③之弥坚。瞻④之在前,忽焉在后。夫子循循然⑤善诱人,博我以文,约我以礼,欲罢不能。既竭吾才,如有所立卓尔⑥。虽欲从之,末由⑦也已。”

【注释】

①喟(kuì):叹气,叹息。 ②弥:越发,更加。 ③钻:钻研。 ④瞻(zhān):看,视。 ⑤循循然:有步骤地,一步一步地。 ⑥卓尔:高大直立的样子。 ⑦末由:不知怎么办,不知从什么地方。末,没有、无。由,途径。

【译文】

颜回感叹地说:“[老师之道]越抬头看,越觉得高;越努力钻研,越觉得深。初一看,好像就在前面,[等到要去接近,]忽然发现原来自己是远远落在后面。老师善于有步骤地诱导我们,用各种文献来丰富我多方面的知识,又用礼节来约束我的行为,使我想停止学习都不可能。我已经用尽我的才力,但仍感到好像有一个高大的东西立在我的前面,虽然很想要攀登上去,却不知怎样着手。”

【说解】

这是颜回跟随孔子二十多年的心得。刚开始接触孔子,他对孔子思想的博大精深不能彻底了解,于是有“瞻之在前,忽焉在后”的感觉。这是一个肯向伟大人物学习的人的真切感受。初看起来,自己好像和伟人接近了,可是实际一接触,就发现自己远远落在后面,而且愈接触愈感觉自己望尘莫及。后来经过孔子的循循善诱,又“博我以文,约我以礼”,再加上自己竭尽全力的学习,对孔子有了一些了解。但仍感到孔子的精神人格在自己面前高高矗立,想学习,却不知怎样下手。

颜回对老师的总的感觉是“仰之弥高,钻之弥坚”。

颜回和子贡都是孔子的最得意的弟子。孔子了解他们,他们也了解孔子,对孔子的精神人格衷心敬佩。子贡赞颂孔子是用贴切的比喻(见19.23、19.24、19.25),而颜回是用自己切身的感受。感受之深,其他弟子不能相比。但颜回生前并没有留下几句话,也没有发挥孔子思想的言论,这是为什么呢?在《为政》第九章,孔子说颜回:"吾与回言终日,不违如愚。"又说:"回也非助我者也,于吾言无所不说。"(11.4)看来颜回的语言和思想直接融化生息于孔子的精神人格之无限之中了。对此,孟子说得好:"观于海者难为水;游于圣人之门者,难为言。"(《孟子·尽心上》)

9.12　子疾病,子路使门人为臣①。病间②,曰:"久矣哉,由之行诈也!无臣而为有臣。吾谁欺?欺天乎?且予与其死于臣之手③也,无宁④死于二三子之手乎?且予纵不得大葬⑤,予死于道路乎?"

【注释】

①臣:这里指家臣。按当时礼法,只有受封的大夫才有家臣,死后的丧事也是由家臣来负责操办。按孔子当时的情况,不应有家臣。子路为了葬礼隆重,所以安排门人去做孔子的家臣。　②间(jiàn):间隙。这里指病情好转。　③死于臣之手:据《礼记·丧大记》,大夫死,更衣、洗浴、剃须、剪指甲等皆经小臣之手。子路使门人为臣,所以孔子说"死于臣之手"。　④无宁:无,发语词,没有意义。宁,宁可。"无宁"常和"与其"连用,表示选择。"无宁"用在肯定的一面。　⑤大葬:指按大夫的礼节来安葬。

【译文】

孔子病重,子路派弟子去做家臣[负责料理后事]。后来孔子的病渐渐好了,就说:"仲由干这种欺骗人的事很久了啊!我本来没有家臣,却要装作有家臣。我欺骗谁呢?欺骗上天吗?我与其在家臣的料理下死去,倒不如在你们弟子的料理下死去。而且,我即使不能以大夫之礼来隆重安葬,难道我会死在道路上吗?"

【说解】

孔子病重,子路欲以家臣治其丧,本意完全出自对老师的敬爱、尊重。春秋时期,士僭大夫礼,大夫僭诸侯礼(参看《八佾》第一、二章),已成为时尚。子路派门人去做孔子家臣,想把葬礼办得和大夫的葬礼一样隆重,大概认为并没有什么不妥。

孔子病渐好，知道这件事后，严肃地批评了子路。自己提倡礼，又教育弟子们懂礼、守礼、实践礼，而自己却干违礼的事，这是在行诈，这是在欺天。好心的子路哪里知道问题是如此严重。最后，孔子表示自己愿意在弟子的料理下死去。一代圣者，对自己葬礼的要求十分简单，以符合自己的身份。

有人说，孔子此次有病是在自卫归国的途中。孔子是在鲁哀公十一年回到鲁国，十六年（前479年）病逝，享年73岁。葬礼的规模很大，鲁哀公还读了诔文。许多弟子为孔子守墓三年，子贡守墓六年。而子路却先孔子而死于变乱。

9.13　子贡曰："有美玉于斯，韫①椟②而藏诸？求善贾③而沽④诸？"子曰："沽之哉！沽之哉！我待贾者也！"

【注释】

①韫（yùn）：收藏起来。　②椟（dú）：柜子。　③贾（gǔ）：商人。古代称行商为商，有固定店铺的商人为贾。又同"价"。"待贾"的意思"等好价钱"。这里第一个讲法较好。　④沽（gū）：卖，买。

【译文】

子贡说："假如这里有一块美玉，是把它放在柜子里收藏起来呢？还是找一个识货的商人卖掉它呢？"孔子说："卖掉它！卖掉它！我正在等着识货的商人哩！"

【说解】

本章是孔子和子贡师生二人一段幽默的谈心。

孔子有道为什么不出仕呢？这是大家关心的问题。子贡敢说话、会说话，他幽默地以美玉做比喻，向老师提出问题。孔子也幽默地作了回答。孔子的意思是：是美玉自然要卖，不应藏在柜子里，但应等识货的商人，而不应谁买都卖。

在中国历史上，知识分子有"待价而沽"的优秀传统。伊尹耕于野，姜太公居于海滨，诸葛亮高卧隆中，如果没有商汤王、周文王和刘备这些"识货的商人"，他们三人也就默默了此一生了，不会枉道而从人。孔子没有伊尹等人那样幸运，周游列国十几年，也没有遇到"识货的商人"。他改用整理古代文献和教育子弟的方法来行其道，为中华民族建立了不朽的功勋。"玉患立身有瑕，售与不售，于玉何损！"

9.14　子欲居九夷①。或曰："陋②，如之何？"子曰：

"君子居之,何陋之有?"

【注释】

①九夷:我国古代称东部的少数民族为夷。关于九夷,有各种说法。南朝梁的经学家皇侃在《论语义疏》中解释说:"东有九夷:一、玄菟,二、乐浪,三、高丽,四、满饰,五、凫臾,六、索家,七、东屠,八、倭人,九、天鄙。其一、二、三皆朝鲜也。"在《汉志》上说:"殷道衰,箕子(见18.1)去之朝鲜,教其民以礼义,田蚕织作。乐浪朝鲜民犯禁(法律)八条……是以其民终不相盗,无门户之闭;妇人贞信,不淫辟;其田民饮食以笾豆(礼器,言其老百姓皆知礼)。"②陋:本义是简陋。这里引申为经济、文化的落后。

【译文】

孔子想要搬到九夷去住。有人说:"那地方很落后,怎么能去住呢?"孔子说:"有君子去住[并实行教化],还有什么落后的呢?"

【说解】

本章和"乘桴浮于海"(5.7)的意思一样,是孔子见道不行而抒发的感叹。

周朝到春秋末期,已有五百多年的历史,各诸侯国经过内外的激烈斗争,有的国家灭亡了,但留下来的国家内部世族势力已经形成,如鲁国的三桓、晋国的六卿等,如何容得外人插手执政?同时各国统治者急功近利,都认为孔子的思想迂阔。所以孔子周游列国十几年,也只好空手而回了。

孔子总想找一个地方实现自己的政治理想,即使这个地方很落后也没有关系,所以说出"乘桴浮于海"和"欲居九夷"这样的话。当人们不理解他的抱负时,他就很有信心地说:"君子居之,何陋之有?"

9.15 子曰:"吾自卫反鲁[①],然后乐正,《雅》《颂》各得其所[②]。"

【注释】

①自卫反鲁:"反"同"返"。指公元前484年(鲁哀公十一年)冬,"季康子……以币迎孔子,孔子归鲁。孔子之去鲁,凡十四年,而反乎鲁"(《史记·孔子世家》)。 ②《雅》《颂》各得其所:《诗经》篇章分《风》《雅》《颂》三大类,原来都是能唱的,不同的诗配有不同的乐曲。乐曲也有《风》《雅》《颂》的分类,因为古乐早已失传,就无法考证了。本章说的《雅》《颂》是指乐曲,因为前面有"然后乐正"。

【译文】

孔子说："我从卫国回到鲁国，然后把乐曲进行了整理订正；使《雅》归《雅》，《颂》归《颂》，各归它们应在的位置。"

【说解】

本章孔子说的话，证明孔子是整理过《雅》《颂》等乐曲和《诗经》的。在这之前，古典诗乐、《雅》《颂》曾经出现过混乱的现象，这也是时代混乱的反映。孔子周游列国，对《诗经》的篇章、乐曲作了考察，从卫国回到鲁国后，对《诗经》的乐章进行了整理，每篇《雅》诗、《颂》诗该配什么乐曲，在什么场合使用，都做了安排，这叫作"乐正""各得其所"。例如《周颂·雍》是周天子祭祀宗庙后撤去祭品时所唱的乐歌，又如《小雅·鹿鸣》是进行乡饮酒礼时所唱的乐歌，等等。

9.16　子曰："出则事公卿，入则事父兄，丧事不敢不勉，不为①酒困，何有②于我哉？"

【注释】

①为(wèi)：被。　②何有：在古代是一个常用语，在不同场合表示不同意义。何有，有什么。在这里是孔子自谦，意思是上述三点都没有做到。很多情况作"有什么(困难)"讲，意思是"不难"(见4.13、6.8)。

【译文】

孔子说："出外就服侍公卿，在家就服侍父母兄长，办丧事不敢不尽礼，不被酒困扰，[这些事]我做到了哪些呢？"

【说解】

本章由于最后一句"何有于我哉"有不同的讲法，全章的意思也有很大的不同。按本章的讲法，是孔子自谦之辞；如果讲成"这些事对我有什么困难呢"，那就是孔子自述之辞了。一些专家认为自谦之辞符合孔子本意。但实际上，本章所说的各点，孔子不仅做到了，而且可为人师表，可为万世师表。《乡党》有些章可为例证。那么孔子为什么还要说这番话呢？清张甄陶《四书翼注》说："当时必有贱不肯事贵，少不肯事长，不肖不肯事贤，而又忽略丧纪，沉湎于酒者，夫子反言以儆之。不然，虽曰德盛礼恭，不应况而愈下也。"

9.17　子在川上曰："逝者①如斯夫②！不舍③昼夜。"

【注释】

①逝者:流去的,过去的。指流水或时光。 ②夫:语气词。 ③舍:停留,止。

【译文】

孔子站在河边说:"逝去的就像[流水]这样吧!白天黑夜都不停地流去。"

【说解】

许多学者认为本章在《论语》中最富哲理,于是作了种种解释。

我想这句话孔子是站在河边说的,因此"逝者"首先是指流水。由河水日夜不停地流淌并且流而不返,而联想到时光的一去不返,是很自然的。由此再想到时不我待,一个人应当自强不息,也是合理的推测。

此外,圣人孔子还想到什么?譬如宇宙万物自然生化的道理、人生的哲理以及道体之本然等,也是很有可能的。

我们不应把孔子的丰富而深邃的联想说得太死。

9.18 子曰:"吾未见好[①]德如好色者也。"

【注释】

①好(hào):喜好,爱慕。

【译文】

孔子说:"我没有看见过爱慕德行像爱慕美色[那样热切]的人。"

【说解】

据《史记·孔子世家》记载:"居卫月余,灵公与夫人同车,宦者雍渠参乘,出,使孔子为次乘,招摇市过之。孔子曰:'吾未见好德如好色者也。'于是丑之,去卫……"

有的注家认为孔子这句话不一定是在卫国遇到这样一件不光彩的事才说的。三国魏何晏《论语集解》就说:"疾时人薄于德而厚于色,故发此言。"当时的统治者都好色而不好德。在《卫灵公》第十三章,这句话又重出:"已矣乎!吾未见好德如好色者也。"感慨似乎更深了。

孔子这句话过去有意义,今天同样有意义。有人说,好色重于好德是人的本性。这种把人与动物同样看待的论调,是在为好色者解脱。一个有良知的人,按其“本性”是“好德如好色”的。

9.19　子曰:“譬如为山,未成一篑[1],止,吾止也。譬如平地,虽覆[2]一篑,进,吾往也。”

【注释】

①篑(kuì):装土用的筐。　②覆:底朝上翻过来倾倒。

【译文】

孔子说:“比如堆土成山,只差一筐土就能堆成,可是停止了,那是我自己停止的。又比如在平地上[堆土成山],虽然才倒下一筐土,但决心前进,是我自己要前进的。”

【说解】

本章的前一句,孔子是根据《尚书》中的“为山九仞,功亏一篑”申发的。后一句,孔子又从积极方面加以发挥。

通过生动的比喻,孔子告诉我们:一个人如能自强不息,则可积少成多,成就大业;中道而废,则前功尽弃。或进或止,都在自己,而不在别人或环境。这是孔子强调的重点。

孔子赞成“虽覆一篑,进,吾往也”的人。这种人的起点虽低,但能不断前进,未来是属于这样的人的。世界上多少大事业,都是那些自强不息的人一点一滴从头干起来的。孔子这番话,语重心长,劝人当进不当止,关键在自己。道德、学问、事业的成功,原则都相同。

自十六章到本章,都有勉励人前进的意思。

9.20　子曰:“语[1]之而不惰者,其[2]回也与!”

【注释】

①语(yù):说话。　②其:副词,表示揣测。大概,也许。

【译文】

孔子说:“听我对他说话而不懈怠的,大概只有颜回吧!”

【说解】

《为政》第九章,孔子说:“吾与回言终日,不违,如愚。”通过本章孔子的介绍,知道颜回听老师讲课,尽管时间很长,也是全神贯注、从不懈怠。这是颜回“好学”的具体表现(见6.3、11.7),同时也说明孔子是一位好老师。

据本篇第十一章颜回自己讲，他之所以能这样全神贯注地听老师讲话，首先是对孔子的“仰之弥高，钻之弥坚”的精神人格无限的敬佩；其次是孔子“博我以文，约我以礼”，教学内容丰富；还有就是孔子具有“循循善诱人”的杰出的教育方法。

9.21 子谓颜渊，曰：“惜乎！吾见其进也，未见其止也。”

【译文】

孔子谈论颜渊，说：“真可惜呀！[他不幸短命。]我只看到他不断地前进，从未看到他停止过。”

【说解】

颜回生活在“人不堪其忧”的环境中，却每天在智慧、思想、人格等方面都有进步，从未停止过。孔子是很了解颜回的。

鲁哀公和季康子都曾问过孔子：“弟子孰为好学？”孔子回答说，在众弟子中，只有颜回称得上“好学”（见6.3、11.7）。学了前一章，我们对颜回的好学精神已经有所了解。孔子对颜回抱有很大希望。可惜他不幸早亡。在颜回死的时候，孔子哭得很哀痛，说：“天丧予！天丧予！”并说：“颜回这样人的死，才真正值得哀痛。”

通过这些话，颜回在孔子心中的地位，就可想而知了。

9.22 子曰：“苗而不秀者有矣夫！秀而不实者有矣夫！”

【译文】

孔子说：“庄稼出苗了，却不吐穗开花的，有过吧！吐穗开花了，却不灌浆结实的，有过吧！”

【说解】

本章是打比方，究竟“苗而不秀”和“秀而不实”比喻什么？我们并不清楚。前几章都是称赞颜回，本章的比喻有可能是为颜回的短命而发。《论语》编者把本章安排在第二十章和二十一章之后，恐怕也有这种意图。

9.23 子曰:“后生可畏①,焉知来者之不如今也?四十、五十而无闻焉,斯亦不足畏也已。”

【注释】

①畏:惧怕。在这里有敬畏的意思。

【译文】

孔子说:“年轻人是[可敬]可畏的,怎么能断定将来的人们不如现在的人们呢?但是到了四十岁、五十岁还是默默无闻,也就不值得敬畏了。”

【说解】

今天许多人认为一代不如一代,而且认为这是社会造成的。孔子生活在一个大动乱的时代,臣弑其君者有之,子弑其父者有之。但孔子不认为一代不如一代,而认为后生年富力强,如能积学,定能成才,超过老一代,所以可敬可畏。孔子的这一论断,给我们指出了对待年轻一代的正确认识和态度,也给那些顽固的守旧势力敲起了警钟。

今天科学飞速发展,人的寿命也延长许多,后生更加可畏,而年老成名的也不在少数。但“后生可畏”这句名言,将永远流传在人民中间,不会褪色。

孔子对四十、五十这一年龄段特别关注。一个人一生的成就,看年轻时期的努力如何,到四五十岁大致可作结论了。孔子甚至说:“年四十而见恶焉,其终也已。”(17.26)

孔子的话是在勉励人,趁年轻时发奋图强,成为真正“可畏”之人。否则,“少壮不努力”,后生就不足畏了。

9.24 子曰:“法语之言①,能无从乎?改之为贵。巽与之言②,能无说③乎?绎④之为贵。说而不绎,从而不改,吾末如之何⑤也已矣。”

【注释】

①法语之言:符合礼法的话,符合原则的话。法,法则、原则。 ②巽与之言:顺耳好听的话。巽(xùn),通“逊”,谦逊、恭顺。与,赞许。 ③说:同“悦”。喜悦,高兴。 ④绎(yì):本义是抽丝。引申为寻究事理,分析鉴别以便判断真伪是非。 ⑤如之何:怎么样,怎么办。

【译文】

孔子说:“符合礼法的话,能不听从吗?[只听从是不够的,]改正错误才是可贵的。顺耳好听的话,能不高兴吗?只有分析鉴别[其是非真假]才是可贵的。如果只高兴而不分析鉴别,表面听从而不加改正,[对于这种人]我实在没有什么办法啊!”

【说解】

李泽厚的《论语今读》对本章的“记”,简明扼要,摘录如下:

爱听好话而难改过错,古今通病。孔子总讲具体问题,而不空谈性理,这才能真正塑建人性。

9.25 子曰:“主忠信。毋友不如己者。过则勿惮改。”

【译文】

孔子说:“做人,重要的是讲求忠诚、守信用。不结交不如自己的人。有了过错,就不要怕改正。”

【说解】

本章已见于《学而》第八章的后半。前一章的内容涉及忠信和改过的问题,《论语》的编者又把《学而》第八章后半在这里重复一次,不是没有意义吧!

9.26 子曰:“三军①可夺帅也,匹夫②不可夺志也。”

【注释】

①三军:古制,12500 人为一军。在周朝,一个诸侯大国可拥有三军。但到春秋时,各国军队已大大增加。 ②匹夫:普通人,男子汉。

【译文】

孔子说:“从三军之中,可以劫夺他的主帅;而一个真正男子汉,却不能使他改变意志。”

【说解】

三军之众,人心不齐,其帅可夺。匹夫有自己的人格尊严,其意志由自己掌握。虽然自己是一个人,但只要意志坚定,任何力量也动摇不了。

但人各有差异,良莠不齐。有的人只顾眼前生活,没有什么志向,东风来东倒,西风来西倒。有的人也有志向,甚至有雄心壮志,但经不住威胁与利诱的考验。人间正道是“匹夫不可夺志”。

文天祥的《正气歌》，就歌颂了十几位“不可夺志”的忠臣烈士。

《正气歌》一开始说：天地间有一股正气，分别蕴涵于万物之中，蕴涵在人身上的，就是浩然之气。这股浩然正气，在国家遇到危难的时候，它就通过忠臣的气节表现出来。接着文天祥就历数了十几位忠臣烈士的事迹：“在齐太史简，在晋董狐笔。在秦张良椎，在汉苏武节。为严将军头（严颜），为嵇侍中血（嵇绍）。为张睢阳齿（张巡），为颜常山舌（颜杲卿）。或为辽东帽，清操厉冰雪（管宁）；或为《出师表》，鬼神泣壮烈（诸葛亮）。或为渡江楫，慷慨吞胡羯（祖逖）；或为击贼笏，逆竖头破裂（段秀实）……”

而文天祥本人，在敌人的监狱里被幽囚四年，只要他答应为元朝服务，立即就有享受不尽的富贵荣华，但他毫不动摇。在他眼里，“鼎镬甘如饴，求之不可得”，最后从容走向刑场。

这些人的意志是不可夺的，这是“人间正道”。

孔子的话肯定了人作为人的尊严，以及人的独立人格和意志自由。

9.27 子曰：“衣[①]敝缊袍[②]，与衣狐貉者[③]立，而不耻者，其由也与？‘不忮不求，何用不臧[④]？’”子路终身诵之。子曰：“是道也，何足以臧？”

【注释】

①衣（yì）：动词。穿。　②敝缊袍：破旧的丝棉袍子。敝，破旧。缊（yùn），乱麻、旧丝絮。　③狐貉（hé）：狐、貉两种动物，其皮毛十分珍贵。这里指狐貉皮衣。穿狐貉皮衣的人，都是富贵者。　④“不忮”二句：出自《诗经·邶风·雄雉》。忮（zhì），嫉妒。求，贪求。何用，何行、什么行为。臧（zāng），好、善。

【译文】

孔子说：“穿着破旧的丝棉袍子，同那穿着狐貉皮衣的人站在一起，却不觉得可耻的人，恐怕只有仲由吧？”[《诗经》上说：]‘不嫉妒，不贪求，做什么事能不好呢？’”子路听了，就老背诵这两句诗。孔子说：“仅仅这个样子，怎么能够好呢？”

【说解】

上一章提出了“匹夫不可夺志”，这一章就论到意志坚强、性格豪爽的子路。子路在老师和同学面前谈“志”的时候,曾说:“愿车马衣(轻)裘,与朋友共,敝之而无憾。”他重义轻财,贫富不能动其心。孔子十分赞赏子路的这一优点,他说:“衣敝缊袍,与衣狐貉者立,而不耻者,其由也与?”在这一点上,其他弟子都比不上。孔子还引用了《诗经·雄雉》的诗句称赞他。意思是说,一个人不为贫富观念所累,少了私心杂念,言行自然就近于道了。

子路的心眼很直,他把老师赞美他的诗句“不忮不求,何用不臧”牢牢记住,没事总背诵这两句诗。一般老师都认为能记住自己话的学生是好学生,孔子却批评了子路,说:“是道也,何足以臧?”意思是:一个人的品德修养不能只限于“不嫉妒,不贪求”这种消极的防范,应该更积极地进德修业才行。

9.28 子曰:“岁寒,然后知松柏之后凋也。”

【译文】

孔子说:“到了一年最寒冷的季节,才知道松柏树是最后凋谢的。”

【说解】

本章和第十七章“子在川上曰”一样,都是即景生情。“在川上”的所悟较深沉,本章也悟出了重要道理。自然界如此,人世何尝不然!

小人在治世时与君子一起,有时难辨忠奸。但在利害关头,遇到变乱,君子的高尚气节就显露出来了,就像严冬的松柏一样,即所谓“士穷见节义,世乱显忠臣”。

文天祥在国家无事时,他是一个风流才子,谁能看得出他后来竟是一位如此坚贞而正气浩然的人!

宋亡时,出现了文天祥,这是中国历史上的一个亮点。可是细一想,在宋将亡的时候,出现一百个文天祥又有何用?国家该亡还是亡了。可如果为政者在平时能任用忠臣君子,排斥奸邪小人,就能把国家治理好。宋高宗如能信任岳飞、韩世忠、李纲、宗泽而排斥秦桧,南宋就会强盛起来,就能收复失地。可是宋高宗为了保住自己的帝位,信任秦桧,在战争十分有利于宋的情况下,与金人议和。不用李纲、宗泽,岳飞被处死,韩世忠被废,让秦桧专相权15年,忠臣良将诛锄略尽,国家的元气大伤,再也无法恢复了。这个历史教训难道不深刻吗?

9.29 子曰:“知[①]者不惑,仁者不忧,勇者不惧。”

【注释】

①知:同"智"。

【译文】

孔子说:"聪明人不致疑惑,仁人不致忧愁,勇敢的人不致畏惧。"

【说解】

智者明达事理,不为小节所困扰,所以能够"不惑"。仁者乐天知命,不考虑个人的利害得失,所以能够"不忧"。大勇之人坚持正义,俯仰无愧,所以能够"不惧"。

一个人进德修业,要先明智,次修仁,再次讲勇。《中庸》称:"知、仁、勇三者,天下之达德也,所以行之者一也。"这个"一"是指什么?朱熹说是"诚"。意思是:智、仁、勇三种品德本是人所共有,但想去实践,必须有诚心。《中庸》还借用孔子的话,提出培养三达德的办法:"子曰:'好学近乎知,力行近乎仁,知耻近乎勇。'"这是达到不惑、不忧、不惧的必由之路。

9.30 子曰:"可与[①]共学,未可与适[②]道[③];可与适道,未可与立;可与立,未可与权[④]。"

【注释】

①可与:可以一起干一件事。 ②适:往。这里有达到、学到的意思。 ③道:指真理。 ④权:本义是秤锤。引申为权衡,通权达变,随机应变,灵活应用。

【译文】

孔子说:"能够一起学习的人,未必能一起学到'道';能够学到'道'的人,未必能坚定不移地守'道';能够守'道'的人,未必能灵活运用、随机应变[而且都合于'道']。"

【说解】

同在一起学习,学习目的未必一致。有的为报效国家,有的为功名利禄。有的合于道,有的离道甚远,这样双方就难以共同"适道"了。《世说新语》中"管宁、华歆共园中锄菜"的故事是很有名的:"管宁、华歆共园中锄菜,见地有片金,管挥锄与瓦石不异,华捉而掷去之。又尝同席读书,有乘轩冕过门者,宁读如故,歆废书出看。宁割席分坐,曰:'子非吾友也。'"

学习目的一致了，而且合于道，但是否能遵守礼法站得住？这又是一道难关。孔子身边一些弟子，如七十二贤人，都相信孔子的学说，遵守礼法，而且坚定不移，但还不能说学到家了。多数人知常而不知变，对于礼不能灵活应用，在通权达变上还欠功夫。这一方面是由于对礼的精义还未能深入理解，另一方面还由于缺乏实践的功夫。

9.31 “唐棣①之华②，偏其反而③。岂不尔思④？室⑤是远而。”子曰：“未之思也，夫何远之有？”

【注释】

①唐棣(dì)：又作“棠棣”。树木名，也叫郁李，蔷薇科，落叶灌木。②华：同“花”。 ③偏其反而：翩翩地摇摆。偏，同“翩”。反，通“翻”。而，语气词。 ④不尔思：否定句，代词“尔”作宾语，前置，即“不思尔”。 ⑤室：居住之处。

【译文】

[古诗说：]“唐棣树的花，翩翩地摇摆。难道我不思念你？只因为你住的太遥远了。”孔子说：“那还不是真的思念，[如果真在思念，]还有什么遥远不遥远呢？”

【说解】

春秋时代是个用《诗》的时代，上层社会流行借诗言志。《左传》中，记载借诗言志就有百余处。借诗者往往取诗中的一点说明己意，并不考虑是否合乎原诗的本义。

这首《唐棣之华》是一首未能收入《诗经》的逸诗，原意十分含蓄。第三句中的“尔”究竟指什么，并不清楚，于是就臆测纷纭。但多数人认为这是一首爱慕、思念情人的爱情诗。诗人看见唐棣树的花在微风的吹拂下，摇曳多姿，而生起美感，因而想起婀娜多姿的情人。但由于情人的家离得很远，不能见面，内心十分惆怅。

孔子说这番话，可能是由于当时有人引用这首诗，意在证明“道”之远而不可捉摸。孔子则说，你不曾努力罢了，其实“道”并不远。孔子的这番话和“仁远乎哉？我欲仁，斯仁至矣”(7.30)的意思是一样的。能否入“道”，能否成为仁人，关键在于个人的志向是否坚定，是否能持之以恒。

乡党第十

本篇共27章，记孔子在朝、在乡、在家动容周旋，无不中礼。孟子说："动容周旋中礼者，盛德之至也。"弟子把它记下来，以便自己和后人学习。这是有关中国行为礼仪最早的文献记录。

10.1　孔子于乡党，恂恂①如也，似不能言者。其在宗庙朝廷，便便②言，唯谨尔。

【注释】

①恂（xún）恂：温和恭顺。　②便（pián）便：擅长言谈辩论。

【译文】

孔子在家乡非常温和恭顺，似乎是不善于言谈的人。[但是]在宗庙祭祀和在朝议事时，却表现得擅长言谈辩论，只是比较谨慎罢了。

【说解】

孔子在家乡，无论是布衣或身居高位，对乡亲都恭顺随和。对长辈恭顺，对晚辈也和蔼可亲，话不多。为什么话不多？人们作了种种推测。我想可能是一乡有一乡之长，而孔子自己作为一个乡民不便多说话。另外，家乡中一定有比自己年长的人和辈分高的人。在这些人的面前，孔子是晚辈，也不便多说话。本篇第十三章记有："乡人饮酒，杖者出，斯出矣。"

孔子在朝廷、在宗庙祭祀会见国君和同僚时，却该说就说，而且说得有理有据，令人心服，表现得擅长言谈辩论，不过无用的话不说，说话很有分寸。

读《论语》的人常常认为《乡党》一篇是记载孔子的言谈举止，对了解孔子有用，与自己生活无关。有的注释家认为《乡党》是记录孔子的衣食住行、生活习惯，孔子之伟大，不表现在这些方面，所以不注释《乡党》。这无异于认为

《论语》中有两个孔子,究竟哪一个是真的孔子呢?我想,孔子就是孔子。一个人的家庭生活和社会生活虽然表现不同,但精神是一致的。特别家庭生活,离开了周围人的眼睛,更能看出一个人的思想品质。所以《中庸》一开始就提出:"是故,君子戒慎乎其(别人)所不睹,恐惧乎其(别人)所不闻。莫见乎隐,莫显乎微(不在隐蔽和细微的地方显示自己),故君子慎其独也。"儒家强调"慎独",孔子在这方面是我们的表率。

毕竟时代不同了,两千五百年前的事物、礼法要求,早已过时,但我们的言行还是应该向孔子学习。譬如在家乡,我们对乡亲邻里不应该温和恭顺吗?在工作单位,不应该擅长言谈而说话有分寸吗?

10.2 朝,与下大夫[①]言,侃侃[②]如也;与上大夫言,訚訚[③]如也。君在,踧踖[④]如也,与与[⑤]如也。

【注释】

①下大夫:周代,诸侯以下是大夫。大夫的最高一级称卿,即上大夫;地位低于上大夫的,称下大夫。孔子当时的地位,属下大夫。 ②侃(kǎn)侃:温和而从容不迫。 ③訚(yín)訚:和颜悦色,正直而恭敬。 ④踧踖(cù jí):恭敬而不安。 ⑤与(yú)与:慢步行走,而又小心谨慎。

【译文】

[孔子]在朝廷上,同下大夫说话,温和而从容不迫的样子;同上大夫说话,和颜悦色、正直而恭敬的样子。国君在朝堂上,恭敬而不安的样子,慢步行走而又小心谨慎的样子。

【说解】

本章可以说是对上一章"在宗庙朝廷,便便言,唯谨尔"的进一步说明。看出孔子的言谈举止,注意时、地、人、事,一切都合于礼。

10.3 君召使摈[①],色勃如[②]也,足躩如[③]也。揖[④]所与立,左右手,衣前后,襜如[⑤]也。趋[⑥]进,翼如[⑦]也。宾退,必复命曰:"宾不顾[⑧]矣。"

【注释】

①摈(bìn):接待外宾。古时接待外宾,根据外宾的官阶,派不同人数的官

员和相应官阶的官员接待(今天也是如此)。另外还有一定数量的"介"——传宾主之言的官员。　②勃如:矜持庄重的样子。　③躩(jué)如:快步前进的样子。　④揖(yī):古时揖礼,拱手至额,折腰俯身向地。后世的揖礼抱拳拱手,立而不俯。但重要场合仍行古时揖礼。　⑤襜(chān)如:衣服整齐飘动的样子。　⑥趋:是用快步行走的方式向尊者、贵者、长辈、宾客表示恭敬。　⑦翼如:像鸟儿舒展翅膀一样(整齐好看)。　⑧不顾:不回头看。

【译文】

国君下令使孔子接待外宾,[孔子]脸色立刻现出矜持庄重的样子,脚步也快起来。向两旁的人作揖时,或者向左拱手,或者向右拱手,[打拱折腰的时候]衣裳也一俯一仰,都很整齐。当快走的时候,像鸟儿舒展翅膀一样整齐好看。外宾走了以后,一定向国君汇报说:"客人[走远了,]已经不回头看了。"

【说解】

有人说,封建社会的礼法最烦琐,的确是这样。《礼记》中的《曲礼》对人的行、动、坐、卧、走,都提出了详细的要求,简直让人不知如何是好。本章记孔子做傧相,礼法并不烦琐,总的体现一个"敬"字。

无论古今中外,一个国家在迎接外宾上都有一套礼法。今天,代表国家访问的外宾来到中国,根据级别的不同,有相应的接待规格。假如美国总统要访问中国,那在几个月前,美国国务卿就要到中国来磋商。到访问那一天,从下飞机,到机场,到天安门广场,到宾馆……一直到回国,礼法繁多。但国与国之间要互相尊重,必须这样。

春秋时代重视礼法,孔子对礼法有深入的研究,所以孔子在礼法上的表现最为标准。

10.4　入公门,鞠躬[①]如也,如不容。

立不中门,行不履阈[②]。

过位[③],色勃如也,足躩如也,其言似不足[④]者。

摄齐[⑤]升堂,鞠躬如也,屏气[⑥]似不息者。

出,降一等[⑦],逞颜色[⑧],怡怡如[⑨]也。

没阶[10],趋进,翼如也。

复其位,踧踖如也。

【注释】

①鞠躬:低头躬身,在这里表示恭敬谨慎。　②履阈(yù):履,踩、走。阈,门槛。　③过位:位,指君位。经过时,国君并不在,但态度要表示出十分恭敬、严肃。　④言似不足:说话时声音低微,好像气力不足似的。这是为了表示恭敬。　⑤摄齐(zī):摄,提起。齐,衣服的下摆。朝臣升堂时,一般要提起官服的下摆,离地一尺左右,以避免前后踩着衣襟,或跌倒失礼。　⑥屏气:憋着气。屏(bǐng),抑制、强忍住。　⑦降一等:这里指降下一级台阶。　⑧逞颜色:这里指舒展脸色。　⑨怡(yí)怡如:轻松愉快的样子。　⑩没(mò)阶:走完最后一级台阶。没,完了、尽。

【译文】

[孔子]走进朝廷的大门,就低头躬身[,很恭敬],好像不容他直着身子进去。

站立,不站在门的中间,行走不踩门槛。

经过国君的座位,脸色立刻庄重起来,脚步也快起来,说话也好像气力不足似的。

提起衣裳下摆向堂上走,就低头躬身[,很恭敬],憋着气,好像停止呼吸一样。

出来时,走下一级台阶,脸色就舒展开,显出轻松的样子。

走完最后一级台阶,就快步向前,像鸟儿舒展翅膀一样。

回到自己的位置上,恭敬而又不安的样子。

【说解】

这一章记述孔子在朝堂上、在君王面前的行止举动,态度庄重而恭顺。在我国,君主制已成为历史,这种礼法今天已经看不到了。在日本,我们还可以从日本臣民在天皇面前那种恭顺有礼的情景联想到中国古代的礼法。这是他们从中国学去的。

我小时候喜欢登门坎,这样能显得自己高。家父看到就教育我:“立不中门,行不履阈。”这句话在今天还有意义。“立当中门,行则履阈”是不懂礼法、缺乏文化教养的表现。

10.5　执圭[1]，鞠躬如也，如不胜[2]。上如揖，下如授。勃如战色，足蹜蹜[3]，如有循[4]。

享礼[5]，有容色。

私觌[6]，愉愉如[7]也。

【注释】

①圭(guī)：一种上圆(或作剑头尖形)下方的长方形玉器，举行典礼时，君臣都要拿。根据身份的不同，所拿的圭的形制大小也不同。这里指大夫出使别国，手里拿着代表本国君主的圭(命圭)，作为信物。　②不胜(shēng)：负担不起，承受不住。　③蹜(sù)蹜：形容脚步细碎紧密，小步快走的样子。　④循：沿着，顺着。　⑤享礼：即享献礼。使臣把所带来的各种礼品罗列出来，献给对方。　⑥私觌(dí)：以私人身份和外国君臣会见。觌，见面、会见。　⑦愉愉：快乐，轻松愉快。

【译文】

[孔子出使外国时]拿着圭，低头躬身[，很恭敬]，好像拿不动的样子。向上举圭好像作揖，向下拿圭好像给别人东西。脸色庄重而昂奋，好像战战兢兢；步子迈得又小又快，好像沿着一条线往前走。

献礼物的时候，脸色和悦。

以私人身份和外国君臣会见时，是轻松愉快的样子。

【说解】

本章记孔子受君命聘问外国的过程。首先捧着国君的圭(命圭)，恭敬谨慎，好像拿不动的样子，表现出对君命和出使任务的重视。其次，到东道国家举行聘礼，脸色十分庄重。再次，举行享献之礼，赠送礼物，这时隆重的聘礼已毕，脸色变得和悦，心情也开朗了。最后，以私人身份与东道国君臣相见，显得轻松愉快。在四个阶段，孔子的表现都合乎礼的要求。

关于"私觌"当时也有要求。国君如果亲自出使，其臣不敢背着国君私见东道国国君。以君命出使，自己就代表国君(是代表团团长)，就可以私见东道国国君和大臣，有些出使任务要在"私觌"时完成。各国都是这样。

据《左传》记载，在鲁昭公六年，楚公子弃疾(即后来的楚平王)出使郑国，"以其乘马八匹私面"郑伯。他还"见子皮如上卿，以马六匹；见子产，以马四匹;见子大叔,以马二匹”。“私觌”要送礼,根据地位和官阶的不同,有多有少。当然在“私觌”中,也可能搞些私人交易,但正直的使臣是不会这么干的。《朱子语录》说:“聘使亦有私礼物与(给)所聘之国君及其大臣也。”

10.6 君子不以绀緅①饰②,红紫不以为亵服③。

当暑,袗絺绤④,必表而出之⑤。

缁衣⑥,羔裘⑦;素衣⑧,麑裘⑨;黄衣,狐裘。

亵裘长,短右袂⑩。

必有寝衣,长一身有⑪半。

狐貉之厚以居⑫。

去丧,无所不佩。

非帷裳⑬,必杀⑭之。

羔裘玄冠⑮不以吊。

吉月⑯,必朝服而朝。

【注释】

①绀(gàn):深青中透红的颜色,相当于今天的天青色。緅(zōu):青多红少,黑中透红,比“绀”更暗,即所谓铁灰色。 ②饰:服装上的装饰。这里指衣服的镶边。 ③亵(xiè)服:平常在家穿的便服。贴身穿的内衣也称亵服。红紫是贵重的颜色,所以不能用来做亵服。 ④袗(zhěn):单衣。 絺(chī):细麻布。 绤(xì):粗麻布。 ⑤“必表”句:一定把麻布单衣穿在外面,而里面还要衬上内衣。 ⑥缁(zī):黑色。 ⑦羔裘:黑色羊羔皮做的皮袍。 ⑧素:白色。 ⑨麑裘(ní qiú):白色幼鹿皮做的皮袍。 ⑩短右袂(mèi):右手的袖子做得短些,为了便于做事。 ⑪有:同“又”。 ⑫“狐貉”句:用厚毛的狐貉皮做坐垫。 ⑬帷裳:朝拜和祭祀时穿的礼服。古时规定,要用整幅的布来做礼服,多余的布不剪掉,而要折叠起来缝上。 ⑭杀(shài):消除。这里指剪掉。 ⑮玄冠:黑色的礼帽。 ⑯吉月:大年初一。一说指每月初一。

【译文】

君子不用[近乎黑色的]天青色和铁灰色做镶边,不用红色或紫色的布做平日在家穿的便服。

暑天,穿粗麻或细麻布做的单衣,但一定要套在外面。

[冬天]黑色的外衣,配紫羔皮袍;白色外衣,配白鹿皮袍;黄色外衣,配狐狸皮袍。

平常在家穿的皮袍,身量要长,右边的袖子要做得短些。

睡觉一定有小被,有一个半人身长。

用厚毛的狐貉皮做坐垫。

[服丧期满]脱去丧服,什么东西都可以佩带。

如果不是礼服,必须加以剪裁,去掉多余的布。

不穿黑羊羔皮袍戴黑色礼帽去吊丧。

大年初一,一定穿着上朝的礼服去朝贺。

【说解】

本章讲孔子穿衣服的礼制。在什么场合,穿什么颜色、什么布料、什么样式的衣服,都有明确的要求。中国以白吊丧,黑色是正式礼服的颜色。“绀緅”都近于黑色,所以不用来镶边,为别的颜色作装饰。红紫是贵重的颜色,更不能随便使用,千百年来一直如此。唐朝诗人白居易的著名诗篇《秦中吟》中有这样的诗句:“意气骄满路,鞍马光照尘。借问何为者?人称是内臣。朱绂皆大夫,紫绶或将军。”(《轻肥》)“秦城岁云暮,大雪满皇州。雪中退朝者,朱紫尽公侯。”(《歌舞》)从中看出红色紫色是十分尊贵的颜色。

礼的特点是“分”,分别各种等级秩序,以表示上下左右、尊卑贵贱。于是,连色彩也划分出等级。

10.7 齐[①],必有明衣[②],布[③]。齐必变食[④],居必迁坐[⑤]。

【注释】

①齐:同“斋”。斋戒。 ②明衣:指斋戒期间沐浴后所换穿的贴身衣服。 ③布:古代没有棉花,布一般用苎麻织成,用丝织的叫“帛”。④变食:改变平常的饮食。特指不饮酒,不吃荤,不吃葱、蒜、韭菜等有异味的东西。 ⑤居必迁坐:斋戒时,晚上睡觉要由内室迁到外室,不与妻妾同房。

【译文】

斋戒时,一定要有洗澡后换穿的干净内衣,用布做的。斋戒时，一定要改变饮食，住处一定要从卧室迁出。

【说解】

本章记载了有关斋戒的一些规矩。古代斋戒是祭祀前整洁身心、以示虔诚的活动。要求不多，关键是"心诚"，所谓"心诚则灵"。

10.8　食不厌[1]精，脍[2]不厌细。

食饐而餲[3]，鱼馁[4]而肉败，不食。色恶，不食。臭恶，不食。失饪[5]，不食。不时[6]，不食。割不正，不食。不得其酱，不食。

肉虽多，不使胜食气[7]。

唯酒无量，不及乱。

沽酒市脯[8]不食。

不撤姜食，不多食。

【注释】

①厌：通"餍"。吃饱。　②脍(kuài)：细切的鱼肉。　③食饐而餲：食，食物。饐(yì)，粮食长期存放腐烂了。餲(ài)，食物放久变了味。　④馁(něi)：鱼类不新鲜了，腐烂了。　⑤失饪：烹调坏了。饪(rèn)，烹调、煮熟。　⑥不时：不到该吃的时候。指吃饭要有定时。　⑦气：同"饩(xì)"，粮食。　⑧脯(fǔ)：熟肉干，干肉。

【译文】

饭食做得精，也不吃饱；鱼肉切得细，也不吃饱。

食物长期存放变味了，鱼不新鲜了，肉腐烂了，不吃。食物的色气不好，不吃。气味不好，不吃。烹调坏了，不吃。不到该吃的时候，不吃。不是按一定方法切割的肉，不吃。没有适当调味的酱醋，不吃。

肉虽然多，[吃时]不要超过主食的数量。

只有酒不限量，不能喝多乱性。

买来的酒和肉干不吃。

每顿饭都有姜，但吃得不多。

【说解】

通过本章记述的孔子的饮食规矩,说明孔子是一位饮食专家、养生专家。难怪几千年来,在饮食方面,人们也在向孔子学习。

对"食不厌精,脍不厌细"这句,有的学者解释为:孔子饮食不讲究精细。其根据是:《论语》中孔子多次赞扬过艰苦的生活。如:"子曰:'士志于道,而耻恶衣恶食者,未足与议也。'"(4.9)"子曰:'饭疏食,饮水,曲肱而枕之,乐亦在其中矣。'"(7.16)我们应该知道,孔子的这些话是在赞扬生活艰苦而志于道的弟子和士人。孔子一生也曾有过艰苦的经历,孔子的态度是"人不堪其忧",而自己不改其乐。但平时,在平常的情况下,孔子作为享誉国内外、受到各国国君的礼遇、无数弟子敬爱的圣人,没有必要再去故意过艰苦生活。再说,春秋时代,根据个人的尊卑贵贱的不同,饮食也有区别。孔子本应吃精米,却故意吃粗米,就有失身份了。

10.9 祭于公[①],不宿肉[②]。祭肉[③]不出三日。出三日,不食之矣。

【注释】

①祭于公:指士大夫参加国君的祭祀典礼。　②不宿(sù)肉:古代的大夫、士都有助君祭祀之礼。天子、诸侯的祭礼,当天早晨宰杀牲畜,然后举行祭典。第二天又祭,叫作"绎祭"。绎祭之后,才把肉分给助祭者。这样,到手的祭肉已不新鲜,所以不能再留过夜。　③祭肉:个人家的祭肉是当天杀的,可以多留两天,但不能超过三天。

【译文】

参加国君的祭祀典礼,分到祭肉不能过夜。别的祭肉不能超过三天。超过三天,就不吃它了。

【说解】

这一章,应该是上一章内容的一部分。虽说是祭肉,但还是要谈饮食卫生。祭肉并不特殊,存放时间长了,也是要坏的。

10.10 食不语,寝不言。

【译文】

吃饭的时候不交谈,睡觉的时候不说话。

【说解】

人们已经习惯于在吃饭特别是会餐时交谈，在睡觉时说知心话。其实这是很不卫生的。这种不良习惯直接影响消化和睡眠。

千百年来，人们一直把"食不语，寝不言"作为保健信条。这句话永远不会过时。

10.11 虽疏食[1]菜羹[2]，必祭[3]，必齐如[4]也。

【注释】

①疏食(sì)：粗糙的饭食。 ②羹(gēng)：浓汤。 ③祭：指吃饭前把席上的食品各拿出一点，放在食器里，祭祀远古发明食品的人，表示不忘本。有人说这是祭祖先或祭鬼神。 ④齐(zhāi)如：像斋戒一样。

【译文】

虽然是吃粗米饭蔬菜汤，也一定先要祭一祭，一定像斋戒时那样恭敬、严肃。

【说解】

现在世界上有些民族仍保留着饭前祈祷或祭祀的习惯。孔子薄物必祭，其祭必敬，看出圣人处处事事怀着诚敬。

10.12 席[1]不正，不坐。

【注释】

①席：座席。古代没有椅子、凳子，都是在地面上铺席子，坐在席子上。

【译文】

席子摆放不端正，不坐。

【说解】

"席不正，不坐"是一个好习惯，也是有文化修养的表现。一个人随便坐在一个歪歪斜斜的坐具上，说明他的人脱离了"正"，缺乏诚敬。这样说，一点也不牵强。我们常说一个人要站有站相、坐有坐相，都是一个道理。在《此木轩四书说》中，许叔重说："席不正，不坐，割不正，不食，不饮盗泉，积正也。"一个人想成为正直的人，要从日常生活中的小事做起，需要日积月累的功夫。

10.13 乡人饮酒[①]，杖者[②]出，斯出矣。

【注释】

①乡人饮酒：指举行乡饮酒礼。是"乡人以时会聚饮酒之礼也"。例如宴请本乡的贤者，州长演习射箭，乡长举行蜡祭（年终祭百神）等，都称乡饮酒。　②杖者：拄拐杖的人，即老年人。我国自古就有尊老敬老的传统。

【译文】

举行乡饮酒礼后，要等老年人都出去了，自己才出去。

【说解】

乡饮酒礼，有的很隆重。古时为什么要举行乡饮酒礼呢？《礼记·射义》说："乡饮酒之礼者，所以明长幼之序也。"与会者尊让不争，长幼有序。《礼记·乡饮酒》还说："民知尊长养老，而后乃能入孝弟。民，入孝弟；出，尊长养老，而后成教；成教而后，国可安也。"

我们了解了当时的社会风气，那么"乡人饮酒，杖者出，斯出矣"这句话，就容易理解了。

孔子的身份，在乡人中是最高的。但他重视乡饮酒之礼，积极参加，尊老敬老。聚会完了，等老年人退席之后，自己才退席。

10.14 乡人傩[①]，朝服而立于阼阶[②]。

【注释】

①傩（nuó）：古代在腊月里举行的迎神驱鬼的一种仪式。　②阼（zuò）阶：大堂前面靠东面的台阶，这里是主人站立以迎客人的地方。

【译文】

本乡的人们举行迎神驱鬼的仪式时，[孔子]就穿着朝服站在东面的台阶上。

【说解】

傩的历史源远流长。直至今日，湖南、贵州等边远地区仍存有驱鬼迎神、祛灾求福的巫术。孔子是"敬鬼神而远之"，却认真对待，表示对乡人傩的尊重、对乡人习俗的尊重。其态度和上一章参加乡饮酒之礼一样。

10.15 问[①]人于他邦，再拜而送之。

【注释】

①问:问候,问好。问候不只是口头的,也要送些礼物以表达情意,所以译文加"送礼"二字(据杨伯峻《论语译注》)。

【译文】

[孔子]拜托别人给在外国的朋友问好送礼,要拜两次,送走所托之人。

【说解】

古人重视"问人于他邦"之礼。送使者"问人于他邦"时,要躬身下拜。据《朱子语类》说:"从背脊后拜。"即使者走后,送者还要望着使者的背影礼拜。可知"再拜"是一拜感谢使者,一拜致意他邦的友人。我们可以想象,在外国的友人收到问候和礼物时,心情是多么激动,表情是多么严肃。礼法的最终目的是做到"心安"。

10.16 康子馈[①]药,拜而受之。曰:"丘未达[②],不敢尝。"

【注释】

①馈(kuì):赠送。 ②达:了解,明白(事物、事理)。

【译文】

[孔子有病]季康子送来药品。孔子拜谢之后收下。说:"我对这药性不了解,不敢尝。"

【说解】

鲁国当权者季康子赠药,孔子很有礼貌地收下了。从"拜而受之",就表示孔子对季康子的好意十分感谢。但季康子赠送的不是一般礼物,是药品。这种药品是否对症,应该请教医生。送药的使者也不知道这药该不该吃。所以孔子收下药后说:"丘未达,不敢尝。"这是很正常的。但有人对此提出异议,认为孔子"不尝"失礼;直说"不敢尝"更不对,这是对康子的不信任。朱熹的《论语集注》对本章的评论是合理的:"杨氏曰:'大夫有赐,拜而受之,礼也。未达,不敢尝,谨疾也。必告之,直也。此一节,记孔子与人交之诚意。'"孔子对当权者也是以诚相待,季康子没有理由不愿意。

10.17　厩[①]焚[②]。子退朝，曰："伤人乎？"不问马。

【注释】

①厩(jiù)：马棚。后也泛指牲口棚。　②焚(fén)：燃烧，失火。

【译文】

[孔府的]马棚失火了。孔子退朝回来，问道："伤人了吗？"却不问是否伤了马。

【说解】

孔子家马棚失火。孔子退朝回家，听到家人报告后，只问是否伤了人，而不问马的情况。在《论语集注》中，朱熹分析说："非不爱马，然恐伤人之意多，故未暇问。盖贵人贱畜，理当如此。"

孔子是一位仁者。弟子樊迟向他问仁时，他告诉樊迟，仁就是"爱人"(见12.22)。孔子心里始终存着"爱人"之心，把"人"看得最重。孔子一生奋斗的最终目标是"老者安之，朋友信之，少者怀之"(5.26)。所以当马棚失火时，只问是否伤了人，而不问马的情况。

在《孔子家语》和《礼记》中，都记有马厩失火的事，认为是国家的公厩失火。东汉经学家郑玄分析说："重人贱畜也。退朝者，自鲁之朝来归也。"郑玄认为是孔子家的马棚失火。不论哪里的马棚失火，孔子的"问人不问马"，都表现了孔子对人的生命的关怀。《吕氏春秋·爱类》篇中说："仁于他物，不仁于人，不得为仁。"没有对人的关心和重视，所谓"爱人"就成了一句空话。

10.18　君赐食，必正席先尝之。君赐腥[①]，必熟而荐[②]之。君赐生，必畜[③]之。侍食于君，君祭，先饭。

【注释】

①腥：生肉。　②荐(jiàn)：供奉，进献。　③畜(xù)：畜养。

【译文】

国君赐给食物，[孔子]一定摆正座席，先尝一尝。国君赐给生肉，一定煮熟了先[给祖先]上供。国君赐给活的牲畜，一定把它养起来。陪同国君一起吃饭，当国君饭前行祭礼时，自己先吃饭。

【说解】

本章记述孔子在国君送食品和陪国君吃饭时的表现。

国君赐食，正席先尝，是表示对国君的尊敬。国君赐生肉，煮熟了先给祖先上供，是让祖先也体会到君赐的光荣。国君赐给活的牲畜，一定好好养着它，这是对国君的尊重，也是自己的光荣。按《周礼·膳夫职》，国君平时吃饭，厨师（膳夫）先尝食。有臣子陪着国君吃饭时，膳夫就不尝食了，而由臣子尝食。“君祭，先食”的意义就在这里。

古时臣子受到国君的赏赐，不在乎东西的贵贱多少，而认为是一种光荣，都要以隆重的礼节对待。例如孔鲤降生的时候，鲁昭公只赐给孔子一条鲤鱼，以示祝贺。孔子感到十分光荣，就给儿子起名叫“鲤”，字“伯鱼”，来纪念国君的赏赐。

10.19 疾，君视之，东首①，加朝服，拖绅②。

【注释】

①东首：头朝东。“首”旧读去声。 ②拖绅（shēn）：病人躺在床上，还做出穿朝服的样子，把绅拖在地上。表示对国君的尊敬和迎接。绅，朝服束在腰间的大带子。

【译文】

[孔子]患重病，国君来探视，他[躺在床上]头朝东，把朝服披在身上，拖着大带。

【说解】

孔子在重病之中，也不违礼。

10.20 君命召，不俟驾行矣①。

【注释】

①俟（sì）：等待。 驾：车辆驾好马。

【译文】

国君下令召见，[孔子]不等车辆驾好马，就先步行走了。

【说解】

国君有事召见，为臣的不等车马驾好就立即动身，以表示对国君的服从和尊重。“君子有三畏：畏天命，畏大人，畏圣人之言。”（16.8）畏惧君命，是“畏大人”的具体表现。“畏”也是一种礼，畏必须合于礼。不合于礼的“畏”，是由于有私心杂念，会带来种种不良后果。

10.21　入太庙，每事问。

【译文】

［孔子］进入太庙，对每件事都要问一问。

【说解】

本章内容已见于《八佾》第十五章。

10.22　朋友死，无所归[1]，曰："于我殡[2]。"

【注释】

①归：这里指死者的后事安排，如装殓、发丧、埋葬等。　②殡（bìn）：停放灵柩叫殡，埋葬也可以叫殡。

【译文】

朋友死了，没有人来负责料理后事，［孔子］说："由我来负责安葬。"

【说解】

交友是人生一件大事。孔子说："益者三乐"，其中之一乐，即"乐多贤友"（16.5）。今天人们也交朋友，但不注意"择友"，只注意兴趣相投，不考虑贤与不贤。我们交的朋友应该"友直，友谅，友多闻"（16.4）。

《论语》一开始就强调交友要讲"信"（见1.4）。讲"信"不只限于说话算数，还要"患难相扶持"。从本章可以看出孔子怎样对待友情。

10.23　朋友之馈，虽车马，非祭肉[1]，不拜。

【注释】

①祭肉：指祭祀祖先用的胙（zuò）肉。

【译文】

朋友的馈赠，即使是车马，如果不是祭肉，［孔子］就不躬身下拜。

【说解】

朋友之间，有通财之义。朋友有馈赠，甚至像馈赠车马这样贵重的物品，孔子也不下拜。但朋友在祭祀祖先后送来祭肉，说明他极重视和自己的友情。祭肉虽微，孔子一定下拜之后再接受，表明对朋友祖先的恭敬。

《朱子语类》在评论第二十二、二十三两章时说："朋友之义，固当如此。

后世同志者少，而泛然交处者多，只得随其浅深厚薄，度吾力量为之。宁不过厚，不可过薄。”（卷三十八）

不重视交友，无论在品德修养上或在生活上，都是一大损失。

10.24　寝不尸，居不客①。

【注释】

①居不客：古人是坐在席子上，在不同场合，有几种坐法。在正式的场合，如做客或见客，要两膝着地，臀部落在脚跟上。平时在家，脚板着地，比较随便。

【译文】

［孔子］睡觉时不是直躺着［像尸体一样］，平日在家坐着，也不像自己做客或接待客人时那样。

【说解】

睡觉像死尸一样，脸朝上直躺着，《红楼梦》谑称为“挺尸”，既不好看，又不卫生。孔子告诉我们，睡姿一定要优雅。科学的睡姿是向右屈体侧卧，这样不压迫心脏。

至于坐法，虽是生活小节，也可以看出一个人的修养。一个人应该“站有站相，坐有坐相”。

10.25　见齐衰①者，虽狎②，必变。见冕者③与瞽者，虽亵④，必以貌⑤。

凶服⑥者，式⑦之；式负版者⑧。

有盛馔，必变色而作⑨。

迅雷风烈⑩，必变。

【注释】

①齐衰（zī cuī）：孝服。已见《子罕》第十章。　②狎（xiá）：亲近，亲密。　③冕者：戴礼帽的人。　④亵（xiè）：亲近。这里指平日里常见面的熟悉的人，或卑贱的人。　⑤貌：礼貌。　⑥凶服：丧服。也指死人的衣物。　⑦式：同“轼”。车前做俯身用的横木。这里用作动词，意思是伏在车前横木上。这是当时乘车人在车上的一种行礼方式。　⑧负版者：负，

背负。版,指国家图籍,如疆域地图、田亩、户口名册等。　⑨作:站立起来。　⑩迅雷风烈:即"迅雷烈风"。

【译文】

[孔子]见到穿孝服的人,即使是关系密切,也一定要改变平日态度。看见戴礼帽的人和盲人,即使很亲近,也一定以礼相待。

[乘车]遇上穿丧服的或送死人衣物的人,就俯下身去伏在车前的横木上[致意];遇上背负国家图籍的人,也伏在车前的横木上[致意]。

遇有丰盛的筵席,态度一定庄重起来,并且站立起来。

遇上迅急的雷电和猛烈的大风,一定改变态度。

【说解】

本章写的一些事情,都是临时发生的,孔子都做得恰如其分、合乎礼法。总的体现出"诚""敬"二字。例如"有盛馔,必变色而作",站起来不是因为宴席丰盛,而是为了感谢主人的盛情。再如"迅雷风烈必变",认为这是上天的意志,"改变态度"表现了孔子"畏天命"的思想。

10.26　升车,必正立,执绥[①]。

车中,不内顾,不疾言,不亲指[②]。

【注释】

①绥(suí):古代车上设置的用来拉着上车的带子。　②不亲指:不用手指指划划。

【译文】

上车时,一定先端正地站好,拉住扶手上的带子[登车]。

在车里,不向车内回头看,不很快地说话,不用手指指划划。

【说解】

孔子乘车的举止,均符合礼法的要求,表现得十分有修养,而且又十分自然。在车中的三个"不",一般乘车的人都应该做到。在车上指指划划,既不文雅,又容易被人误解,所以上车之后要"不亲指"。同样道理,"不内顾,不疾言"也是应该的。

10.27　色斯举矣[①]。翔而后集。曰:“山梁雌雉[②],时哉,时哉[③]!”子路共[④]之,三嗅而作[⑤]。

【注释】

①色斯举矣:色,脸色。举,鸟飞起来。这一章文字有错漏,所以很费解。这句的意思也不好懂。可能是说,孔子在山谷中行走,看见一群野鸡飞起来,心有感触,脸色动了一下。　②雉(zhì):野鸡。　③时哉:得其时呀。　④共:同“拱”。拱手,抱拳致敬,致意。　⑤三嗅而作:专家认为“嗅”当作“具(jù)”,鸟类张开两翼的样子。

【译文】

[孔子在山谷中行走,看见几只野鸡,]孔子的脸色动了一下。[这群野鸡]飞翔了一阵以后,又都停在一处。孔子说:“山梁上的雌野鸡,得其时呀,得其时呀!”子路向它们拱拱手,野鸡又振一振翅膀飞走了。

【说解】

本章的文字很费解,很多人说它在文字上有脱落。至于本章内容的含义,以及为什么把本章作为《乡党》篇的收尾放在最后,也令人难解。

我认为《乡党》所记,是孔子在朝、在乡、在家的举止言行,一切均合于礼,但孔子的一生遭遇是不得时的。那么当孔子看到一群野鸡想吃则有食可吃,想饮则有水可饮,想飞就飞,想止就止,飞止各得其所,就不由地发出感慨:“时哉!时哉!”一种野禽有什么得时不得时?这明明是借野鸡抒发自己的不得时。这是孔子借物言志。子路听到孔子赞美野鸡,就向野鸡拱手致敬,表示对老师的理解和尊重。

《论语》的编者把本章放在《乡党》篇的最后,是有意义的。这是我的个人浅见。

先进第十一

本篇共26章,内容主要是孔子评论其弟子。

11.1　子曰:"先进于礼乐①,野人②也;后进于礼乐,君子③也。如用之,则吾从先进。"

【注释】

①先进于礼乐:指先掌握了礼乐方面的知识。"先进""后进"的讲法很多,这里是按清刘宝楠《论语正义》的讲法。　②野人:没有爵禄的平民。与有爵禄的世袭贵族相对。　③君子:这里指卿大夫家的子弟。

【译文】

孔子说:"先学礼乐[而后做官]的人,是在野的人;[先做官]后学习礼乐的人,是卿大夫的子弟。如果要选用人才,我将选用先学习礼乐的人。"

【说解】

周朝的用人,主要采用贵族世袭制。到春秋末期,已施行了几百年。国君的子弟,有一人能继承王位,不继承王位的,也都身居要职。鲁国的三桓,就是鲁桓公的三个儿子,他们的子子孙孙一直把持着鲁国的政权。其他贵族子弟,不管德才如何,也都有官可做。这就必然带来严重的后果:昏庸者居上位,英俊者难以出头,国家逐步走向衰亡。

孔子是主张"学而优则仕"的,这正是针对时弊提出的主张,如果得以贯彻,那将是人事制度的巨大改革。孔子的学生有许多人做了官,他们应该算是"先进于礼乐"的"野人",但都没有做到要职,主要是做卿大夫的家臣。

同时的郑国政治家子产,也主张"学而后入政"。在他当政时期,郑国选拔人才不看出身,就看能力,所以促使贵族子弟都纷纷入学学习。

11.2 子曰："从我于陈、蔡者①，皆不及门②也。"

【注释】

①从我于陈、蔡者：从（zòng），跟随。鲁哀公六年（前489年）63岁的孔子率领弟子们从陈国去蔡国。《史记·孔子世家》是这样记载的："吴伐陈。楚救陈，军于城父。闻孔子在陈蔡之间，楚使人聘孔子。孔子将往拜礼。陈蔡大夫谋曰：'孔子贤者，所刺讥皆中诸侯之疾。今者久留陈蔡之间，诸大夫所设行皆非仲尼之意。今楚，大国也，来聘孔子。孔子用于楚，则陈蔡用事大夫危矣。'于是乃相与发徒役围孔子于野。不得行，绝粮。从者病，莫能兴。孔子讲诵弦歌不衰。"后由子贡到楚国告急，楚昭王派兵来迎孔子，才获得解救。但孔子因故并没有去楚国。 ②及门：古时办私学，学生学习受教育的场所，往往就在教者的家门之内的一间房子里。及门弟子，就是指那些亲自到老师那里受教的弟子。

【译文】

孔子说："跟随我在陈国、蔡国受难的弟子，如今都不在我的门下了。"

【说解】

孔子在陈、蔡被困时，随从的弟子有颜回、子路、子贡、宰我等。公元前484年，孔子返回鲁国后，子路、子贡、宰我等先后离开，颜回也病死了。由本章孔子说的话可知孔子常常想起那些和自己共患难的弟子们，他们和孔子有着深厚的师生感情，而且都是一代英才。

11.3 德行：颜渊，闵子骞，冉伯牛，仲弓。言语：宰我，子贡。政事：冉有，季路。文学：子游，子夏。

【译文】

[孔子的学生各有所长，]德行好的：颜渊，闵子骞，冉伯牛，仲弓。擅长说话的：宰我，子贡。能办理政事的：冉有，季路。熟悉古代文献的：子游，子夏。

【说解】

朱熹《论语集注》说："弟子因孔子之言，记此十人，而并目其所长，分为四科。孔子教人，各因其材，于此可见。"

这些人的特长，都可以从《论语》和其他古文献中得到印证。例如《礼记》

中,除曾子外,子游、子夏的言行最多。孔子去世后,子游、子夏门下的弟子相当多,影响也很大。战国时期的一些名人,就是出自子游、子夏的门下。这和他们擅长“文学”大有关系。

孔子一生弟子三千,“受业身通者七十有七人”“皆异能之士也”(《史记·仲尼弟子列传》)。孔子一个人,面对上千的弟子,能因材施教,使受教者有不同的成就,他的确是一位伟大的教育家。孔子进行教学是随时随地、因时因地。古希腊哲学家亚里士多德,也有通过散步进行教学的习惯,与孔子的教学方式相类似。

朱熹的《论语集注》把本章和上一章合为一章是不对的,因为两章说的不是一码事。《论语集注》说这十个人是孔子在陈、蔡时的随行人员也不对。此前,冉有已被季康子召回,不在随行人员之中。有人称这十个人是孔门十哲,也欠妥。曾参这位孔学的传人,并不在其中。

11.4 子曰:“回也非助我者也,于吾言无所不说[①]。”

【注释】

①说:同“悦”。高兴,喜悦。

【译文】

孔子说:“颜回啊,不是能帮助我的人,他对我的话没有不心悦诚服的。”

【说解】

孔子的话似是对颜回批评,实是赞扬。孔子说话很有分寸,也很有思想。

就《论语》来看,颜回与众弟子有许多不同之处,他远远超出了众弟子。子贡说颜回能“闻一知十”,而自己才“闻一知二”(5.9)。子贡是一位聪明绝顶的人,他都“何敢望回”,那么其他弟子就更不能和颜回相比了。

据孔子的观察,他感到“吾与回言终日,不违如愚。退而省其私,亦足以发,回也不愚”(2.9)。岂止不愚,而是“闻一知十”。他不但对老师讲的全理解了,而且能有所发挥。这样的好学生,对老师的学说最理解,所以也最忠实。孔子把自己学说的继承、发展就寄托在颜回身上了,所以在颜回去世的时候,孔子也最为悲痛,连呼:“天丧予!天丧予!”

最后,我们还是用颜回自己的话,来解开“于吾言无所不说”之谜吧!孔子在颜回的心目中是“仰之弥高,钻之弥坚”。他学习老师的学说:“既竭吾才，如有所立卓尔。虽欲从之，末由也已。"(9.11)看来颜回不会另立新说，他的语言和思想，直接融化生息于孔子的无限精神人格之中了。

11.5 子曰："孝哉闵子骞[1]！人不间[2]于其父母昆弟[3]之言。"

【注释】

①闵子骞：以德行，特别是孝行著称(在6.9已作介绍)。据说闵子骞丧母后，父亲再娶，继母又生了两个弟弟。冬天，继母给闵子骞用芦花絮做了棉袄，而给自己亲生的两个儿子穿丝絮做的棉袄。有一天，父亲外出，由闵子骞赶车。由于天冷，闵子骞冻得拿不住缰绳。父亲认为是闵子骞偷懒，就用鞭子抽打他，结果棉袄被抽破露出芦花。父亲这才知道儿子受继母虐待的实情，决心休掉后妻。闵子骞知道后，就跪在父亲面前劝父亲说："母在一子寒，母去三子单。"父亲受到感动，打消了休妻的念头。继母也受到闵子骞孝行的感动，像对亲生儿子一样关心闵子骞了。　②间(jiàn)：不同，不同的意见。　③昆弟：兄弟。长者为昆，幼者为弟。

【译文】

孔子说："真孝顺啊，闵子骞！人们对于他父母兄弟赞美他的话，都毫无异议。"

【说解】

闵子骞家的人员组成是亲父、继母、后弟，与一般家庭不同。这样家庭的孩子，被父母、后弟一致说好，夸孝顺，是很难的。闵子骞一定是待后母如同亲母，视后弟如同亲弟，使他们受到感动。转变母子和兄弟关系的主动者，一定是闵子骞，而不会是继母和后弟。

这样的家庭成员称赞闵子骞的话，容易使人相信。但使人深信不疑的，还有一个重要因素，就是闵子骞在乡里的表现。邻里都认为闵子骞是一个好孩子，那么他们对父母、后弟称赞闵子骞的话自然无异议了。

11.6 南容[1]三复[2]"白圭"[3]，孔子以其兄之子妻[4]之。

【注释】

①南容：即南宫适。请参看5.2注释。　②三复：多次重复(一日之

内)。三,虚数,这里不能讲实。在这种情况下,"三"旧读去声。 ③白圭:指《诗经·大雅·抑》篇。其中诗句有:"白圭之玷,尚可磨也;斯言之玷,不可为也。" ④妻(qì):嫁给。

【译文】

南容反复诵读关于"白圭"的诗句,孔子就把哥哥的女儿嫁给了他。

【说解】

南宫适尚德慎言,是对嘉言懿行十分执着的人。《孔子家语》也记载他一日三复"白圭"。言者行之表,行者言之实。未有说话随意而行为能检点的人。谨其言的人,才能慎其行。南宫适既能谨言,必能慎行。所以他做到了"邦有道,不废;邦无道,免于刑戮"(5.2)。

据《史记·孔子世家》记载,孔子曾受鲁君派遣,和南宫敬叔一起去周学礼,在那里见到老子。在告别的时候,老子告诉孔子说:"吾闻富贵者送人以财;仁人者送人以言。吾不能富贵,窃仁人之号,送子以言,曰:'聪明深察而近于死者,好议人者也;博辩广大危其身者,发人之恶者也。'"孔子从周回来,继续当老师,学员也增加了。他一定把老子这段名言讲给学生。"南容三复'白圭'",也许是受了老子这段名言的影响吧?因为南容把"白圭"的诗句作为自己的座右铭,所以能够"邦有道,不废;邦无道,免于刑戮"(见5.2)。

11.7 季康子问:"弟子孰为好学?"孔子对曰:"有颜回者好学,不幸短命死矣,今也则亡[①]。"

【注释】

①亡:同"无"。

【译文】

季康子问道:"你的学生中谁爱好学习?"孔子回答说:"有一个叫颜回的爱好学习,不幸短命死了,现在没有这样的人了。"

【说解】

本章的文字与《雍也》第三章略同,缺"不迁怒,不贰过"。也许《雍也》第三章是鲁哀公问,所以孔子回答得详细些吧!

11.8　颜渊死，颜路[①]请子之车以为之椁[②]。子曰："才不才，亦各言其子也。鲤也死[③]，有棺而无椁。吾不徒行以为之椁。以吾从大夫之后，不可徒行[④]也。"

【注释】

①颜路：姓颜，名无繇（yóu），字路。颜回的父亲。是孔子最早的弟子之一。比孔子小6岁。　②椁（guǒ）：古代棺木有时用两重。内棺叫棺，外棺叫椁，即所谓"内棺外椁"。　③鲤也死：孔子19岁，娶宋国女子亓（qí）官氏为妻，第二年生子伯鱼。鲁昭公听说，派人送来一条鲤鱼，以示祝贺。为纪念国君之赐，就给儿子取名为鲤。孔鲤50岁死，时孔子69岁。颜回第二年死。　④不可徒行：孔子曾任鲁国司寇。按礼，大夫出门要坐车，否则失礼。

【译文】

颜渊死了，[他父亲]颜路请求孔子卖了车给颜渊买椁。孔子说："不管有才能（指颜渊）或者没有才能（指孔鲤），对个人来说都是自己的儿子。孔鲤死了，只有内棺而没有外椁。我不能[卖掉车子]步行来给他买椁。因为我也曾当过大夫，是不可以步行的。"

【说解】

孔子对于财富的态度是："不义而富且贵，于我如浮云。"（7.16）在用财上，不在于自己有没有钱，而在于这笔钱该不该花，是否合于礼、是否合乎义理。伯鱼死，有棺而无椁。如果卖了车给颜回买椁，首先违背亲情，这不合义理。其次，为学生卖车而自己步行，也不合于礼。因为自己做过鲁司寇，是不可以步行的。颜路也许爱子心切，所以向孔子提出这种不合"礼"的请求。

11.9　颜渊死。子曰："噫[①]！天丧予！天丧予！"

【注释】

①噫（yì）：感叹词。咳。

【译文】

颜渊死了。孔子说："咳！上天要我的命啊！上天要我的命啊！"

【说解】

从前面记述颜回的许多章来看，孔子是把传道的希望寄托在颜回身上。现在颜回早亡，自己又年老，他担心自己的道难有人继承了，这好像是上天的安排，所以极度悲痛，连呼："天丧予！天丧予！"让孔子悲痛的另一原因是：颜回的好学和尊师的模范行动，在众弟子中间产生了极大的影响。《史记·仲尼弟子列传》说："回年二十九，发尽白（大概是由于缺乏营养），蚤（早）死。孔子哭之恸，曰：'自吾有回，门人益亲。'"颜回在推动弟子们尊敬孔子、向孔子学习上，起到了别人无法替代的巨大作用。

11.10　颜渊死，子哭之恸①。从者②曰："子恸矣！"曰："有恸乎？非夫人③之为恸而谁为④？"

【注释】

①恸（tòng）：极度哀痛，伤心。　②从（zòng）者：跟随的人。　③"非夫人"句：即"非为夫人恸而为谁"的倒装。夫人，这样的人。夫，指示代词。这，那，指示性较弱。之，虚词，在语法上只起帮助倒装的作用。　④为（wèi）：为了，替。

【译文】

颜渊死了，孔子哭得很伤心。跟随的人说："您哭得太伤心了。"孔子说："是太伤心了吗？不为这样的人伤心，还为谁伤心呢？"

【说解】

《论语》用两章来记孔子在颜渊死时的哀痛，充分表现了颜渊在孔子心中的地位，也充分表现了孔子"天生德于予"（7.23）的责任感和使命感。他实在担心自己死后，传道无人。从两千多年后的今天来看，孔子的担心是不必要的。颜渊死后，曾子就是一个最可靠的传道者。是他把孔子之道往下传，以后又有子思、孟子等连绵不绝。儒学就是这样作为中华民族传统文化的血脉，逐步发展至今。真理是有永恒生命力的。

11.11　颜渊死，门人欲厚葬之。子曰："不可。"

门人厚葬之。子曰："回也，视予犹①父也，予不得视犹子也。非我也，夫②二三子也。"

【注释】

①犹：动词。好像，如同。　②夫（fú）：代词，那。

【译文】

颜渊死了,弟子们想隆重丰厚地安葬他。孔子说:"不可以。"

弟子们仍是隆重地安葬了颜渊。孔子说:"颜回啊,把我看成他的父亲,而我却不能把他看成儿子。这不是我的主意,是那些弟子们干的呀!"

【说解】

颜渊死后,关于如何安葬问题,弟子曾请示过孔子,孔子是不主张厚葬的。因为孔子一直把颜回当儿子一样看待,如果同意厚葬,两人的关系无形中就疏远了,就成了老师和一个优秀弟子的关系,即父子关系变为师生关系,所以孔子不同意厚葬。但弟子们重视同学之谊及出于对颜回的敬重,还是把颜回厚葬了。他们没有领悟老师的内心感情,所以孔子抒发了一番感慨。

本篇连续五章,都是围绕颜渊之死,其安排不是按时间顺序。如果按事情发生的先后安排,应该是"天丧予"第一,"哭之恸"第二,"请车"第三,"厚葬"第四,季康子问好学第五。前四件事是前后相连,而《论语》的编者把"请车"放在了"天丧予"前面,不知是为了什么。

11.12　季路①问事鬼神。子曰:"未能事人,焉能事鬼?"曰:"敢②问死。"曰:"未知生,焉知死?"

【注释】

①季路:即子路。因在季氏手下做事,又称季路。　②敢:表敬副词。无实际意义。

【译文】

子路问怎样侍奉鬼神。孔子说:"没能把人侍奉好,哪能谈侍奉鬼神呢?"子路又问:"我大胆地请问,死是怎么回事?"孔子说:"生的道理还没弄明白,怎么能知道死呢?"

【说解】

鬼、神、生、死,是哲学上的大问题,是人最终关怀的问题,而且彼此互相联系。孔子也多次谈到鬼神的问题,如"敬鬼神而远之"(6.22),"子不语怪、力、乱、神"(7.21)等。孔子相信鬼神的存在,但认为不能迷信,要和鬼神保持距离。

本章孔子说:"未能事人,焉能事鬼?"看出孔子认为"人事急于鬼神事,民意重于鬼神”,同时也看出孔子认为只有把人事办好了,才能明白事鬼神的价值。这体现了上古时期十分可贵的人文精神。所谓人文精神,其核心就是以人为根本,不为神役、不为物役,通过礼乐教化,达到人与自然的和谐,人与社会(人与人)的和谐,以及个人身心的和谐。这是儒家思想的基本特征之一。

其他宗教重视死。为了摆脱死和有限人生的困扰和胁迫,人们把希望寄托于彼岸世界。西方和印度的先觉者,就创造了彼岸世界,来抚慰人们对死和人生无常的恐惧和哀伤。

儒家只重视今生今世,教育人如何做人,如何成为品德高尚的君子。对于死,则表现出大大方方、处之坦然的大度,认为只有立足于人生,才能参悟死亡的真谛。

孔子的彼岸世界,明显地指向此岸世界。他的敬鬼神,最终落脚于今世的道德实践。

子路大概是由于颜渊的死而想到鬼神生死了吧?

11.13　闵子[1]侍侧,訚訚[2]如也;子路,行行[3]如也;冉有、子贡,侃侃[4]如也。子乐,“若由也,不得其死[5]然[6]。”

【注释】

①闵子:即闵子骞,子是敬称。　②訚(yín)訚:和颜悦色,正直而恭敬(已见于10.2)。　③行(hàng)行:刚强。　④侃(kǎn)侃:温和而从容不迫。　⑤后来,子路果然死于卫国的孔悝(kuī)之乱。孔子的话,是向子路提出警告。　⑥然:句尾语气词,用法同“焉”。

【译文】

闵子侍立在孔子身边,和颜悦色,正直而恭敬的样子;子路,很刚强的样子;冉有、子贡,温和而从容不迫的样子。孔子很高兴,但他又说:“像仲由这样,[如果不改,]恐怕得不到善终吧。”

【说解】

弟子们站在身边,皆是英才气象,孔子作为教师,自然感到莫大的快乐。自古人们就认为“得天下英才而育之,一乐也”。

弟子们在老师跟前的神情态度,是他们性格的反映。本章编者所用的词语,恰当、准确。子路的“行行”,表现他性格的刚强。做人能够刚强,面对邪恶,宁折不弯,是十分难得的。但过刚之人,容易“暴虎冯河,死而不悔”,不能

“临事而惧，好谋而成”（见7.11）。

孔子喜欢子路之刚，而又为他担心，所以向他提出警告。孔子的警告应验了，不要因此误认为孔子会算命。孔子是“知命”之人，他看到的人和事太多了，他是根据春秋末期的各国混乱无序的政治形势和子路的性格（子路必然要参政）所做的预言。预言能应验，是要合乎逻辑的。

前一章子路向老师请教鬼神生死问题，是否是由于颜渊的死想到自己的将来了呢？如果是，则孔子的预言子路应该是能接受的。

11.14 鲁人[①]为[②]长府[③]。闵子骞曰：“仍旧贯[④]，如之何？何必改作？”子曰：“夫[⑤]人不言，言必有中[⑥]。”

【注释】

①鲁人：在这里指鲁国的执政者。　②为（wéi）：动词。古代词汇少，单音词多，一个字往往兼几个词性，有多种发音和讲法。“为”可作典型。为，当“做”讲，在这里是“改建”的意思。　③长府：鲁国的国库名。　④仍旧贯：仍，相因、沿袭。贯，事。“仍旧贯”，沿袭旧的样子做。　⑤夫（fú）：指示代词。此，这。　⑥中（zhòng）：这里指说的话正中要害，说到点子上。

【译文】

鲁国的执政者要改建国库长府。闵子骞说：“仍旧沿袭老样子下去，怎么样？何必改建呢？”孔子说：“这个人不说则已，一说就一定中肯。”

【说解】

“鲁人”指谁？为什么要改建长府？旧注有许多说法，也都没有确凿的根据，这里从略。依闵子骞的意见，国库长府仍完好可用，如改建就要劳民伤财，所以不如“仍旧贯”。孔子的想法和闵子骞一样，所以称赞他说：“夫人不言，言必有中。”

11.15 子曰：“由之瑟[①]，奚为于丘之门？”门人不敬子路。子曰：“由也升堂矣，未入于室[②]也。”

【注释】

①瑟（sè）：古代一种乐器，和琴同类，25根弦。　②升堂、入室：这是打比喻。堂，正厅；室，内室。一个人想从外面进到内室，必须先入门，再升堂，最

后才能入室。入门、升堂、入室,常用来比喻做学问、学技术的三个阶段。"升堂入室"的典故,就是由孔子这句话来的。

【译文】

孔子说:"仲由弹瑟,为什么在这里弹呢?"[声调不对,]弟子们[因此]不尊敬子路。孔子说:"仲由的学问已经'升堂'了,但是还没能够'入室'呢。"

【说解】

音乐是孔门中十分重要的课程。子路弹瑟的功夫已经很不错了,为什么孔子不愿意听而加以批评呢?孔子是位音乐专家,对音乐的造诣极深。子路的气质刚勇好胜,孔子听出在子路弹奏的曲调中,缺乏中和之音,而有杀伐之声(据《孔子家语》),孔子是反对这种杀伐悲壮曲调的,所以说:"由之瑟,奚为于丘之门?"

门人听了老师的批评,自然也不愿意听子路弹瑟了。子路年龄大,性格刚直,重友情,在门人中很有威信,很多事情,都由他牵头。孔子怕自己的话影响子路的威信,又对子路作了全面的评价:"由也升堂矣,未入于室也。"一个人的学问、技艺,能够得到孔子的"升堂"的评价,就很了不起了。

11.16 子贡问:"师与商①也孰贤?"子曰:"师也过,商也不及。"曰:"然则师愈②与?"子曰:"过犹③不及。"

【注释】

①师:颛孙师。即子张。　商:卜商,即子夏。　②愈:胜过,更好些,更强些。　③犹:如,如同。

【译文】

子贡问道:"颛孙师和卜商两个人谁更好?"孔子说:"颛孙师过分,卜商不够。"子贡说:"那么颛孙师更好一些吗?"孔子说:"过分和不够同样是缺点。"

【说解】

子张、子游、子夏三人齐名。孟子夸这三个人有"圣人之一体"(《孟子·公孙丑上》),子张小孔子48岁,子游小孔子45岁,子夏小孔子44岁,而子贡小孔子31岁。子张等三人在子贡眼里是小老弟,其中子张和子夏都有各自的成就,而性格又有很大差别。子贡想知道子张和子夏谁更好一些,老师对他们怎么看,于是就向老师请教。孔子告诉他:子张才高意广,但有些偏激;而子夏才思敏捷,好学不倦,但做事常有不及之处。子贡利口巧辞,善于外交,办事爽快,所以他认为子张似乎强于子夏,所以就问老师:"然则师愈与?"孔子的回答出乎子贡的意料,说:"过犹不及。"孔子是以"中庸"为至德(见6.29),过分和不及都是不妥当的,过一分,往往谬以千里。孔子的回答,也教育了子贡。

"过犹不及"这句富于哲理的格言,几千年来一直在教育着我们,使我们避免了无数的过错。今后它们将继续教育我们少犯"过激"的错误。那些急于出"成绩""政绩"和"成就"的人,应该记住"过犹不及"的真理吧!

11.17　季氏[1]富于周公[2],而求也为[3]之聚敛[4]而附益[5]之。子曰:"非吾徒也,小子鸣鼓[6]而攻之可也。"

【注释】

①季氏:这里指季康子,名肥,谥"康"。鲁国的当权者,冉求是他的家臣。　②周公:有两种说法:一指周公旦,鲁国的祖先;二指周天子左右的贵族公卿,如周公黑肩、周公阅等人,他们都很有钱。　③为(wèi):替。　④聚敛(liǎn):聚积、搜刮钱财。　⑤益:增加。　⑥鸣鼓:古代作战,进攻时以击鼓为号。《左传》中有"一鼓作气"这句话。

【译文】

季氏比周朝的周公还有钱,而冉求还要替他搜刮钱财来增加他的财富。孔子说:"[冉求]不是我的门徒了。你们大张旗鼓地去声讨他的罪行好了。"

【说解】

孔子批评冉求这件事,发生在鲁哀公十二年。在前一年,季孙氏要改革税制,按田亩征税。究竟怎样改革,有几种说法,这里姑且不论,但其目的是增加收入,这势必要加重农民的负担。事前,季康子曾三次征求孔子的意见,孔子都没有表态,只是私下里和冉求说:"做事情要适中。施舍要力求丰厚,赋税要尽量微薄。"孔子是反对改革税制的。而在第二年,季氏还是按田亩征税了,其中冉求也起了助纣为虐的作用。所以孔子十分生气,让弟子们大张旗鼓地去攻击冉求。

《大学》这本书的最后说:君主统治国家而专门从事聚敛财富的,一定是从任用小人开始。……这就是说,国家不应以财货作为利益,而应以道义作为利益的。这是儒家的财政原则，其中体现了孔子为政以德的思想。

11.18 柴①也愚②，参也鲁③，师也辟④，由也喭⑤。

【注释】

①柴：高柴。姓高，名柴，字子羔。卫国人（一说齐国人）。小孔子30岁。高柴身材矮小，"长不盈五尺"（《史记·仲尼弟子列传》），"状貌甚恶"（《孔子家语·弟子解》），才智不足，孔子说他"愚"。子路喜欢高柴，在他任季氏家臣的时候，推荐高柴做了费邑宰，遭到孔子的批评。孔子认为，高柴学业未成，过早地任职，有害无益。孔子在卫国的时间较久，弟子们有的在卫国做了官。子路做了卫国大夫孔悝的蒲邑宰，高柴也在子路手下做官。鲁哀公十五年，卫国发生内乱，卫出公逃到鲁国。子路闻讯奔到城里，想平息叛乱，在城门口遇上高柴。高柴劝他不要进城，赶快逃走，子路不听，结果遇难。高柴回到鲁国，先后任武城宰、城邑宰。相传高柴在卫国曾任士师（古代司法官），他执法公正，甚至受到罪犯的感激。有一个被他判处刖刑（砍掉脚的酷刑）的人，做了守城门的差吏。当卫国发生叛乱高柴逃走的时候，这个犯人帮助高柴逃出城门。高柴回到鲁国后，把这件事告诉老师，孔子很高兴地说："善为吏者树德，不善为吏者树怨。公行之也，其子羔之谓欤！"（《说苑·至公》） ②愚：愚笨。高柴忠厚正直，但有些笨。 ③鲁：迟钝。曾参诚恳、信实，学习扎实、深入，但反应慢。 ④辟：偏激。子张志高意广，但为人处事有偏激处。 ⑤喭（yàn）：子路勇猛刚烈，但欠文雅，遇事粗鲁、莽撞。

【译文】

高柴愚笨，曾参迟钝，颛孙师偏激，仲由莽撞。

【说解】

本章介绍了高柴等四个人。有人认为这段话是孔子说的，但前面没有"子曰"。我想这段话也可能是弟子们的共同看法。

清汪煊（xuān）的《四书诠义》对本章作了很好的分析，介绍如下："有其病则有其善。愚者必厚重，鲁者必诚朴，辟者才必高，喭者性必直。此皆圣门气质有偏而未为习染所坏者。愚者充以学问，鲁者励以敏求，辟者敛以忠信，喭者文以礼乐，只因其好处，克去其偏处，便可至于中庸，故语之使知自励也。"

11.19 子曰："回也其①庶②乎，屡空③。赐不受命④，

而货殖⑤焉,亿⑥则屡中⑦。”

【注释】

①其:副词。表示推测。大概,可能,恐怕。 ②庶:庶几,差不多。一般用在称赞的场合。 ③空:指贫困,生活没出路(颜回的贫困见6.11)。 ④不受命:古今有许多不同的解释,分歧出在对“命”的不同理解上。今取朱熹《论语集注》的讲法:“命谓天命”,即天所主宰的必然性。 ⑤货殖:做买卖,经商。 ⑥亿:同“臆”。估计,猜测。 ⑦中(zhòng):猜中。

【译文】

孔子说:“颜回啊,[学问道德]大概差不多了吧,可是常常穷得没有办法。端木赐不接受命运安排,去做买卖,猜测行情,常常猜中了。”

【说解】

本章孔子称赞颜回的安贫乐道。回不慕富贵,“用之则行,舍之则藏”(7.11),可谓“知命”“受命”,做到了“三月不违仁”(6.7)。而子贡却“不受命”,按自己的想法去安排人生。他本来可以在官场上大显身手(见1.10子贡介绍),他不愿做官,而走上经商之路。不受命的人,往往遭到命运的打击或戏弄。子贡却能凭其天才,在商贸战场上“亿则屡中”,没有遭遇失败。《史记·货殖列传》把子贡列为春秋时代最富有的富人之一,受到各国的尊重。说他到诸侯各国,国君“无不分庭,与之抗礼。夫使孔子名布扬于天下者,子贡先后之也”。

三国时魏国的何晏认为,此章是孔子“美回所以励赐也”(《论语集解》)。何晏是魏晋清谈的主要人物之一,他注《老子》,编《论语集解》,也提出自己的观点。他是以玄学观点来解释孔子思想。就本章看,他赞成颜回的安贫乐道,而不赞成子贡的经商致富,所以他认为孔子这番话是“美回所以励赐也”。我想这不是孔子的本意。在这段话里,孔子既赞美了颜回,也赞美了子贡,所谓“贫富各得其所”。

我们不要认为子贡经商致富就不是孔子的好学生了。子贡始终是子贡,他是一位品德高尚的大贤人。孔子生前,子贡已经是巨富的商人。但孔子去世后,他能庐墓六年,这一点谁又能做到呢?

子贡可以说是中国儒商的第一人。

11.20 子张问善人之道。子曰:“不践迹,亦不入于室①。”

【注释】

①入于室:关于“升堂、入室”的含义,请参看本篇第十五章注释②。

【译文】

子张请问做善人的道理。孔子说:“如果不踩着前人的脚印走,[学问道德]就难以到家。”

【说解】

孔子认为善人比有恒者要高:他本质善良,一心想做个好人,但他不如君子,更不能和圣人相比(见7.26)。因为他不学习,他不知道自己的努力方向和自己应走的道路。所以孔子告诉子张,一个人如果不向前人的嘉言懿行学习,他的学问道德就不能登堂入室,就不可能成为善人,更不能成为君子。

孔子这样回答子张所问的“善人之道”,是否有意启发子张?“师也辟”,子张的言行往往过激,脱离群众。孔子告诉子张,一个向善的人,应该虚心向别人学习,循着成功者走过的道路前进,才能登堂入室,达到更高的境界。

11.21 子曰:“论笃是与①,君子者乎?色庄②者乎?”

【注释】

①论笃是与:“与论笃”的倒装。是,起帮助“论笃”这一宾语倒装的作用,并无实义。这是古文中常见的倒装句式,如“唯利是图”“唯你是问”“马首是瞻”等,目的是强调宾语。论笃,言论笃实。与,赞许。 ②色庄:神色庄重。这里的意思是神色上伪装庄重的样子。

【译文】

孔子说:“只是因为[一个人的]言论笃实而加以赞许,[他]是真正的君子呢?还是神色上伪装庄重的人呢?”

【说解】

孔子主张言行一致。特别是君子,应该“先行其言而后从之”(2.13),“君子耻其言而过其行”(14.27)。那么单凭一个人说话,听起来好像诚恳笃实,就认为这个人是君子,可以依赖,那就容易上当。应该“听其言而观其行”,不要“听其言而信其行”(5.10)。言行一致、说到做到的是君子,只说不做的,那就是伪装的“好人”了。有时伪装的“好人”比真的君子说话更“笃实”,应该警惕。

11.22 子路问:“闻斯行诸[①]?”子曰:“有父兄在,如之何其闻斯行之?”

冉有问:“闻斯行诸?”子曰:“闻斯行之。”

公西华曰:“由也问‘闻斯行诸’,子曰‘有父兄在’;求也问‘闻斯行诸’,子曰‘闻斯行之’。赤也惑,敢问。”子曰:“求也退,故进之;由也兼人[②],故退之。”

【注释】

①闻斯行诸:斯,代词。这里指代道理、义理。诸,之乎的合音。 ②兼人:敢作敢为(一个人能顶两个人)。

【译文】

子路问道:“听到了[一个道理]就马上去做吗?”孔子说:“有父兄在,怎么能[不得到允许]就去做呢?”

冉有问道:“听到了[一个道理]就马上去做吗?”孔子说:“听到了就马上去做。”

公西华说:“仲由问:‘听到了就马上去做吗?’您说:‘有父兄在。’冉求问:‘听到了就马上去做吗?’您说:‘听到了就马上去做。’这使我感到不解,所以大胆地来问您。”孔子说:“冉求做事退缩,所以鼓励他大胆前进;仲由敢作敢为,所以教育他遇事退后一步。”

【说解】

由本章可以看出孔子是如何“因材施教”的。一个教师能做到因材施教,首先要了解学生,“知其心,然后能救其失也”(《礼记·学记》);其次要有丰富的学识;再次要掌握教育方法。但归根结底,要有一颗像孔子那样热爱教育事业、热爱学生的心。

11.23 子畏于匡[①],颜渊后。子曰:“吾以女为死矣。”曰:“子在,回何敢死!”

【注释】

①畏子匡:已见于9.5注释①。

【译文】

孔子在匡地受到围困拘禁，颜渊最后才逃出来[赶上孔子]。孔子说："我以为你是死了。"颜渊说："夫子您还健在，我怎么敢死呢？"

【说解】

孔子师徒在由卫国去陈国的途中，被匡人围困。后经孔子解释，使匡人知道自己不是残害他们的阳虎，才得以脱险。可是这时颜渊走失了，孔子十分焦急，以为他为了救自己，和匡人拼了。所以当他看到颜渊活着回来时，喜出望外，马上就说："吾以女为死矣。"颜渊毕竟不是子路，在知道孔子生死的准确消息前，不会轻易豁出命来。由他说的"子在，回何敢死"的话语中，可以看出他的决心。由这句话还可以看出，他走失后挂念的仍是老师的安全。

11.24 季子然[1]问："仲由、冉求可谓大臣与？"子曰："吾以子为异之问[2]，曾[3]由与求之问。所谓大臣者，以道事君，不可则止。今由与求也，可谓具臣[4]矣。"曰："然则从之者与？"子曰："弑父与君，亦不从也。"

【注释】

①季子然：姓季孙，名平子，字子然。鲁国季氏的同族人。因为季氏任用子路、冉求为臣，所以季子然向他们的老师提出这一问题。 ②异之问："异"是"问"的宾语，现在把宾语"异"提前，用代词"之"复指。下面的"由与求之问"的语法结构，与此相同。 ③曾：乃，原来是。 ④具臣：具有做官才能的臣僚。

【译文】

季子然问道："仲由、冉求可以说是大臣吗？"孔子说："我原以为你是问别的人，原来是问仲由和冉求啊。所谓大臣，是用忠义之道侍奉国君，如果行不通，就辞职不干。现在仲由和冉求只可以说是具有相当才能的臣属。"季子然又问："那么他们一切都顺从在上者的话吗？"孔子说："杀父亲、杀国君之类的事情，他们是不会服从的。"

【说解】

孔子主张"学而优则仕"。出仕的目的不是为了升官发财，而是为了实现自己的政治理想。孔子任鲁司寇时，在抑制三桓、发扬鲁国国威上做了许多工作,但他做官的原则是:“以道事君,不可则止。”所以,“齐人馈女乐,三日不朝,孔子行”。弟子们在鲁国做官,孔子也希望他们和自己一样,使鲁国政治走上正道。但从子路、冉求的表现来看,与自己的希望还差得很远。这恐怕与他们目前不是直接参与鲁国政治,只是季氏家臣的这种从属地位有关(注意孔子用了一个“今”字)。

季氏得到了子路、冉求做家臣,十分重视。同族的季子然来问孔子,子路、冉求是否能够做大臣。从孔子回答的语气看,孔子对季子然提出的问题是不欢迎的。他说子路、冉求还不够大臣的材料。称得上“大臣”二字的,必须有理想,“以道事君”,而且能坚持理想,“不可则止”。子路、冉求只是具有做官的才能罢了。

季子然又问孔子:“子路、冉求是否能老老实实听话,叫干什么就干什么?”孔子相信自己的学生深明大义,认为一般问题,如“旅泰山”(3.6)“伐颛臾”(16.1)之类的事情,他们可以听从,但在上者如果干“弑父与君”之类的大逆不道的事情,他们是不会听从的。

季孙氏早就野心勃勃,他罗网人才,也是为篡权做准备。孔子的话,季孙氏也不能不考虑。

11.25 子路使子羔①为费②宰。子曰:“贼③夫人之子。”子路曰:“有民人焉,有社稷④焉,何必读书,然后为学?”子曰:“是故恶⑤夫⑥佞⑦者。”

【注释】

①子羔:即高柴(见11.18)。 ②费(bì):季氏的封邑。在今山东费县西北。已见于6.9。 ③贼:坑害。 ④社稷:社,土地神,这里代土地。稷(jì),谷神,这里代五谷、粮食。后又把“社稷”作为国家政权的象征。 ⑤恶(wù):讨厌。 ⑥夫(fú):本章的两个“夫”字,都是指示代词。那,这。 ⑦佞(nìng):有口才,花言巧语,能言善辩。已见于5.5。

【译文】

子路叫子羔做费县县长。孔子说:“这是坑害人家的孩子。”子路说:“那地方有老百姓,有土地和五谷,为什么一定要读书,才算是学习呢?”孔子说:“所以我讨厌花言巧语的人。”

【说解】

子路在季氏那里做事,由于勇于任事、处事果断,取得了季氏的信任,从而做到了季氏的总管。他推荐高柴为费宰，本以为是办了一件好事，没想到却受到老师的严厉批评。他不知道自己错在哪里，于是提出理由来辩解，却又受到老师的进一步批评。

费邑是一个多事之地，民情多变，鲁国内乱有几次就源于此，所以那里的邑宰很不好当。子路敢作敢为，多难的事他都不怕，于是让高柴去当费宰。孔子认为高柴年轻，学业未成，让他去做费宰，无异于害他。一个人固然可以在干中学（"仕而优则学"），但在担任费宰这样重任之前，没有适当的学习作基础，不仅工作做不好，恐怕还要招来祸患，所以孔子反对。不仅孔子这么想，有经验的政治家都是这么想。《左传》记载了这样一件事情：郑国的首相子皮，想让尹何当邑宰。子产说："尹何太年轻，恐怕不行吧？"子皮说："这个人谨慎顺从，我喜欢他，不会背叛我的。让他在工作中学习，慢慢就知道事情该怎么办了。"子产说："不行。别人喜欢一个人，总是想法对这个人有利。现在你喜欢一个人，却把政事交给他，这好像一个人不会拿刀，而让他去割东西，在多数情况下，是要割伤了自己的。您喜欢他，不过是伤害他而已……我听说，学习以后才做官，没听说把做官作为学习的……"子皮听了子产这一番话，认为很对，就改变了主意，同时认为子产很忠诚，就把政事全交给了他，子产从而成了春秋时代杰出的政治家（见《左传·襄公三十一年》）。

在《论语》中，孔子三次赞扬了子产（请参看 5.16, 14.8, 14.9）。

11.26 子路、曾皙①、冉有、公西华侍坐。

子曰："以吾一日长②乎尔，毋吾以③也。居④则曰：'不吾知也！'如或知尔，则何以哉？"

子路率尔⑤而对曰："千乘之国⑥，摄⑦乎大国之间，加之以师旅⑧，因⑨之以饥馑⑩，由也为之，比及⑪三年，可使有勇，且知方⑫也。"

夫子哂⑬之。

"求！尔何如？"

对曰："方六七十，如⑭五六十，求也为之，比及三年，可使足民。如⑮其礼乐，以俟⑯君子。"

"赤⑰！尔何如？"

对曰:“非曰能之,愿学焉。宗庙之事,如会同[18],端章甫[19],愿为小相[20]焉。”

“点！尔何如?”

鼓瑟希[21],铿尔[22],舍瑟而作[23],对曰:“异乎三子者之撰[24]。”

子曰:“何伤[25]乎?亦各言其志也。”

曰:“莫[26]春者,春服既成[27],冠者[28]五六人,童子六七人,浴乎沂[29],风乎舞雩[30],咏而归。”

夫子喟然叹曰:“吾与[31]点也!”

三子者出,曾皙后。曾皙曰:“夫三子者之言何如?”

子曰:“亦各言其志也已矣。”

曰:“夫子何哂由也?”

曰:“为国以礼,其言不让,是故哂之。”

“唯[32]求则非邦也与?”

“安见方六七十如五六十而非邦也者?”

“唯赤则非邦也与?”

“宗庙会同,非诸侯而何?赤也为之[33]小,孰能为之大?”

【注释】

①曾皙(xī):姓曾,名点,字子皙。曾参的父亲。是孔子早期的弟子。　②长(zhǎng):年纪较大。一日长,谦虚。　③毋(wú):又同“勿”。以,同“已”,停止。　④居:平时,平素。　⑤率尔:轻率地,不加思索地。　⑥千乘之国:乘,兵车。“千乘之国”已见于1.5,请参看。　⑦摄:夹在其中,受辖制、受逼迫、受管束。　⑧师旅:古代军队组织,五人为伍,五伍为两,四两为卒(100人),五卒为旅(500人),五旅为师(2500人),五师为军。“加之以师旅”,犹言发生战争,受到别国军队的侵犯。　⑨因:继也。　⑩饥馑(jǐn):荒年,灾荒。《尔雅·释天》:“谷不熟为饥,蔬不熟为馑。”　⑪比(bì)及:等到,到了。　⑫知方:指懂得道义,含有知道舍生

取义之意。　⑬哂(shěn):微笑。笑中含有讥讽意时叫“哂”。　⑭如:或者。　⑮如:至于。　⑯俟(sì):等待。　⑰赤:即公西赤。请参看《公冶长》第八章注⑦。　⑱会同:诸侯会盟。两诸侯相见,叫“会”;许多诸侯一起相见,叫“同”。　⑲端章甫:端,也写作“褍”,周代的一种礼服,也叫“玄端”。章甫,一种礼帽。这里泛指穿着礼服。　⑳相:在祭祀或会盟时,行赞礼的人员,也叫傧相,有不同的职位等级。公西赤说“愿为小相”是谦虚。　㉑希:通“稀”。稀疏。演奏近尾声,节奏速度放慢。　㉒铿(kēng)尔:铿的一声。形容乐器发出的声音,有节奏而响亮。一说,演奏完了拨动一下瑟弦发出的声音。　㉓作:站起身来。　㉔三子:三位。子,对人的尊称。撰,同“课”,陈述的事、说的话。　㉕伤:妨害,妨碍。㉖莫:同“暮”。　㉗春服:指春天穿的夹衣(里表两层)。　既:已经。成:定,指穿得住了。鲁国在今山东省,初春天冷,还需要穿“冬衣”,即棉衣服,到暮春时节“春服”,即夹衣才能穿得住。　㉘冠(guàn)者:成年人。古代男子20岁举行冠礼,束发加冠,表示已经成年。　㉙沂(yí):水名。发源于山东省邹城市东北,经曲阜市南及江苏省北部,流入黄海。传说当时该处有温泉。　㉚风:作动词用。吹风,乘凉。　舞雩:雩(yú),古代求雨的祭坛。因为人们乞雨必舞,所以称“舞雩”。这里指鲁国祭天求雨的祭坛,在今曲阜市南,有坛有树。北魏郦道元《水经注》称:“沂水北对稷门,一名高门,一名雩门。南隔水有雩坛,坛高三丈,即曾点所欲风处也。”　㉛与(yú):赞成。　㉜唯:语首助词,无实际意义。　㉝之:用法同“其”。

【译文】

子路、曾皙、冉有、公西华,随侍孔子坐着。

孔子说:“因为我比你们年长一些,不要因为我而拘束。[你们]平时总是说:‘没人知道我啊!’假如有人知道你们[,想用你们],你们又能怎么样呢?”

子路不加思索地回答说:“一个拥有一千辆兵车的国家,夹在大国中间,[外面]受别国军队的侵犯,[国内]又遇上饥荒,[但尽管这样,如果]让我去治理,只要三年,就可以使人民勇敢,而且知道遵守礼义。”

孔子听完笑了笑。

[孔子又问:]“冉求!你怎么样啊?”

［冉求］回答说："一个纵横六七十里，或者五六十里的小国，［如果］让我去治理，只要三年，就可以使人民生活富足。至于礼乐教化方面，那要等待贤德的君子去实行了。"

［孔子又问：］"公西赤！你怎么样啊？"

［公西赤］回答说："不敢说我能做到些什么，只能说愿意学习而已。在宗庙祭祀的工作上，或者与别的国家的会盟中，我穿上礼服，戴上礼帽，愿意做一个小小的赞礼人。"

［孔子又问：］"曾点，你怎么样啊？"

［曾点正在］弹瑟，声音渐渐稀疏，铿的一声停了，离开瑟站了起来，回答说："［我的志向］和他们三位所讲的不一样。"

孔子说："那又有什么妨碍呢？也就是各人谈谈自己的志向嘛。"

［曾点］说："暮春时节，春天的衣服已经穿上了，和成年人五六人，少年六七人，去沂河洗洗澡，到舞雩台上吹吹风，然后唱着歌，缓缓而归。"

孔子听了，长叹一声说："我赞成曾点的志向。"

子路、冉有、公西华都走了，曾皙留在后面。曾皙问道："刚才他们三位说的，夫子觉得怎么样啊？"

孔子说："也就是各人谈谈自己的志向罢了。"

［曾皙］说："夫子为什么笑仲由呢？"

［孔子］说："治理国家要讲礼让，他的发言，却没有谦让的意思，所以我笑他。"

［曾皙又问：］"难道冉求所说的就不算治国了么？"

［孔子说：］"怎见得纵横六七十里或者五六十里的地方就不是国家呢？"

［曾皙又问：］"难道公西华所说的就不算治国了么？"

［孔子说：］"宗庙之祭，会盟之礼，那不是诸侯之事又是什么？如果公西赤只能做一个小相，那谁还能做大相呢？"

【说解】

这是《论语》中非常著名、非常重要的一章，行文也自然流畅，师生对话，

情趣盎然，如闻其声，如见其人，此章被作为重点精读的古文教材之一选入高中和大学的语文课本中。

本章的内容是在孔子的启发下，几位弟子各言其志。孔子对子路、冉有、公西华三人的志向是肯定的，作了很好的评价，这里就不想多说了。唯有曾点的志向与三人不同。他的志向的实质是什么？孔子为什么赞同曾点呢？历代学者对此都曾作过解释，但还没有令人都赞同的答案。

曾点在《论语》中只出现这一次，没有其他材料可供参考。就已知的情况看，他和儿子曾参都是孔子的学生，所以不是一个想遗世独立的人，也不是像接舆那样的狂者，他是一位非常热爱生活的君子。

在孔子和其他同学谈话时，他不像其他同学那样，规规矩矩地坐在旁边听着，心里准备着发言稿，而是弹瑟，自得其乐。他谈的志向、意境相当高远。王阳明说他："素其位而行，不愿乎其外。"即按本心去做，不受外界名利的拘束，所以"无入而不自得"。春天和年轻人、孩子们去洗澡也高兴，在舞雩坛的树下吹吹风也高兴，一边唱着歌一边往回走也高兴。

孔子赞同曾点的志向——热爱生活的自由心境，但孔子的境界与曾点不能画等号。如果了解孔子晚年的思想境界，我想应该记住孔子的另外两段话："用之则行，舍之则藏"(7.11)"老者安之，朋友信之，少者怀之"(5.26)。

道家喜欢用"洒脱"这个词，我们不妨把它用在孔子身上。"洒脱"就是把拘禁去掉，心灵彻底解放。心灵洒脱，复归于"自然"，这样才能"从心所欲，不逾矩"。孔子心里存着"一以贯之"的"道(仁)"，这相当于佛教的"涅槃""真如"、道家的"自然"。但孔子毕竟和佛家、道家不同。他是留在现实世界，"用之则行，舍之则藏"，最终理想是"老者安之，朋友信之，少者怀之"。

了解孔子应把本章和《公冶长》的第二十六章合起来看。《论语》的编者把表明孔子心志的两章放在篇末，也是有意义的吧！

颜渊第十二

本篇共24章，讲孔子教育弟子如何为仁、如何做人、如何为政。

12.1 颜渊问仁[①]。子曰："克己复礼[②]为仁，一日克己复礼，天下归仁[③]焉。为仁由己[④]，而由人乎哉？"

颜渊曰："请问其目[⑤]。"子曰："非礼勿视，非礼勿听，非礼勿言，非礼勿动。"

颜渊曰："回虽不敏，请事[⑥]斯语矣。"

【注释】

①仁：孔子思想的核心。此前，"仁"已出现十几次，本篇前几章又对"仁"作了阐释。 ②克己复礼：克，克服、战胜。己，自己的私欲。复，回复、返回。 ③归仁：赞许你是仁人。归，赞许。 ④己："克己"和"由己"中的两个"己"含意不同。"克己"的"己"，指有私欲的"己"，自然人的"己"。"由己"的"己"，是仁心呈现的"己"。 ⑤目：纲目。 ⑥事：从事，致力。

【译文】

颜渊问怎样才是仁。孔子说："克服自己的私欲，使言行都合于礼，就是仁。一旦你做到了克服自己私欲，言行都合于礼，天下就都赞许你是仁人了。实践仁在于自己，难道还靠别人吗？"

颜渊说："请问实践仁的纲目是什么？"孔子说："不合礼的事不去看，不合礼的话不去听，不合礼的话不去说，不合礼的事不去做。"

颜渊说："我虽然不聪敏，请让我努力按照您的话去做吧。"

【说解】

本章孔子说“为仁由己”，是说仁心由自己主宰，所谓“良知自己立法，又自我守法”。道德既是规范，又是自由，因为道德不是外来的，而是源于仁心的自我实现。一个人之所以难以成为仁人，自己主宰不住仁心，那是由于私利私欲在作祟。人作为自然人，有物欲的要求，私欲不可避免。想实践仁，由己及人及物，必须克服掉私欲。

一个人克服了私欲，要在哪里落脚，要用什么来充实自己，使克己的功夫得到巩固呢？那就是只有“礼”了。这样，视、听、言、动都合于礼，就可以逐渐成为仁人了。所以当颜渊问仁时，孔子说：“克己复礼为仁。”克制物欲，使自己的视、听、言、动都合于礼，需要一种非常强烈的道德自律意识，必要时，可以献出自己的生命。孔子说：“志士仁人，无求生以害仁，有杀身以成仁。”(15.9)

“克己复礼”是一个整体。“克己复礼为仁”，仁是礼的基础、灵魂；礼是仁的体现、落实。礼之所以有生命力，在于有内在的仁。如果没有仁，礼就成了死的形式、禁锢人的枷锁。孔子划时代的巨大贡献，就是引仁入礼，用仁来解释礼。“人而不仁如礼何？人而不仁如乐何？”(3.3)就深刻地说明了仁、礼关系。

本章孔子提出了“为仁由己”的重大命题：“仁远乎哉？我欲仁，斯仁至矣。”(7.30)“欲仁得仁”(20.2)，都是以此为根据。

其实“克己复礼为仁”这一思想不是孔子的首创。《左传·昭公十二年》记有：“仲尼曰：‘古也有志，克己复礼，仁也。’信善哉！”不过“克己复礼”没有受到应有的重视，很少有人由此去认识“仁”，只有孔子才充分地重视这一古训，并加以发挥，用它明确了仁、礼的关系，指出礼是为仁的必由之路。

12.2 仲弓问仁。子曰：“出门如见大宾[①]，使民如承[②]大祭[③]。己所不欲，勿施于人。在邦无怨，在家无怨。”

仲弓曰：“雍虽不敏，请事斯语矣。”

【注释】

①大宾：贵宾，诸侯。 ②承：承当，奉承。 ③大祭：指祭天、地，太庙之礼。

【译文】

仲弓问怎样才是仁。孔子说：“出门[办事]如同去接待贵宾，使唤老百姓如同去承当重大的祭祀。自己所不喜欢的，不要加给别人。为国家办事没有怨恨,[不为国家办事]回家也没有怨恨。”

仲弓说:“我虽然不聪敏,请让我按照您的话去做吧。”

【说解】

仲弓的道德品质高尚(见11.3),他虽然出身低微,但积极向上,孔子曾多次夸奖他(见5.5、6.1、6.2、6.6)。他也知道孔子的思想核心是仁,所以向孔子请教怎样才是仁。孔子回答仲弓问仁,与回答颜渊不同。

孔子回答说:“出门如见大宾,使民如承大祭。”孔子这句话,似乎是当时现成的成语。《左传·僖公三十三年》,记有晋国胥臣出使,回来时路过冀国,看到郤缺耨草,他的妻子给他送饭,很恭敬,有礼貌,彼此相敬如宾,胥臣就把郤缺带回来,向晋文公推荐说:“敬,德之聚也,能敬必有德。德以治民,君请用之。臣闻之,出门如宾,承事如祭,仁之则也。”孔子把这句话拿来回答仲弓,意思是说,仁者为人处事必须以“敬”。孔子这样回答仲弓,大概这时仲弓正在季氏手下工作吧?下面的“在邦无怨,在家无怨”也透露了这方面的消息。

“己所不欲,勿施于人”是孔子的恕道(见15.24),是仁的基本内涵,也是行仁的着手处。行仁者即使不能成全他人(忠),起码遇事应先替他人考虑,对他人采取宽容的态度。自己不愿做的事情,不要强求他人去做;自己所不愿意得到的东西,也不要强加给他人。

孔子对两个学生的回答不同:教育颜回从内心修养(克己复礼)下手,教育仲弓由心外的做人做事下手,两者都能达到仁,基本要求一样,只是途径不同。有人拿治病做比喻:对颜回是一剂见效;对仲弓则是慢功,慢慢服药,也能见效。孔子对弟子们问仁的回答,因人而异,这是从不同角度考察和规定仁的结果,它们并不矛盾,而且有其内在联系,都体现了人的内在的善良本质。

孔子的恕道是仁的内涵,是中国人安身立命的依据,在今天也为世界的有识之士所重视。1993年在芝加哥签署的《世界伦理宣言》中,把“己所不欲,勿施于人”列为一项重大原则,提倡各国应用恕道处理国家、民族、宗教、文化间的相互关系。

12.3 司马牛[①]问仁。子曰:“仁者,其言也讱[②]。”曰:“其言也讱,斯谓之仁已乎?”子曰:“为[③]之难,言之得无讱乎?”

【注释】

①司马牛:复姓司马,名耕,字子牛。宋国人。《论语》中凡三见,都在《颜渊》的前几章。《论语集注》说他是桓魋的弟弟。　②讱(rèn):忍也,语言迟钝。在本章的意思是不轻易说话。　③为(wéi):动词。做,行。

【译文】

司马牛问怎样才是仁。孔子说:“仁人,他是不轻易说话的。”[司马牛]说:“不轻易说话,这就叫作仁了吗?”孔子说:“[凡事]做起来都是很难的,一些话能轻易出口吗?”

【说解】

据司马迁的《史记·仲尼弟子列传》载,“牛多言而躁”。看来孔子的答话是针对司马牛的缺点说的。

仁道至大,每个人都可以走自己的道路达到仁的境界。司马牛脾气急躁,有话就说,如果孔子给他谈一些更深的理论,司马牛必不能深思而改掉自己的缺点,就找不到学仁的门径。

开始,司马牛对孔子的话并不理解、不相信,就问:“不轻易说话就叫作仁了吗?”孔子就告诉他三个字:“为之难。”我想司马牛当时并没有领悟到孔子教导他的话的重要。他没有像颜回、仲弓那样很诚恳地说:“牛虽不敏,请事斯语矣。”他的多言而躁的毛病,恐怕难改了。

“为之难”三个字,不仅对古代的司马牛重要,对今天的每个人也同样重要。在说话之前,应考虑“为之难”,做不到的就不说。一个人能谨言慎行,距仁也就不远了。

12.4　司马牛问君子。子曰:“君子不忧不惧。”曰:“不忧不惧,斯谓之君子已乎?”子曰:“内省[①]不疚[②],夫何忧何惧?”

【注释】

①省(xǐng):内省,反省。　②疚(jiù):对于自己的错误感到内心痛苦。

【译文】

司马牛问怎样才算是君子。孔子说:“君子不忧愁,不畏惧。”司马牛说:“不忧愁,不畏惧,这就叫作君子了吗?”孔子说:“自己反省检查,没有内愧于心的事,那还有什么可以忧愁和畏惧的呢?”

【说解】

君子的不忧不惧是建立在“内省不疚”的基础上的。君子反省,而问心无愧,就没有什么忧愁和恐惧的事了。所以想做君子,首先要养成内省的习惯,发现了错误,能及时改正。这样,有了自律的精神,对自己的言行就有了要求,不说有愧于心的话,不做有愧于心的事,并进而做好人好事,达到“内省不疚”,自然就是君子了。司马牛常常忧虑不安(见下一章),所以孔子才这样回答他。

《论语》中有86章谈君子,“君子”一词共出现107次,其中大部分是指有道德修养的人。孔子和弟子们曾多次探讨君子问题。孔子的谈君子,有的指君子的表现,如本章的“不忧不惧”;有的指君子的修养,即怎样才能成为君子,如“君子食无求饱”(1.14)“修己以敬”(14.42)等;有的指君子的本质,如“君子喻于义”(4.16)“约之以礼”(4.27)等。

孔子因材施教,对司马牛先谈君子的表现“不忧不惧”。司马牛就问:“不忧不惧,斯谓之君子已乎?”孔子给他解释说,君子“内省不疚,夫何忧何惧”?“内省不疚”是君子的修养功夫,还不是君子的本质。孔子大概认为,对司马牛来说,告诉他君子的本质,似乎意义不大,不如告诉他怎样才能成为一个君子。

12.5　司马牛忧曰:“人皆有兄弟,我独亡①。”子夏曰:“商闻之矣:‘死生有命②,富贵在天③。’君子敬而无失,与人恭而有礼,四海之内,皆兄弟也。君子何患乎无兄弟也?”

【注释】

①我独亡:亡,同“无”。不少注释家都说这个司马牛,是宋国贵族桓魋的兄弟。桓魋为人很坏。孔子周游列国路经宋国时,桓魋还要杀孔子(见7.23)。后来桓魋谋杀宋景公失败,几个兄弟逃亡到国外,司马牛不赞同他这些兄弟的行为,但他在宋国也不能立足,不得不逃亡到鲁国(事见《左传·哀公十四年》)。也有人认为孔子的学生司马牛和桓魋的弟弟司马牛不是一个人。　②命:即天命,指天所主宰的必然性。　③天:这里指有意志的、能决定人生死祸福的天,有人格神意义的天。

【译文】

司马牛忧愁地说:“人家都有兄弟,唯独我没有。”子夏说:“我听说过:‘死生命中注定,富贵由天安排。’君子对人严肃、认真而没有过失,恭敬而有礼貌,那么天下的人都是兄弟呀,君子何必忧虑没有兄弟呢?”

【说解】

司马牛在《论语》中共出现三次,都是带着思想问题向老师和同学请教的。编者把它们分作三章连在一起,这在《论语》中是独一无二的。

司马牛有哥哥桓魋在宋国任司马。司马牛认为他恃权为乱将死,所以产生了没有兄弟的忧虑。子夏先从大处劝他,说“死生有命,富贵在天”。子夏的意思是:兄弟的有无是天命所决定,富贵是后天发生的偶然遇合,也是天意的安排,二者都不是人的意愿所能扭转的。但是人际关系,通过人的主观努力可以改善。子夏认为司马牛如能突破狭隘的家庭观念,善以待人,就会感到“四海之内,皆兄弟也”,就不愁没有兄弟了。这一点,不受天命的限制。

“死生有命,富贵在天”是一句极富哲理的名言。人们常常用它来排解自己的忧虑,但一旦遇到生死攸关或极端悲痛的事情,这句名言往往就不起作用了。子夏在晚年儿子死了,他万分悲痛,这句名言对他并没起作用,而是哭瞎了眼睛。

12.6 子张问明①。子曰:“浸润之谮②,肤受之愬③,不行④焉,可谓明也已矣。浸润之谮,肤受之愬,不行焉,可谓远⑤也已矣。”

【注释】

①明:见事明白。对事理看得透、看得远。 ②浸润之谮:浸(jìn)润,水一点一滴地渗透。谮(zèn),谗言、说人的坏话。 ③愬(sù):与“谮”义相近,诽谤、诬告。 ④不行:行不通。在这里指不为谗言和诬告所迷惑,始终保持清醒的头脑。 ⑤远:事情看得远。“远”比“明”更高一层。但想看得远,必须先明。《尚书》说:“视远惟明。”

【译文】

子张问怎样才叫作见事明白。孔子说:“一点一滴渗透的谗言,皮肤上感到疼痛般的诬告,都在你这里行不通,就可以说是见事明白了。一点一滴渗透的谗言,皮肤上感到疼痛般的诬告,都在你这里行不通,就可以说是看得远了。”

【说解】

子张才高意广，自然很想把事理看透，所以向老师请教什么是"明"。这是明白人问明白事。

"浸润之谮"是慢功，一点不易为人察觉；"肤受之愬"是快功，由于它利害切身，让人难以容忍。一个人不信这些，可以说是见事明白。可是自古及今，明白人少，糊涂人多，致使许多忠臣义士遭难，奸邪小人得势。这是为什么呢？

刘宝楠的《论语正义》在解释本章时引用了《汉书·楚元王传》中的一段话，现在介绍如下："谗邪之所以并进者，由上多疑心。既已用贤人而行善政，如或谮之，则贤人退而善政还。夫执狐疑之心者，来（招来）谗贼之口；持不断之意（优柔寡断）者，开群枉（歪曲）之门。谗邪进则众贤退，群枉盛则正士消。"

12.7　子贡问政。子曰："足食，足兵①，民信之矣。"子贡曰："必不得已而去，于斯三者何先？"曰："去兵。"子贡曰："必不得已而去，于斯二者何先？"曰："去食。自古皆有死，民无信不立。"

【注释】

①兵：兵器，武器。这里指军备。

【译文】

子贡问怎样治理国家。孔子说："有充足的粮食，充足的军备，人民信任政府。"子贡说："迫于不得已，一定要去掉一项，在这三项中先去掉哪一项？"孔子说："去掉军备。"子贡说："迫于不得已，一定要去掉一项，在两项中先去掉哪一项？"孔子说："去掉粮食。自古以来人都是要死的，如果人民对政府不信任，国家就保不住了。"

【说解】

本章孔子谈为政之道，在于"足食，足兵，民信之矣"。为政者最可靠的依据是"民信之"。古今历史上的无数史实证明了孔子的话是颠扑不破的真理。

研究《论语》的人，有的对孔子这番话表示怀疑。认为孔子"去兵""去食"的主张有些绝对化，认为老百姓都饿死后还有什么可立的（王充《论衡·问孔篇》）？清李中孚《四书反身录》说得好："人心一失，余何足恃？虽有粟，乌得而食诸？兵虽多，适足以阶乱（助长变乱）。隋洛口仓，唐琼林库，财货充盈，米积如山，战将林立，甲骑云屯，不免国亡家破，人心不属故也。善为政者，尚念之哉！”

孔子的话，在今天依然是真理。罗马尼亚共产党的消亡，就是有力的例证。在罗共最后一次党代会上，齐奥塞斯库的报告，被起立的代表们的热烈掌声打断数十次。可是，谁又想到在会后不久，罗共就垮台了。当齐奥塞斯库夫妇逃亡时，竟没有一个人施以援助之手。任人唯亲，作风腐败，好大喜功，造成严重脱离群众。每年高达39%的积累率，使人民生活长期得不到改善，早已潜伏着尖锐的社会矛盾。因此剧变一旦发生，人心向背顿时显现，罗共组织也顷刻瓦解。苏共的消亡，同出一辙（据黄苇町《苏共亡党十年祭》，《新华文摘》2001年11月）。

12.8　棘子成[①]曰：“君子质[②]而已矣，何以文[③]为？”子贡曰：“惜乎，夫子之说君子也！驷不及舌[④]。文犹质也，质犹文也。虎豹之鞟[⑤]犹犬羊之鞟。”

【注释】

①棘（jí）子成：卫国大夫。下面的“夫子”是对大夫的尊称。　②质：指孝、悌、忠、信等人的本质。　③文：指《诗》《书》、礼、乐等外在的文饰。　④驷不及舌：驷（sì），四匹马拉的车，当时人们认为速度是很快的。不及，赶不上。舌，指说出的话。“驷不及舌”似是当时成语，我们把它译为“一言出口，驷马难追”。　⑤鞟（kuò）：同“鞹”。去掉毛的兽皮。

【译文】

棘子成说：“君子只要保有人的本质就行了，要那些礼乐等外在的文饰干什么？”子贡说：“可惜啊，先生您竟是这样谈论君子！一言出口，驷马难追。文如同质，质如同文[，两者都很重要]。去掉毛的虎豹皮，和去掉毛的犬羊皮就很相似了。”

【说解】

在文与质的关系上，孔子当然主张质是第一位的。如孔子说：“人而不仁如礼何？人而不仁如乐何？”（3.3）“仁”是质，“礼、乐”是文，“仁”是高于“礼、乐”的。不过在文质关系上，孔子主张文质要配合适当。他说：“质胜文则野，文胜质则史，文质彬彬，然后君子。”（6.18）

本章棘子成不懂文质关系，认为一个君子只要保有人的本质就行了。子贡当即批评了他的错误看法，认为“文犹质也，质犹文也”。而且以“虎豹无文，鞟同犬羊”的比喻，说明文质同样重要。意思是没有外在文饰，君子和小人就无法区别了。

朱熹在《论语集注》中分析本章时说：“夫棘子成矫当时之弊，固失之过，子贡矫子成之弊，又无本末轻重之差，胥失之矣。”我想，子贡作为孔子的优秀弟子，对文质关系会有正确看法的。他为了纠正棘子成的错误看法，才把“文”强调了一下。

12.9 哀公问于有若曰：“年饥，用不足，如之何？”有若对曰：“盍[①]彻[②]乎？”曰：“二[③]，吾犹不足，如之何其彻也？”对曰：“百姓足，君孰与不足？百姓不足，君孰与足？”

【注释】

①盍（hé）：何不，为什么不。　②彻：西周的一种田税制度。国家从耕地的收获中，抽取十分之一作为田税。在这以前施行助法。即九百亩地，八家各种百亩，收获归自己，剩下的一百亩，由八家共同耕种，收获归公。《孟子·滕文公上》说：“方里为井，井九百亩，其中为公田，八家皆私百亩，同养公田，公事毕，然后敢治私事。”施行助法时，土地归国有，都是公田。实行彻法时，已出现私田。彻法是不论公田私田，一律按亩收税，十取其一，私田成为合法的了。鲁国实行税制改革，比齐、晋都早。　③二：指国家从耕地的收获中，抽取十分之二作为田税。鲁国自鲁宣公十五年（前594年）起，不再施行彻法，而是以“二”抽税。

【译文】

鲁哀公问有若：“年成闹饥荒，国家用度不够，该怎么办？”有若回答说：“为什么不实行十分抽一的税法呢？”哀公说：“十分抽二，我还不够用，怎么能实行十分抽一的税法呢？”有若说：“百姓富足了，国君怎么会不富足呢？百姓不富足，国君怎么会富足呢？”

【说解】

据《春秋》记载，鲁哀公十二年春，施行新的田赋制度。当年十二月闹虫灾，十三年又闹虫灾，连年都有战争。哀公与有若的谈话大约就在这时候。“年饥，用不足”是鲁国当时的实情。鲁哀公是想进一步增加税收，有若则主张君民一体，以民为本。国君应使民先富起来，这样，国君自然也就富了。

重民思想是中国的传统思想（参看《尧曰》第一章），孔子、孟子又加以发展，提出“民贵君轻”的主张。从有若的谈话里，可知重民思想已深入孔门弟子之心。在旧社会，百姓所苦的，不只是国家有固定比率的税收。据《朱子语类》说，南宋时期，百姓所苦的除国家税收外，还有两项更沉重的负担：一项是各州县自己征收的苛捐杂税，一项是上边的宗室、使臣到地方来巧取豪夺。春秋时期，农民的遭遇也好不了多少。这就是千百年来农民起义此起彼伏的原因所在。

12.10 子张问崇德辨惑。子曰：“主忠信，徙义①，崇德也。爱之欲其生，恶之欲其死，既欲其生，又欲其死，是惑也。‘诚不以富，亦只以异。’②”

【注释】

①徙（xǐ）义：见义而徙，惟义是从。　②“诚不”句：出自《诗经·小雅·我行其野》，原诗内容是丈夫喜新厌旧，妻子表示和他决绝。这两句诗的原意是：[你这样对待我，]即使不是嫌贫爱富，也是喜新厌旧。

【译文】

子张问怎样提高品德，辨清迷惑。孔子说：“以忠诚信实为主，见义而徙，惟义是从，就是提高品德。爱一个人，就希望他永远活着；厌恶起来，就恨不得让他马上就死。既要他活，又要他死，这就是迷惑。《诗经》说：‘这样做即使不是嫌贫爱富，也是喜新厌旧。’”

【说解】

本章有些难解，所以讲法分歧。我想本章是子张向老师请教自己不理解的问题，孔子因材施教，所以回答也是针对子张的性格特点。我们应从这个角度来理解本章。

崇德与辨惑是要求上进的人所经常考虑的两个问题。在崇德上，孔子认为要“主忠信，徙义”。忠信是第一位的，一个人为人处事均以忠信为信条，就树立起为人之本。惟义是从，就不至固执保守，每天都会有新的进步。这就是崇德的表现。

怎样辨惑？孔子认为困惑常常是由于自己思想上的自相矛盾造成的。他举例说：生死有命，并不能根据个人的爱恶而定。你想根据个人的好恶定人的生死，这种想法就缺乏理性。如果“爱之欲其生，恶之欲其死”，这就更令人困惑。孔子通过这个例子是想说明：士志于道，怀有远大理想，但往往行不通，对于挫折和遗憾必须化解。性格偏激之人往往不能化解，因而守不住原则操守，怨天尤人，逼出"爱之欲其生，恶之欲其死"的自我困惑。

关于最后引用的《诗经》上的两句诗，程颐说："此错简，当在第十六篇，'齐景公有马千驷'之上。"所谓"错简"，就是古代无纸，文书都写在竹简上。竹简摆来摆去摆错了位置，就出现了错简现象。但是，春秋时代是用《诗》的时代。人们用《诗》不考虑原诗的本义。孔子在这里用这两句诗，是否有这样的意思：能够崇德辨惑，虽然不是有形的富有，其实是真正的富有，只是形式不同罢了。因为你拥有崇高的人格修养并化解了内心的困惑，达到"不惑"的境界，这正是人间极富有的大业。

12.11 齐景公①问政于孔子，孔子对曰："君君，臣臣，父父，子子。"公曰："善哉！信如君不君，臣不臣，父不父，子不子，虽有粟，吾得而食诸？"

【注释】

①齐景公：姓姜，名杵臼（chǔ jiù）。齐庄公的异母弟。公元前547－前490年在位。鲁昭公二十五年孔子到齐国时，陈氏家族的权势日重，而齐景公爱奢侈，多内嬖，厚赋敛，施重刑，不立太子，不听从贤相晏婴的劝谏，国内政治混乱。所以当齐景公问政时，孔子作了如上的回答。齐景公虽赞许孔子的意见，但不能实行（当时恐怕已很难执行了），最后终于被陈氏篡夺了政权。

【译文】

齐景公问怎样治理国家。孔子说："君要像个君，臣要像个臣，父亲要像父亲，儿子要像儿子。"齐景公说："好啊！如果君不像君，臣不像臣，父不像父，子不像子，即使有粮食，我能吃得着吗？"

【说解】

鲁昭公二十五年（前517年），由于季氏的攻击，鲁昭公逃到齐国避难，于是孔子也到了齐国。孔子在齐国待了两年，公元前515年回到鲁国。孔子和齐景公的谈话，就是在这期间进行的。

本章孔子强调了"正名"的问题（参看13.3）。君臣和父子关系并不一样，父子是以血缘为基础的伦理问题，而君臣是政治问题。孔子认为君臣能"正名"，即君像个君，臣像个臣，政治就能走上轨道。孔子把改善政治的希望寄托在国君自身的品德修养上。几千年来，儒家一直坚持这种想法，这就表明了儒家政治思想的局限。好的政治，必须是人民当家做主的政治。当代著名的理论家卡尔·波普尔说:“人们需要的,与其说是好的人,还不如说是好的制度。”

至于臣怎样做才像个臣,孔子虽然说“臣事君以忠”(3.19),但并不赞成愚忠,而是主张“以道事君,不可则止”(11.24),孔子自己正是这样做的。

12.12 子曰:“片言[①]可以折狱[②]者,其由也与?”子路无宿诺[③]。

【注释】

①片言:简单的几句话,如“片言只字”;或指诉讼双方的一方(原告或被告)的言辞。在本章用第二种讲法。 ②折狱:断案。折,判断。狱,讼案。③宿诺:隔夜的诺言。

【译文】

孔子说:“根据一方的言辞就可以断案的,大概只有仲由吧?”子路从没有过了一夜还没有兑现的诺言。

【说解】

人们知道子路为人诚信、公正无私、办事又果断,所以他断的案子,诉、讼者都信服。即使是子路根据一方的申诉来宣判,诉讼双方——原告、被告也没有意见。孔子说这番话,不是赞扬子路善于断案,而是赞扬子路有服人之德。

一个当领导的,一定要有服人之德,这就需要像子路那样,为人诚信、公正无私、办事果断。以权服人,最终人是不会服的,即使服了,也是表面的口服,而不是心服。

子路不轻易许诺言,但是一旦答应别人什么,不管有多少困难,也立即去办,从不拖到第二天。这也是子路使人信服的重要原因。

12.13 子曰:“听讼,吾犹人也。必也使无讼乎。”

【译文】

孔子说:“审理案件,我和别人差不多。必须使案件完全消灭才好。”

【说解】

鲁定公十年(前500年)孔子52岁时在鲁国担任大司寇,主管民事、刑事诉讼的司法工作。孔子认为,一个官吏能大公无私地断案固然重要,但更重要的是通过教化,使人民化于德,习于礼,无争无讼。孔子说过:“道之以政,齐

之以刑,民免而无耻;道之以德,齐之以礼,有耻且格。”(2.3)

12.14 子张问政。子曰:“居之无倦,行之以忠。”

【译文】

子张问怎样治理国家。孔子说:“在自己职位上永不懈怠,执行政令要忠实。”

【说解】

“无倦”就是要“始终如一”。无论是在顺利的时候,还是在逆境的时候。“以忠”就是要办事忠实,“表里如一”。要论为政,一个“忠”字也就可以了。有的人,虽然开始勤勤恳恳、尽心尽力,但时间一长,或条件艰苦,或工作不顺利,或工作很顺利,都容易懈怠。所以孔子首先提出“居之无倦”。

《朱子语类》在解说本章说:“子张是个锐气的人。他做事初头乘些锐气去做,少间做到下梢,多无杀合(多半不能止住),故告以‘居之无倦’。又见不朴实,故告之以‘行之以忠’,欲其尽心力也。”

看来孔子的回答是有针对性的。《颜渊》和《子路》中有许多人向孔子“问政”,孔子针对问者的特点,作了不同的回答。互相比较,对“为政”之理,会有更深的体会。

12.15 子曰:“博学于文,约之以礼,亦可以弗畔矣夫!”

【译文】

孔子说:“广泛地学习古代文献,用礼来约束自己,就可以不背叛正道了吧!”

【说解】

本章是重出,比《雍也》第二十七章少“君子”二字。

2.16 子曰:“君子成人之美,不成人之恶。小人[①]反是。”

【注释】

①小人:本章的“小人”指人格卑鄙的人。

【译文】

孔子说："君子帮助别人成全好事，不帮助别人成全坏事。小人却和君子相反。"

【说解】

据程树德的《论语集释》对本章的考证，认为"此本古人成语"。

《里仁》第十六章，孔子说"君子喻于义，小人喻于利"，这是君子与小人的根本区别。君子与小人的用心不同：君子帮助别人办了好事，心里痛快；小人看到别人有好事，心里嫉妒，希望别人倒霉。既是这样，他怎么会成人之美呢？有这种阴暗心理的人，应该向君子学习。

12.17　季康子问政于孔子。孔子对曰："政者，正也。子帅以正，孰敢不正？"

【译文】

季康子向孔子问怎样治理国家。孔子回答说："'政'字的意思就是'正'。你带头走正道，谁敢不走正道？"

【说解】

季康子即季孙肥，鲁哀公时正卿，是当时政治上最有权势的人。"八佾舞于庭"(3.1)"三家者以《雍》彻"(3.2)，都是他带头干的。他带头僭礼、欺君，而他手下的大夫又背叛他，致使鲁国政治混乱，弥漫着不正之风。所以当他向孔子问政时，孔子就作了有针对性的回答。

"政者，正也。子帅以正，孰敢不正？"这是孔子对于"政治"的解释。他主张为政者要加强品德修养，带头走正道，人民自然也就跟着走正道了。孔子的政治学说，始终贯穿着这一思想。

12.18　季康子患盗，问于孔子。孔子对曰："苟[①]子之不欲，虽赏之不窃。"

【注释】

①苟(gǒu)：假如，如果。

【译文】

季康子苦于盗贼多，向孔子求教。孔子回答说："假如你不是贪心不足，就是你给他赏赐，人们也不会去盗窃。”

【说解】

孔子对季康子的回答很不客气。孔子告诉季康子，鲁国多盗的原因，就在于他贪得无厌。那么消灭盗贼的办法，就是季康子克服私欲。孔子当时在诸侯间已有很高的威望，孔子的话，即使触到了季康子的痛处，他也只好听着。

《汲冢琐语》里，记有一则季康子治盗的故事："鲁国多盗，季康治之，获一人焉。诘之曰：'汝何以盗？'对曰：'子大夫为政，不能不盗，何以诘吾盗？'"故事的内容和孔子的意见是一致的。

12.19　季康子问政于孔子曰："如杀无道，以就有道，何如？"孔子对曰："子为政，焉用杀？子欲善而民善矣。君子[①]之德风，小人[②]之德草，草上之风[③]，必偃[④]。"

【注释】

①君子：这里指在位者。　②小人：这里指常人，一般老百姓。　③草上之风：之，动词。草上吹过风。　④偃(yǎn)：倒下。

【译文】

季康子向孔子问怎样治理国家，说："如果杀掉坏人，而去亲近好人，怎么样？"孔子回答说："您治理国家，为什么还要用杀戮？您一心向善，百姓就会好起来。在上者的品德就像是风，百姓的品德就像是草，草上吹过风，草必然[随风]倒下。"

【说解】

这次孔子回答季康子问政与上次回答的内容是一致的，即"子帅以正，孰敢不正"。这是孔子治国之要道。

为政者想把国家治理好，首先自己就要谨守善道，然后推行道德教化，提高人民的道德水准，上下"同德"而"同心"，国家自然兴旺，何必用严刑酷法！这是儒家与法家不同之处。

在孔子看来，为政者的作风对老百姓有巨大的影响，充分发挥这种影响，正是国家管理的真谛。

《韩诗外传》中有一则故事，与本章精神一致："鲁有父子讼者，康子欲杀之。孔子曰：'未可杀也。夫民为不义，则是上失其道。上陈之教而先服之，则百姓从风矣。'"

12.20　子张问："士何如斯可谓之达[①]矣？"子曰："何哉，尔所谓达者？"子张对曰："在邦必闻[②]，在家必闻。"子曰："是闻也，非达也。夫达也者，质直而好义，察言而观色，虑以下人。在邦必达，在家必达。夫闻也者，色取仁而行[③]违，居之不疑，在邦必闻，在家必闻。"

【注释】

①达：通达，显达。　②闻：有名望。　③行（xìng）：名词。行为，做事。

【译文】

子张问道："读书人怎样才叫作达呢？"孔子说："你所说的'达'是什么意思？"子张回答说："在朝廷做官一定有名望，为大夫做家臣一定有名望。"孔子说："这是'闻'，不是'达'。所谓'达'，要质朴正直，遇事讲道理，又善于分析别人的言语，观察别人的颜色，经常想着对人谦虚，居人之后。[这样的人，]在朝廷做官一定'达'，为大夫做家臣一定'达'。所谓'闻'，表面上似乎主张仁德，做起事来却违背仁德，可是自己却以仁人自居而不怀疑。[这样的人，]在朝廷做官一定有名望，为大夫做家臣一定有名望。"

【说解】

"达"和"闻"相似。一个人在仕途上比较顺利，有了名望，如管仲、伍子胥、苏秦、张仪、诸葛亮等，你说他们是"达"呢，还是"闻"呢？

子张想问的是"闻"，而他分不清"达"和"闻"（一般人都分不清），以为"达"就是"闻"，"闻"就是"达"。所以他问："士何如斯可谓之达矣？"孔子知道子张是在问"闻"，而说出来却是"达"。所以又叮问一句："何哉，尔所谓达者？"是让子张自己说出问话的本意。经子张一解释，问题就清楚了，他问的是"闻"。

孔子严格区分了"达"和"闻"。所谓"达"，就是通达事理，也就是孔子说的"不惑"。它的具体表现就是"质直而好义，察言而观色，虑以下人"。在《论语》中，孔子称赞子贡为"达"（见6.8）。

至于"闻"，不同于"达"。求"闻"的人，不想在品德修养上下功夫，只想求名。为达到目的，只能言行不一，表里不一，心口不一。他们生活的目标，已偏离了正道。

“达”和“闻”有时让人分辨不清,它们一诚一伪,本质不同。

有的注家认为“色取仁而行违,居之不疑”,孔子是针对子张的缺点说的。我想子张作为孔子的著名弟子,不至于“色取仁而行违,居之不疑”。他一生都没有做官,并不专心求名。而在《子张》中,有些言论是很有教育意义的。程树德的《论语集释》为子张正名说:“子张之学,在孔门独成一派。因记《论语》者,为曾子门人,近于保守派,故对于进取派之子张,恒多微词。吾人生于千载后,书经秦火,三代之事,若存若亡,况对于孔门弟子,岂可任意轩轾(评论高下)乎?康南海《论语注》极为子张张目,而以南宋积弱不振,归咎于朱子偏信曾子。所谓彼亦一是非,此亦一是非也。”

12.21 樊迟从游于舞雩之下,曰:“敢问崇德,修慝①,辨惑。”子曰:“善哉问!先事后得,非崇德与?攻其②恶,无攻人之恶,非修慝与?一朝之忿,忘其身,以及其亲,非惑与?”

【注释】

①修慝(tè):修,整治,消除。慝,从心从匿,指藏在心里的坏思想。

②其:在这里指“自己”。

【译文】

樊迟陪着孔子在舞雩台下闲游,说:“我大胆地请问:怎样提高品德,怎样消除坏思想,怎样辨清迷惑?”孔子说:“问得很好啊!先去做该做的事,不计较收益,不就是提高品德吗?改掉自己的错误,不攻击别人的错误,不就是消除坏思想吗?忍不住一时的气愤,而忘掉自身的安危,甚至连累自己父母的人,不就是困惑么?”

【说解】

一个人面对自己该做的事,不计较利害得失就去做,那就是品德高尚。反之,一个人如果做起事来,先计较利害得失,只想占便宜,那思想就卑下了。

把精力用在改正自己的错误上,而不分散精力去指摘别人的错误。对人要本着“见贤思齐焉,见不贤而内自省”(4.17)的精神,把别人的错误作为自己的一面镜子,检查自己有没有犯类似的错误,那么坏思想就没有藏身之地了。

一时的愤怒，看来是件小事，但往往带来严重的后果——危及自身以及亲人。不考虑后果的"一朝之忿"，是令人困惑不解的。所以遇事不随便动怒，就能"辨惑"，就能始终保持清醒的头脑了。

本篇第十章，子张也提出"崇德、辨惑"的问题向孔子请教，而孔子本着因材施教的精神，对他们作了不同的回答。《子路》第四章记有樊迟要学稼、学圃，说明他的儒学理论水平并不高，所以孔子回答他的道理平实可行。而子张才高意广，所以答案比较高深。但孔子对两个人的回答基本精神是一致的。"先事后得"里面就有"主忠信，徙义"的精神。

樊迟很年轻，能针对自己的缺点向老师请教，这需要勇气和改正缺点的决心，只有积极向上的人才能这样。

12.22　樊迟问仁。子曰："爱人。"问知[①]。子曰："知人。"

樊迟未达[②]。子曰："举直错诸枉[③]，能使枉者直。"

樊迟退，见子夏曰："乡[④]也，吾见于夫子而问知，子曰：'举直错诸枉，能使枉者直。'何谓也？"

子夏曰："富哉言乎！舜有天下，选于众，举皋陶[⑤]，不仁者远[⑥]矣。汤[⑦]有天下，选于众，举伊尹[⑧]，不仁者远矣。"

【注释】

①知：同"智"。名词。下面"知人"的"知"，是动词，平声。　②未达：不明白，没透彻理解。　③"举直"句：参见《为政》第十九章。　④乡：通"向"。从前，这里是"方才"的意思。　⑤皋陶（gāo yáo）：传说是舜时的大臣。　⑥远：远离，疏远。　⑦汤：商朝开国君主，名履，灭夏桀而得天下。　⑧伊尹：汤时的宰相。

【译文】

樊迟问什么是仁。孔子说："爱人就是仁。"又问什么是智。孔子说："善于识别人就是智。"

樊迟还是不明白。孔子说："选拔正直的人，位置安排在不正直的人之上，这样就能使不正直的人转化为正直。"

樊迟退了出来，见到子夏，说："方才我去见老师，向他问什么是智，老师说：'选拔正直的人，位置安排在不正直的人之上，这样就能使不正直的人转化为正直。'这话是什么意思？"

子夏说："这话的含意多么丰富啊！舜有了天下，在众人中选拔人才，推举了皋陶，不仁的人就疏远了。汤有了天下，在众人中选拔人才，推举了伊尹，不仁的人就疏远了。"

【说解】

本章樊迟问老师什么是"仁"，什么是"知"。孔子的回答极为精要。后来的补充"举直错诸枉，能使枉者直"，让樊迟摸不着头脑。看来樊迟的理解力和历史知识的确很差。颜回闻一可以知十，子贡闻一可以知二，子夏对老师话中的丰富内涵也领悟了，樊迟却不懂。学到这里我们不妨回顾一下子贡和子夏与孔子探讨《诗经》的情况（见1.15、3.8），从中就可以看出他们智商的高低了。孔子教育人从来就是"不愤不启，不悱不发"（7.8），点到为止，剩下的自己去琢磨。最新式的教学法，也不过如此吧！

"樊迟退"这三个字很有意思。他是带着问题进去的，问题没有解决，又带着新问题出来了。孔子是知道樊迟听不懂的，但不再作进一步解释，要看看樊迟有没有追求真理的迫切要求。佛祖释迦牟尼有时也用这种办法点化弟子。

樊迟发起"愤"来，非要把问题弄明白不可。自己想不通，就去请教师兄子夏。子夏就用历史上的故事给樊迟作解释。告诉他"知人"难，"知人"是最大的智慧。舜的英明表现在任用皋陶来掌管刑狱。商汤王之所以能灭夏桀得天下，也得益于任用贤相伊尹。

樊迟三次问仁，孔子的回答都不一样，其中两次（6.22、13.19）谈的是怎样去行仁。本章谈的是仁的根本。什么是"仁"？如果用简单易懂的话来讲，就是"爱人"。孔子认为，"爱人"是人与生俱来的本性。离开了"爱人"，人就不能称其为人，社会也就不能称其为社会了。"爱人"是良知对人发出的"绝对命令"，但名利思想严重的人，良知受到蒙蔽，不但不爱人，反而想法害人了。

12.23　子贡问友。子曰："忠告而善道[①]之，不可则止，毋[②]自辱焉。"

【注释】

①道:同“导”。引导。　　②毋(wú):勿,不要。

【译文】

子贡问怎样对待朋友。孔子说:“要忠诚地劝告他,好好地开导他,他不听从就算了,不要自找羞辱。”

【说解】

古人十分重视交友,把友情看得很重。《论语》中共有19章谈到交友。

本章提“忠告而善道”是交友之道,同流合污不是交友之道。“忠告而善道”是朋友的真正价值所在。有错误互相纠正,彼此向好的方向勉励,这就是真朋友。但规过劝善也有一定的限度,过了限度,就会带来不良的后果。《里仁》的最后一章,子游曾说:“事君数,斯辱矣。朋友数,斯疏矣。”

今天,交朋友是一个大问题。第一,我们看到许许多多年轻人就是因为没有交上好朋友,走上吸毒、犯罪的道路而不能自拔。第二,人们不重视友情,今天交友以义合者少,以利合者多,这是很危险的。

12.24　曾子曰:“君子以文会友,以友辅仁。”

【译文】

曾子说:“君子以讲习文章学问来聚会结交朋友,依靠朋友互相帮助来培养仁德。”

【说解】

今天“以文会友”“以友辅仁”已成为指导我们交友的两句格言。中国著名的“辅仁大学”的校名,就是取自“以友辅仁”这句名言。“以文会友”是交友的方式,“以友辅仁”是交友的最终目的。

《说苑·说从》篇说:“贤师良友在其侧,《诗》《书》、礼、乐陈于前,弃而为不善者,鲜矣。”

子路第十三

本篇共30章，主要讲孔子教育弟子怎样做人，怎样为政。

13.1　子路问政。子曰："先之①，劳之②。"请益③。曰："无倦。"

【注释】

①先之：指为政者身体力行，什么事都带头干在前面。之，指代老百姓。　②劳之：带动老百姓去勤奋劳动。　③益：增加。

【译文】

子路问怎样为政。孔子说："什么事都干在前面，然后带动老百姓去勤奋劳动。"子路请老师再多讲一点。孔子说："永远不要懈怠。"

【说解】

苏东坡解释本章说："凡民之行，以身先之，不令而行。凡民之事，以身劳之，则虽勤不怨。"（据朱熹《论语集注》）子夏说："君子信而后劳其民，未信，则以为厉己也。"(19.10)怎样才能取得老百姓的信任？"先之"，什么事都干在老百姓前面，是最有效的办法。

子路认为老师讲的太少，想请老师再多讲一点，孔子并没有给他讲新东西，只告诉他"无倦"，就是叫他把"先之，劳之"一直坚持下去。上一篇第十四章，在子张问政时，孔子也告诉他"居之无倦"。做事情，始终如一难。

鲁国的敬姜是春秋时代了不起的贤惠知礼的女人。她教训自己的儿子公父文伯说："劳则思，思则善心生；逸则淫，淫则忘善，忘善则恶心生。"敬姜是季康子的叔祖母，季康子知道叔祖母了不起，就向她请教为政之道。敬姜说："吾闻之先姑（去世的婆母）曰：'君子能劳，后世有继。'"言外之意是，如果为政者不能劳苦，只图享受，将后继无人。子夏听到敬姜的话以后说："这句话太好了。我听说：'古代出阁的媳妇，如果赶不上公婆是不幸的。因为年轻的媳妇能从公婆那里学到许多做人的道理。"(《国语·鲁语下》)

13.2　仲弓为季氏宰①，问政。子曰："先有司②，赦小过，举贤才。"曰："焉知贤才而举之？"子曰："举尔所知；尔所不知，人其舍③诸？"

【注释】

①季氏宰：季氏家诸家臣之长。　②有司：设官分职，各有所司。也指管事的官吏。　③舍：舍弃。这里指不推举。

【译文】

仲弓做了季氏家的总管，问怎样为政。孔子说："什么事都干在手下官吏的前面，宽恕他们小的过错，提拔优秀的人才。"仲弓说："怎样去识别优秀的人才而把他们提拔起来呢？"孔子说："提拔你所知道的；那些你所不知道的，人们能不推举他们吗？[要相信群众]"

【说解】

冉雍(仲弓)做了季氏家的总管，也领导着一群官吏，同时掌管着人事的任免。孔子回答仲弓问政，正是针对他的职位特点，给他提出三点意见，总的精神是重在得人。"先有司"，以服人；"赦小过"，以感人；"举贤才"，以得人。

后汉章帝刘炟(dá)，于建初元年(公元76年)诏令郡国守相举贤才，在诏书中就曾以仲弓问政为例说："明政无大小，以得人为本。"由此可知，孔子这番话虽是说给季氏家的总管仲弓的，实际上是治国的根本。

13.3　子路曰："卫君待子而为政①，子将奚②先？"

子曰："必也正名③乎！"

子路曰："有是哉，子之迂④也，奚其正？"

子曰："野哉，由也！君子于其所不知，盖阙如⑤也。名不正则言不顺，言不顺则事不成，事不成则礼乐不兴，礼乐不兴则刑罚不中[6],刑罚不中则民无所错[7]手足。故君子名之必可言也,言之必可行也。君子于其言,无所苟[8]而已矣。”

【注释】

①卫君:卫出公蒯辄。他与父亲争位,君臣名分不定。所以,孔子主张治理卫国首先要“正名”。　②奚(xī):疑问代词。何,怎么、为什么。　③正名:纠正礼制名分上的用词不当,即君君、臣臣、父父、子子。正,纠正、改正。名,名分。礼制上的人的名义、身份、地位等。　④迂:迂腐,拘泥守旧。⑤阙(què)如:存疑。对还没有搞清楚的疑难问题暂时搁置,不下判断;对缺乏确凿根据的事,不妄作结论。阙,意思同“缺”。　⑥中(zhòng):得当,恰当。　⑦错:同“措”。放置,安排,处置。　⑧苟(gǒu):苟且,随便、马虎。

【译文】

子路[对孔子]说:“假如卫国国君等待您去治理国家,您首先要做的是什么事呢?”孔子说:“必须先正名分吧!”

子路说:“有这么做的吗?您太迂阔了。名分有什么正的必要吗?”

孔子说:“仲由,你真粗野啊!君子对自己所不懂的事情,大概总得抱着存疑的态度吧。[如果]名分不正,言语就不顺;言语不顺,事情就办不成;事情办不成,国家的礼乐制度就不能兴建起来;礼乐制度兴建不起来,刑罚的制定、实施就不会公正合理;刑罚的制定、实施不公平合理,人民就手足失措。所以,君子确定名分必须可以说得出口,既能说得出口,也一定可以行得通。君子对自己所说的话,要没有一点马虎的地方才作罢。”

【说解】

孔子说这番话是在鲁哀公六年(前489年)从楚国回到卫国之后。那时卫国国君是卫出公蒯辄。蒯辄是卫灵公的孙子。公元前493年卫灵公死后,本应该是蒯辄的父亲蒯聩继位,但蒯聩因为谋杀卫灵公的宠姬南子不成,逃亡到晋国。所以卫灵公死后,南子想让公子郢继位,公子郢却推辞不干,于是就让蒯辄继位了。逃走的蒯聩并不死心,还想当国君,他在晋国的帮助下,想回国夺君位,被出公辄出兵拒之而未果。这时子路等已在卫国做官,据说出公辄也有意请孔子出来佐政。正在这时,就有了子路和孔子关于"正名"的一段非常著名的对话。

当子路问老师"卫君待子而为政,子将奚先"时,孔子提出了"正名"的主张。"正名"就是使"名"与"实"相符。"正名"的目的和原则就是"正实"。就一个国家来说,就是要做到"君君,臣臣,父父,子子"(12.11)。假如孔子在卫国执政,将怎样"正名"呢?"正名"首先碰到的问题是究竟让谁来做卫国的国君。关于这个问题,自古以来注释家就有种种说法。有的认为应立公子郢,有的主张立蒯聩,有的主张维持蒯辄的君位。公子郢一开始就拒绝即君位。卫出公蒯辄如果请孔子执政,孔子一上台就把蒯辄废掉而立蒯聩,这也不近情理,而且也办不到。有人认为孔子执政后,用感召的办法,使出公蒯辄幡然悔悟,亲自去迎父亲回国即位,这也是白日做梦。再说,晋国送蒯聩归国是有目的的,这样做无异于引狼入室。

孔子真的在卫国执政,在国君这一问题上,将怎样"正名"呢?我想孔子会维持蒯辄的君位。因为蒯辄已在位9年了,他的即位不是篡逆,是合法的。孔子不赞成蒯辄的做法(见7.15),但能让孔子赞成的国君又有谁呢?何况鲁哀公五年佛肸据中牟叛晋的时候,召请孔子,孔子也动了心,想投奔佛肸(见17.7)。国君不理想,是不可更改的现实,孔子并不灰心,还是各处奔走,希望能找到一处能实现自己政治理想的地方。

孔子认为"正名"是治国之本,是为政的原则。孔子"正名"的说法,不是仅针对卫国的。此前,齐景公问政于孔子的时候,孔子回答说:"君君,臣臣,父父,子子"(12.11),这实际上就是"正名"问题。

最后,卫出公并没有召请孔子,孔子的"正名"思想却流传至今。

我在解说上一篇第十一章"齐景公问政"时曾说:想把一个国家治理好,"人"是重要的,但是更重要的是"制度"。想使一个国家从上到下人人都能"正名",是不可能实现的乌托邦。

13.4 樊迟请学稼①。子曰:"吾不如老农。"请学为圃②。曰:"吾不如老圃。"

樊迟出。子曰:"小人哉,樊须也!上好礼,则民莫敢不敬;上好义,则民莫敢不服;上好信,则民莫敢不用情。夫如是,则四方之民襁③负其子而至矣,焉用稼!"

13.6　子曰："其身正，不令而行；其身不正，虽令不从。"

【译文】

孔子说："本身品行端正，就是不发命令，人们也会按要求去做；本身品行不正，即使发布命令，人们也不会听从。"

【说解】

本章的意思和季康子问政"孔子对曰：'政者，正也。子帅以正，孰敢不正？'"(12.17)一样。孔子讲到为政，总认为在上者的个人修养非常重要，是搞好政治的关键问题。他反复讲这个道理，弟子们都把它记下来，以示重要。再请参看本篇第十三章。

13.7　子曰："鲁卫之政，兄弟也。"

【译文】

孔子说："鲁国和卫国的政治，像兄弟一样相似。"

【说解】

据苏轼的《论语解》，孔子说这话是在鲁哀公七年(前488年)，卫出公五年。那时，孔子正在卫国。

鲁国是周公姬旦的封地，卫国是周公的弟弟康叔的封地，鲁、卫本兄弟之国，当时衰乱的情况又相似。卫国父子争位，鲁国三桓专权。一个是父不父，子不子；一个是君不君，臣不臣。所以孔子发出这样的感叹。

虽然如此，鲁、卫两国也不是一团漆黑。下面两章，孔子指出了卫国的两个亮点。

13.8　子谓卫公子荆①："善居室。始有，曰：'苟②合矣。'少有，曰：'苟完矣。'富有，曰：'苟美矣。'"

【注释】

①公子荆：卫献公的儿子，名荆，字南楚，故称公子荆。长于孔子。传说他15岁就代理宰相，处理国事，看来是一个十分精明能干的人。但他不以家财累心，能随时知足。鲁襄公二十九年(前544年，孔子8岁)，吴国公子季札出使各国，对各国的政局和政治人物的命运都做了深刻的分析和准确的预测。

他认为卫国有许多君子,公子荆就是君子之一。　②苟:差不多。

【译文】

孔子谈到卫国的公子荆,说:"他善于管理家业。刚有一点财产,就说:'差不多够了。'增加了一点,就说:'差不多完备了。'等到财产多了时,就说:'差不多是非常美好了。'"

【说解】

公子荆身为卫国贵族,而且曾任宰相,却无骄吝之心,不为外物所累,少欲知止,堪称君子。

孔子赞扬公子荆,也有讽刺当时统治阶层之意。奢侈腐化、贪得无厌是统治阶层的通病。公子荆可以说是"出淤泥而不染"。

《老子》中有"知足不辱"的话,是儒、老相通之处。

13.9　子适[①]卫,冉有仆[②]。子曰:"庶矣哉!"冉有曰:"既庶[③]矣,又何加[④]焉?"曰:"富之[⑤]。"曰:"既富矣,又何加焉?"曰:"教[⑥]之。"

【注释】

①适:往,去。　②仆:赶车,驾车。　③庶(shù):众多,这里指人口。　④何加:加何,增加什么。这里的意思是:在原来的基础上,增加什么,即下一步该怎么办。　⑤富之:文言形容词的使动用法。使之富,让他们富裕起来。　⑥教:教育,教化。

【译文】

孔子到卫国去,冉有赶车。孔子说:"这里的人真多啊!"

冉有说:"人已经多了,[下一步]又该怎么办呢?"孔子说:"让他们富裕起来。"

冉有说:"已经富裕了,[下一步]又该怎么办呢?"孔子说:"教育他们。"

【说解】

繁荣、富有、文化教育,是政治发展的三个阶段。儒家的一贯主张是"富而后教"。但今天看来,对这一主张应有新的认识。

第二次世界大战后,日本和韩国都十分贫困,可是两国政府在努力复兴经济的同时，都加大对教育的投入。人才培养出来之后，经济发展随之突飞猛进，很快就富裕起来。今天各国的竞争，就是科技的竞争，对教育更应该重视。不过富裕起来之后，思想品德教育必须跟上。孔子这里所说的“教之”，是指思想品德教育。

春秋时代的法家也是主张富民的。《管子·治国》说：“凡治国之道，必先富民。民富则易治也，民贫则难治也。奚以知其然也？民富则安乡重家，安乡重家则敬上畏罪，敬上畏罪则易治也。民贫则危乡轻家，危乡轻家则敢陵上犯禁，陵上犯禁则难治也。”

读了《治国》篇，稍加思索，就会发现法家的富民与儒家的富民有本质的不同。法家的富民是为了便于统治；而儒家的富民是为了“富而后教”，使人民懂得廉耻、懂得礼义、自觉向上，也就是让老百姓过“人”的生活。孔子说：“道之以政，齐之以刑，民免而无耻；道之以德，齐之以礼，有耻且格。”(2.3)儒家是以道德为先，不以事功取胜。

13.10 子曰：“苟[①]有用我者，期月[②]而已可也，三年有成。”

【注释】

①苟：假如。 ②期(jī)月：即一周年。期，周。有的版本写作“朞”。

【译文】

孔子说：“假如有人用我主持国政，一年就差不多了，三年就会很有成绩。”

【说解】

司马迁认为，孔子这句话是鲁哀公二年(前493年)在卫国时说的。《史记·孔子世家》说：“(卫)灵公老，怠于政，不用孔子。孔子喟然叹曰：‘苟有用我者，期月而已，三年有成。’”

有人认为，孔子这句话说得有些夸张。一个混乱国家交给孔子，真能“三年有成”吗？我想，我们要注意“用我”两个字。孔子所说的“用我”，意味着把大权交给自己，对自己信任，让自己放手去干。各国诸侯和大夫都向孔子“问政”，孔子在治国上是有信心的。孔子做了两年多鲁司寇，上有三桓专权，自己只是一个下大夫，而成绩就已十分明显。孔子说“三年有成”是有把握的。

13.11　子曰："'善人为邦百年，亦可以胜①残去②杀矣。'诚哉是言也！"

【注释】

①胜(shēng)：克服。　②去：免除，去掉。旧读上声。

【译文】

孔子说："'贤能的人[相继]治理国家一百年，也就可以克服残暴免除刑杀了。'这句话说得真对呀！"

【说解】

"善人"在《论语》中共出现五次，是指那些能分辨善恶、一心向善、有所不为的贤能的人，但学问道德还没有到家。既是"为邦百年"，那就不是一个人。必须是几个"善人"相继执政才可以。看来一个国家真正做到"胜残去杀"是很难的。人们常举西汉高祖刘邦至文帝、景帝这段时间的政治为例，以证实这个道理。

孔子认为，在乱世，杀戮的刑罚是必需的。但有贤能的人相继执政百年之久，使得残暴的人都改过迁善，不再为恶了，那时就无须再动用杀戮之类的刑罚了。

"善人为邦百年，亦可以胜残去杀"这不是孔子说的，但孔子十分赞赏。"善人为邦百年"所取得的"胜残去杀"的成效，正符合孔子的政治理想。但这理想只是初步的，孔子的最高的政治理想是德政，最后要达到"老者安之，朋友信之，少者怀之"(5.26)的境界。

上一章说"三年有成"，这一章又说"为邦百年"，可见孔子在治国上有短期想法和长期想法，孔子心中有一幅治国的蓝图。

13.12　子曰："如有王者①，必世②而后仁。"

【注释】

①王者：称王于天下的君主，圣明的君主。　②世：30年为一世。

【译文】

孔子说："假如有圣明的君主在位，也必须得执政三十年，才能实现仁政。"

【说解】

孔子认为使政治上轨道并不难，要想实现仁政理想却不容易，圣明的君主在位也得三十年。

本篇第十、十一、十二章都是谈为政:第十章谈自己为政,第十一章谈善人相继为政,第十二章谈圣王为政。孔子谈自己为政“三年有成”,似乎成效最快,但这就把孔子的意思误解了。孔子说话是很有分寸的。孔子所说的“三年有成”,并不是仁政大行,只是在法度纲纪上完备了。至于使人民懂得礼义,君民一体,仁政大行,那至少也得几十年的工夫。

13.13 子曰:“苟正其身矣,于从政乎何有①?不能正其身,如正人何②?”

【注释】

①何有:这里的意思是:有什么困难(意即不难)。 ②如……何:古代常用句式,当中可插入代词、名词或其他词语,意思是“把(对)……怎么样(怎么办)”“怎样对付它”。

【译文】

孔子说:“假如端正了本身的言行,治理国家还有什么困难呢?假如不能端正本身的言行,又怎样去端正别人呢?”

【说解】

本章内容和本篇第六章、《颜渊》第十七章内容一致,就不再多说了。我看了电视剧《孙中山》,深深为孙中山先生的伟大人格和革命精神所感动。他为革命募来巨款,自己钱包里却一文不存。他的哥哥孙眉,为革命做出了巨大贡献,广东各界名人都推荐他做大都督,孙中山说:“哥哥对政治不熟,没有从政经验,还是让他去干实业吧!”其实他哥哥是愿意从政的。因此兄弟之间产生隔阂。后来由于孙中山的努力,孙眉理解了弟弟,兄弟二人言归于好。孙中山的人格和精神,感动了周围的同志和群众,大家都一心跟随他,经过十几年前赴后继的奋斗,终于推翻了清王朝,建立了中华民国。

13.14 冉子退朝①。子曰:“何晏②也?”对曰:“有政。”子曰:“其事也。如有政,虽不吾以③,吾其与④闻之。”

【注释】

①冉子退朝:冉求并没有在鲁国朝廷上任职,只是季氏的家臣。所以“朝”是私朝。“退朝”是从季氏的办公地点回来。 ②晏(yàn):晚,

迟。　③不吾以:不用我。以,用。“不吾以”是否定句,代词作宾语,宾语前置。即“不以吾”。　④与(yù):参与。

【译文】

冉有从办公的地方回来。孔子说:“怎么回来晚了?”冉有回答说:“有政务。”孔子说:“那是事务。如果有政务,[国家]虽然不用我了,我也会知道的。”

【说解】

季氏虽然专权,但他家的事,不能与鲁国朝政相提并论,而冉有误以为季氏家的事务就是“政务”,所以说起话来就说自己在办“政务”。孔子纠正了冉有的用词错误。这也是一种“正名”,“名不正,则言不顺”。这对冉有也是一个教育,叫他头脑清醒一些。

至于孔子说“如有政,虽不吾以,吾其与闻之”,是当时的实际情况。孔子曾为鲁大夫,即使不当政,但有关鲁国的政事,他也会知道的。如《左传·哀公十一年》记载:季氏想要按田亩征税,这是鲁国的政务,不是季氏一家的事,就派冉有去征求孔子的意见,并且说:“子为国老,待子而行。”

13.15　定公问:“一言而可以兴邦,有诸?”

孔子对曰:“言不可以若是其①几②也。人之言曰:‘为君难,为臣不易。’如知为君之难也,不几乎一言而兴邦乎?”

曰:“一言而丧邦,有诸?”

孔子对曰:“言不可以若是其几也。人之言曰:‘予无乐乎为君,唯其言而莫予违③也。’如其善而莫之违也,不亦善乎?如不善而莫之违也,不几乎一言而丧邦乎?”

【注释】

①其:相当于“之”。　②几(jī):简单,机械。　③莫予违:莫,代词,无定指,意思是:没有人。予(我),是“违”的宾语。因为是否定句,代词作宾语,所以宾语提到动词前面。意思是:没有人违抗我。

【译文】

鲁定公问道:“一句话就可以使国家兴盛,有这样的话吗?”

孔子回答说:“话不可以讲得像这样的简单、机械。不过,有的人说:‘做君主难,做臣子也不容易。’如果知道做君主难,[自然会谨慎认真地去工作,]这不也近于一句话就可以使国家兴盛吗?”

鲁定公说:“一句话就可以使国家衰亡,有这样的话吗?”

孔子回答说:“话不可以讲得像这样的简单、机械。不过,有的人说:‘我做国君并没有什么可高兴的,只是[高兴]我说什么话都没有人违抗。’如果君主说的话正确,而没有人违抗,不也很好吗!如果说的话不正确,而没有人违抗,这不也近于一句话就可以使国家衰亡吗?”

【说解】

国家的兴衰,是日积月累而成的,所以孔子回答定公的提问时,说:“言不可以若是其几也。”但其根源往往集中于一点。如国君知道为君之难,必能励精图治,国家就不难兴盛。就此,可以说“一言兴邦”。反之,如果国君满足于自己的话无人敢违抗,自己的话是金口玉言,这个国家必然要走向衰亡。就此,可以说:“一言丧邦”。

《韩非子·难一》讲了这样一个故事:晋平公与群臣一起饮宴,酒喝到酣畅时,长叹一声说:“当国君没有什么乐趣。只是国君的话无人敢违抗,才让人心里痛快。”当时乐师师旷(盲人)在堂前陪宴,他听了晋平公的话就提起琴来向他砸过去。平公拖着衣襟躲开,琴在墙上碰得粉碎。平公问:“太师想用琴砸谁?”师旷说:“方才有个卑鄙小人在旁边乱说话,所以我砸他。”平公说:“方才是我在说话呀。”师旷说:“嗨!那不是当君主的人该说的话呀!”左右近臣想处死师旷,平公说:“放了他。他的话使我有所警惕。”

法家韩非子不赞成师旷的做法,认为他侵犯了君权,儒家却认为师旷做得很对。

“一言兴邦”“一言丧邦”,一句话很平常,但它所反映的精神状态是成败的关键。

唐太宗李世民教育太子说:“舟所以比人君,水所以比黎庶,水能载舟,亦能覆舟。”(《贞观政要·第十一》)李世民可谓深知为君之难,所以能够居安思危,励精图治,使唐朝国势日益强盛。

13.16 叶公[①]问政。子曰:“近者说[②],远者来。”

【注释】

①叶(shè)公:请参看《述而》第十九章。　　②说:同"悦"。高兴,喜悦。

【译文】

叶公问怎样为政。孔子说:"使近处的人感到喜悦,使远处的人前来归附。"

【说解】

《史记·孔子世家》说:"孔子自蔡如叶,叶公问政。"时间是鲁哀公五年(前490年)。

孔子回答叶公问政,与回答季康子、子夏等人不同。他告诉叶公,一个好的政治,必须得民心。你实行仁政,近处的老百姓受到你的恩惠,过上好日子,一定会高兴。远处的老百姓,听到消息也必然会投奔你来。这就是"近者悦,远者来"。这是从效果、从民心向背看政治。

一个国家的繁荣、强盛,并不足以说明它的政治好。叶是楚国的一个县。当时楚昭王好大喜功,想吞食中国,入主中原,所以频频发动战争,人民不堪重负。所以孔子告诉叶公,为政要得民心。这是为政的根本,也是出发点。

13.17　子夏为莒父①宰,问政。子曰:"无②欲速,无见小利。欲速则不达,见小利,则大事不成。"

【注释】

①莒父(jǔ fǔ):鲁国的城邑名。在今山东省莒县境内。一说在高密市东南。　　②无:同"勿"。不要。

【译文】

子夏做了莒父的县长,问怎样为政。孔子说:"不要求速成,不要图小利。想求速成,反而达不到目的;贪图小利,就办不成大事。"

【说解】

莒父是个小县城,长时间管理不善,百废待兴。子夏上任后,想改弦更张,使老百姓早日过上好生活。在他向老师问政时,孔子告诉他:"无欲速,无见小利。"并告诉他这样做的后果是:"欲速则不达,见小利则大事不成。"因为要速成,就不考虑客观条件和事物的发展规律而去蛮干、硬干,反而达不到目的。因为图小利,目光短浅,大的事业就干不成了。

从第十章开始,就谈为政治国问题。孔子认为治国是有步骤(如先"正名”),有时间(一年、三年、三十年、百年),有条件(圣人、善人、圣王),有要求的。为政既要积极,又要稳妥。

20世纪50年代后期,我国的大跃进、公社化、大炼钢铁等,也犯了“欲速”和“见小利”的错误,教训是深刻的。今天,据报道有的县为了达到小康,还在推行不得人心的“速成”政策,结果劳民伤财。有的县领导为了出“政绩”而搞“速成”,却并不急于使老百姓脱贫,更是错上加错。

13.18 叶公语[①]孔子曰:“吾党[②]有直躬[③]者,其父攘[④]羊,而子证[⑤]之。”孔子曰:“吾党之直者异于是:父为[⑥]子隐,子为父隐,直在其中矣。”

【注释】

①语(yǔ):告诉。 ②党:乡党,家乡。 ③直躬:正直的人。躬,身。 ④攘(rǎng):偷窃,抢。 ⑤证:检举,告发。 ⑥为(wèi):替。

【译文】

叶公告诉孔子说:“我的家乡有个正直的人,他的父亲偷了羊,他就去告发。”孔子说:“我们家乡的正直的人和你们那里的不一样:父亲为儿子隐瞒,儿子为父亲隐瞒,正直的品德就在其中了。”

【说解】

父母犯罪,儿女爱亲之情胜于法。儿女犯罪,父母爱子之情胜于法。所以“父为子隐,子为父隐”是出于人的真情实感,凭人的真情实感去做事就是直。可是叶公所说的那个人,不但不为父亲隐瞒,反而出来证明他父亲偷了人家的羊,看起来似乎很直,其实这不是出自他的真性情,所以不是“直”,而是“罔”。

今天,我们从社会、国家和人民大众的利益的角度来看,“父为子隐,子为父隐”是不可取的。关于这个问题,哲学界还在争论(参看《哲学研究》2002年第10、12期)。

13.19 樊迟问仁[①]。子曰:“居处[②]恭,执事[③]敬[④],与[⑤]人忠。虽之[⑥]夷狄,不可弃也。”

【注释】

①樊迟向仁:樊迟三次问仁。从孔子回答的内容看,这次是问怎样行

仁。 ②居处(chǔ):指平日在家里。 ③执事:做事,工作。 ④敬:严肃认真。 ⑤与:动词。相交。 ⑥之:动词。去,往。

【译文】

樊迟问怎样行仁。孔子说:"在家里能恭敬规矩,办事情能严肃认真,和人交往能忠实诚恳。虽然到了夷狄之邦,[这三点]也不可放弃。"

【说解】

樊迟问怎样行仁,孔子从三个方面回答,动静出处,待人接物,无所不该。如果按孔子的话去做,私心杂念将无处藏身。

《论语》中记录樊迟三次问仁,孔子根据问的意思,作了不同的回答。如按其内容排列,本章应列在首位,是怎样行仁。其次,《雍也》第二十二章,孔子说"仁者先难而后获",指出了行仁的着手处。《颜渊》第二十二章的仁者"爱人",是说仁的根本。

"仁"是孔子思想的核心。这不是后人经过研究所做出的结论,在当时学生们就已经认识到了,所以弟子们不断向老师请教什么是仁、怎样行仁、从哪里着手去行仁等问题。

学习本章可参阅《阳货》第六章,子张问仁。

13.20 子贡问曰:"何如斯可谓之士矣?"子曰:"行已有耻,使①于四方,不辱②君命,可谓士矣。"

曰:"敢问其次?"曰:"宗族称孝焉,乡党称弟焉。"

曰:"敢问其次?"曰:"言必信,行③必果。硁硁④然小人哉,抑⑤亦可以为次矣。"

曰:"今之从政者何如?"子曰:"噫!斗筲⑥之人,何足算也!"

【注释】

①使(去声):出使(外国)。 ②辱:侮辱,辜负。 ③行(xìng):名词。行为,做事。 ④硁(kēng)硁:小石头坚固的样子,用来形容人浅薄、固执。孔子认为,如果不问是否合乎正义,只管自己贯彻言行,必然会陷于浅薄、固执。《孟子·离娄下》说:"大人者,言不必信,行不必果,惟义所在。"意

思是真正有德行的人是按道义行事的。一句话、一件事如果发现不合道义，是不会去贯彻执行的。　⑤抑（yì）：连词，表示转折。可是。　⑥斗筲（shāo）：斗，量器，十升为一斗。筲，盛饭用的小竹器，容量不大。“斗筲”常用来形容人的见识短浅，器量狭小。

【译文】

子贡问道：“怎样才配称为‘士’？”孔子说：“自己做事知道什么是羞耻，出使到其他国家能不辜负君主委托的使命，这就可以称为‘士’了。”

子贡说：“请问次一等的呢？”孔子说：“宗族的人们称赞他孝顺父母，乡里的人们称赞他敬爱兄长。”

子贡说：“请问再次一等的呢？”孔子说：“[不问是否合乎正义]说话一定讲信用，行为一定坚决[做到底]。这种人浅薄、固执，可是也可以作为次一等的了。”

子贡说：“如今从政的诸公如何呢？”孔子说：“这些见识短浅、器量狭小的人，算得了什么呢？”

【说解】

春秋时代，士的数量增多，在社会上的作用越来越显著，地位也提高了。“士”的内涵是什么？是一个摆在人们面前的问题。聪明的子贡首先抓住这一问题，向老师请教。他提问的目的，也是想给自己作一评价。

孔子把“士”分成三个档次：

最名副其实的“士”是德才兼备的。他们在道德方面“行己有耻”，言行顾惜名节，有所不为，但在国家大事上又有所为：“使于四方，不辱君命。”这种“士”是国家依靠的力量。

第二类的“士”是有德而才不足。“宗族称孝，乡党称弟”，即孟子所说的“一乡之善士”（《孟子·万章下》），但他们还没有担当、处理国家大事的心胸和能力。

第三类的“士”，言行也有过人之处，但所守的是小忠小信，还不能完全按道义行事。

至于从政的诸公，如鲁国三桓之属，当然都有知识，但见识短浅、器量狭小，连最下等的“士”都不够格。

子贡是“士”，他应该属于哪一种呢？有一次他请孔子对他作一评价。孔子说他是祭祀用的瑚琏(见 5.4),是国家的有用之才。看来,孔子认为子贡是属于第一类的"士"。

13.21　子曰:"不得中行①而与②之,必也狂③狷④乎!狂者进取,狷者有所不为也。"

【注释】

①中行:合乎中庸精神的言行。这里指言行都合乎中庸精神的人。　②与:相与,交往。　③狂:指志向高远,纵情任性,敢作敢为,有进取精神。这里指有这种性格的人。　④狷(juàn):指性情耿介。洁身自好,有所不为。这里指有这种性格的人。

【译文】

孔子说:"得不到言行都合乎中庸精神的人与之相交,那一定要同狂者和狷者相交往了。[因为]狂者有进取心,狷者绝不肯做坏事。"

【说解】

孔子认为言行都合乎中庸的中行者,是品德最高尚的人。中行者善于协调各方面的关系,使之合于"道"。狂者勇于进取而办事不细,狷者为人耿直而有所偏激。如果勇于进取而又考虑全局,为人耿直而又善于与人合作,那也就近于中庸之道,成为中行之人了。但这样的人太少了。

《孟子·尽心下》有一段孟子和学生万章的对话,对本章作了解释。原文如下:

"万章问曰:'……孔子在陈,何思鲁之狂士?'孟子曰:'孔子不得中道而与之,必也狂狷乎?狂者进取,狷者有所不为也。孔子岂不欲中道哉?不可必得,故思其次也。''敢问何如斯可谓狂矣?'曰:'如琴张、曾皙、牧皮者,孔子之所谓狂矣。''何以谓之狂也?'曰:'其志嘐嘐(xiāo,志大言大)然,曰:古之人,古之人!夷考其行,而不掩焉者也(行与言不合)。狂者又不可得,欲得不屑不洁(不屑于做坏事)之士而与之,是狷也,是又其次也。'"

孔子的学生多为狂狷之士,孔子对他们是很喜欢的。他在陈国的时候,就曾说过:"归与!归与!吾党之小子狂简,斐然成章,不知所以裁之。"(5.22)

2001 年 4 月 10 日早晨《东方时空——东方之子》节目,《笑傲江湖》的导演黄健中说:"中国知识分子有一股侠气,自古儒和侠是合一的。狂狷之士与乡愿派不同,带有一股侠气。这是中国知识分子的特点,孔子欣赏这股侠气。"黄健中的话,有助于我们理解什么是狂、狷。

13.22 子曰:"南人[①]有言曰:'人而无恒,不可以作巫医[②]。'善夫!"

"不恒其德,或承之羞[③]。"子曰:"不占[④]而已矣。"

【注释】

①"南人"句:又见于《礼记·缁衣》,后面有两句说明:"古之遗言与?龟筮犹不能知也,而况于人乎?"看来这句话是古代传下来的。 ②巫医:古时的"巫"(占卦的巫师)、"医"往往合于一身。朱熹说:巫医"虽贱役,而犹不可以无常"(《论语集注》)。 ③"不恒"句:见《易经·恒卦》九三爻辞。 ④不占:占,占卜,算卦。孔子这句话的意思是:无恒心的人,不必去占卦了。因为他们只能有凶,不会有吉,占卦也没有用。

【译文】

孔子说:"南方人有句话说:'人如果没有恒心,连巫医都做不了。'这句话真好啊!"

[《易经》上说:]"如果不能永恒地保持自己的德行,免不了要承受羞辱。"孔子说:"[这就叫没有恒心的人]不必去占卦罢了。"

【说解】

本章孔子是鼓励人们在品德修养和事业追求中,必须持之以恒。自己不努力,干什么都没有恒心的人,等待他的,只能是凶险。想趋吉避凶,不要靠求神问卜,只能靠自己的恒心。连占卜的书《易经》都说:"不恒其德,或承之羞。"

由本章可知,孔子对《易经》已经研究得很透彻了。他发掘其中的哲理,并把它用到生活和工作的实践中去。

13.23 子曰:"君子和[①]而不同,小人同[②]而不和。"

【注释】

①和:谐和。各种不同的事物相互配合、制约、均衡,从而达到和谐统一叫"和"。如厨师把各种味道调配得可口叫"和"。别人的意见有错误或不足,能提出纠正或补充,使其恰到好处叫"和"。 ②同:苟同,同声附和。对别人

的意见不管正确与否，只是赞同。

【译文】

孔子说："君子讲求和谐而不同声附和，小人同流合污而不和谐。"

【说解】

"和"是人际关系的理想状态。孔子所主张的"和"，不是后世所误解的没有矛盾、不讲斗争的"一团和气"，而是在承认在对立差异的基础上，寻求双方都可以接受的解决方案，从而使双方共生、共存、共发展。这一"和谐"的思想，不仅可以用于处理人与人的关系，也可以处理人与自然、人与社会的关系。"致中和，天地位焉，万物育焉。"(《中庸》)人际和谐、万物和谐、天人和谐，正是儒家所追求的最高境界。

"和"与"同"是春秋时代常用的两个术语。《左传·昭公三十年》载，齐国贤相晏婴批驳齐景公称赞佞臣梁丘据的话，把"和""同"区分得很清楚，今意译如下：齐景公打猎回来，梁丘据来迎接。景公高兴地说："只有梁丘据跟我'和'啊！"晏子说："梁丘据不过是'同'，哪里谈得上'和'呢？"景公问："'和'与'同'不一样吗？"晏子说："不一样。'和'好像做羹汤，用水、火、醋、酱、盐、梅，来烹调鱼和肉，用柴火烧煮，厨师加以调和，使味道适中。味道太淡就增加调料，味道太浓就加水冲淡。君子食用羹汤，内心平静。君臣之间也是这样。国君所认为行而其中有不行的，臣下指出它的不行的部分，而使那行的部分更加完备；国君认为不行而其中有行的，臣下指出它行的部分，而去掉不行的部分，因此政事平和而不违背礼仪，百姓没有争夺之心。……现在梁丘据不是这样。国君认为行的，梁丘据也认为行；国君认为不行的，梁丘据也认为不行。如同用清水去调剂清水，谁能吃它呢？如同琴瑟老弹一个声音，谁能够听它呢？不应该'同'的道理就是这样。"

而同一年郑国发生的事情，可以具体说明什么是"和"："郑子产有疾，谓子大叔曰：'我死，子必为政。惟有德者能以宽服民，其次莫如猛。夫火烈，民望而畏之，故鲜死焉；水懦弱，民狎而玩之，则多死焉，故宽难。'疾数月而卒。大叔为政，不忍猛而宽。郑国多盗，聚人萑苻之泽。大叔悔之，曰：'吾早从夫子，不及此。'兴徒兵以攻萑苻之盗，尽杀之，盗少止。仲尼曰：'善哉！政宽则民慢，慢则纠之以猛。猛则民残，残则施之以宽。宽以济猛，猛以济宽，政是以和。'"

这就是说：为政要达到"和"的境界，光靠软的一手是不行的；同样，只有硬的一手也行不通。只有宽猛相济、文武并用，才能政通人和。

君子、小人在对人对事上为什么会有不同的态度？因为君子尚义，对不合理的事情，就要反对，所以会有不同。小人尚利，对有损于个人利益的事他不会干，对有利于自己的事则不管是否合于正义他都干，所以只能同而不和。

13.24　子贡问曰："乡人[①]皆好[②]之，何如？"子曰："未可也。"

"乡人皆恶[③]之，何如？"子曰："未可也。不如乡人之善者好之，其不善者恶之。"

【注释】

①乡人：一乡之人。　②好（hào）：喜欢，爱好。　③恶（wù）：厌恶，憎恶。

【译文】

子贡问道："乡里人都喜欢他[，说他是好人]，这个人怎么样？"孔子说："还不行。"

[子贡又问：]"乡里人都厌恶他[，说他是坏人]，这个人怎么样？"孔子说："还不行。不如乡里的好人都喜欢他，那些坏人都厌恶他[，这时说这个人是好人，就可以了]。"

【说解】

如果一乡之人，不论好人坏人都说这个人是好人，那他可能就是四面讨好、八面玲珑的好好先生，即孔子称之为"乡愿"一类的人（见17.13）。正义之士，或特立独行的狂狷之士，不会人人都喜欢。孔子说过："众好之，必察焉；众恶之，必察焉。"（15.28）评定一个人，经过考察才可靠。听本人自己说，或听一些群众反映，都只能做参考。

13.25　子曰："君子易事而难说[①]也。说之不以道，不说也。及其使人也，器[②]之。小人难事而易说也。说之虽不以道，说也。及其使人也，求备[③]焉。"

【注释】

①说：同"悦"。高兴，喜悦。　②器：量材使用。　③求备：责全求备。

【译文】

孔子说："给君子做事容易，却难以博得他的喜欢。不用正道去博得他的喜欢，他是不会喜欢的。等到他使用人的时候，是量材使用。给小人做事很难，却容易博得他的喜欢。即使不用正道去博得他喜欢，他也会喜欢的。等到他使用人的时候，则求全责备。"

【说解】

本章孔子又把君子和小人对比起来说，中心是用人问题。

君子全面看人，更多看一个人的长处，包括品德和才能，所以在君子手下好工作。君子有原则，你的工作令他满意却不容易，他用人是量材使用（不会屈才）。所以，有才之士在君子手下，可以充分发挥其才能。

小人则相反。他胸无大志，目光短浅，对人求全责备。所以在小人手下不好工作，很难满足他的无理要求。但叫小人高兴并不难，因为他没有原则，见利忘义。他用人不是量材，而是求全责备。所以，有才之士在小人手下，发挥不出自己的才能。《说苑·雅言》篇说："曾子曰：'夫子见人之一善而忘其百非，是夫子之易事也。'"这段话可以作"君子易事"的一个说明。

用人问题，也是人际关系的一个方面。学了本章也可以帮助理解为什么"君子周而不比，小人比而不周"（2.14）。

13.26　子曰："君子泰而不骄，小人骄而不泰。"

【译文】

孔子说："君子安详舒泰，却不骄傲凌人；小人骄傲凌人，却不安详舒泰。"

【说解】

君子、小人之差，就在义利之间。"君子坦荡荡，小人长戚戚"（7.37）。君子不为名牵，不为利役，心里始终坦然。君子与人无争，与事无争，不会以己之长，骄人之短。而小人"常戚戚"，心里囿于名利，始终不会安详舒泰，遇事必斤斤计较。由于心胸狭窄、目光短浅、妒贤嫉能，所以总认为自己优于别人。骄傲，可以说是小人的一个突出特点。

《尧曰》第二章，孔子在回答子张关于从政条件时说，要"尊五美，屏四恶"，"泰而不骄"是"五美"之一。什么叫"泰而不骄"呢？孔子解释说："君子无众寡，无小大，无敢慢，斯不亦泰而不骄乎！"就是君子无论人多人少，势力大势力小，都不敢轻慢。这不是一时的策略，而是从真性情流露出来的。故作谦虚的，不是君子，而是小人，并且是不如"骄而不泰"的小人。

13.27　子曰："刚、毅、木①、讷②近仁。"

【注释】

①木：质朴，朴实。　②讷：说话迟钝。引申为言语不轻易出口。

【译文】

孔子说："刚强、坚毅、质朴、说话迟钝，[这四种品德]接近于仁。"

【说解】

四种性格与仁接近，故曰"近仁"。"刚"者，性无求欲，仁者静（无求欲），所以刚者"近仁"。"毅"者性果敢，仁者必有勇，周穷济急，杀身成仁，所以毅者"近仁"。"木"者质朴，仁者不尚华饰，所以木者近仁。"讷"者言语迟钝，"仁者其言也讱"（12.3），所以讷者"近仁"。

为什么说四者"近"仁？因为四者是仁的质，还应有礼乐的熏陶。唐高宗太子李贤说："四者皆仁之质，若加文，则成仁矣，故言'近仁'。"

学完本章，不禁想起孔子的另一番话："质胜文则野，文胜质则史。文质彬彬，然后君子。"（6.18）

13.28　子路问曰："何如斯可谓之士矣？"子曰："切切偲偲①，怡怡②如也，可谓士矣。朋友切切偲偲，兄弟怡怡。"

【注释】

①切切偲（sī）偲：恳切地互相勉励，善意地互相批评。　②怡（yí）怡：和气，愉快。

【译文】

子路问道："怎样才配称为'士'？"孔子说："互相勉励督促，待人亲切和气，就能称为'士'了。朋友之间互相勉励督促，兄弟之间要亲切和气。"

【说解】

本篇第二十章子贡问“士”，本章子路也问“士”，同一问题，孔子作了不同的回答，都恰到好处。孔子回答子路的“士”的特点，正是子路所不足的。为了避免子路把两种特点弄混，孔子又分别指出用在什么对象上。朋友以义合，应互相勉励，也就是“忠告而善导之”(12.23)。兄弟是一母同胞，是以恩合(父母之恩，兄弟之恩)，应该是兄友弟恭，亲切和气。总之，孔子告诉子路，一个“士”，要把人际关系处理得恰到好处。

当时的弟子中，向孔子问“士”的人恐怕不少。问“士”与问“政”不同。问“政”的目的是想从政，或已从政的想把政治搞好。问“士”的目的，是想按老师提出的条件去加强修养，使自己成为一个合格的“士”。他们积极要求上进，其目的都很“纯”，他们是中国知识分子的楷模。汉以后的知识分子，名利思想占了主导地位，就越来越异化了。

13.29　子曰：“善人①教民七年，亦可以即②戎③矣。”

【注释】

①善人：在这里指好的领导人。　②即：就，从事，参加。　③戎(róng)：兵戎，军队，战争。

【译文】

孔子说：“好的领导人教导百姓七年，也就可以作战了。”

【说解】

春秋时有四民：有士民、有商民、有农民、有工民。农民要服兵役，所以平时“三时务农，而一时讲武”(《尚书·费誓》)，战时则从军作战。孔子说：“教民七年”，不只是讲打仗、练武，还要进行孝、悌、忠、信等道德教育和政治教育，使老百姓知道战争的意义和作战必须勇敢、退却可耻的道理。道德教育、政治教育是本，讲武是末，本末兼具，军队才有战斗力。

有人以晋文公称霸为例，认为孔子“教民七年”的时间太长。晋文公于鲁僖公二十四年(前636年)回国，到僖公二十八年与楚国城濮之战获胜后称霸，前后不过四年。晋文公对老百姓进行了讲文习武的教育，为什么四年就能称霸中原？

朱熹说：“大抵霸者尚权谲，要功利，此与圣人教民不同。若圣人教民，则须是七年。”(《朱子语类》卷四三)二者重要的区别是“即戎”的目的不同：晋文公作战的目的是称霸，而孔子备战的目的是保家卫国，实现理想的政治。

13.30 子曰："以不教民[①]战，是谓弃之。"

【注释】

①不教民：三个字组成一个词，意思是"不教之民"，即没有经过训练的人。

【译文】

孔子说："用没有经过训练的人去作战，就等于把他投向死亡。"

【说解】

本章和前一章的内容紧密相连，都是在强调人民必须经过长时间的道德、政治教育和军事训练，才能参加战斗。否则，人民不懂得为什么作战、怎样作战，体力、技术都不行，让他们去作战，那不就等于送死吗？

孔子之所以发表这些议论，就是看到当时战争频仍，死伤人数也多。一场战争结束后，为了补充大量兵员，往往要强征一些没经过训练的老百姓去充数，城里人有时也难幸免。鲁哀公十一年（前484年），也就是孔子从卫国回到鲁国那一年，齐鲁在郎地打了一仗，连幼僮汪锜都战死了。这是孔子亲身经历的。

宪问第十四

本篇共40章，主要记孔子及其弟子论修身、做人之道和对历史人物以及时人的评论。

14.1 宪问耻。子曰："邦[①]有道，谷[②]；邦无道，谷，耻也。"

"克、伐、怨、欲[③]，不行焉，可以为仁矣？"子曰："可以为难矣，仁则吾不知也。"

【注释】

①邦：国家。　②谷：谷米。这里指当官拿俸禄。　③克：争强好胜。伐：自夸。怨：怨恨。欲：贪心。

【译文】

原宪问什么叫耻辱。孔子说："国家有道，做官拿俸禄[却无贡献]；国家无道，仍做官拿俸禄，就是耻辱。"

[原宪又问：]"好胜、自夸、怨恨、贪心，都克服了，可以算做到'仁'了吧？"孔子说："可以说是难能可贵了，若说这样就算做到了'仁'，那我还不能同意。"

【说解】

从《雍也》第五章的原宪介绍，可知他性格狷介，有所不为，所以他向老师请教什么是"耻"。按孔子的教导，"士"首先应该"行己有耻"（见13.20）。原宪所问，是一个十分重要的问题。孔子回答的意思是，无论"邦有道"或"无道"，贪图禄位就是可耻。"邦有道"，你拿俸禄，却不对国家做贡献；"邦无道"，你不能独善其身，却贪恋富贵，甚至助纣为虐，这都是可耻的。

古今中外,无论哪朝哪代,都有这样一批不知耻的"官员","只吃饭,不干活儿",骑在人民头上,作威作福。

孔子这番话的最终意思是:一个"士"活着,就应该为社会、国家做贡献。"知耻"是一个人的人生观、价值观的问题。

原宪要求自己很严格,做到了"克、伐、怨、欲不行",他想问问老师这算不算做到了"仁"(孔子的弟子们都不断给自己提出更高的要求)。孔子告诉他,这是难能可贵的,但还不是"仁"。究竟为什么不是"仁"?宋朱熹认为原宪在这里应再追问一句:"为什么?"可惜没有问。孔子也没有进一步告诉他,大概是让他自己去"悟"吧?我相信原宪会"悟"出来的。

我想原宪做到"克、伐、怨、欲不行",只能说消极的"克己"做得不错,但积极的"复礼"的功夫恐怕还有欠缺(请参看《颜渊》第一章)。仁者不能只限于"己所不欲,勿施于人",还应该"己欲立而立人,己欲达而达人"。

14.2　子曰:"士而怀居①,不足以为士矣。"

【注释】

①怀居:怀,怀念、留恋。居,家居、家庭。

【译文】

孔子说:"作为'士',如果留恋家庭,就不足以成为'士'了。"

【说解】

曾子说:"士不可以不弘毅,任重而道远。仁以为己任,不亦重乎?死而后已,不亦远乎?"(8.7)一个"士"要考虑的是自己的进德修业,社会和国家的大事,对衣、食、居室等生活琐事,不应分散精力。如果把主要注意力放在生活问题上,就够不上一个"士"了。孔子说:"士志于道,而耻恶衣恶食者,未足与议也。"(4.9)

14.3　子曰:"邦有道,危①言危行②;邦无道,危行言孙③。"

【注释】

①危:正直。言人所不敢言,行人所不敢行。　②行(xìng):名词。行为,做事。　③孙:同"逊",谦逊。在这里有顺从、谨慎的意思。

【译文】

孔子说："国家有道，要说话正直，行为正直；国家无道，要行为正直，说话谦逊。"

【说解】

君子的立身原则不可变，为人要正直。但在邦无道、小人当政的时候，说话要谨慎，即使自己站在真理、正义的一方，说话也要谨慎，以免招祸。清宦懋庸的《论语稽》说："邦无道则当留有用之身匡时济变。故举动虽不可苟，而要不宜高谈以招祸也。汉之党锢，宋之元祐党，明之东林党，皆邦无道而言不逊者也。"

我想宦懋庸的解释未必符合孔子的原意。宦懋庸生活在思想控制特别严厉的清代，无数次的文字狱已把知识分子的"锐气"消磨殆尽。而孔子生活在思想比较自由的春秋时代，所以孔子说的"言孙"的内涵，与宦懋庸所说的并不一样。宦懋庸提到"汉之党锢，宋之元祐党，明之东林党"，却不敢提清朝的文字狱。元祐党人、东林党人确实是结"党"与当政者对抗，而清朝的文字狱多数是望文生义，捕风捉影，任意罗织罪状。那时缀文命笔，动辄得咎。到了清末，文网稍稍放宽，而文人士子仍是惴惴自危。所以龚自珍有"避席畏闻文字狱，著书都为稻粱谋"以及"万马齐喑究可哀"的叹息。

从当政者方面看，如果国人都不敢敞开胸怀说话，那政治还有什么前途？

14.4 子曰："有德者必有言，有言者不必有德。仁者必有勇，勇者不必有仁。"

【译文】

孔子说："品德高尚的人，一定能说出有价值的言语；说出有价值言语的人，却不一定品德高尚。精神境界高尚的人，一定勇敢；勇敢的人，却不一定精神境界高尚。"

【说解】

品德高尚的人不能独善其身，必然就修身、齐家、治国等方面提出自己的见解。其言论即使不能留给后代，也必定有益于当世。反之，"有言者不必有德"。自古至今，无数的著作并不都是有德者写的。秦朝吕不韦，本是商人出身的政客，他却给后世留下一部《吕氏春秋》。该书虽然不是出自吕不韦之手，但也贯穿着他的思想。

孔子曾说过："志士仁人，无求生以害仁，有杀身以成仁"(15.9)。这就是说，有志之士和仁人，不会贪生怕死而损害"仁"，只会勇于牺牲来成全"仁"。仁者连死都不怕，这当然是"勇"了。有许多不怕死的人，也可以说是有"勇"了，但其中可能是出于一时的冲动，不是从他的内在的善良本质自然生出来的。所以，"勇者不必有仁"。荆轲敢于去刺秦王，可以说是一名勇士。但他之所以这样做，不是为了把老百姓从秦王的苛政下解救出来，而是为了报燕太子丹的知遇之恩。这样，他的勇敢就没有达到"仁"的境界。假如他真有"为舒民困必杀秦王"的决心，也许会有另一种结局。

学了本章我不由地联想到前一章的"邦无道，危行言孙"。本章孔子说"有德者必有言"，又说"仁者必有勇"。那么孔子说的"言孙"不是不说话，"明哲保身"不是有德者的作风。孔子只是告诉人们，在邦无道的时候，说话要谨慎而已。

编者把两章连在一起的意思，也就在这里吧！

14.5 南宫适[①]问于孔子曰："羿[②]善射，奡[③]荡舟，俱不得其死然。禹[④]、稷[⑤]躬稼而有天下。"夫子不答。

南宫适出，子曰："君子哉若人！尚德哉若人！"

【注释】

①南宫适(kuò)：即南容(见5.2)。　　②羿(yì)：在古代传说中有三个羿，都是射箭能手。一个是帝喾的射师，见《说文》。一个是唐尧时人。传说当时十个太阳同时出现，羿射落了九个，见《淮南子·本经训》。南宫适说的是第三个羿，他是有穷国的国君。他一度篡夺了夏的政权，由于荒淫喜猎，政权由家臣寒浞(zhuó)把持。寒浞贪图羿的地位和他美丽的妻子，收买家奴逄蒙，把羿杀害。　　③奡(ào)：寒浞的儿子。力大无穷，善于水战。传说他能陆地行舟。后来奡被夏朝的中兴之主少康所杀。　　④禹：夏代开国祖先，善治水，为治水三过家门而不入。他十分重视发展农业。　　⑤稷(jì)：传说是帝喾之子，善农耕，尧举为农师。至舜时，受封于邰(tái，今陕西武功县)，号曰"后稷"，别姓姬氏，是周朝祖先。后世又尊奉他为谷神。

【译文】

南宫适问孔子说："羿善于射箭，奡善于水战，都没有得到好死。禹和稷亲自下地种田，却取得了天下。[对这些历史人物应该怎样看?]”孔子没有回答。

南宫适出去了。孔子说:“这个人真是君子啊！这个人真是尊尚道德啊!”

【说解】

南宫适提出问题，孔子没有回答，南宫适也没有再追问。历代注释者作了种种推测。朱熹认为南宫适是用羿、奡比喻当世之有权力者，而以禹、稷比孔子，所以孔子不答。这种推测没有任何根据。

我认为夫子不回答的原因有二:一是，夫子的教学方法是充分调动学生的主动性，培养学生的独立思考能力。学生自己能想通的，有的甚至自己想不通的，尽量让他们自己去想(请参看7.8.12.22)。二是，听了南宫适的问题，恐怕孔子认为南宫适对问题已经有了答案:“有德者有天下，尚力者不得善终”，答案是明摆着的，不必回答。

从一个人提问题的内容和提出的方式，可以推知提问者的思想和品格，所以孔子十分赞赏南宫适的“尚德”之心，说他是君子。

本章也可以看作前一章“仁者必有勇，勇者不必有仁”的一个证明吧!

14.6 子曰:“君子而不仁者有矣夫，未有小人而仁者也。”

【译文】

孔子说:“君子之中不仁的人也有吧，小人之中却不会有仁人。”

【说解】

本章中的“君子”“小人”是从阶级地位划分，还是从品德的高下划分，我想从品德的高下划分，更符合孔子的本义。

本章告诉我们，什么样的人能成为“仁者”，成为精神境界最高尚的人。品德卑下的小人，不可能成为“仁者”。品德高尚的君子中，也只有少数能成为“仁者”。孔子弟子中的七十二贤人，可以说人人是君子，但其中最杰出的子路、冉求、公西赤以及原宪等人，孔子认为他们还没有达到“仁”的境界(见5.8、14.1)。只有颜渊做到了“其心三月不违仁”(6.7)。看来成为一个“仁者”并不容易。但孔子始终认为“为仁由己”(12.1)，“我欲仁，斯仁至矣”

(7.30)。“仁”的境界并不是高不可攀。

孔子在本章界定“未有小人而仁者也”,是很有意义的。小人本不仁,但有些诡诈的小人装出“仁者”的样子来骗人,“色取仁而行违”,以达到他们不可告人的目的。

本章前半句是商量的语气,后半句语气却坚决有力。无论古今,小人装“仁”的人太多了。

14.7 子曰:“爱之,能勿劳乎?忠焉[1],能勿诲乎?”

【注释】

①忠焉:是“忠于这个人”的意思。焉,有指代作用的语气词。兼有介词“于”和代词“是(比)”的意思。

【译文】

孔子说:“爱他,能不让他劳苦吗?忠于他,能不劝告教诲他吗?”

【说解】

苏轼对本章作了很好的说明,他说:“爱而勿劳,禽犊之爱也。忠而勿诲,妇寺(妇人和宦官)之忠也。爱而知劳之,则其为爱也深矣。忠而知诲之,则其为忠也大矣。”(《论语集注》)

孔子在这里说的“爱”,不只是父母之爱子女,也包括兄之爱弟、老师爱学生、长辈爱晚辈等。“忠”也不限于臣尽忠于君,也包括忠于自己的上级、长辈和朋友。

当前城市家庭多为独生子女,父母对子女往往过于溺爱。有一次,我乘公共汽车,看到一个女人带着孩子上了车。车上有一个空座,母亲让孩子坐下,自己站着。那个孩子对母亲还很不满意,连喊:“破公汽不好,应该‘打的’。”这样下去,如何得了。孩子无知,过在父母。这种禽犊之爱,对孩子有百害而无一益。

14.8 子曰:“为命[1],裨谌[2]草创之,世叔[3]讨论[4]之,行人子羽[5]修饰之,东里子产[6]润色之。”

【注释】

①命:旧注指诸侯的“会盟之辞”,即外交辞令。 ②裨谌(bì chén):郑

国大夫，以多谋见称。 ③世叔：《左传》作子太叔（古时，“太”和“世”两字通用），名游吉，郑国大夫。子产死后，继任郑国宰相。 ④讨论：意义和今天的“讨论”不同，是一个人研究后提意见的意思。 ⑤行人：古代的外交官。子羽：公孙挥的字。郑国大夫。 ⑥东里：地名，在河南郑州市，子产所居。子产：见5.16。

【译文】

孔子说：“［郑国］拟写外交公文，是由裨谌起草，由世叔研究后提意见，由外交官子羽修改，再由东里子产做文字上的加工。”

【说解】

郑国国君在春秋初期为周王卿士，直接在周王手下工作，其政治地位高，国势也强。但到春秋末期，郑国就逐渐没落了，介于晋楚之间，难以振兴。然而它在诸侯间的影响还很大，因为郑国在政治上出了不少人才。本章所提到的四个人，都是郑国政治上的要人。特别是子产，是当时著名的政治家和外交家。孔子称赞他“有君子之道四”（5.16），下一章又称他为“惠人”。

本章这段话的意思是说，郑国在那混乱的时代，始终人才济济，对外交辞令的写作，是那样慎重。一件文稿要经过四位大手笔的拟稿、讨论、修改、润色而成，详审精密，各尽所长，因此在应对诸侯方面很少有失败的时候。孔子在这里一方面赞扬郑国的四位大夫，一方面告诫从政的学生要向郑国的四位大夫学习。学习他们认真负责的工作态度和彼此团结的精神。一些为政者常常互不服气，只知有己，不知有人。这样的人，很难和别人共同完成一件事情。

14.9 或问子产[①]。子曰：“惠人也。”

问子西[②]。曰：“彼哉[③]！彼哉！”

问管仲。曰：“人也。夺伯氏骈邑三百[④]，饭疏食[⑤]，没齿无怨言[⑥]。”

【注释】

①子产：已在《公冶长》第十六章作了介绍。在本章，《论语集注》说：“子产之政，不专于宽。然其心，则一以爱人为主，故孔子以为惠人，盖举其重而言也。” ②子西：《左传》中有三个子西。本章的子西是郑国大臣，即

公孙夏,另两个是楚臣。子西生当鲁襄公之世,稍早于孔子,是子产的同宗兄弟。子产是继他主持郑国政事,二人虽相继主持国政,但政绩不可同日而语。问者问完子产又问子西,十分自然。有人认为这个子西是指楚国的公子申,但没有可靠的依据,不足信。　③“彼哉”句:这是古代曾经流行的表轻视的成语。孔子拿来回答问话,意思是这个人不值一提。　④伯氏:名偃,齐国大夫。　骈邑:齐国的地名。今山东临朐县柳山寨村,即春秋时的骈邑,现仍残留有古城城基。　三百:指300户采地。管仲奉齐桓公之命,依法夺了伯偃的300户采地,伯偃的收入就大大减少,只能吃粗粮了。⑤疏食(sì):指粗糙的饭食。已见于《述而》第十六章。　⑥没(mò)齿:老到牙齿都没了。　无怨言:没有怨恨的话。据史载:伯氏有罪,管仲奉齐桓公之命,下令剥夺了伯氏的采邑300户。因管仲执法公允,所以伯氏心服口服,始终无怨言。

【译文】

有人向孔子问子产是怎样一个人。孔子说:“是一位慈惠的人。”

又问子西。孔子说:“他呀! 他呀!”

又问管仲。孔子说:“是一个人才。他剥夺了伯氏骈邑的三百户采地,使伯氏只能吃粗粮,可是伯氏至死也没有怨恨的话。”

【说解】

子产死前告诉他的接班人子大叔说:“为政要宽猛相济。”但他认为一个有德者,为政要“以德服民”(见13.23)。《公冶长》第十六章,孔子赞扬子产说:“其养民也惠,其使民也义。”所以“子产死,郑人丈夫(男人)舍玦珮,妇人舍珠珥(玦珮、珠珥都是装饰品),夫妇巷哭,三月不闻竽瑟之声”。(《说苑·贵德》)孔子听到子产去世的消息后,也流下了眼泪,说:“古之遗爱也。”意思是说,子产性格仁爱,有古人的遗风。这一年,孔子30岁。

问者问到子产,自然也就联想到他的前任子西。子西主持郑国国政十年,郑国政治并无起色。从《左传·襄公二十九年》裨谌的一番话可以知道,裨谌认为子产代伯有和子西为政,是“以善代不善”。

《左传》中有十几处提到郑国子西,只有一处说得较详细,从中可以了解子西性格的一个方面。那是鲁襄公十年(前563年),郑国尉止等人发动叛乱,杀了许多大臣,攻入北宫,危及郑简公的生命安全。子西闻讯后,就去追赶,可是追上叛乱分子时,才想起单人匹马不行,需要军队,就又跑回家,想给家臣发皮甲去平乱。可是到了家一看,家臣和妾婢早就逃走了。幸亏有子产采取了一系列紧急措施,带着战车和士兵去追赶叛乱分子,才把叛乱平定。与子产相比,子西的确不足道,所以孔子对他的评价是:“彼哉!彼哉!”从这两章来看,孔子对郑国的政治是很了解的。

孔子对管仲的评价很高。在本篇的第十六、十七两章,孔子称赞他能辅佐齐桓公不以兵车称霸诸侯,一匡天下,击退夷狄,使中国免遭异族统治,说他“仁”。本章是称赞管仲在治理内政方面也是一个不可多得的人才。他剥夺了伯氏生活依靠的300户采邑,而伯氏佩服管仲执法公允,并无怨言,这就太难得了。管仲是法家,孔子多次赞扬他,而且说他“仁”,说明儒家从一开始就容纳法家。

14.10 子曰:“贫而无怨难,富而无骄易。”

【译文】

孔子说:“贫穷而没有怨恨,是很难做到的;富贵而不骄傲,却容易做到。”

【说解】

处贫难,处富易,这是人之常情。一个人如果从富突然转为贫,吃起粗茶淡饭来而毫无怨言,这是很难做到的。这必须是品德修养很高的人才能做到。前章写的被管仲剥夺了300户采邑的伯氏,贫而无怨,固然是由于管仲执法公允,但也表现了伯氏是一个很有修养的人,做到了“贫而无怨”。据此,有人认为本章和前章有关联。但不考虑和前一章的关联,把两句独立来看,也是观察人生的至理名言。

任何社会,人群中总是有贫有富。孔子认为一个人对待贫富的正确态度是“贫而乐,富而好礼”(见1.15)。

14.11 子曰:“孟公绰①为赵、魏老②则优③,不可以为滕、薛④大夫。”

【注释】

①孟公绰(chuò):鲁国大夫,廉静寡欲而短于才。他的品德受到孔子的敬重。下一章孔子称赞他“不欲”。 ②老:在古代,称大夫家的家臣之长为“老”,也称“室老”。 ③优:这里的意思是对工作胜任。 ④滕、薛:

当时的小国，都在鲁国附近。滕的故城在今山东滕州西南15里，薛的故城在今滕州西南44里。

【译文】

孔子说："孟公绰做[晋国诸卿]赵氏、魏氏的家臣是胜任的，但是不可以做滕国、薛国的大夫。"

【说解】

孔子对孟公绰的评论，是从当时各国的形势出发的。后来的战国有"七雄"，这七个国家是春秋末期各国分合的结果。赵、魏在春秋末期是晋国的附属地，还没有独立成为国家。滕、薛之类的小国，在春秋末期，内忧外患纷至沓来，想胜任这样国家的大夫，非有管仲和子产那样的才干和气魄不可。孟公绰的优点是廉静寡欲，怎么能胜任？

晋国经过国家内部的斗争，剩下韩、赵、魏三大家。做大家的家臣之长，既没有繁杂的政务，地位又尊贵，正适合孟公绰的性格和能力。

通过评论孟公绰，可知孔子深谙用人之道。

14.12　子路问成人①。子曰："若臧武仲②之知，公绰之不欲，卞庄子③之勇，冉求之艺，文之以礼乐，亦可以为成人矣。"

曰："今之成人者何必然？见利思义，见危授命，久要④不忘平生⑤之言，亦可以为成人矣。"

【注释】

①成人：全人，德才兼备的人。　②臧武仲：鲁大夫臧孙纥(hé)，臧文仲(见5.18)之孙。因得罪了权臣孟孙氏，在鲁国待不下去，先逃到邾国，后又逃到齐国。齐庄公想拉拢他，赏给他田地。他预见到齐庄公不能长久，将要被杀，就设法拒绝了庄公的赏赐。孔子认为他很明智。　③卞庄子：鲁国大夫，封地在卞邑。传说他曾一个人去打虎，是著名的勇士。《荀子·大略》记有："齐人欲伐鲁，忌卞庄子，不敢过卞。"可见他的勇敢。　④要(yāo)：通"约"，穷困。　⑤平生：平日。

【译文】

子路问怎样才是全人。孔子说："假如一个人有臧武仲的智慧，孟公绰的寡欲，卞庄子的勇敢，冉求的多才多艺，再用礼乐来充实他的文采，也就可以说是全人了。”

孔子又说：“现在的全人何必一定要这样？一个人见到‘利’就想到‘义’，遇到[国家有]危难而愿献出生命，长期处于困境也不忘记平日的诺言，也就可以说是全人了。”

【说解】

儒家教育理念的核心是“成人之道”。孔子最早规定了教育所要培养的理想人才的模式——“成人”。什么样的人才能称得上“成人”？孔子先提出一个标准模式，“标准的成人”身上综合了当时名人的许多优点，这使人感到形象、具体。如果把它理论化，就是一个“成人”，必须“智”足以穷理，“廉”足以养心，“勇”足以力行，“艺”足以承担各种任务。此外还必须节之以“礼”，和之以“乐”。这样，德成于内，而文见乎外，做到德才兼备，就可以说是“成人”了。

孔子知道“标准成人”的条件弟子们难以做到，就把智、廉、勇、艺以及礼乐等综合起来，提出十分简明的三条：见利思义，见危授命，久要不忘平生之言。孔子认为这些条件已比标准的“成人条件”降低了许多，但基本条件没变。

值得注意的是，孔子后面的这番话，似乎是暗示子路的。子路的性格虽有些粗鲁，但其高尚的品德，很少有人能和他相比。他能够“见利思义”，也能够“见危授命”，久要不忘平生之言更是他的强项。子路问“成人”的目的，大概也是想让老师肯定他是“成人”。而大教育家孔子并不肯定他是“成人”，只是向他讲述了“成人”的条件，让子路自己去对号。师生这番对话颇有风趣。

从“成人”的条件看，孔子认为“成人”必须是真诚地服务于社会、国家的人，这是成为“成人”的出发点。

14.13　子问公叔文子[①]于公明贾[②]曰：“信乎，夫子[③]不言，不笑，不取乎？”

公明贾对曰：“以[④]告者过[⑤]也。夫子时[⑥]然后言，人不厌其言；乐然后笑，人不厌其笑；义然后取，人不厌其取。”

子曰：“其然？岂其然乎？”

【注释】

①公叔文子：即卫国大夫公叔拔，卫献公之孙。死后谥“文”，故称公叔文

子。文子为人,其详不可知,据说是位忠贞廉静之士。《左传·襄公二十九年》记有:"吴公子札适卫,说(悦)公叔发。"公叔发就是公叔文子(请参看14.18)。　②公明贾:卫国人。姓公明,名贾。　③夫子:对公叔文子的尊称。　④以:代词,这。　⑤过:过甚其词。　⑥时:适当的时机。

【译文】

孔子向公明贾问公叔文子说:"老先生不说、不笑、不取,是真的吗?"

公明贾回答说:"这是传话的人过甚其辞了。老先生到该说话的时候才说话,别人不厌恶他的话;高兴的时候才笑,别人不厌恶他的笑;该取的时候才取,别人不厌恶他的取。"

孔子说:"原来是这样!怎么会[传成]那样呢?"

【说解】

《礼记·檀弓》记有公叔文子的事,介绍如下(用译文):"公叔文子死了以后,他的儿子戍向国君请求赐予谥号,说:'出葬的月份、日子都确定了,葬礼就要举行,请赐一个称呼,来代替他的名字!'国君说:'以前卫国遭到凶年饥荒,夫子用粥来赈济国内的饥民,这不是很慈惠的吗?以前卫国有了患难,夫子拼死来保卫我,这不是很忠贞的吗?在夫子主持卫国的政治时,整顿尊卑的序列和享用的多寡,以此和邻国相交往,使卫国没有遭到侮辱,这不是很懂得文德的吗?所以就称夫子为贞惠文子吧。'"人们所以不提"贞惠",因为"文"就含有"贞惠"的意思。

这样一位贤德的人,自然受到人们的敬爱,他的嘉言懿行和一些与众不同的特性,也会在社会上流传开。孔子在卫国听到了,有些怀疑,于是向了解公叔文子的公明贾请教。

14.14　子曰:"臧武仲以防求为后于鲁[①],虽曰不要[②]君,吾不信也。"

【注释】

①"臧武"句:防,臧武仲的封邑,在今山东费县东北60里的华城,紧靠齐国边境。公元前550年(鲁襄公二十三年,孔子2岁),臧武仲因帮助季氏废长立少,得罪了孟孙氏,逃到邻近邾国(事见《左传·襄公二十三年》)。不久又回到他的封邑防城,请求鲁襄公为臧氏立其后代于防,继承他的封邑。言辞

很谦逊,但话中含有不答应他的要求将据防叛变的意思。后来他的哥哥臧为按他的请求,继承了防城,他就逃往齐国。　②要(yāo):要挟;胁迫。

【译文】

孔子说:"臧武仲[逃到齐国之前,]凭借着他的采邑防城,请求[国君]为臧氏在鲁国立其后代为大夫,虽然有人说他不是要挟,[但]我是不相信的。"

【说解】

防城是鲁国国君封给臧氏的,臧武仲逃往他国后,防城再封给谁,权在国君,别人无权决定。臧武仲占据防城要求国君把防城再封给臧氏,虽然语言很谦逊,但实际上是要挟国君。最后鲁襄公还是答应了他的要求,封给了他的哥哥。

孔子说臧武仲很聪明(见14.12),但也不客气地指出他要挟国君。这就是所谓的"春秋笔法"。

14.15　子曰:"晋文公[1]谲[2]而不正,齐桓公[3]正而不谲。"

【注释】

①晋文公:姓姬,名重耳。晋献公之子。因献公宠骊姬,要立骊姬之子,太子申生被迫自杀,重耳流亡国外。后重耳由秦国送回晋国,即位,为文公。在位8年,晋楚城濮之战后,成为中原霸主。　②谲(jué):诡诈,玩弄权术。　③齐桓公:姓姜,名小白。齐僖公的庶子,齐襄公之弟。襄公被弑后,他先入齐国即位,是为齐桓公,其哥哥公子纠被鲁国杀害。齐桓公在位43年,九合诸侯。

【译文】

孔子说:"晋文公诡诈而不正派,齐桓公正派而不诡诈。"

【说解】

齐桓公、晋文公都是春秋时代诸侯的盟主,提倡"攘夷以尊周室",阻止了秦、楚两国势力入侵中原。虽然都是以力假仁,但二人做起事来手法不同。晋文公喜欢用权术,而齐桓公则直接表达意见。如齐国去征讨楚国,齐桓公是仗义执言,不由诡道。管仲代桓公责备楚国不向周王进贡,周王南征而淹死在汉水,使楚王屈服。而晋文公先以伐卫为名,而后又去攻打楚国。与楚国在城濮交战时,也是使用权术取得了胜利。二人在别的事情上,也往往如此。

孔子这样说,当然是赞成齐桓公而不赞成晋文公。但齐桓公的君位是从哥哥公子纠手里夺来的,助他称霸的管仲是先事公子纠后事齐桓公,这就给人们留下了不少疑问:究竟对管仲这个人应该怎么看呢?这是在春秋时期争论十分激烈的问题,两派意见针锋相对。孔子弟子中,就有许多人对管仲持批判态度。

14.16　子路曰:"桓公杀公子纠①,召忽②死之,管仲不死。"曰:"未仁乎?"子曰:"桓公九合诸侯③,不以④兵车,管仲之力也!如⑤其仁!如其仁!"

【注释】

①公子纠:齐桓公小白的哥哥,他二人都是齐襄公的弟弟。齐襄公无道,两人都怕受牵连,小白由鲍叔牙侍奉逃往莒国,公子纠由管仲和召忽两人侍奉逃往鲁国。襄公被杀以后,小白先回到齐国继位为君,就是齐桓公。接着齐国就兴兵伐鲁,逼迫鲁国杀死了公子纠(见《左传·庄公八年》《左传·庄公九年》)。　②召(shào)忽:他和管仲都是公子纠的家臣、师傅。公子纠被杀后,召忽自杀殉节。管仲在好友鲍叔牙的帮助下,归服齐桓公,并做了齐国的宰相。　③九合诸侯:多次会盟诸侯。　④不以:不用。以,动词。用。　⑤如:动词。乃是,就是。

【译文】

子路说:"齐桓公杀了公子纠,召忽自杀殉节,但管仲却没有死。"[子路又]说:"管仲不能算是'仁'吧?"孔子说:"齐桓公多次召集各国诸侯举行盟会,而不用武力,这是管仲的力量啊!这就是他的仁!这就是他的仁!"

【说解】

在子路看来,召忽自杀殉主,是难能可贵的;而管仲忘君事仇,算不上一个仁者。而孔子认为就事功看,管仲辅佐桓公,"九合诸侯,不以兵车",安定了国家社会;特别是他不用武力,而是用谋略,不战而胜,从而使老百姓免受战争之苦,所以可以称为仁者。而召忽自杀,只是成就了个人名节,与管仲不能相比。自古以来,国破主死而殉名节者,不胜枚举,而事功如管仲者又有几人?人们喜欢赞扬死者,对事功卓著的生者却不能正确评价,往往"平常视之",这是古今的通病。孔子正是站在历史的高度,对管仲作了正确评价。管仲的"九合诸侯,不以兵车",也正是孔子的政治理想。

《微子》的第一章，孔子赞扬了殷朝的三位大臣：微子、箕子、比干。他们的遭遇虽然不同，但都是不计个人私利，为挽救国家的危亡而不惜牺牲自己的。孔子称他们是“仁者”。

14.17　子贡曰：“管仲非仁者与？桓公杀公子纠，不能死，又相之。”子曰：“管仲相桓公，霸诸侯，一匡天下①，民到于今受其赐。微②管仲，吾其被发③左衽④矣。岂若匹夫匹妇之为谅⑤也，自经⑥于沟渎⑦而莫之知也？”

【注释】

①一匡天下：使天下的一切得到匡正。匡，纠正、匡正。　②微：假若没有。只用于和既成事实相反的假设句之首。　③被（pī）发：披散头发。被，同“披”。　④左衽（rèn）：衣襟向左边开。汉民族古代上衣的衣襟是向右边开。“被发左衽”是少数民族的风俗、打扮。　⑤谅：信实，遵守信用。在这里指拘泥于小的信义、小的节操。　⑥自经：上吊自杀。　⑦沟渎（dú）：小山沟。

【译文】

子贡说：“管仲不是仁者吧？桓公杀了公子纠，他不能够殉节，又去辅佐桓公。”孔子说：“管仲辅佐桓公，称霸诸侯，使天下一切得到匡正，人民到今天还受到他的恩泽。假如没有管仲，我们将要披散头发，衣襟向左边开［，沦为夷狄了］。难道能让管仲像普通百姓那样，守着小节小信，在山沟里上吊自杀，而不被人所知道吗？”

【说解】

管仲忘君而事仇，孔子却给以很高的评价，说他“仁”，这是为什么呢？因为孔子评定一个人“仁”或“不仁”，主要“观其行”，看其业绩。管仲辅佐齐桓公，九合诸侯，按春秋时期的通常情况，做到“九合诸侯”，不知要经过多少次血战，不知要死多少人。管仲却能化干戈为玉帛，并抵御了势力日渐强大的少数民族的入侵。据此，孔子进一步强调他那一代人，当时仍然受惠于管仲的上述业绩。甚至认为，如果没有管仲，春秋末期的民众可能接受了异族的统治，连风俗习惯都变了。所以孔子说管仲是仁者。孔子不认为“忠”只是忠于一个人，只有“匹夫匹妇”、目光狭小的人才那样想。

据说历史上伊尹“五就汤，五就桀”，最后辅佐商汤王灭了夏桀王，成为著名的贤相。孔子本人周游列国十几年，会见了几十个国君，也是想找一个建功立业的机会,来实现自己的政治理想,并不把自己的希望只寄托在鲁国一国之君的身上。只是汉以后,中国成为统一的封建大帝国,专制制度建立起来了,于是把"忠臣不事二主"奉为天经地义的至理名言。

"微管仲,吾其被发左衽矣",管仲的功劳不可没。今天,人们对管仲是肯定的,他在中国历史上占有很高的地位,没有人批评他背叛公子纠。事实上,公子纠对管仲并不好,也不听管仲的话。即使管仲把齐桓公射死,公子纠继位为齐国国君,管仲也不会有什么作为。明君与贤相相辅相成。如果没有齐桓公,管仲也无所作为,恐怕真要像孔子说的那样,"吾其被发左衽矣"。中国传统文化也将受到很大威胁。孔子高度评价管仲,批评一些人对管仲的不理解,是有道理的。

14.18　公叔文子之臣①大夫僎②与文子同升诸公③。子闻之,曰:"可以为'文'④矣。"

【注释】

①臣:古时"臣"的含意很广,奴仆、国君统属的老百姓都叫作"臣"。就官位说,不只限于国君才有臣,受封的大夫也可以有臣,一般称为家臣。家臣和朝臣是两个不同的档次。　②大夫僎(xún):僎,人名,原是公叔文子的家臣。家臣在春秋时也称大夫。　③同升诸公:谓僎经公叔文子的推荐由家臣而成为卫国朝廷的大夫。对僎来说,地位大大提高了。公,朝廷。　④可以为"文":这句话表示孔子对公叔文子的赞美。公叔文子谥为"文",不是由于这件事。但依孔子看来,仅凭这件事,公叔文子就可以谥为"文"了。

【译文】

公叔文子的家臣大夫僎,和文子一道做了国家的大臣。孔子知道这事后,说:"这就可以谥为'文'了。"

【说解】

公叔文子生前能推荐自己的家臣僎到朝廷做官,与自己同列,是十分开明的举动,从中看出他身上有三个优点:一是知人,二是忘己,三是忠君。所以孔子认为,公叔文子死后,卫君赐给谥号为"文",是很合适的。

14.19　子言卫灵公①之无道也,康子曰:"夫如是,奚②而不丧③?"孔子曰:"仲叔圉④治宾客,祝鮀⑤治宗庙,王孙贾[⑥]治军旅。夫如是,奚其丧?”

【注释】

①卫灵公:春秋时卫国国君。姓姬,名元。在位42年。 ②奚:为何,为什么。 ③丧(sàng):丧失。这里指失掉君位。 ④仲叔圉(yǔ):即孔文子。孔子称赞他“敏而好学,不耻下问”(5.15)。 ⑤祝鮀(tuó):卫国大夫。孔子说他善于口才(见6.16)。 ⑥王孙贾:卫国的权臣。曾问孔子是“媚于奥”还是“媚于灶”的问题(见3.13)。

【译文】

孔子说到卫灵公昏庸无道,季康子说:“既然这样,为什么不垮台呢?”孔子说:“他有仲叔圉接待外宾,祝鮀管理祭祀,王孙贾统率军队。像这样,怎么会垮台呢?”

【说解】

孔子在卫国前后待了十年,所以对卫国统治层的情况很清楚。卫灵公尽管宠信南子,昏庸无道,但有一点做对了,就是把外交、军队、宗庙祭祀几个重要部门,交给了忠于自己的三个能人把持,所以得以善终。

孔子平日谈到这三个人,除了仲叔圉外,并不称许,在这里却说他们三个人是卫国政权的支柱,可以看出孔子是就人论人,就事论事,对待人平和、公正。

为政的关键一环,在于得人。这是一条很古老的经验。《诗经·大雅·抑》篇说:“无竞维人,四方其训之。”(为政莫如得人,四方都效法他)这里孔子用卫国做例子,说明了这一道理。

14.20 子曰:“其言之不怍[①],则为之也难。”

【注释】

①怍(zuò):惭愧。

【译文】

孔子说:“一个人大言不惭,那么做起来就困难了。”

【说解】

大言不惭的人,在说的时候就没想去做,只想欺世骗人。所以一旦有人要求他去做时,就难以做到了。立志干事业的人,不会大言欺世。他们想的,只是怎样把事业干好。

与本章意思相对的应该是“为之难，言之得无切乎？”(12.3)

14.21　陈成子弑简公①。孔子沐浴而朝②，告于哀公曰：“陈恒弑其君，请讨之③。”公曰：“告夫三子④。”

孔子曰：“以吾从大夫之后⑤，不敢不告也。君曰：‘告夫三子’者！”

之⑥三子告，不可。孔子曰：“以吾从大夫之后，不敢不告也。”

【注释】

①陈成子弑简公：陈成子，齐国大夫陈恒，又名田成子。齐简公，姓姜，名壬。公元前484年为陈成子所立，公元前481年（鲁哀公十四年）又被陈成子所杀。　②沐浴而朝：据《左传》记载，孔子斋戒沐浴三天才上朝报告，可见孔子对这一事件的重视。　③请讨之：据《左传》记载，孔子讨伐陈成子是有计划的。据孔子了解，齐国有一半人反对陈成子，如果鲁国出兵，是可以取胜的。而且鲁国出兵是正义之师。　④告夫三子：三子，指季孙氏、孟孙氏、叔孙氏。他们三家掌握鲁国实权，鲁哀公不敢做主，所以叫孔子去报告给三家。　⑤从大夫之后：是说我过去曾经当过大夫。　⑥之：动词。去，往。

【译文】

陈成子杀了齐简公。孔子沐浴之后上朝，向鲁哀公报告说：“陈恒杀了他的国君，请出兵讨伐他。”哀公说：“去报告给三位大夫吧！”

孔子说：“因为我曾经当过大夫，不敢不来报告。君主却说：‘去报告给三位大夫吧！’”

孔子又去报告给三位大夫，[他们]都不肯出兵。孔子说：“因为我曾经当过大夫，不敢不来报告。”

【说解】

孔子的这次行动，被详细地记入到《左传·哀公十四年》中，可见此事在当时是很有影响力的。孔子对这件事十分重视，斋戒沐浴三天才上朝向哀公报告。臣弑其君，本是大逆不道之事，天理难容，人人得而诛之，何况事情就发生在邻国。所以夫子虽已告老，还是请求哀公去讨逆。哀公做不了主，叫孔子去报告季孙、孟孙、叔孙三家。孔子不得已,又去报告三家,三家却不答应。其实三家得到陈恒弑君的消息不会比孔子晚。三家之所以不愿出兵,一则由于经过家臣之乱,本身力量已经削弱;二则他们本身就有无君之心,与陈恒是一丘之貉,认为陈恒杀齐简公很平常,不值得兴师动众。孔子却认为这样大逆不道的人,非讨不可。自己虽无权,但身为致仕的大夫,不能不告诉当政者。孔子这样做,也有警告三家的意思。

14.22　子路问事君。子曰:“勿欺也,而犯[①]之。”

【注释】

①犯:冒犯,触犯。

【译文】

子路问怎样侍奉君主。孔子说:“不要欺骗他,而要犯颜直谏。”

【说解】

侍奉国君不要用欺骗的手段,应该直言敢谏。历史上正反两方面的例子都有很多。例如唐敬宗李湛16岁即位,18岁遇害。他在位两年,荒于政务,耽于游乐。他要去游骊山,有的大臣劝他,骊山不能去,去了必有大祸,这就是欺骗。作为一个大臣,应正面劝敬宗勤于政务,不应耽于游乐。即使敬宗不愿意听,也要敢于冒犯,这是大臣的本分。

当然,伴君如伴虎,稍不注意,就要获罪。子夏认为,对国君要“信而后谏,未信,则以为谤己也”。(19.10)

14.23　子曰:“君子上达,小人下达。”

【译文】

孔子说:“君子通达于仁义,小人通达于财利。”

【说解】

本章和“君子喻于义,小人喻于利”(4.16)的意思差不多。“达”(通达)和“喻”(明白)的意思相近。两章内容是一个意思的不同说法。

关于“上达”和“下达”,古今学者的解释各有不同。梁皇侃的《论语义疏》解释说:“上达者,达于仁义也;下达,谓达于财利,所以与君子反也。”本书从皇侃的说法。

14.24 子曰："古之学者为己，今之学者为人。"

【译文】

孔子说："古代读书人学习的目的，在于修养自己的学问道德；现代读书人学习的目的，在于给别人看。"

【说解】

孔子很强调学习，但正确的学习态度不只是为了追求知识，同时也要提高道德修养。孔子对当时学习与修养相脱节的风气，很不以为然。本章可以说是对这种不良风气的批评。

"为己之学"是儒家思想中极重要的精神。这里的"为己"，不是为自己谋私利，是为了充实和完善自己。而"为人"也不是为他人着想，是说学习是为了修饰自己，以便向别人炫耀。

《论语》中许多章节都贯穿着"为己之学"的思想，如提倡"人不知而不愠"(1.1)，"不患人之不己知"(1.16、14.30、15.19)、"君子求诸己"(15.21)等。朱熹说："圣贤论学者用心得失之际，其说多矣，然未有如此言之切而要者。"(《论语集注》)

"为己之学"不是独善其身，而是要"推己及人"。学者应该努力做到，"己欲立而立人，己欲达而达人"，这是儒家充实和完善自己的目的。儒家议为知识和德行必须统一于一身，在生活中，必须实践自己的信念。

孔子的思想与希腊大哲学家苏格拉底相似。苏格拉底奋斗一生，其目的不是想建立一个哲学体系，而是要激发人们爱真理和德行，帮助人们树立正确的思维，从而过正当的生活。他的目的是实际的，而不是玄想。所以有人说：中国哲学家，都是不同程度的苏格拉底。这种联想，对我们正确认识孔子的伟大是有帮助的。

14.25 蘧伯玉①使②人于孔子。孔子与之坐②而问焉，曰："夫子④何为？"对曰："夫子欲寡其过而未能也。"使者出。子曰："使乎！使乎！"

【注释】

①蘧(qú)伯玉：姓蘧，名瑗(yuàn)，字伯玉。卫国大夫。孔子和弟子们在卫国时，开始曾住在他家。就《左传》看，鲁襄公十四年(公元前559年，孔子诞生前8年)，蘧伯玉已是卫国大夫，看来他比孔子至少大30岁。孔子住他家

时,他已超过85岁了。孔子回鲁国时,他已接近百岁。这次蘧伯玉派人去看望孔子,大概是孔子在卫国期间。 ②使:本章"使"全读去声。意思一是派人出使,二是使者。 ③与之坐:让使者坐下,表示尊重使者,也就是尊重主人蘧伯玉。 ④夫子:对来人尊称其主人。

【译文】

蘧伯玉派使者去看望孔子。孔子让他坐下,问道:"老先生在做些什么?"使者回答说:"老先生想减少自己的过错,却还没有做到。"

使者出了屋子以后,孔子说:"一位好使者啊!一位好使者啊!"

【说解】

蘧伯玉是卫国著名的有道德修养的人,孔子也很敬佩他,曾说:"君子哉蘧伯玉!邦有道,则仕;邦无道,则可卷而怀之。"(见15.7)

关于蘧伯玉,《论语集注补正述疏》记有这样一件事:"卫灵公与夫人南子尝夜坐。闻车声辚辚,至阙(宫门)而止。夫人曰:'此伯玉也。'公曰:'何以知之?'曰:'君子不为冥冥堕行。伯玉,贤大夫也,是以知之。'""冥冥堕行"的意思是:在黑夜中干违礼的事。在黑夜中,没有人看见,却仍然遵守礼法,那才是"慎独"的君子。古时坐车过宫门一定要下车。南子在宫中听到深夜中有人过宫门仍按礼法下车,就猜想必是一位遵守礼法的君子。而就南子所知,当时只有蘧伯玉才是这样的人。

"蘧伯玉年五十而知四十九年非"(《淮南子·原道训》)。"蘧伯玉行年六十而六十化"(《庄子·则阳》)。所谓"化",就是随着时代前进而变化。使者见到孔子说"夫子欲寡其过而未能",正道出了主人的性格。年纪已经九十多岁,仍在严格要求自己,希望改掉身上的错误,这本身就是难能可贵的品格。

使者说话谦恭得体,足见蘧家的人从上到下都很有教养,所以受到了孔子的赞扬。

14.26 子曰:"不在其位,不谋其政。"曾子曰:"君子思不出其位。"

【译文】

孔子说:"不在那个职位上,就不要去过问那方面的政事。"

曾子说:"君子考虑事情,不超过他职位的范围。"

【说解】

"子曰"句,已见于《泰伯》第十四章。曾子的话也见于《易经·艮卦·象辞》:"君子以思不出其位。"仔细琢磨,两段话的意义是有差别的。孔子说"不在其位"的"位",是指政府的官位。曾子说的"位",是君子的"位"。"君子"一词,在先秦虽指贵族和有官位的人,但主要还是指有道德修养的人。曾子这段话的意思是:君子的所思所想不能离开自己作为君子的本分。很显然,曾子在孔子的基础上,作了进一步的发挥,所指的主体和思虑的范围都扩大了。曾子的话来自《易经·艮卦·象辞》。艮为山,有止的意思。《象辞》的意思是:君子的注意力要止于其位,不能越格。后来的《中庸》对此作了具体的阐述:君子根据现在所处的境地去做事,不抱以外的想法:现在处于富贵的境地,就按富贵的身份去做;现在处于贫贱的境地,就按贫贱的身份去做……君子无论到哪里,没有不怡然自得的。处在上位而不欺凌下级,处在下位而不攀附上级,端正自己而不要求别人。

孔子虽不在位,但国君和大臣向孔子请教为政之道时,孔子是阐述自己意见的。国内国际上发生一些大事,如陈恒弑君那样大事,孔子是要向国君报告的,但不像在位者那样具体去谋划。这与"不在其位,不谋其政"并不矛盾。

14.27 子曰:"君子耻其言而过其行①。"

【注释】

①行(xìng):名词。行为,做事。

【译文】

孔子说:"君子以说得多做得少为可耻。"

【说解】

君子笃行,以说得多做得少为可耻。孔子十分重视言行一致的问题,而主张"先行其言而后从之"(2.13)。你要说的话先实行了,再说出来;做到的就说,做不到的就不说,这才是真正的君子,否则就是伪君子。不论古今中外,世上的伪君子何其多!

子贡问孔子,怎样才配称为"士",孔子首先告诉他:"行己有耻",就是自己做事知道什么是羞耻(13.20)。本章可以说是"行己有耻"的一项内容,就是自己"说话"时,应该知道什么是羞耻。不能言行一致,言过其行,就是羞耻。

14.28　子曰："君子道者三，我无能焉：仁者不忧，知者不惑，勇者不惧。"子贡曰："夫子自道也。"

【译文】

孔子说："一个君子能做到三点，我还没能做到：仁德的人不忧虑，智慧的人不迷惑，勇敢的人不畏惧。"子贡说："这正是他老人家说他自己呢！"

【说解】

人总是生活在忧患之中，而仁者乐天知命，不患得患失，所以从不忧虑。智者深明事理，不为名利所困扰，所以不会迷惑；真正的勇者主持正义，可以见危授命，所以无所畏惧。一个人具备了这三种德行，才可以称为君子。一个人虽有仁行，但遇事糊涂、畏缩，不能称为君子；一个人虽然聪明，但重名利而又怕事，不能称为君子；一个人虽然勇敢，但缺乏仁行又不理智，也不能称为君子。智、仁、勇三种德孔子都做到了，但他还是很谦虚地说："我无能焉。"

从说话的内容和语气看，孔子好像是在向许多学生讲话。子贡怕有些学生认为老师是在讲别人，所以在孔子讲完之后，补了一句："夫子自道也。"他跟随孔子几十年，是最了解自己老师的。其实，孔子讲这番话，是通过自责来勉励自己的弟子。

14.29　子贡方人①。子曰："赐也贤乎哉？夫我则不暇。"

【注释】

①方人：评论别人的短长。

【译文】

子贡评论别人的短长。孔子说："赐啊！你够好了吗？我却没有这些闲工夫。"

【说解】

汉代郑玄《论语注》中说，"方人"是"谤人"。有的注释者把"方人"讲成"讥评别人"。但由孔子批评子贡的话"夫我则不暇"来看，讲成"评论别人的短长"为好。《史记·仲尼弟子列传》说的"子贡喜扬人之美，不能匿人之过"，就是这里所说的"方人"了。据此，"方人"也就不能讲成"诽谤别人"或"讥评别人”。

“方人”是进行道德修养的横向比较，本无可厚非，孔子却不以为然，认为自己无此闲暇。孔子的意思是：一个人的主要精力应放在自己的进德修业上，不能在评论别人上花很多时间。否则，“心驰于外，而所以自治者疏矣”（《论语集注》）。

子贡虽然喜欢评论别人的短长，但对自己也有清醒的认识。有一次孔子让他评论一下他和颜回谁更强一些，他很谦虚地说：“赐也何敢望回？回也闻一以知十，赐也闻一以知二。”(5.9)

14.30 子曰：“不患①人之不己知，患其②不能也。”

【注释】

①患：忧虑，担心。 ②其：反身代词。指自己。

【译文】

孔子说：“不要忧虑别人不知道自己，只忧虑自己无能吧！”

【说解】

能不能在己，知不知在人。在人者，自己无能为力，所以也用不着白白劳神；而在己者，自己努力是可以做到的。所以一个人要努力的是怎样提高自己的品德和业务能力，即“求为可知”(4.14)。一个人在品德修养和业务能力上有了成就，人们早晚也会知道。这是本章的言外之意。

今天有些年轻人，却走着一条与此相反的道路。他们不去踏踏实实地提高自己，而是用不正当的手段来取得学历、学位、职称，进行“发明创造”，设法出版“著作”，来制造有“成就”的假象，千方百计让别人“知道”自己。他们不想一想这种假象能维持多久？

与本章同样意思的话，在《论语》中出现四次(1.16、4.14、14.30、15.19)，他常常拿来勉励学生，足见孔子对此事的重视。

本章安排在“子贡方人”章的下面，也是意味深长的。

14.31 子曰：“不逆①诈，不亿②不信，抑亦先觉者，是贤乎！”

【注释】

①逆：预先，预测。 ②亿：同“臆”，主观猜测。

【译文】

孔子说："不预先怀疑别人欺诈，也不主观猜测别人不诚实，[但若遇上欺诈和不诚实的人，]却能够及时地发觉，这样的人该是贤人了吧！"

【说解】

一个人应以诚待人。如果你总怀疑别人，不能以诚待人，不仅加重了自己的心理负担，也必然使别人不相信你。凡事都怀疑，是由于自己的不明。一个贤德的人，平时以诚待人，但遇上欺诈或不诚实的人，也能及时发觉。

清朝康熙，是中国历史上少见的英明皇帝，但有时也不能待人以诚。他口头上虽主张满汉一家，但出于民族的偏见，还是对汉臣抱有疑心，结果有些聪明的汉臣只好急流勇退。

14.32　微生亩[①]谓孔子曰："丘，何为是栖栖[②]者与？无乃为佞[③]乎？"孔子曰："非敢为佞也，疾固也。"

【注释】

①微生亩：姓微生，名亩。传说是一位年长的隐士。　②栖（xī）栖：忙碌不安。　③佞（nìng）：一指有口才、能言善辩，二指花言巧语。

【译文】

微生亩对孔子说："孔丘，你为什么这样忙忙碌碌的呢？不是要显示你的口才吧？"孔子说："我不敢显示自己的口才，而是讨厌那些顽固不化的人。"

【说解】

由本章看，当时的人，包括一些很有修养的人，对孔子是很不理解的。

除微生亩之外，还有石门守门人（14.38）、荷蒉者（14.39）、楚狂接舆（18.5）、长沮和桀溺（18.6）、荷蓧丈人（18.7）等人。他们多数认为孔子是一位贤士，只是"知其不可为而为之"，而他们自己是"知其不可为而不为"，避世隐居，独善其身，自命清高。我们知道，孔子一生忙忙碌碌，是想变天下无道为有道，实现"老者安之，朋友信之，少者怀之"的政治理想。他心里始终装着人民（见18.6"吾非斯人之徒与而谁与"）。和孔子相比，这些自命清高、独善其身的人是微不足道的。

微生亩最不理解孔子。从他直呼孔子为"丘"，就可以看出他的傲慢。他认为孔子到处游说是在卖弄自己的口才。孔子对他也不客气，说自己到处奔走，是讨厌那些顽固不化的人，当然其中也包括微生亩。

14.33 子曰："骥①不称其力，称其德②也。"

【注释】

①骥(jì)：善跑的千里马。 ②德：品德。这里指千里马驯服、善良的品质。

【译文】

孔子说："千里马，并不是称赞它的气力，而是称赞它的品德。"

【说解】

本章是以千里马做比喻，指出那些杰出人物，人们称赞的是他们的高尚品质，而不是他们过人的才华。我们称赞屈原，是因为他有忠君爱国之心。我们称赞杜甫，是因为他始终关心国家和人民的命运。读了孔尚任的《桃花扇》，人们称赞李香君而不称赞才子侯方域，也是这个道理。那些有才华的人，想成为"千里马"，必须在品德修养上下功夫。

14.34 或曰："以德①报②怨何如？"子曰："何以报德？以直③报怨，以德报德。"

【注释】

①德：这里指恩德。 ②报：酬答，回报。 ③直：直道，公道。

【译文】

有人说："用恩德来报答怨恨，怎么样？"孔子说："又拿什么来报答恩德呢？[应该是]拿公平正直来回答怨恨，拿恩德来报答恩德。"

【说解】

"以德报怨"出自《老子》第六十三章："大小多少，报怨以德。"(不管人家对我仇恨有多大，我总是以德报答他)这可能是当时流行的一句话。孔子不是很同意这种说法，因为这样一来，别人对自己的德和怨，岂不是同样对待了吗？这就有失公平。孔子的意思是：以德报德，对于怨，要以直报之。所谓"直"，就是行其所当行。例如，这个事应该这么办，就这么办；并不因为他对我有怨而加其罪。朱熹说："于其所怨者，爱憎取舍，一以至公而无私，所谓'直'也。"(《论语集注》)所以，"以直报怨"不是你给我一拳，我给你一脚。这样的鼠肚鸡肠，是小人的逻辑。

14.35　子曰："莫我知[①]也夫！"子贡曰："何为[②]其莫知子也？"子曰："不怨天，不尤[③]人，下学[④]而上达[⑤]。知我者其天乎！"

【注释】

①莫我知：即莫知我。否定句中代词"我"作宾语，前置。　②何为：即为何、为什么。　③尤：责备。　④下学：指学习《诗》《书》、礼、乐及生活中各种学问。　⑤上达：上达天道天理。

【译文】

孔子说："没有人了解我啊！"子贡说："为什么没有人了解您呢？"孔子说："[我时运不济，]不埋怨天，不责备人，下学《诗》《书》、礼、乐以及各种学问，上达天道天理。了解我的大概只有天吧！"

【说解】

孔子说："莫我知也夫！"是意味深长的慨叹，所以引起子贡的发问。因为在子贡的心目中，人们都了解孔子，起码同学们是了解自己老师的。于是他问孔子："为什么没有人了解您呢？"孔子对子贡的提问并没有作正面的直接的回答，而是把子贡的问题撇开，从另一方面间接回答。孔子说自己的理想受到挫折，但"不怨天，不尤人"。因为死生穷达自有天命，非人力可以改变，但在提高精神境界、开拓生命空间上，人力是能做到的，所以自己往下学上达上下功夫，开拓生命向无限空间伸展，使生命更精纯、思想更精微、人生境界提高而与天道默契。尽管人间有遗憾，但上天终究知我。

孔子"五十而知天命"，言行均顺天命，至70岁达到"从心所欲，不逾矩"，人生境界已与天道默契，自然领悟到上天知我。

14.36　公伯寮[①]愬[②]子路于季孙。子服景伯[③]以告，曰："夫子[④]固有惑志于公伯寮，吾力犹能肆[⑤]诸市朝[⑥]。"子曰："道之将行也与，命也；道之将废也与，命也。公伯寮其如命何？"

【注释】

①公伯寮:《史记·仲尼弟子列传》作“公伯僚”,字子周。曾任季氏家臣。 ②愬:同“诉”。告发,诬谤。 ③子服景伯:姓子服,名何,字伯,景是谥号。他是鲁国大夫,所以敢对季氏家臣说:“吾力犹能肆诸市朝。” ④夫子:这里指季孙氏。 ⑤肆:指处以死刑后,陈尸示众。 ⑥市朝(cháo):市集,街市。

【译文】

公伯寮对季孙说子路的坏话。子服景伯把这事告诉孔子,并说:“老先生已经被公伯寮迷惑住了,可是我的力量还能[杀掉公伯寮,]把他的尸首在街头示众。”孔子说:“我的道能得到实行,是天命;我的道被废掉,是天命。公伯寮能把天命怎么样?”

【说解】

从内容来看,这件事大约发生在鲁定公十年以后。定公十二年,孔子为大司寇,摄相事。子路做季氏宰(总管),其他弟子也有从政为官的。当时孔子是一介平民参与国政,不像三桓和其他贵族那样有权势、有采邑、有军队。但孔子师生在鲁国政坛上的势力也日渐引起了人们的关注。特别是鲁定公十二年,孔子为了强公室抑私家,把季孙、孟孙、叔孙三家采邑的城墙拆掉(堕三都),惹出了麻烦,不得不中途而废。

孔子学生公伯寮是鲁国政治上、社会上有地位的人。他为了讨好季氏,看到孔子师生和三家的紧张关系,就找机会在季孙面前讲子路的坏话,当然这也是间接攻击孔子。另一位孔子的学生子服景伯,当时是鲁国大夫,对公伯寮的背叛十分不满,就把这件事告诉了老师,并表示自己有能力把公伯寮除掉。

孔子当然要加以制止。孔子的态度和以后带弟子周游列国在宋国遇到桓魋、在郑国被匡人拘禁时的态度一样,在那生死关头,孔子泰然地说:“天生德于予,桓魋其如予何?”“天之未丧斯文也,匡人其如予何?”(参看7.23、9.5)

在孔子看来,自己的“道”能否实现,既不取决于自己,也不取决于公伯寮,而是取决于“命”“天命”。这时殷朝传下来的相信鬼神威力的思想,在人的头脑中已经淡化,“命”“天命”的意识凸显出来。前一章已经提到:人的死生穷达自有天命,不以人的意志为转移,但大德者是可以认识天命的。孔子说“五十而知天命”,就是认为自己50岁时认识了天命,自己的言行均可顺天命而行了。所以在这次公伯寮事件中,孔子说:“道之将行也与,命也;道之将废也与,命也。公伯寮其如命何?”孔子相信“天之未丧斯文”,天让自己继承发扬“斯文”,所以公伯寮不能把自己怎么样。

14.37 子曰:“贤者辟[1]世,其次辟地,其次辟色,其次辟言。”

子曰:“作者七人[2]矣。”

【注释】

①辟:同“避”,避开。 ②七人:孔子心目中的七个人究竟指谁?众说纷纭。有的说指伯夷、叔齐等七人(见18.8),有的说指长沮、桀溺、接舆、晨门、荷荼丈人、荷蒉者、仪封人等七人。不可考。

【译文】

孔子说:“贤人避开社会而隐居,其次是[离开是非之地]躲避到别的地方去,再其次是避开别人难看的脸色,再其次是避开难听的言语。”

孔子说:“像这样做的已经有七个人了。”

【说解】

孔子对世事早已看透,知道“天下之无道也久矣”(3.24),但他一生栖栖遑遑,极力想得到一个官职来实现自己的政治理想。但理想的位置始终未能得到,在年老从政的理想绝望的时候,他回到鲁国整理古代文献,教育子弟,把希望寄托在将来。他始终不退缩,“知其不可而为之”(14.38)。为什么孔子会这样?因为他50岁的时候已“知天命”。他怎样理解“天命”?他说:“文王既没,文不在兹乎?”(9.5)看出孔子有强烈的对历史文化的责任感和使命感,认为这是上天赋予自己的。

本章所提到的七个人和下两章提到的晨门和荷蒉者的人生态度,与孔子恰恰相反。《论语》的编者把这五章(35—39章)连在一起是有用意的。

14.38 子路宿于石门[1]。晨门[2]曰:“奚自[3]?”子路曰:“自孔氏。”曰:“是知其不可而为之者与?”

【注释】

①石门:鲁国都城曲阜外城的城门。 ②门:这里指守城门的人。③奚自:即自奚,从哪里。疑问代词“奚”作宾语,前置。

【译文】

子路在石门住了一夜。早晨[子路要进城,]守城门的人问:“从哪里来的?”子路说:“从孔氏那里。”守城门的人说:“就是那位明知做不到却一定要去做的人吗?”

【说解】

孔子周游列国14年,始终未能找到合适的位置来实现自己的政治理想,他于鲁哀公十一年,自己68岁时,率领弟子回鲁国。子路打前站,先到石门,天已晚,就在石门住了一宿。本章记录了第二天清晨子路和石门守门人的一段对话。从对话中可知,曲阜城的石门守门人,也是一位隐居于守门这一卑贱职位的贤者,有点像《信陵君窃符救赵》中的侯生。他知道孔子,了解孔子。孔子周游列国的信息一定不断地传回曲阜,当然也会传到这位守门人的耳朵里,所以这位守门人给孔子下了一个十分有名的结论:“知其不可而为之者。”从这个结论可以看出他对春秋各国的政治形势也是十分清楚的。

子路见到孔子后,自然要把守门人的话告诉他。孔子听了之后会怎样想呢?我想恐怕还是那句话:“道之将行也与,命也;道之将废也与,命与。”(14.36)

14.39 子击磬[①]于卫,有荷蒉[②]而过孔氏之门者,曰:“有心哉,击磬乎!”既而[③]曰:“鄙哉,硁硁[④]乎!莫己知也,斯已而已矣。‘深则厉,浅则揭[⑤]’。”子曰:“果哉!末之难矣。”

【注释】

①磬(qìng):古代一种打击乐器,形状像曲尺,用玉和美石制成。②荷蒉:荷(hè),背、扛。蒉(kuì),草编的筐。《高士传》说:“荷蒉者,卫人也,避乱不仕,自匿姓名,故荷草器而自食其力也。” ③既而:不久,一会儿。 ④硁(kēng)硁:象声词,击石声。 ⑤深则厉,浅则揭:两句出自《诗经·邶风·匏有苦叶》首章:“匏有苦叶,济有深涉。深则厉,浅则揭。”对最后两句有不同的讲法,一说为“水深浮着葫芦过去,水浅背着葫芦过去”。

【译文】

孔子在卫国,有一天正在敲磬,有一个挑着草筐的人从孔子门口走过,说:“这个敲磬的,是有心事啊!”过了一会儿,又说:“可鄙啊,那硁硁的声音,好像在说没有人了解自己。[既然没人了解]自己就算了吧!‘水深,就穿着衣裳蹚过去;水浅,就撩起衣裳蹚过去’。”孔子说:“说得真坚决![如果真像蹚水那样,]就没有什么困难了。”

【说解】

从击磬的声音中,能听出孔子的心事,而且能引用《诗经》中的句子来劝孔子,可以看出荷蒉者是一位高士。他引用《匏有苦叶》诗句,是为了补充前面的“莫己知也,斯已而已矣”。他认为一个人过河,都会根据水的深浅而采取不同的办法。他认为孔子不明智(鄙哉),不能根据当前的社会现实采取合适的对策,明明知道没有人了解自己,却还在到处奔走。他的意见是:无论社会非常黑暗(深)也好,不太黑暗(浅)也好,都不应再为之而奔走,这是劳而无功的。

孔子认为,按荷蒉者的话去做,当然就没有困难了,但自己能为了个人的安逸而放弃自己应担负的历史责任吗?别人不了解自己,“天”是了解自己的。

孔子一生遇到过许多贤人隐士,都劝他或讽刺他不要再干不可能成功的事,而孔子对自己的信念丝毫不动摇,直到最后。

14.40 子张曰:“《书》云:‘高宗[1]谅阴,三年不言。’何谓也?”[3]子曰:“何必高宗,古之人皆然。君薨[3],百官总己以听于冢宰[4]三年。”

【注释】

①高宗:殷王武丁,是商朝君主,是著名的贤王。 ②谅阴:居丧时所住的房子,又叫“凶庐”。“高宗谅阴”句出自《尚书·无逸》。 ③薨(hōng):古时国君或诸侯死叫“薨”。 ④冢(zhǒng)宰:商代官名,相当于后世的宰相。

【译文】

子张说:“《尚书》上说:‘殷高宗守孝,住在凶庐,三年不言语。’这是什么意思?”孔子说:“不仅仅殷高宗,古人都是这样。君主死了,三年之内,文武百官总管自己的职务而听命于宰相。”

【说解】

子张读《尚书》,看到“高宗谅阴,三年不言”这句话不能理解。一国之君三年不言,国家大事将如何处理?他去问孔子,孔子告诉他:各级官吏尽职尽责,由宰相统领全局。话好说,实际能办得到吗?春秋末期,许多国家有国君在,政治还不上轨道,如果国君不管事,岂不更乱?所以子张对《尚书》上的话不能理解。

《尚书》记载的是殷高宗时的事。殷高宗的确守墓三年,不问政事。高宗这样做了,国家政治不但没有混乱,而且国势还十分强盛。这是因为当时以甘盘为首的官员尽职尽责,并有一个好宰相统领全局,他就是傅说(yuè)。

14.41 子曰:"上好礼,则民易使也。"

【译文】

孔子说:"在上位的人好礼,老百姓就容易听从使唤了。"

【说解】

礼为治国之本。"民易使"的前提是"上好礼"。在上者自己遵守礼法,不干越礼的事情,要求老百姓也合乎礼法,自然会在群众中树立起威信,受到群众的拥护。

上好礼,以身作则,老百姓自然会向在上者学习。孔子批评樊迟时说:"上好礼,则民莫敢不敬。"(13.4)

有人一听"民易使",就认为老百姓麻木不仁,甘心受人驱使,这不但误解了孔子,也误解了老百姓。孔子始终认为老百姓是有思想的,对是非善恶十分清楚。在政治上,孔子建立了民本思想。他告诫做官的弟子:"使民如承大祭。"(12.2)

14.42 子路问君子。子曰:"修己以敬。"

曰:"如斯而已乎?"曰:"修己以安人①。"

曰:"如斯而已乎?"曰:"修己以安百姓②。修己以安百姓,尧舜其犹病③诸!"

【注释】

①人:这个"人"字,是指狭义的人,没有把百姓包括在内(请参看1.5注④)。 ②百姓:指普通老百姓。 ③病:担心,忧虑。

【译文】

子路问怎样才算是君子。孔子说:"修养自己,保持严肃认真的态度。”

［子路］说：“像这样就够了吗？”［孔子］说：“修养自己，使一般人安乐。”

［子路］说：“像这样就够了吗？”［孔子］说：“修养自己，使老百姓都安乐。修养自己，使老百姓都安乐，尧舜还担心没有做到呢！”

【说解】

《论语》中有86章论君子，“君子”一词共出现107次，其中大部分是指有道德的人，可见当时“什么是君子”“怎样成为君子”“君子和小人有何区别”等是大家关心的问题。本章孔子回答子路的问话，是比较重要的一次谈论君子的对话。孔子认为一个君子首先要认真对待内心修养，内心修养的核心问题是一个“敬”字。表面上做些好事，还不能说是君子，必须严肃认真地克服私心杂念，对人对事都合于“礼”，才是真正君子。

做一个君子必须“修己以敬”，聪明的弟子（如颜回、子贡等）听了，就会领会其精神，不用再问了。子路年龄大了，理解力和想象力略逊一筹，所以认为“修己以敬”就是“君子”太简单了，就又接着问。孔子不得不给这位大龄弟子把“修己以敬”展开为“修己以安人”“修己以安百姓”，并告诉子路，君子的最高境界是“修己以安百姓”，使天下老百姓都过上安乐的生活。这种境界连圣君尧舜都担心做不到。

孔子三问三答，指出君子的三个档次。三个档次都冠以“修己”。意思是君子无论地位怎样变化，都必须“修己”，即修养自己的品德，守住自己善良的本质。起步要“修己以敬”，这一步走好了，“修己以安人”“修己以安百姓”才能逐步达到。

孔子认为一个君子生活的最终目的是“修己以安百姓”。所以当孔子与弟子周游列国，受到隐者长沮、桀溺的讥讽时，对子路说：“鸟兽不可与同群，吾非斯人之徒与而谁与？天下有道，丘不与易也。”（18.6）这就和孔子与弟子们谈自己志向时说的一样：“老者安之，朋友信之，少者怀之。”听起来简单，做起来就难了，尧舜还担心做不到呢。

由此看出，儒家和佛家、道家以及基督教在人生目的上有着本质的不同。佛、道、基督三教，把希望寄托在来世：成佛，成仙或升到天国，活在上帝身边。儒家的人生目的是现实的，它以良知为依据，为大众谋幸福，其收获不在来世和天上，而在现世的心灵安稳。

14.43　原壤[①]夷[②]俟[③]。子曰："幼而不孙弟[④]，长[⑤]而无述[⑥]焉，老而不死，是为贼[⑦]。"以杖叩其胫[⑧]。

【注释】

①原壤：鲁国人，是孔子多年的老朋友，是一个不遵守礼法的人。　②夷：屁股坐在地上，两腿像八字一样叉开的姿势。因为像只簸箕，所以又称为"箕踞"。古人认为这种坐的姿势，是一种轻慢无礼的表现。　③俟（sì）：等待。　④孙弟：孙，同"逊"。弟，同"悌"。　⑤长（zhǎng）：年纪大了。　⑥无述：没有作为，没有贡献。　⑦贼：这里指为害社会的坏人。　⑧胫（jìng）：小腿。

【译文】

原壤两腿像八字一样叉开坐在地上等着[孔子]。孔子说："你年幼时不讲孝悌，长大了没有作为，老了还不死，简直是个害人的贼！"[说着]就用手杖敲打原壤的小腿[，让他把腿收回去]。

【说解】

据《孔子家语》记载，原壤是孔子的老朋友。《礼记·檀弓下》记载了这样一段故事：原壤的母亲死了，孔子帮助他治棺木。等棺木做成，原壤却站在棺木上说："我好久没有唱歌了。"于是就站在棺木上唱起来："棺材头的华丽像狸猫头，木质的滑柔像女人的手。"孔子听了就装听不着。跟随的人说："您还不和他绝交吗？"孔子说："我听过这样的话：'亲人不能（随便）断绝亲情，老朋友不能（随便）断绝老交情。'"这是圣人"隐恶全交"的意思。交友之道不能只是为朋友"隐恶"，还应该积极"劝善"。本章中孔子的话虽然很严厉，都是劝老朋友为善，并没有鄙视的意思。

对于"以杖叩其胫"，南怀瑾的《论语别裁》作了很好的解释，摘录如下："……说到这里，孔子就用手杖轻轻敲他的后腿，当然不是狠狠地打，妙就妙在敲他的后腿。是老朋友，没有打他的必要，只是打他人生不踏实，脚跟没有落地。做了一辈子人，只是好比无根的草，与土壤同腐而已（幺按："原壤"这名字也许是根据他无所作为，没有出息，人们送给他的外号吧？不一定是真名字）。这一段是很有名的，后来常被人们所引用。可是有些年轻人不明道理，就抓住中间'老而不死，是为贼'这句话，骂起老年人来了。"（《论语别裁》第701页）

"老而不死，是为贼"这句话，孔子是针对顽固的原壤一个人说的。今天我们应该尊敬老年人,因为他们无论从事什么工作,都生儿育女,劳苦一生,既有功劳,又有苦劳。再说,每个人除夭折者外,都有老的时候,社会上有尊老的风气,人活得也安稳。对那些犯过错误、服过刑的老年人,也不应该用“老而不死,是为贼”这句话来侮辱他们。改过自新,就是好人。“过而能改,是谓无过矣;过而不改,是谓过矣。”尊老敬老是一个人、一个社会、一个国家道德水准的一个重要标志。

14.44 阙党[①]童子将命[②]。或问之曰:“益者与?”子曰:“吾见其居于位[③]也,见其与先生[④]并行也。非求益者也,欲速成者也。”

【注释】

①阙(què)党:鲁国地名,在曲阜市境内,是孔子的家乡。　②将命:传达信息。　③居于位:坐在席位上。按古代礼节,大人可以有正式的席位就座,儿童没有席位。　④先生:这里是对年长者的尊称。

【译文】

阙党的一个小孩来向孔子传信。有人问孔子说:“这个小孩是要求上进的人吗?”孔子说:“我看见他坐在大人的位子上,又看见他与长辈并肩而行。他不是要求上进的人,只是一个想急于求成的人。”

【说解】

按礼法,小孩和大人在一起,应该靠边坐或站着,不应坐在大人的位子上。与大人同行,应跟在大人后面,不应和大人并行或超过大人。一个小孩真的要求上进,一定会感到自己辈分低,有许多不足,为人处事会表现出谦虚、退让。阙党的孩子尚未成年,就把自己当成大人,这岂不是想“速成”吗?大人应从小教育孩子,使他们知道长幼尊卑、老少有序。否则将影响孩子的健康成长。

《论语》的编者把原壤和阙党童子的事连在一起,大概是想说明人无老少,都不可以不懂礼仪。老者无礼,则足以为人害;少者无礼,则足以自害,影响自己的前程。

卫灵公第十五

本篇共42章,主要论治国与修身的问题。

15.1 卫灵公问陈[①]于孔子。孔子对曰:"俎豆之事[②],则尝闻[③]之矣;军旅之事,未之学也。"明日遂行。

【注释】

①陈(zhèn):同"阵"。春秋时尚无"阵"字。军队排兵布阵之法:春秋时郑有鱼丽之阵,鲁有支离之阵。太公《六韬》有天阵、地阵、人阵、云鸟之阵等。 ②俎豆之事:指礼节仪式等方面的事。俎(zǔ),古代祭祀宴享用以盛放牲肉的器具。豆,古代盛食物的器具,似高脚盘。许慎的《说文解字》说:"古食肉器也,从口,象形。" ③闻:听人说过(并无研究)。自谦之辞。

【译文】

卫灵公向孔子问行军布阵之法。孔子回答说:"礼仪的事情我曾听人说过;军队的事情,我没有学习过。"第二天孔子就离开了卫国。

【说解】

孔子主张"礼乐征伐自天子出",赞成反侵略的正义战争,反对诸侯使用武力侵略别国(见16.2)。他见卫灵公无道,想用战争壮大自己的势力,所以就说自己不懂得军旅之事。实际上这只是托词,孔子很懂得军事。鲁哀公十一年,齐国派兵攻打鲁国。冉有当时任季氏家总管,他奉命领兵和齐国作战。在鲁国右师溃退的情况下,他率领左师击退齐军,取得了胜利。季康子问他是跟谁学的军事本领时,他说是跟随老师孔子学的。

孔子主张一个国家必须备有经过严格训练的精锐部队。他说:"善人教民七年,亦可以即戎矣。"(13.29)"以不教民战,是谓弃之。"(13.30)其目的是抵御侵略、保卫国家、扶持正义,而不是为了侵略别人。

孔子发现卫灵公对自己提出无理的要求,就带领弟子们离开了卫国。师生一行,人数也不少,安身之处并不好找。但孔子并不考虑这些,“合则留,不合则去”,还是带着弟子们走了。

15.2 在陈绝粮,从者[①]病[②],莫能兴[③]。子路愠[④]见曰:“君子亦有穷乎?”子曰:“君子固穷[⑤],小人[⑥]穷斯[⑦]滥[⑧]矣。”

【注释】

①从(zòng)者:跟随的人,这里指跟随的弟子。　②病:这里指饿坏了。　③兴:起来,站起来。　④愠(yùn):恼怒,怨恨。已见于《学而》第一章。　⑤固:坚守,守住。　⑥小人:这里指常人,一般人。　⑦斯:同“则”或“即”。　⑧滥:(像水一样)泛滥。比喻人不能约束自己而无所不为。

【译文】

[孔子和弟子们]在陈国断绝了粮食,跟随的弟子都饿坏了,不能站起来走路。子路很生气地来见孔子,说:“君子也有受困没有办法的时候吗?”孔子说:“君子困穷时能够约束住自己,一般人就不能约束自己而无所不为了。”

【说解】

孔子和弟子们在陈绝粮的经过,已在《先进》第二章讲过了。第二章的内容是写孔子在事后怀念那些在陈绝粮时与自己共患难的弟子们。本章是写在陈绝粮时的一个插曲。

子路性格鲁莽(哼),遇事控制不住自己。在陈绝粮的时候,别的弟子没有意见,而他就想不通,而且有话就要说。他问老师:“君子亦有穷乎?”孔子告诉子路:君子在任何困难情况下,信念都不动摇。一般人在困难面前就管不住自己,而无所不为了。此时此地、此情此景的教育,对子路一定有很大帮助吧!

15.3 子曰:“赐也,女以予为多学而识[①]之者与?”对曰:“然。非与?”曰:“非也。予一以贯之[②]。”

【注释】

①识(zhì):记住。　　②一:一个基本思想。　以:用。　贯:贯穿,贯通。

【译文】

孔子说:"端木赐啊,你以为我是学习了很多知识而又分别一一记住的吗?"子贡回答说:"是的。难道不是这样吗?"孔子说:"不是。我是有一个基本思想来贯穿我的全部知识的。"

【说解】

孔子说:"我非生而知之者,好古,敏以求之者也。"(7.20)孔子从15岁开始就志于学,知识十分广博。圣人超乎常人之处,却不在博学多识,而在"一以贯之"。一般人(甚至包括他的最好学生),只知道孔子博学多识,却不知道他"一以贯之"。

至于这个"一"是什么,本书在《里仁》第十五章已做了说明。曾子说是"忠恕",但"忠恕"还是未能穷尽"道"的内涵。《中庸》也只是说"忠恕违道不远",认为"忠恕"并不就是"道",不是贯穿"道"的那个"一"。贯穿"道"的那个"一"是"仁"。本章的"予一以贯之"的那个"一",是"道",其内涵是"仁"。

子贡很聪明,多学能识,但不注意往根本处深思,即注意下学而忽略上达。孔子这次谈话就是想教育他。孔子说:"赐也,女以予为多学而识之者与?"子贡以前正是这样认识孔子,所以说"然"。但子贡听出老师的话中有弦外余音,于是追问一句:"非与?"孔子告诉他说:"非也,予一以贯之。"这个"一"指什么?子贡是否领会了?本章没有说。我想这一定会引起子贡的深思。从《子张》最后几章子贡对孔子的敬佩来看,他对"一"的内涵是领会了。

15.4　子曰:"由,知德者鲜①矣。"

【注释】

①鲜(xiǎn):少。

【译文】

孔子说:"仲由,懂得'德'的人少啊!"

【说解】

孔子认为,理想人格要时刻注意自己的道德修养。孔子提到自己时说:"德之不修,学之不讲,闻义不能徙,不善不能改,是吾忧也。"(7.3)

在道德培养上,孔子强调"知德"。什么叫"知德"?"知德"就是对以

"仁"为核心的仁、义、礼等道德规范既要了解其表现,更要了解其实质,而且认真去奉行,在生死祸福得失的关键时刻能不乱其守。在一个崇尚名利的社会里,正像孔子慨叹的这样:"知德者鲜矣。"

有人说,孔子慨叹的是旧道德,旧道德应该废除,不需要"知"。不错,旧道德应该废除,那么新社会需不需要道德?新道德在哪里?新道德应该来自何处?新道德是否也需要"知"?这些问题不值得我们深思吗?

15.5 子曰:"无为而治者,其舜也与?夫何为哉?恭己[①]正南面[②]而已矣。"

【注释】

①恭己:自己恭敬郑重。这是舜敬德的表现。 ②南面:古代朝堂正殿都是朝南的,国君是坐北朝南坐着。

【译文】

孔子说:"无所作为而使天下得到治理的,大概只有虞舜吧?他干了些什么呢?自己恭敬郑重地朝南面坐朝廷罢了。"

【说解】

在《为政》第一章,孔子说:"为政以德,譬如北辰,居其所而众星共之。"这是提倡一种无为而治的领导方式。孔子在先秦诸子百家中,第一个在字面上明确提出了"无为而治"的概念。舜的"无为而治",是孔子的理想政治。舜之所以能无所作为而天下得到治理,一则因为他能慎守前王(尧)之法,尧让位给他时曾再三叮嘱过(见20.1)。一则因为他任官得其人。《大戴礼·主言》说:"昔者舜左禹而又(右)皋陶(gāo yáo),不下席而天下治。"然而,最主要的原因是由于舜的品德高尚,严格要求自己(恭己),为政以德,人民受其感化,知礼守法。

孔子的"无为而治",是提倡如何以最小的领导行为取得最大的管理效果。以舜为例,他只是"恭己正南面",天下就大治了。

道家在政治上是主张"无为而治"的,但与儒家有本质的不同。道家的"无为而治"是顺应自然,不求有所作为而使国家得到治理。道家的鼻祖老子认为"天道"本来是无为的,勉强去为,必遭失败。无为的政治,才能使老百姓过得安稳;严苛的干涉,老百姓一定不满意。正所谓"其政察察,其民缺缺"。"圣人之治"是"使民无知无欲"。老子的理想是"小国寡民",但中国是一个泱泱大国,他的"无为而治"只能是一种空想。

15.6 子张问行。子曰:"言忠信,行①笃敬②,虽蛮貊③之邦行矣。言不忠信,行不笃敬,虽州里④行乎哉?立,则见其参⑤于前也;在舆⑥,则见其倚于衡⑦也,夫然后行。"子张书诸绅⑧。

【注释】

①行(xìng):名词。行为,做事。 ②笃敬:忠厚严肃。 ③蛮貊:蛮,泛指当时南方少数民族。貊(mò),泛指当时北方少数民族。 ④州里:古代二千五百家为州,五家为邻,五邻为里。"州里"代指本乡本土。 ⑤参(cān):本意是直、高。这里引申为像一个高大的东西直立在眼前。 ⑥舆(yú):车。 ⑦衡:车辕前的横木。 ⑧绅(shēn):系在腰间下垂的宽大的衣带。

【译文】

子张问如何才能使自己行得通。孔子说:"说话忠诚有信用,行为忠厚严肃,即使到南北未开化的国家去,也能行得通。说话不忠诚没有信用,行为不忠厚严肃,即使在本乡本土,能行得通吗?['忠信笃敬'这四个字,]站立的时候,就看见它直立在眼前,坐车的时候,就看见它靠在车辕前的横木上[,时刻记在心上]。这样做了以后,就能行得通。"子张把老师的话写在衣带上。

【说解】

在《颜渊》第二十章,子张曾向孔子请教"士何如斯可谓之达矣",孔子告诉他:"质直而好义,察言而观色,虑以下人。"就是告诉子张做里面功夫,即修养自己的品德。本章问"行"和问"达"的意思差不多。"言忠信,行笃敬"都需要做里面功夫。

今天的人们也十分关心"行得通"的问题,但他们不是向里面做功夫,而是向外,搞所谓的关系学,这既害人,又害己。这也许一时能行得通,但能永远行得通吗?

怎样做里面功夫?孔子具体举例说:"立,则见其参于前也;在舆,则见其倚于衡也。"即对"忠信笃敬"念念不忘,随时随地都仿佛看到这四个大字。这样,品德自然会提高,也就能行得通了。

子张才高意广，但有些偏激。在为人处事上，可能有时不顺利，甚至行不通，所以向老师请教。子张把老师的话“言忠信，行笃敬”记在衣带上，以便随时警策自己，这也许是受了孔子的话的启发。从中可以看出子张是一个要求上进的好学生。

我想，记在衣带上固然说明对老师教育的信服，但不如记在心上，化为行动。所以我认为“立，则见其参于前也；在舆，则见其倚于衡也”这两句话是很重要的。

15.7 子曰：“直哉史鱼①！邦有道，如矢；邦无道，如矢。君子哉蘧伯玉！邦有道则仕，邦无道则可卷而怀之。”

【注释】

①史鱼：卫国大夫，名鳝（qiū），又名佗，字子鱼。据《韩诗外传》卷七记载：“史鱼病且死，谓其子曰：‘我数言蘧伯玉之贤而不能进，弥子瑕不肖而不能退。为人臣，生不能进贤而退不肖，死不当治丧正堂，殡我于室足矣。’”史鱼的临死遗言促使卫灵公“召蘧伯玉而退弥子瑕”。所以后人称赞他：“生以身谏，死以尸谏，可谓直矣。”

【译文】

孔子说：“史鱼真正直啊！国家有道，他的言行像箭一样直；国家无道，他的言行也像箭一样直。蘧伯玉真是一位君子啊！国家有道，就出来做官；国家无道，就把自己的本领收藏起来辞官归隐。”

【说解】

这是孔子评论稍早于自己的时人：史鱼和蘧伯玉。这两个人是典型的对照：一个不分时间地点，都宁可直道而行不转弯，这是很难得的；一个心胸宽阔，淡泊名利，不发牢骚，也没有什么怨言。他认为时代转变无法挽回时，可以把自己像一幅画一样卷起、收藏起来。应该说蘧伯玉高于史鱼，所以孔子称蘧伯玉为君子。

关于蘧伯玉，《左传》记有这样一件事情：鲁襄公十四年（孔子诞生前8年），卫献公无道，孙文子要去攻打卫献公，恰巧遇见蘧伯玉，孙文子就问他怎么办。蘧伯玉说：“我不敢冒犯国君。即使冒犯旧国君，新国君也不一定比旧国君强。”于是从最近的关口出国了。

15.8　子曰："可与言而不与之言，失人；不可与言而与之言，失言。知①者不失人，亦不失言。"

【注释】

①知：同"智"。

【译文】

孔子说："可以同他谈，却不去同他谈，就是失掉人才；不可以同他谈，却去同他谈，就是失言。聪明人既不失掉人才，也不失言。"

【说解】

东汉徐幹所著的《中论》中，有一篇《贵言》对孔子这段话作了阐发。他说："君子必贵其言。贵其言则尊其身，尊其身则重其道，重其道所以立其教。言费则身贱，身贱则道轻，道轻则教废。故君子非其人则弗与之言。"

一个人之所以"失人"或"失言"，主要是由于不知人。所以当樊迟向孔子请教什么是"智"时，孔子说："知人。"(12.22)

孔子周游列国，游说诸侯，见过各种类型的人。所以，孔子说这段话来自经验，也是与人谈话时所遵守的原则。

15.9　子曰："志士仁人，无①求生②以害仁，有杀身③以成仁。"

【注释】

①无：通"毋"。不要。　②求生：为保活命，苟且偷生。　③杀身：勇于自我牺牲。

【译文】

孔子说："有志之士和有最高精神境界的人，不会贪生怕死而损害'仁'，只会勇于牺牲来成全'仁'。"

【说解】

一个人的品质，表现在平时的为人处世上。但是最能看出一个人品质的时刻是在生死祸福关头。一个称得上"志士仁人"的人，他们平时就表现出高尚的道德品质，在生死祸福关头，他们会杀身成仁、舍生取义。

"克己复礼"为"仁"。为仁道而牺牲自我，是"克己复礼"的最高层次。孔子的这一道德要求，对于后世的志士仁人具有极强烈的感召力。例如诸葛亮的“鞠躬尽瘁，死而后已”，范仲淹的“先天下之忧而忧，后天下之乐而乐”，文天祥的“人生自古谁无死，留取丹心照汗青”，都是我们可歌可泣的道德榜样。

有些人自诩为“志士仁人”，扬言必要时自己能“杀身成仁”，这是在骗人。“杀身成仁”绝不是出于一时的冲动，而是靠平时能够“克己”，养成一种非常强烈的道德自律意识，所以在生死关头才能从容赴义。

15.10　子贡问为仁。子曰：“工欲善[①]其事，必先利[②]其器。居是邦也，事[③]其大夫之贤者，友其士之仁者。”

【注释】

①善：用作动词。做好，干好，使其完善。　②利：用作动词。弄好，使其锋利、精良。　③事：侍奉。大夫地位高用“事”，士地位低用“友”。

【译文】

子贡问怎样去培养仁。孔子说：“一个工匠想把活儿干好，必须把他的工具弄得十分精良。住在一个国家里，就要去侍奉大夫中有贤德的人，和士中有仁德的人交朋友。”

【说解】

子贡问怎样去培养仁，孔子的回答很富有启发性。他先打了一个比方，意思是工匠虽巧，但如果工具不好使，也干不出好活儿来。一个人有“为仁”的志向，但没有贤人、好友的帮助，孤军作战，也难以成仁。曾子的“以友辅仁”(12.24)也是根据孔子的教导推出来的。

子贡资质很高，孔子说他是瑚琏之器，但他也有缺点，好“方人”(14.29)。孔子怕他自视太高而轻视当时之人，所以告诉他“居是邦也，事其大夫之贤者，友其土之仁者”。

从“居是邦”这句来看，师生这段谈话，大概是在周游列国时期。

15.11　颜渊问为邦[①]。子曰：“行夏之时[②]，乘殷之辂[③]，服周之冕[④]，乐则《韶》《舞》[⑤]。放郑声[⑥]，远佞人[⑦]。郑声淫，佞人殆[⑧]。”

【注释】

①为邦:治理国家。为,平声。建设、治理。邦,邦国、诸侯国。 ②行夏之时:指历法。夏之时,就是沿用至今的夏历(又称阴历、农历)。这与春、夏、秋、冬四季的自然现象相合。周朝的历法是以农历的十一月为正月,商朝是以农历的十二月为正月。相比之下,夏历最合于农时,有利于农业生产,所以孔子主张推行夏历,反对使用周历。 ③乘殷之辂(lù):“辂”是古代的大车。殷朝的大车朴素、结实,到了周朝就用金玉装饰车辆,走向奢侈、华丽了。 ④服周之冕(miǎn):冕,礼帽。周代的礼帽自然,而又比前朝的华美。 ⑤《韶》:舜时的音乐。《舞》:同“武”,周武王时的音乐。 ⑥放郑声:放,排斥、禁止。郑声,郑国的民间音乐,形式活泼,与典雅板滞的古乐有很大不同,孔子以为不正派。 ⑦远佞人:远(yuàn),用作动词。疏远、不去接近。佞人,花言巧语的小人。 ⑧殆:危险。

【译文】

颜渊问怎样治理国家。孔子说:“行夏朝的历法,坐殷朝的车子,戴周朝的礼帽,音乐就用《韶》和《舞》。舍弃郑国的乐曲,疏远小人。郑国的乐曲不正派,小人危险。”

【说解】

孔子因材施教,在讲“为邦”问题时也是如此。四代礼乐不是每个弟子都懂,四代礼乐在为邦上的重要意义也不是其他弟子所能理解的。而颜渊有王佐之才,对四代礼乐很有研究,所以孔子讲的,他可以接受。从这次师生的谈话中,可以看出孔子理想的政治措施。

孔子就四代各举一事,是举例性质。四代在治国上可继承的东西还有很多。孔子的意思是要想把国家治理好,就不能割断历史,要继承前朝一切有用的东西,包括重要的历法、音乐以及生活上用的车子、礼帽等。

在上古史上,中国的天文非常发达,这是中国在文化上很了不起的地方,在世界科学史上也是很有名的。世界科学的发展,最早是发展天文。西洋的航海需要懂天文,中国的农业同样要懂天文。如要了解天文,必先研究数学。这两门科学——天文、数学,中国发展都很早,而且卓有成就。尤其发展到《易经》的数理哲学,实在是精深幽远。夏朝的历法,可作为中国上古天文发达的一个代表。

关于“郑声淫”与“《诗》三百,一言以蔽之,曰‘思无邪’”之间的关系,有争论。我认为二者并不矛盾。《诗经·郑风》有21篇,大部分是情诗,其乐曲一定是轻快、奇巧、旋律多变、使人心绪波动或流荡失持的。但在不同场合，要用不同的音乐。但在治理国家上，绝对不能用郑声。孔子说“放郑声”“郑声淫”是合于事理的。这里不是谈一般生活问题，而是谈如何治国家大事。

15.12　子曰：“人无远①虑，必有近①忧。”

【注释】

①远、近：指时间。远，将来。近，近期。

【译文】

孔子说：“一个人如果没有对将来的考虑，必定会有近期忧患。”

【说解】

为什么“人无远虑，必有近忧”呢？其理何在？

任何事物都是不断发展变化的。居安而不思危，危即生于安。处治而不虑乱，乱即伏于治。秦始皇焚书坑儒，销毁天下兵器，以为这样就可以太平无事了。他没想到他的暴政会引起天下人反抗的严重后果，他也没考虑到选好接班人的重要性，结果只传到二世，秦朝大一统的天下就土崩瓦解了，其教训是很深刻的。

“远虑”，即“忧患意识”，是中华民族精神的一个特点。《易》的经、传都强调了“忧患意识”。《易经》开篇的乾卦九三说：“君子终日乾乾，夕惕若厉，无咎。”（君子整天忧愁戒惧，晚上也警惕着，虽然情况严重，没有危害。）但这个卦并不是教人谨小慎微，所以乾卦《象》辞说：“天行健，君子以自强不息。”

本章表现了孔子的“忧患意识”。他根据对传统文化的领悟和自身的观察体验，提出了“人无远虑，必有近忧”这一永恒的真理。孔子在这里用了一个“必”字，表明他确信这是真理，不可动摇。

“忧患意识”蕴蓄着坚强意志和奋发精神，所以孔子的话，千百年来成为人们喜用的格言。

15.13　子曰：“已矣乎！吾未见好①德如好色者也。”

【注释】

①好（hào）：喜好，爱慕。

【译文】

孔子说：“罢了啊！我没有看见过爱慕德行像爱慕美色[那样

热切]的人。”

【说解】

据《史记·孔子世家》记载,孔子发此感叹时正在卫国。卫灵公夫人南子召见孔子,子路很不高兴,孔子为此向他发誓(见6.28)。一个多月以后,卫灵公和南子出门带着孔子,把孔子放在后车上,招摇过市。孔子感到羞辱,于是很感慨地说:“吾未见好德如好色者也。”

有的人,如魏何晏就不同意司马迁的看法,他认为孔子是“疾时人”。我想孔子这句话是针对少数人发的,感慨可能是由卫灵公引起的。社会上有许多贤人志士,包括自己的弟子,就是好德不好色,孔子是知道的。他说“我未见”,是指身居高位的人吧!

本章文字与《子罕》第十八章基本一样,只是多了“已矣乎”三个字,感慨似乎更深了。

15.14 子曰:“臧文仲[①]其窃位[②]者与?知柳下惠[③]之贤,而不与立[④]也。”

【注释】

①臧文仲:已见于《公冶长》第十八章。 ②窃位:窃据高位。占有官位而不尽责。 ③柳下惠:鲁国公族,鲁孝公的五世孙。姓展,名获,字子禽,又名展季。他的封地叫柳下,死后由他的妻子倡议,私谥“惠”,所以又称柳下惠。春秋中期的鲁国贤者(比孔子约早一百年),以讲究礼节而著称。 ④与(yǔ)立:即“与之并立于朝”,给予官位。一说“立”同“位”,“与立”即“与位”。

【译文】

孔子说:“臧文仲大概是个窃据官位的人吧?明知柳下惠是位贤人,却不给他合适的官位。”

【说解】

臧文仲在鲁庄公、闵公、僖公、文公四朝任大司寇(管司法)兼司空。柳下惠任士师,是管刑狱的小官,正是臧文仲的下属。柳下惠之贤在当时就很有名,可是一直没受到提拔,这是臧文仲的失职。《晏子春秋·谏下》说:“夫有贤而不知,一不祥;知而不用,二不祥;用而不任,三不祥也。”所以孔子严肃地批评臧文仲是“窃位”。

臧文仲不提拔柳下惠,也许是因为二人性格不合,柳下惠为人处世太直是远近闻名的。当时有人劝他离开鲁国，换换环境也许能好一些，他说："直道而事人，焉往而不三黜？"(18.2)他清醒地知道自己三黜的原因，却始终保持自己正直的本色。孟子称赞他"不以三公易其介"(《孟子·尽心上》)。就是说，柳下惠不会因为给他三公那样的高官而改变自己的操守。

清人刘逢禄在《论语述何》中说，鲁国在孔子之前称得上圣人和仁人的，只有柳下惠一人。

15.15　子曰："躬自厚①而薄责于人，则远怨矣。"

【注释】

①躬自厚：责备自己要重。躬，身也。躬自，自己。"厚"下应有"责"字，因紧接下文有"薄责"，所以"厚"下的"责"字省略了。

【译文】

孔子说："凡事多责备自己而少责备别人，就可以避开怨恨了。"

【说解】

责己厚，则进德修业快；责人薄，则人易从，而且不会招来怨恨。责己、责人互相关联。重视责己的人，对人不会过严；责人太严的人，往往不重视责己。须知责人太严，会招来怨恨。孔子说："人而不仁，疾之已甚，乱也。"(8.10)

为说明这个道理，《论语集注补正述疏》举了吕祖谦为例："宋吕祖谦伯恭，小时性褊急，每暴怒。读《论语》至此章，憬然而悟，遂自克也。朱子称之曰：'学如伯恭，方是能变化气质。'朱子称之，盖欲学者资焉。吕祖谦：宋浙江金华人，字伯恭，举进士，累官直秘阁著作郎，国史院编修，为宋时东南三贤之一。"

15.16　子曰："不曰'如之何①，如之何'者，吾末如之何②也已矣。"

【注释】

①如之何：怎么办。孔子这里的意思是：做事一定要反复思量，多问几个"该怎么办"。　②末如之何：没办法。末，没。

【译文】

孔子说："不说'怎么办，怎么办'的人，对这种人，我也不知道怎么办了。”

【说解】

“不曰如之何”的意思就是做事不动脑筋。人生到这个世界，本是喜忧俱来。前面刚刚学完了“人无远虑，必有近忧”(15.12)，不动脑筋怎么行呢？必须是“临事而惧，好谋而成”才可以。

在改革开放后的今天，竞争日趋激烈，甚至达到白热化程度。不曰“如之何”的人，只能成为落伍者。一个人活一天，就要考虑“如之何”，不能懈怠。已取得成就的，也不能满足现状。

孔子这句话，说得幽默而含蓄，文字简单而意义深刻。

15.17　子曰：“群居终日，言不及①义，好②行小慧③，难矣哉！”

【注释】

①及：涉及。　②好(hào)：喜好。　③小慧：小聪明。

【译文】

孔子说：“众人整天聚在一起，说的都是不合义理的话，还喜欢卖弄小聪明[来抬高自己]，对这样的人，真没有办法！”

【说解】

本章与“饱食终日，无所用心，难矣哉”(17.22)的意思差不多。通过这两章，孔子把封建社会“多余人”的嘴脸刻画得惟妙惟肖。不仅春秋末期是这样，但凡封建社会都存在这种情况。

在明末清初，顾炎武就引用这两段话来批评明末的社会风气。他说：“饱食终日，无所用心，难矣哉’，今日北方之学者是也。‘群居终日，言不及义，好行小慧，难矣哉’，今日南方之学者是也。”看来南方的学者似乎强于北方的学者。他们还有些言论，写些文章，还会耍小聪明，但本质上又和北方的学者有什么区别？都是一丘之貉。

15.18　子曰：“君子义以为质①，礼以行之，孙②以出③之，信以成之。君子哉！”

【注释】

①质：本质，根本。　②孙：同“逊”。　③出：出言，说话。

【译文】

孔子说："君子以义为根本，以礼法去实践义，以谦逊的语言来表达义，以诚实的态度来完成义。这就是君子啊！"

【说解】

这一章从处事上看出君子学问之精。在《里仁》第十章孔子说："君子之于天下也，无适也，无莫也，义之与比。"但孔子没有说怎样去实践义。本章比较细密地告诉我们怎样去实践义。孔子首先指出"君子义以为质"。义是根本，如果做事离开了义，就像一棵无根之树，不会有生命力。万事有万事的义，一事有一事的义，常事有常事的义，变事有变事的义。须要认得清、立得定，杂不得一毫功利，必要时可以"舍生取义"。平时实践义，需要做到下面三点才算圆满：首先，行义要合于礼；其次，态度要谦虚，不自满、不骄傲；再次，对人对事言而有信，自信而信人。能够做到这些，才是君子。

15.19 子曰："君子病[①]无能焉，不病人之不己知也。"

【注释】

①病：忧虑。

【译文】

孔子说："君子只忧虑[自己]没有才能，并不忧虑别人不知道自己。"

【说解】

在《论语》中，有许多章和本章的思想相同。如前篇第三十章，孔子说的"不患人之不己知，患其不能也"，几乎和本章一样。足见孔子对此事的重视，大概平时常常以此教育学生吧？清代宦懋庸在《论语稽》中说："古今人材，大有大用，小有小用，苟其有用，则皆有能，故君子唯以无能为病。至于天下之大，何患无知己者哉！"

15.20 子曰："君子疾[①]没世[②]而名不称焉。"

【注释】

①疾：怕，感到遗憾。　②没(mò)世：一指死，二指终身。

【译文】

孔子说："君子就怕死后没有好的名声被人称道。"

【说解】

前章孔子说:“君子病无能焉,不病人之不己知也。”似乎是君子只求实,不求名。在本章,孔子的意思是,君子也求名,这究竟是怎么回事呢?在《史记·孔子世家》中,司马迁也引用了这段话:“子曰:‘弗乎弗乎,君子病没世而名不称焉。吾道不行矣,吾何以自见于后世哉?乃因史记作《春秋》。”一种强烈的行道责任感使孔子说了这番话。君子“疾名之不称”,则必求其实,岂有务虚名之心!

古之君子求没世之名,不是求当世之名,也不是要求一定要名留青史,是想人生一世,死后有一个好名声就足矣。

一个人怀着这种“忧患意识”,自然严格要求自己,勤于进德修业了。今天有些人,只求当世之名,不考虑没世之名。当世之名好求,用些金钱、手段就可以了。但请追求虚名的人不要忘记,“公道自在人心”,人民会对你做出公正评价的。

15.21　子曰:“君子求诸己,小人求诸人。”

【译文】

孔子说:“君子要求自己,小人要求别人。”

【说解】

在孔子以“仁”为核心的思想体系中,包含着一整套道德修养的方法。他主张道德修养由自己做起,善于学习,努力实践。孔子十分强调人的内心自觉和主观努力。君子想成为仁人是个人的道德追求,其动力应该是个人内心的自觉,而不是靠别人的推动。求己,求人,一念之别,就可以区分出君子、小人。君子坚持“反求诸己”。小人不想提高品德,只关心名利,所以只能把希望寄托在别人身上,“违道干誉”,常常弄得身败名裂。

“求诸己”,向里做工夫,是儒家思想的突出特点。

15.22　子曰:“君子矜①而不争,群而不党②。”

【注释】

①矜(jīn):庄重,矜持。　②党:结党营私,拉帮结伙。

【译文】

孔子说:“君子庄重矜持而不同别人争执,合群而不结党营私。”

【说解】

君子有气节,穷死饿死可以,绝不低头,这是矜。“君子喻于义”,遇事求诸己,所以不与人争。孔子说过:“君子无所争,必也射乎!揖让而升,下而饮。其争也君子。”(3.7)

群是敬业乐群,不是结党营私。“群而不党”就是“周而不比”(2.14)。为什么君子能“群而不党”?宋代大文学家欧阳修给皇帝上疏的《朋党论》说:“(君子)所守者道义,所行者忠信,所惜者名节。以之修身,则同道而相益;以之事国,则同心而共济。始终如一,此君子之朋也。”(《古文观止》)小人则不然,他们眼里没有道义,没有忠信,也没有国家和人民。他们所好者利禄,所贪者财货,同利之时互相勾结、共谋私利;利尽之时又互相排斥、甚至互相残害。这种人祸国害民,罪不容诛。古人早知结党营私之害,孔子也再三指出要“周而不比”“群而不党”,可惜人们充耳不闻。在中国历史上,特别是汉、唐、宋、明四代,党争不断,加速了朝代的灭亡。

15.23 子曰:“君子不以言举人,不以人废①言。”

【注释】

①废:废弃。

【译文】

孔子说:“君子不根据言论推举选拔人才,也不因某人有错误或罪行而废弃他的言论。”

【说解】

举人,关乎国家的兴衰、事业的成败,必须慎之又慎。《宪问》第四章孔子说:“有德者必有言,有言者不必有德。”君子守道义,讲忠信,知道有言者不必有德,所以不以言举人,举人必然选有德者。

无德之人虽不能委以重任,但其言论、著作有的还有价值。君子心胸宽广,眼光远大,不以人废言,允许无德者有价值的言论、著作存在,继续发挥其作用。如周作人的散文有很高的成就,但因为他在伪政权做过官,在“文化大革命”前,一直受到冷落。“文化大革命”后,文化界纠正了过左的错误,周作人的作品陆续出版了不少,现代文学史上也提到他的名字。

清李中孚的《四书反身录》说:“不以言举人,则徒言者不得幸进;不以人废言,庶言路不至壅塞,此致治之机也。以言举人,则人皆尚言;以行举人,则人皆尚行。上之所好,下即成俗,感应之机,捷于影响。风俗之淳漓(厚薄),世道之升沉系之矣。”

15.24 子贡问曰:“有一言[①]而可以终身行之者乎?”子曰:“其‘恕’乎!己所不欲,勿施于人。”

【注释】

①一言:一个字。有的地方解释为“一句话”,如“一言以蔽之,曰‘思无邪’。”(2.2)本章从孔子的回答来看,应讲成“一个字”。

【译文】

子贡问道:“有没有一个字可以终身奉行的呢?”孔子说:“那就是‘恕’吧!自己所不喜欢的,不要强加给别人。”

【说解】

恕道是“仁”的内涵,也是行仁的着手处,对子贡来说,十分重要。

子贡是工商业巨子,“端木生涯”与“陶朱(范蠡)事业”于春秋末期在全国齐名。在外交政治方面,子贡也是杰出人才。子贡的伟大之处,是他在政治、经济上有杰出的成就,但能不困于其中,对自己提出更高的要求:尊孔子为师,想成为君子(2.13)、贤士。但才高的人,很容易犯不能饶恕别人的毛病(14.29),看到别人的错误会难以容忍,所以孔子告诉子贡应该终身行“恕”。

在《公冶长》第十二章,我们看到子贡曾说:“我不欲人之加诸我也,吾亦欲无加诸人。”子贡已经提出了他的恕道。本章孔子教育子贡“己所不欲,勿施于人”,这与子贡自己说的又有什么区别呢?表面看,二者相差无几,但子贡的前提是“人之加诸我”,而孔子是“己所不欲”,不管别人是否“加诸我”。子贡的恕道是有条件的,孔子的恕道是无条件的。“恕道”要求人要有很强的道德自律精神。

行仁者即使不能成全他人(忠),起码遇事应先替他人考虑,对他人采取宽容的态度。自己不愿意做的事情,不要强求他人去做;自己所不愿意得到的东西,也不要强加给他人。不仅个人修养要做到“恕”,处理国家、民族、宗教、文化间的关系也需要“恕”。1993年在芝加哥签署的《世界伦理宣言》中,就把“己所不欲,勿施于人”列为一项重大原则。

自第十五章开始,集合了孔子有关修身与做人的言论。有从反面说的(如第十六、十七两章),但多数还是以君子为标准,从正面给人指出努力方向。最后指出一个“恕”字可以终身行之，实际是教育大家把“行仁”作为终生奋斗的目标。

15.25　子曰：“吾之于人也，谁毁谁誉？如有所誉者，其有所试矣。斯民也，三代之所以直道而行也。”

【译文】

孔子说：“我对于别人，诋毁了谁？赞誉了谁？假如我有所赞誉，那是经过实践考验过的。夏、商、周三代的人都能如此，所以三代能够直道而行。”

【说解】

孔子在本章说：“吾之于人也，谁毁谁誉？”这里的“毁”“誉”，都有“过分”的意思。如正确批判一个人，不能叫“诋毁”，善意指出一个人的缺点，更不能叫“诋毁”。所谓“毁”者，称人之恶而损其真；所谓“誉”者，扬人之善而过其实。孔子自我反省，认为自己并不是这样。在《论语》中，孔子赞扬了许多人，如管仲（14.16、14.17），子产（5.6），晏婴（5.17），蘧伯玉（15.7），都是经过实践的考验，恰如其分，所以不能说诋毁了谁，过誉了谁。这是直道。夏、商、周三代政治清明，老百姓安分守己，孔子认为这是因为三代能行直道。同样是这些老百姓，在春秋时就变了样，不能安分守己，原因之一就是因为统治者不行直道，毁誉脱离实际，不该毁者毁，不该誉者誉，做了坏事得不到惩罚，做了好事得不到赞誉，甚至受到诋毁，这样的时代，谁还弃恶向善呢？

孔子由毁誉问题联想到一个朝代的治乱，可谓思虑深远。

15.26　子曰：“吾犹及①史之阙文②也，有马者借人乘之，今亡③矣夫！”

【注释】

①及：赶上。　②史之阙（què）文：阙，同“缺”。指缺疑、存疑。史官记载历史，对于有疑问（缺乏确凿根据）的事，缺而不录，抱存疑态度，故有“阙文”。　③亡：同“无”。

【译文】

孔子说：“我还能够看到史书存疑的地方。有马的人把马借给别人骑。[这些]今天没有了啊!”

【说解】

“史之阙文”和“有马者借人乘之”,其间有什么关联,很难理解,包咸的《论语章句》和皇侃的《论语义疏》都把它们看成两件不相关的事。宋代叶梦得的《石林燕语》却根据《汉书·艺文志》的引文无“有马”等七个字,进而怀疑这七个字是衍文。其他穿凿的解释还很多,均不足信。

“有马者借人乘之,今亡矣夫”,就这一句也很难讲得通。有的解释说,“有马者借人乘之”是说人情厚道,“今亡矣夫”是说借马的厚道精神今已不存在了。这是有违事理的。任何时代,“有马者借人乘之”总不是难事。孔子带着弟子周游列国,受人帮助的地方很多,不单单是借一匹马的问题。孔子为什么慨叹“今亡矣夫”?恐怕还要作进一步的探讨。

15.27 子曰:“巧言乱德。小不忍则乱大谋。”

【译文】

孔子说:“花言巧语,会败坏道德。小事上不能忍耐,就会坏了大事。”

【说解】

花言巧语,把是说成非,把非说成是,把美说成丑,把丑说成美,使人听了,丧其所守,平时的信仰也动摇了。一个人没有信仰,很容易堕落。

战国时期,秦国派兵围攻赵国,赵国向齐国求救。齐国答应救赵,但要求赵威后把她的幼子长安君送到齐国去作人质。赵威后爱子心切,拒绝了这个要求。赵国大臣们纷纷向她进谏,她却执意不肯。最后左师触讋(zhé)出面,用非常委婉曲折的言辞去劝赵威后,并告诉她各国诸侯的子孙,没有一个能连续几代继承爵位的,就是因为太受宠爱了。他们没有什么功绩,却享受封赏和厚禄。太后如果爱长安君,不让他及时为国立功,一旦太后去世,长安君怎能在赵国站住脚?触讋的话打动了赵威后,使她接受了齐国的条件,把长安君送去。赵国由于齐国出兵,也转危为安。如果赵威后因妇人之仁而不能克制爱幼子之心,赵国的结局将不堪设想。

一世英雄,如不能忍住匹夫之勇,也将招来大祸。秦亡之后,形成了楚汉相争的局面。项羽在关中称霸,把刘邦封为汉王,让其统治落后的巴、蜀、汉中一带,并派章邯等大将率领大军监视他。刘邦非常生气,就想早日冲出汉中,和项羽决一雌雄。是萧何说服刘邦暂时忍下这口气,刘邦日后终成大业。汉三杰之一的韩信,年轻时能忍"胯下之辱",也是很有名的故事。

"小不忍则乱大谋",今天仍是指导我们处事的名言。

15.28　子曰:"众恶之,必察焉;众好之,必察焉。"

【译文】

孔子说:"众人都厌恶他,一定要考察一下;众人都喜欢他,一定要考察一下。"

【说解】

《子路》第二十四章是:"子路问曰:'乡人皆好之,何如?'子曰:'未可也。''乡人皆恶之,何如?'子曰:'未可也。不如乡人之善者好之,其不善者恶之。'"怎样知道"乡人之善者好之,其不善者恶之"前文并未说明。本章提出了办法,那就是"考察"。不去考察,只听信他自己的陈述和一些人的反映,是容易上当的。

《史记·田敬仲完世家》中记有这样一个故事:"(战国齐)威王初即位以来,不治,委政卿大夫。九年之间,诸侯并伐,国人不治。于是威王召即墨大夫而语之曰:'自子之居即墨也,毁言日至。然吾使人视即墨,田野辟,民人给,官无留事,东方以宁,是子不事吾左右以求誉也。'封之万家。召阿大夫语曰:'自子之守阿,誉言日闻。然使使视阿,田野不辟,民贫苦。昔日赵攻甄,子弗能救。卫取薛陵,子弗知。是子以币厚吾左右以求誉也。'是日,烹阿大夫,及左右尝誉者皆并烹之。"由于齐威王的英明,"于是齐最强于诸侯,自称为王,以令天下"。

15.29　子曰:"人能弘①道,非道弘人。"

【注释】

①弘:弘扬,光大。

【译文】

孔子说:"人能够弘扬道,不是道能弘扬人。"

【说解】

"道致广大而尽精微"(《中庸》第二十七章),是由人性的觉醒而开发出来的。"人心有觉,而道体无为"(朱熹《论语集注》),道是存在的,但它不会对人发号施令,就看你是否认识、是否遵循了。如道会向人发号施令,那道岂不成了上帝?!

《汉书·董仲舒传》说:“夫周道衰于幽厉,非道亡也,幽厉不繇也。至于宣王,思昔先王之德,兴滞补弊,明文武之功业,周道粲然复兴。……‘人能弘道,非道弘人’。”这是历史上“人能弘道,非道弘人”的例子。梁皇侃《论语义疏》引蔡谟的话说:“道者寂然不动,行之由人。人可适道,故曰‘人能弘道’;道不适人,故曰‘非道弘人’也。”

朱熹把“道”比喻成扇子,人比喻成手,说:“手能摇扇,扇如何摇手?”

15.30 子曰:“过而不改,是谓过矣。”

【译文】

孔子说:“有过错而不改正,那才真叫作过错了。”

【说解】

人非圣贤,孰能无过。“过而能改,则复于无过。”(《论语集注》)“过而不改,是谓过矣。”而且一个人的过错不是孤立的,不是停滞的,如不及时改正,会由小变大,由轻微变严重。没有一个人一开始就犯“大错”的。所以有了错误要及时改正,不要养痈成疽。

15.31 子曰:“吾尝终日不食,终夜不寝,以思,无益,不如学也。”

【译文】

孔子说:“我曾经整天不吃,整夜不睡,去冥思苦想,没有益处,都不如去学习。”

【说解】

孔子强调学习,并不是不要思考。孔子曾说过:“学而不思则罔,思而不学则殆。”(2.15)“学”与“思”应并重,但二者哪一个应摆在前面?当然是“学”,《论语》开篇就说:“学而时习之,不亦说乎?”没有学习做基础,只坐在那里冥思苦想,是不会有长进的。

本章开始用“吾尝”二字,说明这句话来自孔子的经验。孔子这句话,大概是对那些思而不学的人说的。今天很多人是“思而不学”“思而不学”不仅“无益”,而且很容易想入非非,走上错误的道路。

15.32　子曰："君子谋道不谋食。耕也，馁[①]在其中矣；学也，禄在其中矣。君子忧道不忧贫。"

【注释】

①馁(něi)：饥饿。

【译文】

孔子说："君子谋求学道行道，不谋求衣食。去种地，会常常挨饿；去学习，可以获得俸禄。君子担心学不成道，不能行道，不担心贫穷。"

【说解】

春秋时，一个人为了生活，最多的机会是去种田，虽然荒年难免挨饿。另一条出路是做官，这是读书人所朝思暮想的，但机会并不多。孔子认为，一个君子不应刻意去追求这两种出路，应该是"谋道不谋食"。当然，有的君子做了官，但那不是为了摆脱贫困过上富裕生活，而是为了行道。君子始终是以"忧道不忧贫"作为生活准则的。

15.33　子曰："知[①]及之，仁不能守之，虽得之，必失之。知及之，仁能守之，不庄以莅[②]之，则民不敬。知及之，仁能守之，庄以莅之，动之[③]不以礼，未善也。"

【注释】

①知：同"智"。　②莅(lì)：到，临。这里指从事治理百姓的工作。　③动之：动，动员。之，指代百姓。

【译文】

孔子说："依靠聪明才智得到了[官位或国家]，不能用仁德守住它，虽然得到了，也一定会失去它。依靠聪明才智得到了，也能够用仁德守住它，但是不用严肃的态度去对待工作，百姓也不会敬服。依靠聪明才智得到了，也能够用仁德守住它，又能用严肃的态度去对待工作，但是动员百姓不符合礼义，也不能算是完善。"

【说解】

这段话，孔子说得比较含蓄。从"得之""守之""莅之"来看，"之"似是指禄位,或是指天下国家("动之"的"之"似是指百姓)。孔子认为,从政,智、仁、庄、礼四德缺一不可。只用"智",虽能得之,其失在荡(17.8)。得了官位或国家,像秦始皇一样,如不用仁德去守住,必然要失掉。孟子说:"天子不仁,不保四海,诸侯不仁,不保社稷。"(《孟子·离娄上》)但只用"仁",其失在宽,也不可以。孔子在回答季康子问政时说:"临之以庄则敬。"但只用"庄",其失在猛,所以必须用"礼"来调和才算完善。

在智、仁、庄、礼四德中,礼是最后的规范。要使智、仁、庄至于善,必须有礼。

15.34 子曰:"君子不可小知而可大受也,小人[1]不可大受而可小知也。"

【注释】

①小人:常人,一般人。

【译文】

孔子说:"君子不可以用小事情来考验他,却可以接受重大的任务;小人不可以接受重大的任务,却可以用小事情来考验他。"

【说解】

本章谈观人、用人之法。"君子不器",在小事上,君子可能没什么突出的表现,却可以接受重大的任务。一般人有才有艺,才艺双全的也不少,其特长往往超过君子,但不能担任重大任务。《淮南子·主术》篇为了说明这个道理,举例说:"譬犹狸之不可使搏牛,虎之不可使搏鼠也。"

汉末,刘备领荆州牧,任命庞统作耒(lěi)阳令,庞统因没有干好被免职。庞统是江东名士,人称凤雏。刘备不识其才,让他当小小的县令,不称其职被免官。东吴鲁肃知道后,致书刘备说:"庞士元非百里才也。使处治中别驾之任,始当展其骥足耳。"诸葛亮也向刘备推荐庞统。刘备找庞统谈话后,"大器之,以为治中从事"。他后来与诸葛亮并为军师中郎将。

15.35 子曰:"民之于仁也,甚于水火。水火,吾见蹈[1]而死者矣,未见蹈仁而死者也。"

【注释】

①蹈(dǎo):踏,踩。引申为追求、实践。

【译文】

孔子说:“老百姓对于仁德,比对水火更急切需要。我见过溺水蹈火而死的,却没见过实践仁德而死的。”

【说解】

本章是孔子勉励人们去“为仁”。人在生活中离不开水火。孔子认为在生活中仁比水火更重要。没有水火,最多是个死;而一个人如果不仁,就丧失了善良的本性,人就不成其为人了。“哀莫大于心死,而身死次之。”(《庄子·田子方》)

生活里,蹈水火而死者常见。而社会中不仁的事情也有很多,一个有良知的人应该“行仁”,甚至为之献出生命,生活里蹈仁而死的却难以看到。孔子为此深为感叹。

15.36 子曰:“当仁,不让于师。”

【译文】

孔子说:“面对着合于仁义的事情,就是老师也不必同他谦让。”

【说解】

孔子这句话是鼓励学生“行仁”要义无反顾,要有坚持真理的精神。这句话出自老师之口,更令人信服,成为千古名言。

这句话很像古希腊哲学家亚里士多德说的:“吾爱吾师,吾更爱真理。”这是他和他的老师柏拉图意见相左时说的。他认为这种意见相左,并不是对老师不尊重。真理所在,对老师的错误意见也没有办法同意。这是做学问的精神,也是为人的原则。

15.37 子曰:“君子贞①而不谅②。”

【注释】

①贞:正,守正道、守节操。在本章与“谅”相对,是讲大信的意思。②谅:信,守信用。在本章与“贞”相对,是固执于讲小信的意思。

【译文】

孔子说:“君子守正道[讲大信],而不固执于讲小信。”

【说解】

《论语》中共用过三个“谅”字。“岂若匹夫匹妇之为谅也”(14.17)和本章的“君子贞而不谅”都是贬义,是指无原则地守信用而不知变通。孔子认为讲信用必须合于正道(贞),否则,“守信用”并不可取。孔子认为,“好信不好学,其蔽也贼”(17.8)。因为好信不好学,答应别人的事情,不管是否合乎道义,也坚持不变,结果害人害己。孔子还说:“言必信,行必果,硁硁然小人哉!”(13.20)孟子也说:“大人者,言不必信,行不必果,惟义所在。”(《孟子·离娄下》)

但孔子在谈到交友之道时说:“益者三友……友直,友谅,友多闻。”(16.4)这里的“直”“谅”“多闻”是统一的,这个“谅”是优点。社会不能没有信用,一个人也要守信,不过要讲大信,不要固执于讲小信,特别是在今天这个日新月异的社会里。

15.38 子曰:“事君,敬其事而后其食[①]。”

【注释】

①食:俸禄,官吏的薪水。

【译文】

孔子说:“侍奉君主,要谨慎认真地工作,而把拿俸禄的事放在后面。”

【说解】

一个好的官吏,一心把工作做好,不把薪俸放在心上。反之,一个计较薪俸待遇的人,不会全心全意地做工作。

春秋时,楚国有个有名的令尹(宰相)叫鬬穀於菟(wū tú),他年轻时做了令尹,一上任就捐出了自己的家财,来缓解楚国的危难。他做了三次令尹,依然是两手空空。楚成王每次给他俸禄,他都跑开。不给了,才回来。有人问他:“人生求富,而国君给你俸禄时你就逃走,是为什么呢?”子文(鬬穀於菟)回答说:“做官是为了保护老百姓。现在老百姓都很穷,而我却富了,这不是苦了百姓肥了自己吗?”在楚庄王时,若敖氏有人造反,受到灭族的严惩。子文属于若敖氏,当灭族。但庄王想到子文的治楚之功和为政的清廉,就宽恕了子文一族,说:“子文无后,何以劝善!”并封他的后人于郧(yún)。

诸葛亮为蜀汉“鞠躬尽瘁,死而后已”,死后却没有留下任何财产。他曾给后主刘禅上表说:“臣在外任,无别调度,随身衣食,悉仰于官,不别治生,以长尺寸。若臣死之日,不使内有余帛,外有赢财,以负陛下。”

15.39　子曰:“有教无类。”

【译文】

孔子说:“任何人我都可以给他教育,没有[等级、贫富、地域等等的]区别。”

【说解】

孔子突破了春秋前“学在官府”的政教一体模式,开创了私人办学的先河。在上古有所谓的“畴人”之学,那是贵族的家学,与平民孔子办的私学不同。孔子办私学,为中国的自由教育体系奠定了基础。当时的官学只有贵族和官僚子弟才能入学,孔子的私学却不分贵贱、贤愚、贫富、地域,都可以入学。他说:“自行束脩以上,吾未尝无诲焉。”(7.7)这体现了人本位的教育思想。

在等级森严的封建社会里提出并实行“有教无类”这样的教育原则,是孔子在打破“学在官府”后的又一创举。孔子的教育虽然在客观上起了为当时政治服务的作用,但他教育的最终目的是“育人”以改变现实。

这样,孔门的学生就十分庞杂。《尚书大传·略说》中有这样一段对话:南郭惠子曾问子贡:“夫子之门,何其杂也?”子贡回答说:“欲来者不拒,欲去者不止。良医之门多病人,隐栝(用以矫正斜曲的器具)之侧多枉材,是以杂也。”“随教随学”“有教无类”是孔子办学的突出特点。“有教无类”的思想对中国几千年的教育产生了巨大影响,它是正确认识孔子的重要依据。

15.40　子曰:“道不同,不相为①谋。”

【注释】

①为(wèi):替。

【译文】

孔子说:“根本主张不同,不能互相谋划事情。”

【说解】

“道不同”,不是一时的意见不同。如果只是意见不同,遇事是可以商量的。“道”是一个学派的根本思想,不能妥协。春秋末期,儒家之外,老子、墨子等各家的思想也逐渐形成。《史记·老庄申韩列传》说:“世之学老子者则绌(chù)儒学,儒学亦绌老子,‘道不同,不相为谋’。”

15.41　子曰："辞达而已矣。"

【译文】

孔子说："言辞足以表达意思就行了。"

【说解】

辞取达意为止，不以富丽为工。在为人处世上，孔子不赞成表面的华丽胜过内容实质，他曾说过"文胜质则史"(6.18)，在说话写文章上也主张"辞达而已矣"。说话、写文章能体现一个人的性格。孔子一再说："巧言令色，鲜矣仁。"(1.3、17.17)一个有修养的人，说话、写文章只求"辞达"；反过来说，想做到"辞达"，也必须在品德修养上下功夫。

15.42　师冕[①]见，及阶[②]，子曰："阶也。"及席，子曰："席也。"皆坐，子告之曰："某在斯，某在斯。"

师冕出，子张问曰："与师言之道与？"子曰："然，固[③]相[④]师之道也。"

【注释】

①师冕(miǎn)：师，指乐师。冕，乐师的名字。师挚逃往齐国之后(见18.9)，孔子常接触的乐师是师冕。我国古代的乐师，差不多全是瞎子。著名的师旷，为了使自己的音乐素养更上一层楼，觉得眼睛外视，分散精力，就把自己的双眼刺瞎。这也就是老子所说："不见可欲，其心不乱。"　②及阶：走到台阶。及，至、到。　③固：固然，本来如此。　④相(xiàng)：帮助，辅助。

【译文】

[盲人乐师]师冕来见孔子，[孔子师生迎出去。]师冕走到台阶前，孔子说："这是台阶。"走到座席边，孔子说："这是座席。"大家都坐下后，孔子告诉师冕说："某人坐在这里，某人坐在这里。"

师冕走了以后，子张问道："这是和盲人乐师讲话的方式吗？"孔子说："是的，这就是帮助盲人乐师的方式。"

【说解】

本章描写了一段小小的场景，从中可以看出孔子对待弱者言语从容、态度恳切。常人见到贵人则致敬，看到弱者往往不能以礼相待。其心始终受功利思想的操纵而不自知。

佛经里有这样一个故事:释迦牟尼有一个弟子,眼睛看不见,但还是自己缝衣服。有一天,他穿不起针线来,就在那里大声叫,要求同学帮助他穿一下针线。但是他的同学,那一班罗汉们,都打坐入定了,没人理他。释迦牟尼就自己下来帮他穿好针线,交到他手里,教他怎样缝。这个弟子听到说话的声音,才知道是老师。忙说:“老师,您怎么亲自来?”释迦牟尼说:“这是我应该做的。”而且马上给弟子们上了一课说:“人应该做的,就是这种事,为什么不肯帮助残废的人、穷苦的人?”(据南怀瑾《论语别裁》)

本篇第一章记录孔子不肯回答卫灵公的问话,而且第二天就离开了卫国,表示自己的不满。最后一章记录孔子十分亲切地接待师冕。编者这样编排可以说是有深意的。

季氏第十六

本篇共14章，主要记孔子论君子应该怎样为人处事和如何以礼法治国。

16.1　季氏[1]将伐颛臾[2]。冉有、季路[3]见于孔子曰："季氏将有事[4]于颛臾。"

孔子曰："求！无乃[5]尔是过[6]与？夫颛臾，昔者先王[7]以为东蒙[8]主，且在邦域之中矣，是社稷之臣[9]也。何以伐为[10]？"

冉有曰："夫子[11]欲之，吾二臣者皆不欲也。"

孔子曰："求！周任[12]有言曰：'陈力就列[13]，不能者止。'危[14]而不持，颠而不扶，则将焉用彼相[15]矣？且尔言过矣，虎兕[16]出于柙，龟玉毁于椟[17]中，是谁之过与？"

冉有曰："今夫颛臾，固而近于费[18]。今不取，后世必为子孙忧。"

孔子曰："求！君子疾[19]夫舍曰欲之而必为之辞[20]。丘也闻，有国有家者，不患寡而患不均，不患贫而患不安[21]。盖[22]均无贫，和无寡，安无倾。夫如是，故远人[23]不服，则修文德以来[24]之。既来之，则安之。今由与求也，相夫子，远人不服，而不能来也；邦分崩离析[25]，而不能守也；而谋动干戈[26]于邦内。吾恐季孙之忧，不在颛臾，而在萧墙[27]之内也。"

【注释】

①季氏:指季康子,名肥。鲁国最有权势的大夫,三桓之一。 ②颛臾(zhuān yú):附属于鲁国的一个小国,子爵,故城在今山东费县附近。三桓四分鲁国,季氏有其二。只有颛臾尚属鲁国国君。 ③季路:即子路,因仕于季氏,又称季路。据《左传》《史记》记载,冉有先仕于季氏。由本文看,冉有、子路是同时仕于季氏。这大概是孔子回鲁国后的事。不久,子路又去了卫国,却遭不幸。孔子这里主要批评冉有。 ④有事:这里指军事行动。 ⑤无乃:难道不是,恐怕是。“无乃”和“与”构成固定格式,意思是“恐怕……吧”。 ⑥尔是过:尔,人称代词,你。是,指示代词,用来复指前置宾语“尔”。过,动词。责备。 ⑦先王:指周之先王。 ⑧东蒙主:东蒙,山名即蒙山,在今山东蒙阴县南。主,主持祭祀的人。古时大山皆有祀,周之先王封颛臾之始君于东蒙山下,使主东蒙山之祀。这是孔子用历史来教育冉有、子路,使他们知道颛臾不能伐。 ⑨社稷之臣:社,土地之神。稷,禾黍之神。社稷,古时通常以此代指国家。因古代以土地与农耕作为两大要政,所以国君要主持这两个神的祭祀。古时称国家的重臣为“社稷之臣”。 ⑩何以……为:表示反问的一种固定格式,意思是“为什么要……呢”。 ⑪夫子:古时对老师、长者、尊贵者的尊称。这里指季康子。 ⑫周任:周朝有名的史官。 ⑬陈力就列:陈力,摆出自己的才力。就列,担任合适的职务。 ⑭危:不稳定。这里指瞎子走路不稳。 ⑮相:辅佐,帮助。这里指扶助盲人的人。 ⑯虎兕(sì)出于柙(xiá):兕,独角犀牛。柙,关猛兽的木笼子。 ⑰椟(dú):木制的柜子、匣子。 ⑱费(bì):季氏的采邑。在今山东省费县西北。颛臾与费邑相距仅70里,故说“近于费”。 ⑲疾:厌恶,痛恨。

⑳辞:这里的意思是托词、借口。 ㉑“不患贫”句:根据下文“均无贫,和无寡”和有关考证,“寡”和“贫”应互换位置,即换成“不患贫而患不均,不患寡而患不安”。译文据此。 ㉒盖:句首语气副词,大概。表示推测性的论断语气。

㉓远人:远方之人。此处指颛臾。 ㉔来:同“徕”。招徕,吸引,使之感化归服。“来之”“安之”都是使动用法,意思是“使之来”“使之安”。 ㉕分崩离析:崩,倒塌。析,分开。形容集团或国家等四分五裂。当时鲁国被季孙、孟孙、叔孙所谓“三桓”分割。 ㉖干戈:干,盾。戈(gē),古代兵器,横刃。干戈,比喻战争。 ㉗萧墙:宫殿当门的小墙,或称“屏”。古代臣子进见国君,至屏而肃然起敬,故称屏为“萧墙”。“萧”“肃”古字通。“萧墙之内”指宫内,亦即指鲁君。当时鲁君和三桓的矛盾很深,特别是对季孙氏。一旦鲁君不能容忍,必起内乱。孔子说得很含蓄。

【译文】

季氏将要讨伐颛臾。冉有、子路两人来见孔子，说："季氏将对颛臾用兵。"

孔子说："冉求，这恐怕该责备你吧！颛臾，过去周天子曾授权它主持东蒙山的祭祀，而且就在鲁国的疆域之中，是与我们鲁国共安危存亡的臣属，为什么要去攻打它呢？"

冉有说："季氏要这么干，我们两个人都不想这么做。"

孔子说："冉求，周任曾有句话说：'估量自己的才力，担任合适的职务；如果不能胜任，就该辞职不干。'[比如盲人]走路不稳定，却不去扶住他；摔倒了，却不搀扶他起来。那么，你这助手还有什么用呢？你的话显然是错了。老虎、犀牛从木笼子里跑出来，占卜用的龟甲、祭祀用的美玉在匣子里毁坏了，这是谁的过错呢？"

冉有说："如今颛臾城墙坚固，而且离季氏的采邑费邑很近。现在不把它拿过来，后世必成为子孙的祸患。"

孔子说："冉求！君子厌恶那种[心里想要]嘴上却不说想要，而且一定要找个借口的人。我曾听说过，对于有国有家的诸侯和有采邑的大夫，应担心的不是贫穷，而是分配不均；应担心的不是人少，而是社会不安定、不团结。若是财富分配均匀了，就无所谓贫穷；国内和睦团结了，就不显得人少；社会安定了，国家就没有倾覆的危险。这样做了，远方的人还不归服，就再提倡仁义礼乐的政教来招徕他们。[远方的人]已经来了，就使他们安心住下来。现在仲由、冉求你们二人辅佐季康子，远处的人不归服，不能招徕他们；国家四分五裂，而不能保全，反而想在国内动用武力。我恐怕季孙氏的忧患不在颛臾，而在于宫殿的门屏之内呢。"

【说解】

本章通过孔子与弟子冉有、子路的谈话，谴责了季氏讨伐颛臾，表达了孔子"不患寡而患不均，不患贫而患不安""均无贫，和无寡，安无倾"的政治思想以及以用仁义教化来使"远人"归服的主张。这是《论语》中孔子发表政论最长、最明确的一章。

全文可以分成两段。头一段由开头到"是谁之过与"，这一段是写孔子对季氏伐颛臾的态度。孔子认为颛臾是鲁国境内的臣属之国,不必伐;而且是先王所封,也不能伐。并以比喻来责备冉有、子路未能谏止季氏。

第二段由“冉有曰:‘今夫颛臾’”到结尾。是写孔子从道理和可能造成的后果两方面说明讨伐颛臾有害无利。

这次谈话大约发生在鲁哀公十二年前后。那时冉有已在季氏那里工作了八九年,而子路在哀公十一年随孔子回鲁国后,也到了季氏那里。那时三桓四分鲁国,季氏取其二,孟孙、叔孙各取其一。而颛臾是鲁国的附庸之国,不属于三桓,而属于鲁君。季氏想把颛臾吞为己有,以巩固自己的地位。冉有在老师面前虽然口头上说自己不愿意伐颛臾,但实际是参与其事的,所以孔子对他提出了严厉的批评。在批评之后,孔子告诉冉有和子路,一个真正为国为家着想的人,应考虑怎样使“远人”归服——不靠武力,而靠德政。

16.2 孔子曰:“天下有道,则礼乐征伐自天子出;天下无道,则礼乐征伐自诸侯出。自诸侯出,盖十世希不失[①]矣;自大夫出,五世希不失矣;陪臣[②]执国命,三世希不失矣。天下有道,则政不在大夫。天下有道,则庶人[③]不议。”

【注释】

①希不失:希,同“稀”,少。不失,指不失权势。 ②陪臣:卿、大夫的家臣。冉有、子路都曾是陪臣。这里的“陪巨执国命”指阳虎之流。 ③庶人:一指春秋时期的农业劳动者,二指无官爵的平民、百姓。本章是指平民、百姓。

【译文】

孔子说:“天下政治上轨道,制礼作乐,军事征伐,由天子做决定;天下政治昏乱,制礼作乐,军事征伐,由诸侯做决定。由诸侯做决定,大概很少有传到十代而不丧失权势的;由大夫做决定,很少有传到五代而不丧失权势的;由卿、大夫的家臣来掌握国家的命运,很少有传到三代而不丧失权势的。天下政治上轨道,国家的政权不会落在大夫手里。天下政治上轨道,老百姓就不会议论朝政了。”

【说解】

孔子这一段话,可能是从考察历史,尤其是春秋时期的各国历史所得出的结论。西周时期,“天下有道,礼乐征伐自天子出”。到了春秋时期,各诸侯已不听周天子的命令,擅自变礼乐,搞征伐,周天子的力量和一个小诸侯国差不多了。

各诸侯国中,齐桓公首先称霸,其后经历孝公、昭公、懿公、惠公、顷公、灵公、庄公、景公、悼公、简公十公,至简公被陈恒所杀(见14.21)。晋国称霸后,其历史也和齐国相仿。这些孔子都很清楚,所以说“十世希不失”。鲁国三桓当政,季氏自季友专政,经过文子、武子、平子、桓子而为家臣阳虎所执,更是孔子所亲见,所以说“五世希不失”。至于“陪臣执国命”,如阳虎、公山弗扰等都是当身而败,不曾到三世。

孔子的这段话,既是历史的总结,也指出了历史的规律:当前的天下无道是不正常的,不会长久,天下最终必然归于有道。

本章和前一章的内容密切相关。前一章是由一件事引出的孔子的一番议论,本章是由点到面,由特殊到一般。下一章和本章的关系则更为密切。

16.3 孔子曰:“禄[①]之去公室[②]五世矣,政逮[③]于大夫四世[④]矣,故夫三桓[⑤]之子孙微矣。”

【注释】

①禄:爵禄。这里指国家政权。　②公室:指鲁国朝廷,具体指鲁君。　③逮(dài):到,及。　④五世、四世:公元前608年,鲁文公死,公子遂(即东门遂,鲁庄公之子。论辈分,应该是宣公的爷爷)杀了文公的嫡长子恶和他的弟弟视而立妃子敬嬴的儿子为君,就是宣公。公子遂专权。这样经历了宣公、成公、襄公、昭公、定公五代。宣公和公子遂死后,季文子驱逐了东门氏,政权就落在季氏手里。到孔子说话时,经文子、武子、平子、桓子,正是四代。　⑤三桓:即鲁国的三卿,季孙氏、叔孙氏、孟孙(仲孙)氏。因这三家都是鲁桓公的后代,故称“三桓”。

【译文】

孔子说:“国家政权离开鲁君已经五代了,政权落在大夫[季孙氏]手里已经四代了。所以三桓的子孙现在也衰微不振了。”

【说解】

本章是孔子由历史演变的规律联系鲁国的现实所得出的结论。孔子预言季氏衰微不振,其命运不会长久。本章和前一章的内容紧密相连,南怀瑾的

《论语别裁》把两章合在一起是有道理的。

由于被眼前各种纷繁的表象所迷惑，一个人对身处的时代，很难做出正确的评价和预言。而孔子却能鉴往知来，十分正确地评估了当时的形势。孔子说"四十而不惑，五十而知天命"(2.4)，并非虚言。朱熹《论语集注》说："此章专论鲁事，疑与前章皆定公时语。"

16.4 孔子曰："益者三友，损[1]者三友。友[2]直，友谅[3]，友多闻，益矣。友便辟[4]，友善柔[5]，友便佞[6]，损矣。"

【注释】

①损：害也。 ②友：这里作动词。亲近，结交。 ③谅：诚实。本是褒义词，但有时用作贬义，如"岂若匹夫匹妇之为谅也"(14.17)。 ④便辟(pián pì)：表面装象，心术却不正。 ⑤善柔：善于阿谀奉承，内心缺乏诚信。 ⑥便佞：善于花言巧语而胸无实学。

【译文】

孔子说："有益的朋友有三种，有害的朋友有三种。同正直的人交友，同诚实的人交友，同见闻广博的人交友，是有益的。同表面装象而心术不正的人交友，同善于阿谀奉承的人交友，同善于花言巧语而胸无实学的人交友，是有害的。"

【说解】

孔子对交友十分重视，《论语》中有多处谈到交友问题。人的一生不可无友，但交友不可不择。我们看到许多人由于朋友的帮助克服了困难，或事业上取得了成就。也看到许多人，特别是年轻人，由于交友不慎而误入歧途。交友应该"友直、友谅、友多闻"，这样的朋友可以使你长善救失，开拓心胸，德业学问日进于高明。反之，如果交上坏朋友，不但不能长进，反而可能走上犯罪的道路。《说苑·杂言》说："与善人居，如入兰芷之室，久而不闻其香，即与之化矣；与不善人居，如入鲍鱼(咸鱼)之肆(商店)，久而不闻其臭，亦与之化矣。"由于朋友的熏陶濡染，不知不觉就被同化了，它有时比父母和老师的教导更厉害。

16.5 孔子曰："益者三乐[1]，损者三乐。乐节[2]礼乐[3]，乐道人之善，乐多贤友，益矣。乐骄乐，乐佚游，乐宴

乐,损矣。"

【注释】

①乐(lè):快乐,喜欢。　②节:调节。　③乐(yuè):音乐。

【译文】

孔子说:"有益的快乐有三种,有害的快乐有三种。以得到礼乐的调节为快乐,以称道别人的好处为快乐,以交了不少有益的朋友为快乐,是有益的。以骄傲放肆为快乐,以闲逸游荡为快乐,以饮宴荒淫为快乐,是有害的。"

【说解】

一个人的爱好对一个人的品德修养至关重要,所以孔子给我们指出生活中什么爱好有益,什么爱好有害。虽然今天的生活与古代大不相同,娱乐项目也日新月异,但孔子给我们指出的大的原则,对我们今天的生活还是有指导意义的。

16.6　孔子曰:"侍[①]于君子[②]有三愆[③]:言未及之而言谓之躁,言及之而不言谓之隐,未见颜色[④]而言谓之瞽[⑤]。"

【注释】

①侍:陪侍,伺候。　②君子:此处指尊长,包括老师、长辈、长官。　③愆(qiān):过失。　④颜色:脸色。　⑤瞽(gǔ):眼睛瞎。

【译文】

孔子说:"伺候在尊长身边的时候,容易犯三种过失:话没到你说的时候抢着说,叫作急躁;到你说时却不说,叫作隐瞒;不看看[君子的]脸色就随意发言,叫作眼睛瞎。"

【说解】

说话对一个人非常重要。《论语》中有许多孔子教育弟子如何说话的名言。说话也是一种艺术,最重要的一点是掌握好发言的时机。本章是孔子教育弟子在君子面前应该怎样说话,总的精神是要掌握好发言的时机。"三愆"之中前"两愆"容易改正,难就难在第三"愆"。对一个人,见其面,知其心,根据其性格说出得体的话来,大概只有大智大勇者才能做到吧!

古今对说话最有研究的,应该是战国时期的韩非。他自己口吃,说话困难,他的《说难》却是千古名文。他认为向君主进言的关键,在于了解说话对象的心。他举出几十种说话失败与成功的情况。他指出说话人如果不了解说话对象的心,意见就不会被采纳,甚至会招来危险;告诉我们应该怎样说话,才能正确理解听话人的心思。韩非虽然聪明,可最后还是死在老同学李斯的手里(他们都是荀卿的学生)。司马迁感到非常惋惜,他说:"余独悲韩子为《说难》而不能自脱耳。"(《史记·老庄申韩列传》)

16.7 孔子曰:"君子有三戒:少之时,血气[①]未定[②],戒之在色;及其壮也,血气方刚,戒之在斗;及其老也,血气既衰,戒之在得[③]。"

【注释】

①血气:相当于我们常说的"精力"。人的精力来自构成生命活动的两个要素:血液和气息。 ②未定:未成熟,未固定。 ③得:贪得无厌。指名、利、地位、女色等。

【译文】

孔子说:"君子有三件事应该警惕戒备:少年时,血气未定,要警惕贪恋女色;到了壮年时,血气正旺盛,要警惕争强好斗;等到年老了,血气已经衰弱,要警惕贪得无厌。"

【说解】

少年、壮年、老年,是人生历程中的三个阶段。一个君子在进德修业上希望有所成就,在不同的成长阶段都应有所戒惕。

所谓"三戒",可以说是人生道路上的三道难关,是一个人很容易犯的错误。少年要成长,血气未定,要防止沉湎于女色而削弱立志。壮年要创业,但血气方刚,要警惕在名利上争强好斗,学会退让、容忍。无数事实证明,"后其身而身先""夫惟不争,故天下莫能与之争"(《老子》)。老年人血气已衰,奋斗一生,需要清心寡欲,不要再去追求名、利一类的东西了。

"戒"不是消极防范,而是具有"修养"与"考验"的双重意义。如不加强修养,色、斗、得是防范不了的。所以少年要从"志于学"走向"而立";壮年要从"不惑"走向"知天命";老年应知天命,不应再有非分的想法。这并不是反对老年人有所追求。老年应发挥余热,在学问事业上继续前进。这与贪得无厌不能相提并论。

16.8　子曰："君子有三畏[1]：畏天命，畏大人[2]，畏圣人之言。小人不知天命而不畏也，狎[3]大人，侮圣人之言。"

【注释】

①畏：怕，畏惧。在本章也有惊羡、钦佩、尊重的意思。　②大人：古代对在高位的人称"大人"。　③狎（xiá）：轻慢，不尊重。

【译文】

孔子说："君子敬畏的有三件事：敬畏天命，敬畏在高位的人，敬畏圣人的话。小人不懂得什么是天命而不畏惧，不尊重在高位的人，蔑视圣人的话。"

【说解】

君子的三畏中，"畏天命"是根本。孔子有深刻的天命意识。什么是天命？天命就是天所主宰的必然性。如《易经·文言传》说："积善之家必有余庆，积不善之家必有余殃。"《尸子》中也说："从道必吉，反道必凶，如影如响。"都在阐述"天命"蕴涵在自然事物的运行之中。君子"知天命"，自然按"天命"而行，自然就"畏大人，畏圣人之言"。小人不懂得什么是"天命"，认为善不一定得善报，恶不一定得恶报，干了坏事，心存侥幸，甚至心安理得。这样，什么"大人"、什么"圣人之言"就更不理会了。

16.9　孔子曰："生而知之者，上也；学而知之者，次也；困而学之，又其次也；困而不学，民斯为下矣。"

【译文】

孔子说："生下来就有知识的，是上等；经过学习才有知识的，是次一等；遇到困难再去学习的，是再次一等；遇到困难还不知学习的，是最下等的了。"

【说解】

本章是孔子劝人学习。人的气质不同，孔子据此把人分为四等。在这里孔子没有强调天分，只强调肯不肯学。人们都说孔子是圣人，是生而知之。孔子自己则反对这种说法。他说："我非生而知之者，好古，敏以求之者也。"（7.20）有"生而知之"的人，大概是孔子的主观想法，也许是受古代传说的影响，现实里并没有"生而知之"的人。

“学而知之”的人，即是孜孜不倦“敏以求之”的人。正像《中庸》所说：“博学之，审问之，慎思之，明辨之，笃行之。……人一能之己百之；人十能之己千之。果能此道矣，虽愚必明，虽柔必强。”这样的人也不多，列为次等。

“困而学之”的人，本不想学，但世道的艰难和生存的危机感迫使他去学习。正像孟子所说：“德、慧、术、知者，恒存乎疢(chèn)疾(道德、聪明、本领、才能，经常是由于有灾患)。”这类人较多，列为又次等。

以上三等人，虽然起点有高有低，但最后成就往往没有差别。正像《中庸》所说：“或生而知之，或学而知之，或困而知之，及其知之一也；或安而行之，或利而行之，或勉强而行之，及其成功一也。”至于困而不学者，是不动脑筋、目光短浅、得过且过的人，当然属于最下等了。

16.10 孔子曰：“君子有九思[①]：视思明，听思聪，色[②]思温，貌思恭，言思忠，事思敬，疑思问，忿思难[③]，见得思义。”

【注释】

①思：君子之思，就是《大学》中的“虑”。《大学》的第一章第二节说：“知止而后有定，定而后能静，静而后能安，安而后能虑。”孔子这里说的“思”，就是要深入地去想。　②色：脸色。　③难(nàn)：这里指灾难、后患。

【译文】

孔子说：“君子有九个方面的考虑：看，要力求看明白；听，要力求听清楚；脸色，一定要温和；态度，一定要庄重恭敬；说话，一定要忠诚老实；做事，一定要认真谨慎；有疑问，一定要向别人请教；发怒了，要考虑是否会有后患；看见有利可图，要考虑是否合于义。”

【说解】

孔子十分重视人的思考。本章把思考分成九个方面，十分细致。九个方面看似平列，实际上可分为两节。前四节、视、听、色、貌，是人得之于天的，如果不加思考，就容易受到外界的不良影响，必须深入思考，才能保持自然的本性。后五节是与人接触时必须要考虑的，想做得圆满，必须加强品德修养。

“九思”之外，在生活中还有一些要思考的，如“祭思敬”“丧思哀”等。总之，一个君子，必须是善于思考的人。

自第四章起，集中了孔子讲的三友、三乐、三愆、三戒、三畏、人分四等、君子有九思，这些都没有离开我们的生活，有的给我们指明方向，有的为我们敲起警钟。君子之道，就是由身边事情做起。儒家理论就是这样平实，但其中蕴涵着人间至理。如"君子畏天命""见得思义"等，必须有长期的"克己复礼"的功夫，才能做到。

16.11 孔子曰："见善如不及，见不善如探汤①。吾见其人矣，吾闻其语矣。隐居以求其志，行义以达②其道。吾闻其语矣，未见其人也。"

【注释】

①探汤：把手伸进开水里，这时人必然赶紧把手抽回来。汤，开水。②达：达到。这里是全面贯彻的意思。

【译文】

孔子说："看见善的[就努力追求]，就像怕自己赶不上似的；看见邪恶的[就赶紧躲开]，就像手伸进开水里似的。我看见过这样的人，也听过这样的话。用隐居来保全自己的志向，用实行仁义来贯彻自己的主张。我听说过这样的话，却没有见过这样的人。"

【说解】

据《论语集注》，"见善如不及，见不善如探汤"是古语。

一个人专门做好事，憎恶坏人坏事，比较容易做到。殷朝的"三仁"、柳下惠、蘧伯玉以及孔子的许多弟子都属于这类人。但是"隐居以求其志，行义以达其道"就难了。长沮、桀溺、荷蒉者等人只是隐居，保持自身的高洁，但没有更高的要求，即"行义以达其道"，所以他们不属于第二种人。当时能做到"隐居以求其志，行义以达其道"的，恐怕只有孔子和颜渊吧！孔子曾对颜渊说过："用之则行，舍之则藏，唯我与尔有是夫！"(7.11)

16.12 齐景公①有马千驷②，死之日，民无德而称焉。伯夷、叔齐饿于首阳③之下，民到于今称之。(诚不以富，亦只以异)④，其斯之谓与？

【注释】

①齐景公：请参看12.11。 ②千驷：古代一般用四匹马拉一辆车，所

以"驷"就是四匹马的统称。千驷,就是四千匹马。在当时是十分富有的。　③首阳:首阳山。据说在今山西运城南,为当年伯夷、叔齐采薇隐居处。有伯夷、叔齐墓(见5.23)。　④"诚不"句:原在《颜渊》第十章最后,与上文联系不自然。有人说应加在这里,与"其斯之谓与"衔接,否则,"其斯之谓与"不知指什么。因缺乏令人信服的证据,所以加上括号(见12.10)。《论语》第十篇以后,有一些错简,如10.27、12.10以及本章等。

【译文】

齐景公有四千匹马,死的时候,老百姓都认为他没有什么美德值得称颂。伯夷、叔齐饿死在首阳山下,老百姓直到今天还在称颂他们。[这实在不是因为富或不富,只是因为品德行为的不同。]说的就是这个意思吧?

【说解】

本章没有"子曰",但从内容看,符合孔子对齐景公和伯夷、叔齐的看法以及他的历史观。所以本章大概是孔子经常用来教育弟子的教材。齐景公生前富贵超人,死后却无人称颂;伯夷、叔齐生前无权无势,最后饿死在首阳山上,却流芳百世。公道自在人心,再有权势的人也不可改变。

如今时代变了,但"公道自在人心"之理是不会变的。

16.13　陈亢[①]问于伯鱼[②]曰:"子亦有异闻乎?"对曰:"未也。尝独立,鲤趋[③]而过庭。曰:'学《诗》乎?'对曰:'未也。''不学《诗》,无以言。'鲤退而学《诗》。他日,又独立,鲤趋而过庭。曰:'学礼乎?'对曰:'未也。''不学礼,无以立。'鲤退而学礼。闻斯二者。"

陈亢退而喜曰:"问一得三,闻《诗》,闻礼,又闻君子之远其子也。"

【注释】

①陈亢(kàng):即陈子禽。已见于1.10。　②伯鱼:即孔鲤。已见于11.8。　③趋:小步快走。在人面前表示恭敬。

【译文】

陈亢问伯鱼道:"您从老师那儿听到一些不同的教导吗?"伯

鱼回答说:“没有。有一天,父亲一个人站在院子里,我快步走过院子。父亲问我:‘学《诗》了吗?’我回答说:‘还没有。’父亲说:‘不学《诗》就难以说话。’我回去以后就开始学《诗》。又一天,父亲一个人站在院子里,我快步走过院子。父亲问我:‘学礼了吗?’我回答说:‘还没有。’父亲说:‘不学礼就难以立足于社会。’我回去以后就开始学礼。我只听说过这两件事。”

陈亢回去以后高兴地说:“我问一件事,知道了三件事:学《诗》、学礼的重要和君子不偏向自己儿子的高尚品格。”

【说解】

《孟子·离娄上》中公孙丑向孟子提出为什么君子不亲自教育自己儿子的问题,看来古时是提倡“易子而教”的。孔子没有“易子而教”,其伟大之处就是把伯鱼看得和其他弟子一样,没有任何偏爱。

有人说陈亢是孔子弟子,有人说不是。从《论语》中陈亢出现的几章来看,他对孔子并不了解,所以才提出一些问题来。有的问题提的很幼稚(如19.25)。他怀疑孔子可能对自己的儿子有所偏爱,进行特殊的传授,所以直接向伯鱼发问。了解孔子的弟子是不会提出这样问题的。

20世纪在湖北省原楚地出土了大量的简帛。经过整理,我们知道《诗》《书》、礼、乐等六经是先秦学生学习的基本教材,孔子的入室弟子当然人人要学。由谈话可知,伯鱼所学并不比其他弟子多。再从伯鱼所描述的情景看,他和父亲的亲密程度远不如其他弟子。由此可以推想,他学的东西也远不如其他弟子。

孔子离鲁去卫,开始周游列国时,伯鱼已36岁。他大概是因为母亲亓官氏的关系,没有随父亲一块走,这对伯鱼来说,是很大的损失。虽然伯鱼一生始终默默无闻,但伯鱼是一个好儿子,通过他,人们也可以认识到孔子的伟大。

16.14 邦君①之妻,君称之曰夫人,夫人自称曰小童②;邦人称之曰君夫人,称诸异邦曰寡③小君;异邦人称之亦曰君夫人。

【注释】

①邦君:指诸侯国的国君。 ②小童:国君妻子自己的谦称。③寡:少。这里是“寡德”的意思。自谦之辞,古代王侯和士大夫均可自谦称

"寡人"。唐以后,只有皇帝称"寡人"。

【译文】

国君的妻子,国君称他为夫人,夫人自称为小童;国内人称她为君夫人,在其他国家人面前称她为寡小君;其他国家人也称她为君夫人。

【说解】

这一章,权威人士认为是孔子所说,只是没有"子曰"两个字。古代人的称呼包括称人和自称,都有一定规范,十分严格。所以本章也是孔子教育弟子的一项内容。在公开场合把称呼搞错了,是要受人指责的。

阳货第十七

本篇共26章,孔子提出了人性和"天不言"的深刻道理,批判了一些不道德的现象,教育弟子要讲究仁德,加强学习。

17.1 阳货[1]欲见[2]孔子,孔子不见,归[3]孔子豚[4]。孔子时[5]其亡[6]也,而往拜之。遇诸涂[7]。

谓孔子曰:"来!予与尔言。"曰:"怀其宝而迷其邦[8],可谓仁乎?"曰:"不可。""好从事而亟[9]失时,可谓知[10]乎?"曰:"不可。""日月逝矣,岁不我与[11]。"

孔子曰:"诺,吾将仕矣。"

【注释】

①阳货:季氏的家臣,名虎。曾囚季桓子,一度掌握了季氏一家的大权,进而掌握了鲁国的大权,是孔子说的"陪臣执国命"的人物。后因企图消除三桓未成,逃往晋国。　②见:动词,使动用法。欲见孔子,是想让孔子来拜见他。与下文的"孔子不见"不同。　③归(kuì):同"馈"。赠送。　④豚(tún):小猪。这里指煮熟了的小猪。　⑤时:同"伺"。窥伺,暗中打听。　⑥亡:同"无"。这里指不在家。　⑦涂:同"途"。途中,半道上。⑧迷其邦:听任国家迷乱,政局动荡不安。　⑨亟(qì):副词。屡次。⑩知:同"智"。　⑪岁不我与:否定句中,代词"我"作宾语,放在动词"与"之前。意思是"岁不与我",岁月不等待我。"与",动词、等待。

【译文】

阳货想让孔子去拜见他,孔子不去见,他就送给孔子一只[煮熟了的]小猪。

孔子打听到阳货不在家时,才去回拜他。两人半道上遇上了。

阳货对孔子说:"过来! 我有话对你说。"[孔子走了过去,阳货]说:"自己怀着一身本领,却听任国家迷乱,这样做可以称为仁吗?"[孔子]说:"不可以。"[阳货又]说:"喜欢参与政事而又屡次错过机会,可以称为智吗?"[孔子]说:"不可以。"[阳货又]说:"时光消逝了,岁月是不等人的。"

孔子说:"好吧,我将要去做官了。"

【说解】

如前所述,这时鲁国的政局是季氏专鲁国的政,阳货专季氏的政。作为季氏的家臣,阳货趁季平子体弱多病的有利时机,逐步由把持了季氏的家政进而掌握了鲁国的国政。阳货庶出于孟孙氏(孟懿子的庶子),被当时人认为是很低贱的,所以他把持国政难以服人。阳货想起用孔子,利用孔子在社会上的威信和才干,来巩固自己的地位。

本章说阳货想使孔子来见自己,孔子不去,于是阳货想用送礼的办法达到目的。按照当时的礼俗,"大夫有赐于士,不得受于其家,则往拜其门"(《孟子·滕文公下》)。孔子得到阳货送的小猪后,不得不去拜谢阳货,于是打听到阳货不在家时去了。但不巧得很,偏偏在半路上碰到了。阳货也很有头脑,他针对孔子的主张,劝说孔子应该早日出仕,使得孔子只好说:"诺,吾将仕矣。"

后来阳货因企图削除三桓而失败,逃往晋国,投奔赵简子,协助赵简子处理国政,建议并协助赵简子发布了奖励军功、鼓励士工农商参战、解放奴隶的法令。看来阳货在政治上是很有才干的。

至于孔子为什么不去阳货手下做事,据司马迁说:这时"鲁自大夫以下皆僭离于正道。故孔子不仕,退而修诗、书、礼、乐,弟子弥众,至自远方,莫不受业焉"。(《史记·孔子世家》)

这件事情大约发生在公元前504年前后。公元前501年阳货失败逃离鲁国,孔子于次年由中都宰升任鲁司寇。

17.2 子曰:"性相近也,习相远也。"

【译文】

孔子说:"人的本性是相近的,因为习染不同,才互相有了差别。"

【说解】

《论语》中,只有这一章记录了孔子谈人性的问题,难怪子贡说:“夫子之文章,可得而闻也;夫子之言性与天道,不可得而闻也。”(5.13)

“性相近”的“性”指什么?孔子没有说,我想不是“食色之性”。“食色之性”是人的自然之性,由生至死,不会有太大的变化,不会出现习相远的现象。再说,其他动物同样具有“食色之性”。所以“性相近”的“性”是人之所以为人的本性,就是孟子说的“本心”。这个“性”,人与人本是相近的,但由于习染的不同,所谓“近朱者赤,近墨者黑”,差别就大了。

我们平时看到的“人性”,是习染之性,有善有恶。有的人局限于眼前的现象,认为人生下来就有善有恶,这是不对的。孔子在有善有恶的人性表现中,认为“性相近”,是十分伟大的。据此,又提出人性为“仁”的思想,如说颜渊“其心三月不违仁”(6.7)、“为仁由己”(12.1)、“我欲仁,斯仁至矣”(7.30)等,创立了儒家思想的核心理论。

“人性”是中国哲学的一个根本问题,对它的解释,各家都不同,儒家内部也有分歧。我认为孟子的解释很好。《孟子·告子上》中,孟子专门和告子辩论了人性问题。他说:“恻隐之心,人皆有之;羞恶之心,人皆有之;恭敬之心,人皆有之;是非之心,人皆有之。恻隐之心,仁也;羞恶之心,义也;恭敬之心,礼也;是非之心,智也。仁、义、礼、智,非由外铄我也(不是由外人给予我的),我固有之也,弗思耳矣。”孟子的性善主张,不是说人生下来就有了这些好的品质,而是说“乃若其情,则可以为善矣,乃所谓善也”(从天生的资质看,可以使它善良,这就是我所谓的人性善良)。所以人性善是“求则得之,舍则失之”(一经探求,便会得到;一加放弃,便会失掉)。也就是孔子说的“我欲仁,斯仁至矣”(7.30)。孟子对“人性”的阐述,我认为符合孔子的“性相近,习相远”的原意。

1993年,湖北荆门郭店的一座战国墓出土了一批楚竹简,其中儒家著作占大部分,多为孔子弟子或再传弟子的作品。其中有《成之闻之》一篇,开头说:县成(孔子弟子)听老师这样说:“圣人之眚(性)与中人之眚(性),其生而未又(有)非之节于而(天)也,则猷(犹)是也。”意思是:圣人之性与普通人之性原本是没有多少差别的,都是生而自然形成的,并没有得到天意的什么指示,只是它本来就是如此而已。下面又说:“人的本性都是向善的,但随着人的成长,在不同的学习过程中,表现的情况就不一样了。普通人就远远赶不上圣人了。”郭店楚简中的这两段话,可以作本章说解的补充。

17.3　子曰："唯上知[①]与下愚不移。"

【注释】

①知：同"智"。

【译文】

孔子说："只有最上等的智者和最下等的愚人是改变不了的。"

【说解】

上一章说人的本性是相近的，但由于习染不同，所以要改变。但就人的天分来说，生下来就不一样，有的智商高，有的智商低，有的聪明，有的愚笨，而且不可改变，这已为科学所证明。但这并不是说，天分就可以决定一个人的命运。一个人的命运，要受各种因素的影响。但"天行健，君子以自强不息"（《易经·乾卦·象辞》）。一个人即使智商不高，但如能勤奋努力，持之以恒，同样可以取得超人的成就。在孔子的著名弟子中，"柴也愚，参也鲁"（11.18），而结果，曾参对夫子之道领悟最深，成为儒学的传人。

17.4　子之[①]武城[②]，闻弦歌之声。夫子莞尔[③]而笑，曰："割鸡[④]焉[⑤]用牛刀？"子游对曰："昔者偃也闻诸[⑥]夫子曰：'君子学道则爱人，小人[⑦]学道则易使也。'"

子曰："二三子，偃之言是也。前言戏之耳。"

【注释】

①之：动词。往，去。　②武城：春秋时鲁国的一个小县城。子游曾在那里当县长。今天在山东何处，有几种说法。一说是济宁嘉祥县。　③莞（wǎn）尔：微笑的样子。　④割鸡：杀鸡。看出孔子不愿意用"杀"字。⑤焉：疑问代词，何。　⑥诸："之于"的合音。　⑦小人：常人，一般老百姓。　⑧戏：开玩笑。

【译文】

孔子到了武城，听见弹琴唱歌的声音。孔子微微笑着说："杀鸡何必用宰牛的刀呢？"子游回答说："从前我听老师说过：'在上位的人学了道，就会惠爱百姓；老百姓学了道，就容易役使了。'"

孔子说："各位，言偃的话是对的。我刚才说的话，不过是开玩笑罢了。"

【说解】

子游任武城县县长的事,在《论语》中两见,一是说他得人——澹台灭明(6.14),一是本章。两章都赞扬他能按孔子的教导治理武城,取得很好的政绩。从子游批评子夏来看,他做事是从根本入手(见19.12)。他治理武城,以礼乐为教,所以武城人能弹琴唱歌。孔子对子游的政绩十分满意,而且说了笑话,这在别处是很少见的。

17.5 公山弗扰[①]以费[②]畔[③],召,子欲往。

子路不说[④],曰:"末之也已[⑤],何必公山氏之之也[⑥]?"子曰:"夫召我者,而岂徒哉?如有用我者,吾其为东周乎[⑦]!"

【注释】

①公山弗扰:疑即公山不狃(niǔ),与阳货同是季氏家臣。 ②费(bì):季氏的封邑,在今山东费县西北。 ③畔:同"叛"。 ④说:同"悦"。高兴,喜悦。 ⑤末之也已:没有可去的地方就算了。末,这里是"没有地方"的意思。之,去、往。已,止、算了。 ⑥"何必"句:为什么一定要去公山氏那里呢?句中的第一个"之"是助词,起着把宾语(公山氏)提前的语法作用。第二个"之"是动词,去、往。 ⑦"吾其"句:东周,不是与"西周"相对的"东周"。"东"在这里活用为动词。"周"指周公之道。"东周"的意思是:在东方实现(或复兴)周公之道。就全国看,鲁国是在东方。

【译文】

公山弗扰据费邑叛乱,召请孔子,孔子想去。

子路很不高兴,说:"没有可去的地方就算了,为什么一定要去公山氏那里呢?"孔子说:"召我去的人,难道没有用意吗?我要使周公之道在东方复兴呢!"

【说解】

公山弗扰(不狃)在《左传》里被多次提到。他本是季氏的家臣,与阳货等家臣相似。他曾经与阳货等一起主持操办过季平子的丧事。季桓子执政后,公山弗扰因与桓子的亲信不和,就和有势力的阳货勾结在一起,并参加了鲁定公八年的阳货之乱。九年,阳货失败后,逃往晋国投奔赵简子,公山弗扰就占据费地来对抗公室和季氏,但还没有公然举兵。直到定公十二年,孔子任鲁司寇,和子路计划毁掉三都,季氏也想借机毁掉坚固的费邑城墙(实际是要消灭和自己对抗的公山弗扰的势力)。公山弗扰这才起兵攻打鲁国的国都,失败后逃往吴国。

从公山弗扰在吴国的表现看,他是有正义感和爱国心的。《左传·鲁哀公八年》记载,吴国要进攻鲁国,吴王就问来自鲁国的叔孙辄,能否把鲁国打败。叔孙辄说:“鲁国有名无实,攻打他们,一定能如愿以偿。”公山弗扰知道后,就批评叔孙辄说:“这是不合于礼的。君子离开自己的国家,不去敌国。在祖国,没有尽到臣下的本分而又去攻打它,是错误的,有这样的任命就要避开。而且一个人离开国家,不应该由于有所怨恨而祸害乡土。现在您由于小怨恨而要颠覆祖国是严重的错误,您一定要推辞。下面吴王一定要问我。”叔孙辄听了公山弗扰的话,悔恨自己说错了。接着吴王果然又问公山弗扰,他说:“鲁国在危急的时候,一定有愿意共死的援国。鲁国是齐国和晋国的嘴唇,唇亡齿寒,这是您所知道的。危急时,在您后方的楚国也会帮助鲁国。所以您是不会如愿以偿的。”后来吴王还是出兵攻打了鲁国,派公山弗扰领兵,他故意领着军队从险路走,消耗了吴军的力量,再加上鲁国的反抗,吴王只好和鲁国订立盟约回国。

这样看来,公山弗扰不是一个靠武力称霸、有野心的人,他实际上是一个很有头脑的人,他反对的是鲁国当政者。孔子想去他那里,是否是因为对他有所了解呢?

《论语》中,公山弗扰只出现这一次,《左传》中也没有记载召孔子这件事,所以有的学者对这件事表示怀疑,认为并无其事。国学大师钱穆先生认为,“不狃召孔子,而孔子实未往”,即认为实有其事,并断定公山弗扰召孔子是在作乱之前。

17.6　子张问仁于孔子。孔子曰:“能行五者于天下,为仁矣。”

“请问之。”曰:“恭[①]、宽、信、敏[②]、惠[③]。恭则不侮,宽则得众,信则人任[④]焉,敏则有功,惠则足以使人。”

【注释】

①恭:恭敬。在心为敬,在貌为恭。　②敏:勤勉。　③惠:慈惠。　④任:信任,支持。

【译文】

子张问孔子,怎样才能做到仁。孔子说:“能在天下做到下列五点就是仁了。”

“请问哪五点?”孔子说:“恭敬、宽厚、诚实、勤敏、慈惠。恭敬地对待他人,就不会遭受侮辱;待人宽厚,就能得到群众的拥护;为人诚实,就会得到人们的信任;勤勉工作、学习,就能有所建树;对人慈惠,人就乐为之用。”

【说解】

子张性格有些偏激,但他好学上进的精神是难能可贵的。他是向孔子提问题最多的一个学生。他问干禄、问善人之道、问明、问崇德辨惑、问达、问行,等等。他很年轻,他问干禄、问政,也是想从政,但他始终未涉足官场,而是向老师学习,走办学传道之路,这又是他的过人之处。子游也很佩服老同学,说:“吾友张也,为难能也,然而未仁。”(19.15)

子张知道自己“未仁”。孔子的弟子中,除颜渊外,都是“未仁”,许多弟子都向孔子请教什么是“仁”和如何“行仁”。本章子张问仁,从孔子的回答来看,他是问如何行仁于天下。“仁”是人的本心,在内心呈现为道德意识,在外表现为道德行为,最基本的是忠、恕,即“己立立人,己达达人”“己所不欲,勿施于人”。但在处理人际关系上,又衍生为许多道德条目,如孔子提出的“恭、宽、信、敏、惠”,每一条都是很优秀的品德。一个人想做到这五条,成为仁者,必须下苦功才行。孔子的话,也是对自己喜爱的弟子子张的勉励吧。

17.7 佛肸[①]召,子欲往。

子路曰:“昔者由也闻诸夫子曰:‘亲于其身为不善者,君子不入也。’佛肸以中牟[②]畔,子之往也,如之何?”

子曰:“然,有是言也。不曰坚乎,磨而不磷[③];不曰白乎,涅而不缁[④]。吾岂匏瓜[⑤]也哉?焉能系而不食?”

【注释】

①佛肸(bì xī):晋国大夫范氏的家臣,中牟县长。公元前490年,晋国赵简子攻打范氏,佛肸据中牟抵抗赵简子。佛肸召请孔子就在这时。《左传·哀公五年》记有:“夏,赵鞅(即简子)攻打卫国,这是为了范氏的缘故,并乘机

包围中牟。” ②中牟：晋国地名。约在今邢台市和邯郸市之间。 ③磷：本义是薄石，引申为把石头磨薄。 ④涅而不缁：涅（niè），本是一种矿物，古人用作黑色的染料。这里用作动词，染黑。缁（zī），黑色。 ⑤匏（páo）瓜：葫芦的一种，果实比葫芦大。

【译文】

佛肸召请孔子，孔子想去。

子路说：“从前我听老师说过：‘亲自做坏事的人那里，君子是不去的。’佛肸据中牟叛乱，您真的去了，那怎么说得过去呢？”

孔子说：“是的，我是说过这话。但是，不是说真正坚硬的东西，磨也磨不薄吗？不是说真正洁白的东西，染也染不黑吗？我难道是个匏瓜吗？怎么能挂在那里不给人吃呢？”

【说解】

春秋时，晋国有韩、赵、魏、范、中行、智六大家族，世代都是晋卿，人称六卿。春秋末年，六卿互相攻伐，最后范、中行、智三家败亡，只剩下韩、赵、魏三家。后来三家把晋国分了，就成为战国时期的韩、赵、魏三国。佛肸抵抗赵鞅（简子），是为了保卫范氏，各为其主，而且是被迫的，所以不能说他干了坏事。他遇事能想到孔子并召请孔子，说明他有向上之心。从一系列的事情看，子路确是一个“闻过则喜”的硬汉子，但他思想保守，最后也死在思想保守上。

佛肸召请孔子时，孔子正在卫国，已经62岁了。佛肸很想让孔子师徒来协助自己，就派人来请，孔子也动了心，但遭到子路的反对。孔子表示自己去中牟不会受影响，依然能保持自己的坚强纯洁的本质。特别是他向子路表白了他强烈的用世思想：“吾岂匏瓜也哉？焉能系而不食？”那时孔子率领弟子周游了许多国家，没有一个国君想重用他，都是把他像匏瓜一样系起来挂在那里。这次佛肸来召请，毕竟给了他一个实施自己政治主张的机会。但后来孔子并没有去中牟。

17.8　子曰：“由也，女闻六言①六蔽②矣乎？”对曰：“未也。”

“居③！吾语④女。好仁不好学，其蔽也愚⑤；好知⑥不好学，其蔽也荡⑦；好信不好学，其蔽也贼⑧；好直不好学，其蔽也绞[9]；好勇不好学，其蔽也乱；好刚不好学，其蔽也狂。”

【注释】

①言：古时一句话叫一言，一个字也叫一言。如五个字一句的诗叫“五言诗”。这里的“六言”是六个字，实际是六种德行。　②蔽：弊病。　③居：坐。　④语(yù)：告诉。　⑤愚：愚蠢。这里有受人愚弄的意思。　⑥知：同“智”。　⑦荡：放荡不羁，没有基础。　⑧贼：害，伤害。这里指害人害己。　⑨绞：说话尖酸刻薄。

【译文】

孔子说：“仲由，你听说过六个字[的德行]，会有六种弊病吗？”[子路]回答说：“没有。”

孔子说：“坐下来，我告诉你。爱好仁德却不好学习，其弊病是愚蠢；爱好耍小聪明却不好学习，其弊病是放荡不羁；爱好诚实却不好学习，其弊病是害人害己；爱好直率却不好学习，其弊病是说话尖刻刺人；爱好勇敢却不好学习，其弊病是捣乱闯祸；爱好刚强却不好学习，其弊病是狂妄。”

【说解】

在《论语》中，写子贡、子路的篇章最多，都有三十多次。子路是孔子最得意的学生之一，他十分能干，而且敢作敢为，但不爱好学习。在《先进》第二十五章写子路使子羔为费宰，孔子批评他“贼夫人之子”。子路辩驳说：“有民人焉，有社稷焉，何必读书，然后为学？”所以孔子对子路讲“六言六蔽”是有针对性的。对那些好学的弟子讲“六言六蔽”就是无的放矢了。在本篇第二十三章，子路曾问孔子：“君子尚勇乎？”他是希望老师赞扬他勇敢，是君子。孔子却回答说：“君子义以为上，君子有勇而无义为乱。”什么是义？需要认真学习才能分辨出义和不义。上一章的“说解”中，我曾说子路保守，这也和他不爱学习有关系。

有六种美德的人，究竟应该学什么才不致于出现“六蔽”呢？朱熹《论语集注》说：“六言皆美德，然徒好之而不学以明其理，则各有所蔽。”六种美德各有其理，既知其当然，又知其所以然才可以。其中有许多学问，需要认真学习，才能达到完善。

学了本章，那些恃一己之长而不愿学习的人，应该有所醒悟。

17.9 子曰:“小子何莫学夫《诗》?《诗》可以兴①,可以观②,可以群③,可以怨④;迩⑤之事父,远之事君;多识于鸟兽草木之名。”

【注释】

①兴:兴起,感发(意志)。 ②观:观看,观察。这里指观察人和社会的能力。 ③群:这里指合群性。 ④怨:怨恨不平。 ⑤迩(ěr):近。

【译文】

孔子说:“弟子们为什么不学习《诗》呢?《诗》可以感发意志,可以提高[对人对社会的]观察力,可以锻炼合群性,可以抒发怨恨不平;往近处说懂得侍奉父母,往远处说懂得侍奉君主;还可以多认识鸟兽草木的名称。”

【说解】

本章是孔子动员弟子们学习《诗经》的讲话。在《为政》第二篇,孔子曾对《诗经》作了总的评语,即“思无邪”。本章又细说学习《诗经》的巨大作用。其作用有三个方面:第一,《诗经》可以兴、观、群、怨,开发人的智慧。“兴”是感发意志,就是说可以鼓动人的向上精神。“观”是“考见得失”,就是说从《诗经》里面可以看见前人的成功和失败,从中吸取经验教训,以为借鉴。“群”指人的合群性。《诗经》一方面是配乐的,起着音乐的作用;内容又“思无邪”,起着礼的作用,有这两种作用,就可以增强人与人之间的团结了。“怨”是“怨而不怒”,对人间不平事,可以直抒胸臆。第二,使人按道德行事,坚持正道。“迩之事父,远之事君”只是举其大者,关于夫妇、兄弟、朋友等人伦之道,也都可以由学习《诗经》而得以加固。第三,知识的扩充。鸟兽草木只是自然、社会万事万物的一端而已。《诗经》的内容是非常丰富的。

《诗经》作用的三个方面中,第一方面是最本质的。孔子对兴、观、群、怨功能的陈述,就是对《诗经》本质的陈述。孔子对《诗经》的评价是千古不易的。

孔子使《诗经》带有了伦理和道德的内涵,把《诗经》的内容作了引申和发挥。《毛诗·诗序》说:“故正得失,动天地,感鬼神,莫近于《诗》。先王以是经夫妇,成孝敬,厚人伦,美教化,移风俗。”同时,春秋时代是广泛运用《诗经》的时代。《诗经》在文学之外的天地里,在政治、军事、外交等方面发挥着巨大的作用。当时的贵族和士人必须学《诗》(请参看下一章和16.13)。孔子自卫国回到鲁国后，在整理《诗经》上下了很大功夫，很多学生都成了研究《诗经》的专家，最有成就的当属子夏（见1.7关于子夏的介绍）。

17.10 子谓伯鱼曰："女为[①]《周南》[②]《召南》[③]矣乎？人而不为《周南》《召南》，其犹正墙面而立[④]也与！"

【注释】

①为：本义是"做"。在不同的语句中可以变通讲法。在本句中是"学习"的意思。 ②《周南》：《诗经》15国风中的首篇。本为地名，大约在今汉水流域东部，陕西、河南之间，直到湖北。由这一地区收集到的民歌（包括乐曲），叫《周南》，共11篇。 ③《召（shào）南》：约在汉水流域西部，在今河南、湖北之间。由这一地区收集到的民歌（包括乐曲）叫《召南》。在《诗经》中，《召南》排在《周南》之后，共14篇。 ④"其犹"句：正，对着。面对着墙壁站着，比喻被阻挡而无法向前，一物无所见，一步不可行。

【译文】

孔子对伯鱼说："你学了《周南》《召南》了吗？一个人如果不学《周南》《召南》，就好像面对着墙壁站着啊！"

【说解】

《周南》《召南》都是民歌，其中很多是歌颂男女爱情的，那么孔子为什么叫伯鱼学习《周南》《召南》呢？朱熹《论语集注》说："《周南》《召南》，《诗》首篇名，所言皆修身齐家之事。'正墙面而立'，言即其至近之地，而一物无所见，一步不可行。"本章可以说是对前一章的进一步说明。

孔子非常重视国风的《周南》《召南》，在编定《诗经》时，把这两篇安排在三百篇之首。

17.11 子曰："礼云礼云，玉帛[①]云乎哉？乐云乐云，钟鼓云乎哉？"

【注释】

①玉帛（bó）：指古代举行礼仪时使用的玉器、丝帛等礼器、礼品。

【译文】

孔子说："礼呀礼呀，只是指玉帛之类的礼器吗？乐呀乐呀，只是指钟鼓之类的乐器吗?”

【说解】

到了春秋时代,执政者对于礼乐只讲形式,完全不顾它的实质(见3.1、3.2),所以孔子发此感叹。

朱熹的《论语集注》说:“敬而将之以玉帛则为礼,和而发之以钟鼓则为乐。遗其本而专事其末,则岂礼乐之谓哉?”朱熹认为礼要“敬”,乐要“和”,这是对的,但还不是礼乐的本质。

东汉经学家郑玄说:“言礼非但崇此玉帛而已,所贵者,乃贵其安上治民。”说出了礼的目的。既要“安上治民”,行礼自然就“敬”了。

孔子也很重视礼的形式(请看《乡党》),但他更重视礼的内在本质。礼要有形式,但要敬,要有真情实感。他说:“礼,与其奢也,宁俭;丧,与其易也,宁戚。”(2.4)但在“敬”的里面还有一个本质的东西,那就是“仁”。礼乐是以“仁”为核心的。孔子说:“人而不仁,如礼何?人而不仁,如乐何?”(3.3)“仁”才是礼乐的灵魂。

17.12 子曰:“色厉而内荏①,譬诸小人,其犹②穿窬③之盗也与!”

【注释】

①色厉而内荏(rěn):外表看起来很严厉,不可一世,内心却胆怯、虚弱。色,脸色、外表。荏,怯懦、虚弱。 ②犹:像,相似,相同。 ③穿窬(yú):爬墙穿洞。窬,洞。从墙上爬过去也叫“窬”。

【译文】

孔子说:“脸色严厉而内心怯懦的人,若用小人来做比喻,不过是像爬墙穿洞的小偷吧!”

【说解】

孔子这句话所指的是当时春秋末期那些大人先生们的变态心理。孔子把他们比喻成爬墙穿洞的小偷,是对有权有势者的蔑视。色厉而内荏的人古代有,今天也不少。以权谋私、贪污腐化、违法乱纪、欺世盗名的人,在罪行揭发以前威风无比,可一旦东窗事发,却躲在阴暗的角落里发抖。这些人,活得很苦。一个人应该心地坦然地活着,不要图一时之利,换来终生的恐惧和不安。

17.13　子曰："乡愿[①]，德之贼[②]也。"

【注释】

①乡愿：外博谨厚之名，实系与世俗同流合污、求媚于世的伪善者。乡，鄙俗。愿，谨厚、顺从。《孟子·尽心下》对"乡愿"有一段具体解释：孟子的得意弟子万章问道："全乡人都说他是老好人，他也到处表现是一个老好人的样子，孔子竟把他看成是道德败坏的人，为什么呢？"孟子回答说：这种人要指责他，却又举不出大错误来，要责骂他，却也无可责骂的。"同乎流俗，合乎污世，居之似忠信，行之似廉洁，众皆悦之，自以为是，而不可与入尧舜之道，故曰'德之贼'也。"　②贼：败坏，危害。

【译文】

孔子说："好好先生，是败坏道德的人。"

【说解】

"乡愿"这种人，从表面上看不出什么毛病。但他无是无非，心里缺乏真实，言行都不是发自本人的真性情。《子路》篇孔子说的狂狷之士，虽各趋一偏，但还值得肯定，因为他们内里真实，其言行都是发自本人的真性情。有了这种好的素质，就可以加工，可以成为"中行"之士。但儒家并不认为拘谨、守规矩的人就是有道德的人。据说印度泰戈尔来中国之后，听了梁漱溟先生对"乡愿"的解释，才恍然大悟。他说："我长这么大，也没有听说过儒家的这样的道理；现在听梁先生的话，心里才明白。"他也误认为拘谨、守规矩就算有道德（见《梁漱溟全集》第二卷《朝话》）。

高纠是齐国的一位名士，连齐景公都想见他。他在晏婴手下做了三年幕僚，两人的关系十分密切，但还是被辞退了。人们不理解，晏婴解释说："我就好像是一块弯曲的木头，必须用墨斗来弹，用斧头来削，用刨子来刨，只有这样，才能成为一件有用的器具。高纠对我只会说好话，所以我把他辞退了。"看来高纠是一个典型的"乡愿"。

17.14　子曰："道听而涂说[①]，德之弃也。"

【注释】

①道听而涂说：道，道路。涂，同"途"，也是道路。道听，从路上听到的传闻。涂说，在路上传播。传闻来历不明，传说就不负责任。学到的知识没有理解透，从老师那里怎样听来的就怎样讲给学生，也可以叫"道听涂说"。

【译文】

孔子说："在路上听到的传闻，[不加证实]就四处传播，从道德来讲，是应该抛弃的。"

【说解】

一个传闻，入乎耳，出乎口，不经过考证和内心思考就说出去，实在是轻率，不负责任，而有道德的人是不会这样做的，所以孔子说这是"德之弃也"。为人师者，对于知识要"温故而知新"，研精习久，才可以讲给学生听，绝对不可以道听途说。

17.15 子曰："鄙夫①可与事君②也与哉？其未得之也，患得之③；既得之，患失之。苟患失之，无所不至矣。"

【注释】

①鄙夫：道德品质卑劣的小人。 ②事君：古代天下是国君的天下，做官就是事君。所以可以把事君讲成做官、做事。 ③患得之：实际上应该是"患不得之"。患，怕、担心。 ④无所不至：什么事都干得出来，无所不用其极。至，极也。

【译文】

孔子说："那种卑鄙小人，难道能同他一起共事吗？当他没有得到富贵的时候，生怕得不到；已经得到了，唯恐失掉。假如老怕失掉富贵，那就什么卑鄙的事都干得出来了。"

【说解】

"患得患失"这一成语，今天常常被人使用，通常被认为是人们的通病，不算什么大毛病。而孔子认为，就居高位的人来说，患得患失的人，道德品质卑劣，不可以共事。这种人，什么事都干得出来："小则吮痈舐痔(吸吮脓包，舔痔疮)，大则弑父与君，皆生于患失而已。"

从"色厉而内荏"到本章，可以看成是同一主题的一组文章，都在揭露我们生活中常见的四种小人。清代刘宝楠在《论语正义》中说："自'色厉而内荏'至'鄙夫'凡四章，语意大略相同，皆言中不足而外有余。盖貌为有德则色厉，而阴实小人故内荏；貌为好学则道听，而中无所守故涂说；是故居则为乡愿，出则为鄙夫，欺世盗名之徒，其害可胜言哉！"

17.16　子曰："古者民有三疾[①]，今也或是之亡[②]也。古之狂[③]也肆[④]，今之狂也荡[⑤]；古之矜[⑥]也廉[⑦]，今之矜也忿戾[⑧]；古之愚也直，今之愚也诈而已矣。"

【注释】

①疾：本义是病。在这里指气质上的缺点。　②亡：同"无"。　③狂：狂妄。　④肆：不拘小节，恣意行事。　⑤荡：放荡不羁，逾越大闲大防。　⑥矜(jīn)：骄傲自负。　⑦廉："廉隅"的廉，本义是器物的棱角。这里引申为人有棱角，不可触犯。　⑧忿戾(lì)：愤怨好争，蛮横无理。

【译文】

孔子说："古代的人有三种毛病，可是今天的人，连那三种毛病恐怕也没有了。古代狂妄的人不拘小节，今天狂妄的人放荡不羁；古代骄傲自负的人有棱角不可触犯，今天骄傲自负的人愤怨好争、蛮横无理；古代愚笨的人直来直去，今天愚笨的人只是欺诈耍手段罢了。"

【说解】

春秋末期，个人本位已占统治地位。孔子曾指出："古之学者为己，今之学者为人。"(14.24)古今学风已发生了根本变化，由此也可看出社会风气的变化。人们越来越轻视道德修养，为人处世考虑的出发点是个人利益。由于世风日下，古人的优点已不复存在，连古人的缺点今人也做不到了。孔子在这里把古今人的缺点作了对比：古代气质上有缺点的人，还没有丧失古朴实在的本性；今人的缺点中已没有古朴实在，只有自私自利、损人利己了。

17.17　子曰："巧言令色，鲜矣仁。"

【说解】

本章与《学而》第三章相同。所以重出，大概和下一章的内容有关。

17.18　子曰："恶[①]紫之夺朱[②]也，恶郑声之乱雅乐也，恶利口之覆邦家者。"

【注释】

①恶(wù)：厌恶。　②紫之夺朱：关于颜色，夏朝尚黑，殷人尚白，周人

尚赤。周朝是以大红色为正色。可是在春秋时,鲁桓公和齐桓公都喜欢穿紫色衣服。《管子》说:“齐桓公好服紫,齐人尚之。”当时的丝织品,紫色的比白色的要贵五倍。开始大夫等还不能穿紫色衣服。鲁哀公十七年,卫国浑良获罪,其罪状之一就是“紫衣狐裘”。实际上,当时许多国家已经开放了,紫色受到尊重。春秋以后,紫色成了尊贵的颜色。唐朝诗人白居易的《秦中吟》中就有“朱紫尽公侯”的句子。

【译文】

孔子说:“我厌恶紫色夺走了红色的正色地位,我厌恶郑国的乐曲破坏了典雅的乐曲,我厌恶以巧嘴利舌来颠覆国家的人。”

【说解】

本章是与孔子的“正名”思想相联系的。在颜色上,孔子强调正色红,反对间色紫;在音乐上,强调雅乐,反对郑声;在国家用人上,主张用正人,反对用巧嘴利舌的小人。

孔子之所以发表这番谈话,是由于在朝廷上已经是紫夺朱,郑声乱雅乐,利口者受到国家重用,掌握了大权,而正人受到排挤了。天下之事,正而胜者常少,不正而胜者常多。

17.19　子曰:“予欲无言。”子贡曰:“子如不言,则小子何述焉?”子曰:“天何言哉?四时行焉,百物生焉。天何言哉?”

【译文】

孔子说:“我想不说话了。”子贡说:“您如果不说话,那我们还传述什么呢?”孔子说:“天说了什么呢?四季照样运行不息,百物照样生长。天说了什么呢?”

【说解】

孔子这段话,有两点意在言外,第一点是“予欲无言”。为什么“予欲吾言”?本文没有明说。这使聪明的子贡不可理解。因为子贡认为老师的话至高无上,老师不说话了,自己就没有可传述的了。孔子回答子贡的话也十分含蓄,是理解为什么“予欲无言”的一把钥匙。第二点是“天何言哉”。言外之意是“天”可以说话,但它不说,却能“四时行焉,百物生焉”。孔子究竟怎样理解“天”?

我对孔子的“言外之意”是这样理解的：孔子之所以“欲无言”，是因为看到天不言而“四时行，百物生”，领悟到宇宙整体深处蕴涵着“内在的生机与生命”，其主宰者是“天”。“天”使世界有序地运行，万物自然化育生长，却什么都不说。孔子认为自己一生说了许许多多话，归结起来，和“天”的“无言”的教导完全一致，既是这样，自己又何必多嘴呢？在孔子的心目中，“天”是有意志的，虽然无言，却主宰着四时的运行和万物的创生化育。

既然认为人要说的与“天”的不言之教完全一致，其中就蕴涵着人与天相通的重要思想，从中看出孔子已深刻地认识了天人关系，但没有做过多的说明。孔子的后学孟子等人，在孔子的基础上，进一步阐述了天人关系，形成了儒家的宇宙观——“天人合一”的理论。

孔子和子贡说这些话，是希望他不要拘囿于自己的言论，要进一步理解“天”的道理，这要靠自己独立的观察思考。只有这样，才能真正理解自己的话。不知子贡是否真正把老师的话听懂了。

17.20 孺悲[①]欲见孔子，孔子辞以疾。将命者[②]出户，取瑟而歌，使之闻之。

【注释】

①孺悲：鲁国人。鲁哀公曾派孺悲向孔子学习士丧礼。这次孔子为什么不愿意见他，而且还特意让他知道自己不愿意见？不清楚，也许是为了教育他吧！　②将命者：传话的人。

【译文】

孺悲想见孔子，孔子推辞说有病。传话的人出了门，孔子拿过瑟来又弹又唱，[故意]让孺悲听到。

【说解】

《孟子·告子下》说：“教亦多术矣。予不屑之教诲也者，是亦教诲之而已矣。”孔子不愿意接见孺悲，而且又让他知道。这会促使他自我反省，这样的教育方式，有时比当面教育更有效。

17.21 宰我问：“三年之丧，期[①]已久矣。君子三年不为[②]礼，礼必坏；三年不为乐，乐必崩。旧谷既没[③]，新谷

既升，钻燧改火[④]，期可已矣。”

子曰：“食夫稻[⑤]，衣[⑥]夫锦，于女安乎？”曰：“安。”

“女安则为之！夫君子之居丧，食旨[⑦]不甘，闻乐不乐[⑧]，居处[⑨]不安，故不为也。今女安，则为之！”

宰我出，子曰：“予之不仁也！子生三年，然后免于父母之怀。夫三年之丧，天下之通丧也。予也有三年之爱于其父母乎[⑩]？”

【注释】

①期(jī)：一周年。　②为：平声。动词。为礼，讲习礼仪。为乐，演奏音乐。　③没(mò)：完了，尽了。　④钻燧改火：燧(suì)，火石，古代取火的器具。古代是用钻木的办法来取火，被钻的木材四季不同。所谓“春取榆柳之火，夏取枣杏之火，季夏取桑柘(zhè)之火，秋取柞楢(zuò yóu)之火，冬取槐檀之火”(马融引《周书·月令》)，一年一轮回。因四季不同而改用不同的木材，称为改火。后来也以改火指一年。　⑤食夫稻：夫，指示代词，那。古代北方以稷(小米)为主要粮食，水稻种的少，所以大米很珍贵，居丧者不应贪图享受，不应吃大米饭、穿锦缎。　⑥衣(yì)：穿。　⑦旨：滋味美，好吃的食物。　⑧乐：第一个“乐”音 yuè，指音乐。第二个“乐”音 lè，快乐。　⑨居处(chǔ)：这里指平时的居住生活而言。古时孝子为表孝心，在父母坟墓旁临时搭草棚子居住，住在家里也要改变居住方式。　⑩“予也”句：于，自、从。有的讲成“给”“与”。这句话的意思为：“宰予是不是也有三年的爱心报答他的父母呢？”

【译文】

宰我问道：“子女为父母守孝三年，也太长了。满一年就已经很久了。君子三年不讲习礼仪，礼仪必然荒废；三年不演奏音乐，音乐必然失传。[过了一年的时间，]陈谷既已吃完，新谷又已登场，取火用的木料也都轮了一遍，守孝一年也就可以了。”

孔子说：“[父母死了，不到三年]你就吃大米饭，穿锦缎衣服，你心里安稳吗？”宰我说：“安稳。”

孔子说：“你心里安稳，就这样去做吧！君子守孝，吃美味不觉得香甜，再好的音乐不觉得好听，住在家里不觉得安稳，所以不要吃好的,不要听好的。如今你心里安稳,就去做吧!"

宰我走了。孔子说:"宰予不仁啊!孩子生下三年以后,才能脱离父母的怀抱。为父母守孝三年,是天下通行的守孝礼节。宰予难道没有得到父母亲三年怀抱的爱护吗?"

【说解】

"三年之丧"的记载,最早见于春秋时期,但当时并未真正实行过。当时普遍实行的是"既葬除丧"的短丧。孔子结合殷代的周祭,将当时通行的"既葬除丧"的社会习俗加以规范理想化的改造,而提倡"三年之丧"。

台湾"中央大学"王邦雄教授在《论孔孟儒学的安身立命之道》一文中,对本章作了很好的分析,谨录如下:

"宰我质疑三年之丧的合理性,两大论据,一是人文价值的评量,坚持守丧三年,造成礼乐无人担当的空窗期,此其后果适得其反,礼必坏乐必崩;二是自然现象的运转,正好一年一周期,稻谷的收成,在春耕夏耘秋收冬藏间完成,而四季用的木材,也一年轮换一回。依前者言,三年太长了,依后者言,一年够长了。一破一立,言之成理。"

"孔子却不从人文价值与自然现象作出回应,反而直指本心,逼问在居丧期间,食稻衣锦会心安吗?此与人文价值的功利评量,跟自然现象的周期运转,根本不相干,而是发自人心的自我要求。'于女安乎'是仁心的自问自答,不能闪避,而要真诚面对,人间道德的依据在此,没有神话,没有戒律,惟此一问而已!"

"未料,宰予竟回答'安',师生对话,一逼问一气答,已无回转的空间,孔子不能再说什么,仅能回归普遍人性的本身,人在居丧期间,虽食旨亦不甘,虽闻乐亦不乐,虽居处亦不安。此中食旨、闻乐与居处,乃客观的实然存在,而不甘、不乐与不安,却是人心的应然感受。孔子一边说'君子不安故不为',一边说'今女安则为之',此话已说绝,再无退路,宰我只好离去。"

"而守丧三年的理由,孔子最后才点出来:'子生三年,然后免于父母之怀。'天下子女初生人间,生命稚弱无依,父母怀抱呵护三年,父母离开人世,生命孤独无助,试问身为子女要不要陪伴他们三年,回报父母生育疼惜的恩情?故守丧三年,不是权威教条,而是人心的当下呈现,只有陪伴三年,才得心安。宰予说安,不是从仁心发出来的真情实感,而仅是师生对话逼问而出的意气回应。"(《鹅湖》2001 年第 12 期)

17.22　子曰："饱食终日①，无所用心，难矣哉！不有博弈②者乎？为之，犹贤③乎已。"

【注释】

①终日：整天。　②博：古代一种下棋游戏，是掷色子以后再走步。后来变成只掷色子（骰子）不再走棋步，来赌输赢，那就是赌博，不是下棋了。奕（yì），围棋。　③贤：胜过，好。

【译文】

孔子说："整天吃饱了饭，什么事也不干，对这种人真没办法。不是有掷彩下棋的游戏吗？玩一玩也比什么都不干好。"

【说解】

本章孔子不是有意教人去掷色子、下棋，只是为了强调一个人不能"饱食终日，无所用心"。心是活的，你不往正道上用，必然走向邪道。你看书，心就往书上想；你工作，心就往工作上想；你下棋，心就往棋上想。如果你整天什么都不干，心就会想入非非，产生淫僻之念。

明末清初的学者顾亭林曾批评过明末知识分子的这种不良风气（请参看15.17）。

17.23　子路曰："君子尚①勇乎？"子曰："君子义以为上②。君子有勇而无义为乱，小人③有勇而无义为盗。"

【注释】

①尚：崇尚，尊崇。　②义以为上：以义为上。"义"是介词"以"的宾语，前置。"上"和"尚"的意思相同。　③小人：常人，一般的人。

【译文】

子路问道："君子崇尚勇敢吗？"孔子说："君子认为义是最高尚的。假如君子只有勇而没有义，就会犯上作乱；小人只有勇而没有义，就会做盗贼。"

【说解】

子路尚勇，以勇自负。据《孔子家语》说，子路初见孔子时，拔剑而舞，问孔子："古之君子以剑自卫乎？"孔子说："古之君子，忠以为质，仁以为卫。"有人据此认为本章这段师生对话，是两人初见面时的事。孔子告诉子路，无论是君子、小人,有勇而无义,都要犯错误,给社会造成危害。只是由于地位、经济力量、知识水平等因素的不同,危害有大有小而已。

子路始终是以勇自负,孔子多次对他进行教育。在《论语》中记下来的,就有五六次之多,遗憾的是子路没能听老师的话。

17.24　子贡曰:“君子亦有恶①乎?”子曰:“有恶。恶称人之恶②者,恶居下流③而讪④上者,恶勇而无礼者,恶果敢而窒⑤者。”

曰:“赐也亦有恶乎?”“恶徼⑥以为知⑦者,恶不孙⑧以为勇者,恶讦⑨以为直者。”

【注释】

①恶(wù):憎恶,讨厌。　②恶(è):坏,坏事。　③流:根据清代经学大师惠栋的《九经古义》和清代学者冯登府的《论语异文考证》,在晚唐以前的本子,没有这个“流”字。按文义,这个“流”字也不该有。北宋开始,加了“流”字。　④讪(shàn):诽谤,诋毁。　⑤窒(zhì):阻塞,不通。　⑥徼(jiāo):伺察。　⑦知:同“智”。　⑧孙:同“逊”。　⑨讦(jié):攻击别人短处,揭发别人隐私。

【译文】

子贡说:“君子也有厌恶的事吗?”孔子说:“有厌恶的事。厌恶一味传播别人坏处的人,厌恶身居下位而诽谤上位的人,厌恶勇敢而不懂礼节的人,厌恶果敢而固执不通事理的人。”

孔子说:“端木赐,你也有厌恶的事吗?”子贡说:“我厌恶那种伺察别人隐微却自以为聪明的人,厌恶不谦逊却自以为勇敢的人,厌恶揭发别人隐私却自以为正直的人。”

【说解】

喜欢好人好事,憎恶坏人坏事,是人之常情。但能正确分清爱憎,爱其所当爱,憎其所当憎,却并不容易。

孔子“恶称人之恶者”,因为这种人没有仁厚之心,对别人不同情。“恶居下流而讪上者”,这种人没有忠敬之心,心里无长无幼,无上无下。“恶勇而无礼者”,这种人没有礼的节制,一旦不顺己意,就要违法乱纪。“恶果敢而窒者”，“果敢”是好的，但不通事理，就要不论是非，率然妄作，就要胡来。这四种人，是社会的祸患，孔子憎恶他们，是发自仁者之心。

子贡之所恶与孔子相仿。如“恶不孙以为勇者”就是孔子的“恶勇而无礼者”；“恶讦以为直者”就是孔子的“恶称人之恶者”。孔子没有“恶徼以为知者”，这可能和子贡的经验有关吧！

17.25 子曰：“唯女子与小人为难养①也，近之则不孙②，远之则怨。”

【注释】

①养：供养，共同相处。　②不孙：不恭顺，放肆无礼。孙，同“逊”。

【译文】

孔子说：“只有女子和小人是难以相处的。亲近了，就会无礼；疏远了，就会怨恨。”

【说解】

许多人根据此章认为孔子轻视妇女，而且说，孔子把女人和小人列在一起了，说她们“近之则不孙，远之则怨”。这是对孔子的极大误解。

孔子是一位仁者，他说仁者“爱人”，其中当然包括社会上的弱者——妇女。在生活中，一般妇女没有“近之则不孙，远之则怨”的毛病。那么，“唯女子与小人为难养”这句话应如何理解？从“近之则不孙，远之则怨”看，孔子这里说的“女子与小人”不是一般人，而是指那些有权有势品德卑劣的人。男人分君子小人，女子也分君子小人。在统治阶层的妇女中，有些妇妾之流，互相争权、争宠，道德败坏、祸国殃民的并不少。对这类女人，说她们“近之则不孙，远之则怨”，把她们和小人列在一起，一点都不冤枉。

《论语》中，有一些话是孔子在特定场合针对特定对象说的。如“吾未见好德如好色者也”，这句话是孔子初到卫国时针对卫灵公说的，并不是针对所有人说的。实际上，君子、孔子的弟子们、社会上的“好德不好色”的人并不少，怎能说“未见”呢（见9.18）？本章的话，孔子也是针对少数人说的，只是在什么情况下针对什么人，就不清楚了。

总之，我们不能认为女子难养，也不能据此认为孔子轻视妇女。

17.26 子曰：“年四十而见恶①焉，其终也已②”。

【注释】

①见恶(wù):被(别人)厌恶。见,助动词,被。　　②已:动词,止。和"末之也已"(17.5)、"斯害也已"(2.16)的"已"字意思相同。

【译文】

孔子说:"人到四十岁还被人厌恶,他这一生也就完了。"

【说解】

宋代朱熹在《论语集注》中说:"四十成德之时,见恶于人,则止于此而已。勉人及时迁善改过也。"朱熹的解释符合孔子本意。见恶于人,是道德问题,不是学问、事业问题。人到40岁仍然品行不端,改起来就困难了,所以孔子说"其终也已"。

孔子的话,给年轻人敲起了警钟。一个人在年轻时就应敦品励学,否则,到壮年以后就来不及了。

微子第十八

本篇共11章，主要记历史上圣贤的事迹及世人对于处乱世的不同态度。

五、六、七三章是写孔子在周游列国途中遇到的几位隐士，他们希望孔子也“避世”隐居。孔子不为所动，突出了孔子不敢忘天下之心和知其不可为而为之的精神。

18.1 微子①去之，箕子②为之奴，比干③谏而死。孔子曰：“殷有三仁焉！”

【注释】

①微子：名启，纣王的同母兄。采邑在微（今山西长冶市潞城区东北），“子”是爵名，故历史上称微子。他出生时，母亲只是帝乙的妾，后来立为正妻后生了纣，所以纣成为太子。帝乙去世后，纣继承了帝位，微子则封为子爵，成了纣的卿士。后来纣王无道，微子屡谏不听，就离开朝廷，隐居荒野。周武王灭殷后，封于宋。 ②箕子：名胥余，纣王的叔父。采邑在箕（今山西省太谷县东北）。子爵，任太师。他向纣王多次进谏不听，就披发装疯，被纣王降为奴隶。周武王灭殷后才被释放。 ③比干：殷纣王的叔父，任少师。因多次进谏惹怒纣王，被剖心而死。

【译文】

［殷纣王无道，］微子离开了他，箕子做了他的奴隶，比干因劝谏而被杀。孔子说：“殷朝有三位仁人啊！”

【说解】

《史记·殷本纪》对微子等三人的最后结局是这样记载的：“纣愈淫乱不止。微子数谏不听，乃与大师、少师谋，遂去。比干曰：‘为人臣者，不得不以死争。'乃强谏纣。纣怒曰:'吾闻圣人心有七窍。'剖比干,观其心。箕子惧,乃佯狂为奴,纣又囚之。……周武王遂斩纣头,悬之[大]白旗,杀妲己。释箕子之囚,封比干之墓……封纣子武庚禄父,以续殷祀……周武王崩,武庚与管叔、蔡叔作乱,成王命周公诛之,而立微子于宋,以续殷后焉。"

本章孔子赞扬了殷末的三位贤臣:微子、箕子、比干。他们三人的遭遇虽不同,却都不忍见纣王的暴虐、百姓的痛苦、宗庙社稷的危亡,因此不惜牺牲个人的地位以至生命,企图匡复社稷,拯救百姓。孔子称赞他们三人为仁人。

18.2 柳下惠①为士师②,三黜③,人曰:"子未可以去④乎?"曰:"直道而事人,焉⑤往而不三黜?枉道而事人,何必去父母之邦⑥?"

【注释】

①柳下惠:鲁国的贤者。已见于15.14。 ②士师:古代掌管司法刑狱的官员。 ③三黜(chù):多次被撤职。三,表示多次,不一定只有三次。黜,罢免、革除。 ④去:离开。 ⑤焉:此处是疑问代词,哪里。 ⑥父母之邦:父母所在之国,即祖国。

【译文】

柳下惠做刑狱长官,多次被撤职。有人说:"难道您不可以离开鲁国吗?"他说:"以直道侍奉别人,到哪里不被三黜呢?以枉道侍奉别人,何必一定要离开自己的父母之邦呢?"

【说解】

柳下惠出身于公族,但一生居于下位,只做到掌管刑狱的士师,说明他在仕途上受到了压抑。受压抑的原因正像柳下惠自己说的"直道事人"。他重视操守,恪守直道。例如,有一年有一种叫"爰居"的海鸟落在鲁国的东门上,停了三天也不飞走。臧文仲认为这是神鸟,叫鲁国人都去祭祀它。柳下惠就批评说:"一个国家要祭祀什么都是一定的,怎么连海鸟也要祭祀呢?这样干,违背为政之要,'难以为仁且智矣'。"

柳下惠死后,他的妻子写的诔(lěi)文中说:"蒙耻救民,德弥大兮。"柳下惠爱国救民的言行,给时人做出了榜样,受到了后人的尊敬。在《论语》中,孔子多次赞扬柳下惠。他的思想对孔子、孟子都有影响。

18.3 齐景公待孔子曰："若季氏，则吾不能；以季孟[①]之间待之。"曰："吾老矣，不能用也。"孔子行[②]。

【注释】

①季孟：鲁国的季孙氏和孟孙氏。 ②孔子行：鲁昭公二十五年（公元前517年），鲁国发生内乱。鲁昭公想攻打季平子，因遭到三桓的反对而失败，逃亡到齐国。孔子也在这一年到了齐国，在齐国大约待了两年。齐景公本想重用孔子，把尼谿田封给孔子，遭到晏婴的反对。后来齐国有的大夫要害孔子，齐景公也说："吾老矣，不能用也。"于是孔子由齐国回到鲁国。

【译文】

齐景公谈到怎样对待孔子时说："要像鲁君对待季孙氏那样，我办不到；要用比季氏低比孟氏高的待遇来对待孔子。"［不久］又说："我老了，不能用他了。"孔子就离开了齐国。

【说解】

孔子在齐国期间，齐景公多次向孔子请教如何治理国家。孔子的回答令齐景公非常满意，就想重用孔子。假如孔子用于齐，就要推行鲁国的礼乐制度，要使"齐一变至于鲁"（6.24）。当时齐国执政的是晏婴，他反对儒家，反对在齐国推行鲁国那一套。他对齐景公说："儒者不守法，崇丧遂哀，破产厚葬，特别讲究礼节，老百姓难以学习。重用孔子对国家没好处。"齐景公本是一个没有作为、没有主见的国君，他听了晏婴的话，就不想用孔子了。

可是就在17年后（鲁定公十年，公元前500年），孔子做了鲁司寇又代行相事，鲁国的政治大有起色。齐鲁两国的夹谷之会，孔子使齐景公十分难堪。这时齐景公才真正认识到孔子是一位了不起的政治家。

18.4 齐人归[①]女乐，季桓子[②]受之，三日不朝，孔子行。

【注释】

①归（kuì）：同"馈"，赠送。 ②季桓子：鲁国贵族，姬姓，季孙氏，名斯。从鲁定公至鲁哀公初年，一直掌握着鲁国政权。

【译文】

齐国赠送了许多歌姬舞女给鲁国，季桓子接受了，［鲁君］三天不上朝,孔子就离开了鲁国。

【说解】

《论语》记孔子离开鲁国比较简单,《史记·孔子世家》记载得较详细,介绍如下:“定公十四年,孔子年五十六,由大司寇行摄相事……与闻国政三月,粥羔豚者弗饰贾(卖小羊小猪的不要谎价);男女行者别于涂;涂不拾遗;四方之客至乎邑者不求有司,皆予之以归。齐人闻而惧,曰:‘孔子为政必霸,霸则吾地近焉,我之为先并矣。盍致地焉?’犁钼曰:‘请先尝沮(jǔ,阻止)之。沮之而不可则致地,庸迟乎?’于是选齐国中女子好者八十人,皆衣文衣而舞《康乐》(舞曲名),文马三十驷,遗鲁君。陈女乐、文马于鲁城南高门外。季桓子微服往观再三,将受,乃语鲁君为周道游,往观终日,怠于政事。子路曰:‘夫子可以行矣。’孔子曰:‘鲁今且郊(举行郊祭),如致膰(fán)乎大夫,则吾犹可以止。’桓子卒受齐女乐,三日不听政;郊,又不致膰俎于大夫。孔子遂行。”(《史记》记孔子去鲁时间有误)

看来,季桓子接受齐馈赠的女乐后,孔子并没有马上走,还要看一看郊祭之后鲁定公是不是送给大夫们祭肉(膰)。如按礼法给祭肉,孔子并不想走,因为鲁君也没有撤他的职。后来看到定公连祭肉也不给他,孔子感到自己在鲁国已无所作为了。为了坚持自己的政治理想,他的出路只有一条——走(公元前497年)。

清刘宝楠认为,季桓子很了解孔子,他已发觉孔子在鲁国要坚决执行强公弱私的政策,对自己很不利,所以借齐人馈女乐之机,逼走了孔子。

18.5 楚狂接舆[①]歌而过孔子曰:“凤兮[②]凤兮!何德之衰?往者不可谏[③],来者犹可追[④]。已[⑤]而[⑥],已而,今之从政者殆[⑦]而!”

孔子下,欲与之言。趋[⑧]而辟[⑨]之,不得与之言。

【注释】

①接舆:楚国的狂人,接舆不是他的真姓名。曹之升《四书摭余说》说:“《论语》所记隐士,皆以其事名之。门者谓之‘晨门’,杖者谓之‘丈人’,津者谓之‘沮’‘溺’,接孔子之舆者谓之‘接舆’,非名亦非字也。”一说接舆姓陆,名通。　②凤:凤凰。中国传说中的神鸟,是众鸟之长。世有道则现,无道则隐。在这里用来比喻孔子。　③谏:挽回,阻止。　④犹可追:还来得

及补救。 ⑤已:停止。 ⑥而:句尾语气词。这里相当于“矣”。⑦殆:危险。 ⑧趋:小步快走。 ⑨辟:同“避”。

【译文】

楚国狂人接舆,唱着歌经过孔子的车旁,歌里唱道:“凤凰呀!凤凰呀!为什么你的德行这么衰退了呢?过去的事情不能再挽回了,未来的事情还来得及补救。算了吧,算了吧,如今从政的人危险啊!”

孔子下车想同他说话,他却快步避开了,[孔子]没能同他说上话。

【说解】

接舆,楚国人。他看到楚国政治不上轨道,就装疯不仕。他知道孔子是一位贤者,要去楚国求仕,特意来见孔子。他不是用谈话的方式直接劝孔子,而是用唱歌暗示孔子不要去楚国。他把孔子比喻成凤凰,凤凰只有在太平盛世才出现,为什么孔子这样一位大贤人在乱世还要到处奔走呢?算了吧,不要再求仕了,如今从政是很危险的。接舆的劝告完全是出于善意,只是观点与孔子不同。孔子听了连忙下车,想向接舆解释,自己正是由于天下无道才各处奔走的。但是接舆不想听孔子的解释,很快就避开了。

春秋末期,有些有识之士见到世事不可为,走上了隐居避世的道路。孔子认为,不管世道如何,都应该出来从政,以实现自己的政治理想,“不仕无义”,避世是不对的。

18.6 长沮、桀溺[①]耦而耕[②],孔子过之[③],使子路问津[④]焉。

长沮曰:“夫执舆者[⑤]为谁?”

子路曰:“为孔丘。”

曰:“是鲁孔丘与?”

曰:“是也。”

曰:“是知津矣。”

问于桀溺。

桀溺曰:“子为谁?”

曰："为仲由。"

曰："是鲁孔丘之徒与？"

对曰："然。"

曰："滔滔者[⑥]天下皆是也，而谁以易[⑦]之？且而[⑧]与其从辟人之士[⑨]也，岂若从辟世之士[⑩]哉？"耰[⑪]而不辍[⑫]。

子路行以告。

夫子怃然[⑬]曰："鸟兽不可与同群，吾非斯人之徒[⑭]与[⑮]而谁与？天下有道，丘不与易也。"

【注释】

①长沮(jǔ)、桀溺(nì)：长，个头高大。桀，体格魁梧。沮、溺，与水有关。《水经·沅水》注："故《地理志》曰南阳叶方城邑西，有黄城山，是长沮、桀溺耦耕之所。有东流水，则子路问津处。" ②耦(ǒu)而耕：古代耕田的一种方法。两人各执锹一样的农具，左右并耕，前面由牛牵引。春秋时已用牛耕田。

③过之：孔子自楚回蔡，路过长沮、桀溺耦耕处。 ④津：渡口。 ⑤执舆者：驾车的人。本是子路驾车，因为子路去打听渡口，所以孔子代为驾车。

⑥滔滔：水势浩大的样子。这里指坏东西多。 ⑦易：改变，改革。

⑧而：同"尔"，你。 ⑨辟人之士：躲避坏人的人。指孔子。 ⑩辟世之士：避开整个社会的人。指隐士。 ⑪耰(yōu)：播种之后，再用土盖上。

⑫辍(chuò)：停止，中止。 ⑬怃(wǔ)然：怅惘失意的样子。孔子惋惜长沮、桀溺不了解自己。 ⑭斯人之徒：指世上的人们。 ⑮与：相与，参与。

【译文】

长沮、桀溺两人并肩在耕田，孔子经过那里，让子路去打听过河的渡口。

长沮说："那位驾车的人是谁？"

子路说："是孔丘。"

长沮说："是鲁国的孔丘吗？"

子路说："是的。"

长沮说:“那他自己该知道渡口在哪里了。”

子路又去问桀溺。

桀溺说:“您是谁?”

子路说:“我是仲由。”

桀溺说:“是鲁国孔丘的弟子吗?”

子路说:“是的。”

桀溺说:“坏人坏事像洪水一样,天下到处都是,你们同谁去改变这种现实呢?你与其跟随躲避坏人的人,还不如跟随躲避整个社会的人呢。”一边说着一边不停地给种子盖土。

子路回来告诉孔子。

孔子听了怅惘地叹息说:“人不能和鸟兽合群共处,我不同世人一起生活又同谁一起生活?如果天下有道,我就不会同你们一道从事改革了。”

【说解】

从五、六、七三章看,孔子与这些隐士对现实的态度截然不同,他们之间没有共同语言,难以沟通。

本章写子路问津,颇富戏剧性。问津是问渡口,也可以理解为在一个人走投无路时,向先知先觉者问人生的渡口。长沮就是按这个意思来回答子路的:“是知津矣。”意思是以孔子的学问经历,应该知道人生之路该怎样走了,应该知道人生的渡口在哪里。子路不得要领又去问桀溺,桀溺认真地告诉子路人生之路应该怎样走:要“从辟世之士”,不要从“辟人之士”。

孔子听完子路的汇报后,对于这些高洁之士不了解自己而感到怅惘。表示正因为天下无道,自己才不避世而避人;想找一个信任自己的人,实现自己的政治理想,使天下归于有道,达到“老者安之,朋友信之,少者怀之”(5.26)。孔子的伟大精神,即不敢忘天下之心、知其不可为而为之的精神,永远是我们学习的榜样。

18.7　子路从而后,遇丈人[①],以杖荷蓧[②]。子路问曰:“子见夫子乎?”

丈人曰:“四体不勤,五谷不分,孰为夫子?”植[③]其杖而芸④。

子路拱⑤而立。

止子路宿,杀鸡为黍⑥而食之⑦,见⑧其二子焉。

明日,子路行以告。

子曰:"隐者也。"使子路反⑨见之。至,则行矣。

子路曰:"不仕无义,长幼⑩之节,不可废也;君臣之义,如之何其⑪废之?欲洁其身而乱大伦⑫。君子之仕也,行其义也。道之不行,已知之矣。"

【注释】

①丈人:老人。本章丈人的姓名、身世不详。 ②荷蓧:荷(hè),扛、挑、背。蓧(diào),古代一种竹制的除草农具。 ③植:插在土中。 ④芸:同"耘",除草。 ⑤拱:拱手(两手相合),表示尊敬。 ⑥黍(shǔ):黄米。当时主食是小米,黄米比小米珍贵,用以待客,表示尊敬。 ⑦食(sì)之:食,使动用法,给他吃。 ⑧见(xiàn):(拿出来给别人)看。与下句"子路反见之"的"见(jiàn)"不同。 ⑨反:同"返"。 ⑩长(zhǎng)幼:年纪大的和年纪小的。 ⑪其:疑问句中的语气副词。 ⑫大伦:伦理中之最大者。伦,序也。儒家认为人之大伦有五:父子有亲,君臣有义,夫妇有别,长幼有序,朋友有信。

【译文】

子路跟随孔子,却落在了后面。[这时]遇见一位老人,用木杖挑着除草的农具。

子路问道:"您看见我的老师了吗?"

老人说:"四肢不劳动,五谷分不清[,什么都不懂],谁知道你的老师是谁?"说着把木杖插在土里,就去除草。

子路拱着手,恭敬地站在一旁。

老人留子路到他家住宿,杀鸡、做黄米饭给子路吃,又叫他的两个儿子来见子路。

第二天,子路赶上了孔子,报告了这件事。

孔子说:"是位隐士。"让子路回去再看看老人。子路到了那里，老人已经出去了。

子路说："不做官是不合义理的。[老人让孩子来见我，表明]长幼间的礼节不可废弃，那么君臣之间的义理怎么能废弃呢？老人只想洁身自好，却乱了君臣之间的大伦。君子之所以要做官，不过是行其所当行而已。至于当今之世的政治理想不能实行，我们早就知道了。"

【说解】

丈人是不是农家，不得而知，但对儒家的"四体不勤，五谷不分"十分反感。丈人对儒家反感，但对人还是很热情的。表明丈人尽管反对儒家，但在人伦上，也深知长幼之节不可废。子路由此认为丈人既懂得长幼之节不可废，也应该懂得君臣之义这种人之大伦也不能废。

子路的话是对孔子奔走求仕的解释。他能说出这样一番理论，是长期跟随孔子的结果。子路的话强调了君臣之义，说"不仕无义"，但他对君臣之义、士大夫去就之理还没弄清楚，所以最后还是死在了"君臣之义"上，临死时还说："食其食者，不避其难。"

18.8　逸民①：伯夷、叔齐、虞仲②、夷逸③、朱张④、柳下惠、少连⑤。子曰："不降其志，不辱其身，伯夷、叔齐与？"谓："柳下惠、少连，降志辱身矣，言中⑥伦，行⑦中虑，其斯而已矣。"谓："虞仲、夷逸，隐居放言，身中清，废中权。我则异于是，无可无不可⑧。"

【注释】

①逸民：被遗落的人才。　②虞仲：据说就是仲雍。为推辞王位，他与哥哥泰伯一同跑到"荆蛮"之地隐居。后来泰伯创建了吴国（见8.1）。③④⑤夷逸、朱张、少（shào）连：三人言行已不可考。　⑥中（zhòng）：符合，合乎。　⑦行（xìng）：行为，做事。　⑧无可无不可：没有什么可以，也没有什么不可以。

【译文】

古今被遗落的人才有伯夷、叔齐、虞仲、夷逸、朱张、柳下惠、少连。孔子说："不贬抑自己的意志，不辱没自己的身份，就是伯夷、叔齐吧?”又说:“柳下惠、少连,贬抑自己的意志,辱没自己的身份,但说话合乎义理,行为经过思虑,然而那也不过如此罢了。”又说:“虞仲、夷逸,过隐居生活,放肆直言,能保持自身清白,废弃官位而合乎权宜变通。可是我与这些人不同,没有绝对可以的,也没有绝对不可以的。”

【说解】

同是被遗落的人才,七个人的表现不同。孔子把他们分成三组加以评论。首先是伯夷、叔齐,宁可饿死也不吃周朝的粮食,可以说既不降志,又不辱身,是逸民的表率。其次是柳下惠、少连,他们仕于乱朝,身居下位,还多次被撤职,可谓降志辱身,但他们的言行是可圈可点的。如柳下惠,别人劝他离开鲁国,他说:“直道而事人,焉往而不三黜?枉道而事人,何必去父母之邦?”他降志辱身,也不离开父母之邦(见18.2)。再次是虞仲、夷逸,他们不做官保持自身清白,却与避世的隐者不同,他们关心世事,放言高论,批判是非得失。孔子对这七个人是肯定的。

孔子和这七位逸民不同。这七位逸民把“可”与“不可”分得十分清楚。如伯夷、叔齐认为食周粟、仕于周“不可”,柳下惠降志辱身而离开鲁国“不可”,虞仲、夷逸认为在昏君手下做官“不可”。而孔子说:“我则异于是,无可无不可。”孟子对孔子的“无可无不可”作了很好的解释。孟子在评价伯夷和伊尹时说,这两个人和孔子是不同道的。伯夷非其君不事,非其民不使;治则进,乱则退。伊尹什么国君都可以服侍,什么样的老百姓都可以使唤。治亦进,乱亦进,只进不退。至于孔子,“可以仕则仕,可以止则止,可以久则久,可以速则速”(《孟子·公孙丑上》)。

七位逸民贤则贤矣,但始终跳不出个人的小圈子。孔子是以天下为己任,想通过自己的努力,使天下归于有道。所以公山弗扰、佛肸这类人请他,他都想去。而在鲁国、卫国受到国君的敬重,他也没有在那里求官。这就是孔子的“无可无不可”。

18.9　大师挚[①]适齐,亚饭[②]干适楚,三饭缭适蔡,四饭缺适秦,鼓方叔[③]入于河[④],播鼗[⑤]武入于汉,少师阳、击磬襄入于海。

【注释】

①大师挚:可能就是《泰伯》第十五章中的"师挚",是乐官之长。②亚饭:按周朝制度的规定,天子和诸侯吃饭的时候,要奏乐。亚饭是第二次吃饭时奏乐的乐师。"三饭""四饭"依此类推。"干""缭""缺"是乐师的名字。 ③鼓方叔:打鼓的乐师,名方叔。 ④河:古时专指黄河。 ⑤播鼗(táo):播,摇。鼗,长柄小鼓,两旁系有小槌,俗称拨浪鼓。

【译文】

太师挚去了齐国,亚饭乐师干去了楚国,三饭乐师缭去了蔡国,四饭乐师缺去了秦国,打鼓的方叔去了黄河地区,摇小鼓的武去了汉水地区,少师阳和击磬的襄去了海滨。

【说解】

因为鲁国是周公的封国,所以周成王特赐以天子之乐。读《左传·襄公二十九年》,季札在鲁国观周乐的场面,使人感到周乐尽在鲁,乐工的演奏出神入化。春秋末年,鲁国乐师们却四散流亡,令人无限怅惘。

从乐师的去向看,他们之中有的去了齐、楚等大国,有的去的国家不明。即使去了大国,一个人又能起什么作用呢?况且他们双眼失明,流亡到异国,可谓困难重重。但他们还是不得不离开父母之邦,因为鲁国政治紊乱,正人难以容身。他们的出走,也可能与齐人馈女乐有关。

18.10 周公[①]谓鲁公[②]曰:"君子不施[③]其亲,不使大臣怨乎不以[④];故旧无大故[⑤],则不弃也;无求备于一人。"

【注释】

①周公:周武王的弟弟,名姬旦。武王即位,佐武王伐纣。既灭纣,封于曲阜,为鲁公。周公让儿子伯禽去封地,自己仍留下来辅佐武王。武王死,年幼的成王即位,周公摄政。成王长大,还政于王,北面就臣位。孔子称之为圣人。 ②鲁公:这里指周公的长子伯禽。 ③施(shǐ):有些本子作"弛"。松弛,放松。引申为疏远,怠慢。 ④以:动词。用,任用。 ⑤大故:大的过错。

【译文】

周公对鲁公说:"君子不能疏远自己的亲族,不能让大臣埋怨不任用他们;旧臣老友如果没有大的过错,就不要遗弃他们;不要对一个人求全责备。"

【说解】

本章是周公嘱咐儿子伯禽到鲁国之后如何用人。这些话在当时都是金玉良言,但在今天看来,只能有一半可行。周公的话有四点,后两点“故旧无大故,则不弃也;无求备于一人”,今天可行。可前面的“君子不施其亲”,就表现出中国重血缘亲族的大家庭的传统观念。这个传统观念巩固了封建社会的统治,却带来了许多负面影响。今天我们所批判的“任人唯亲”,就来源于此。

周公嘱咐伯禽的话,大约是在公元前一千年左右说的,距春秋末期已有五百年,而人们依然清晰地记得,可见其影响深远。

18.11 周有八士[①]:伯达、伯适、仲突、仲忽、叔夜、叔夏、季随、季蜗。

【注释】

①八士:身世、生平不详。在春秋末期,人们还记得周初的这八个人,可见他们的业绩不凡。从名字看,两人一对,依伯、仲、叔、季排列,而且各自押韵[达适一韵,突忽一韵,夜夏一韵,随蜗(guā)一韵],人们都说这是四对孪生兄弟,而且是一母所生(见《周逸书》)。八位贤士都很有教养:伯达通达义理,伯适大度能容,仲突有御难之才,仲忽有综理之才,叔夜柔顺不迫,叔夏刚明不屈,季随有应顺之才能,季蜗德同良马。

【译文】

周朝有八位有教养的人:伯达、伯适、仲突、仲忽、叔夜、叔夏、季随、季蜗。

【说解】

本篇开头说“殷有三仁”,这是“乱世显忠臣”。以后许多章表明,周朝到了春秋末期,隐士和“身中清,废中权”(18.8)的人多起来,这是天下无道、社会黑暗的具体体现。本篇最后一章提出“周有八士”是有意义的,说明在周初,德才兼备、忠于周室的人是很多的。《国语·晋语》说:“文王之即位也,询于八虞。”这“八虞”可能就是“八士”。

子张第十九

本篇共25章,主要记孔子的弟子们遵从老师的教导所探讨的求学求道的言论及对孔子的敬仰和赞颂。

前三章是子张谈道德修养和交友问题。第三章到第十一章是子夏谈进德修业的体会,接着是子游、曾子的言论。第二十章到第二十五章,主要是子贡赞颂孔子和纠正世俗之见的言论。

归结起来看,子张等弟子忠实地继承了师说,令人感到儒家学说后继有人。《论语》的结尾部分安排这样一篇是很恰当的。

19.1　子张曰:"士见危致命[①],见得思义,祭思敬,丧思哀,其可已矣。"

【注释】

①致命:舍弃生命。

【译文】

子张说:"读书人看见危险肯献出自己的生命,看见有所得就先想到是否合乎义理,祭祀时能想到严肃、谨慎,临丧时能从心里感到悲哀,那也就可以了。"

【说解】

前18篇中,有关子张的记载,都是子张向孔子请教各种问题。他问仁、问明、问行、问达、问善人之道等,都是进德修业的根本问题。他很年轻,也问政、问学干禄,但一生没有做官,而是继承老师的事业,从事教育工作。他的成就不如颜渊、曾参,但也是孔子弟子中的佼佼者。

本章子张的话,都是孔子说过的。如"见利思义,见危授命",是孔子回答子路什么是"成人"时说的(14.12)。他把老师教导怎样做人的许多话综合在一起，提出四点，都是立身的大节。可以看出他对人生意义、人的终极关怀已有了清醒的认识。最后归国讲学，是十分自然的归宿。

四点中，当然是第一点"见危致命"最为重要，在《礼记》中也有同样的话。它是做人的最高标准。我国自古至今，无数的先贤烈士做到了这一点，如我们经常标榜的文天祥就是这样。

南宋末年，元兵入侵，势如破竹。皇帝下诏勤王，但无人响应。文天祥那时只是赣州知府，接到诏书后，痛哭流涕。他本无一兵一卒，但还是多方想办法募集了几万人。在出发前，他的朋友劝他不要去，说："元兵三路大军，直逼京郊。你率这些乌合之众去应战，无异于驱群羊而搏猛虎。"文天祥说："我知道会这样。但如今国家有急，征天下兵，却无一人一骑应诏。我自不量力，将以身殉国。希望天下忠臣义士，闻风响应，国家也许能保住。"

文天祥生性豪放，生活优厚。起义后，他把家产全献出来作为军费。后来失败，在五坡岭被俘。元世祖爱其忠义，在燕京囚他三年不杀，许他许多优厚条件，希望他投降，但文天祥不为所动，只求一死。他死时年仅 47 岁。其妻欧阳氏去收尸时，在他的衣带中发现一首四言诗。诗说："孔曰成仁，孟曰取义。惟其义尽，所以仁至。读圣贤书，所学何事？而今而后，庶几无愧。"

19.2　子张曰："执德不弘①，信道不笃②，焉能为有？焉能为亡③？"

【注释】

①弘：这个"弘"就是今天的"强"字。说见章炳麟的《广论语骈枝》。　②笃：真诚。　③"焉能"句：这两句疑是当日成语，意思是无足轻重。可译为："有他不为多，没有他也不为少。"亡，同"无"。

【译文】

子张说："执守道德不坚强，信仰真理不真诚，[这种人]有他不为多，没有他也不为少。"

【说解】

子张的意思是：一个人要有道德、有信仰，并且执守道德要坚强，信仰真理要真诚。只有这样，对社会才能做出贡献。否则，"见危"不能"致命"，"见得"不能"思义"，这种人对社会没有什么好处。实际上，他们似德非德，足以乱德。

子张这两段话可以合为一章，一正一反，周到、自然。

19.3　子夏之门人问交于子张。子张曰："子夏云何？"

对曰："子夏曰：'可者与[①]之，其不可者拒之。'"

子张曰："异乎吾所闻：君子尊贤而容众，嘉善而矜[②]不能。我之大贤与，于人何所不容？我之不贤与，人将拒我，如之何[③]其拒人也？"

【注释】

①与：动词。相交。　②矜（jīn）：一指庄重、矜持、骄傲（见15.22、17.16），一指怜悯、同情（本章）。　③如之何：怎么样，怎么能。

【译文】

子夏的门人向子张问怎样去交朋友。子张说："子夏是怎么说的？"

［子夏的门人］回答说："子夏说：'可交的就去结交他，不可交的就拒绝他。'"

子张说："这和我听到的不一样：君子尊敬贤人，也接纳普通人；赞美好人，也怜悯无能的人。我是很贤德的人吗，对于别人有什么不能容纳的呢？我是不好的人吗，别人将会拒绝我，我又怎么能拒绝别人呢？"

【说解】

孔子逝世后，子夏、子张都从事教育工作，为社会培养了许多优秀人才。本章通过子张和子夏门人的对话，可以看出子夏、子张虽同是孔门高徒，但在一些问题上，意见颇不一致。

本章是谈交友。子夏告诉学生交友要"可者与之，其不可者拒之"，我想是正确的。"可者"并不是要比自己强，也许有些方面不如自己，但为人直爽，讲义气，很诚实，难道这样的人不可交吗？心术不正，善于阿谀奉承、花言巧语，这样的人可交吗？但即使是不可交的人，也不能置之不理，要进行帮助。

子张才高意广，正像孔子所说"师也过"（11.16），其答案适用于比较成熟的人，是泛交。但一般人交友要注意：泛交而不择，取祸之道也。许多人就是因为交友不慎走向堕落的。

《论语集释》的编者程树德说："二子论交之说，均出于夫子，不宜有所轩轾（分高下），各因其性之所近而师之可也。大抵狷介者宜于子夏，高明者宜于子张,其言均百世之师也。"

子夏教导学生有方,除本章外,第十二章还可以窥其一端。

19.4 子夏曰:"虽小道①,必有可观者焉;致远恐泥②,是以君子不为也。"

【注释】

①小道:指小的技艺。如古代所谓农、圃、医、卜、乐、百工之类。 ②泥(nì):不通达,拘泥。

【译文】

子夏说:"虽然是小的技艺,也一定有可取的地方;但是对远大的事业恐有妨碍,所以君子不去搞它。"

【说解】

古代读书人讲究修身、齐家、治国、平天下,这是正路;而农、医、百工之类,属于小道。有些人工于小道,做出可观的业绩,但不通大道,一旦遇到变故,将不知何去何从。小道虽不是异端,但无补于世道人心,所以君子不为。这是战国初期子夏的意见。

南怀瑾的《论语别裁》在解释本章时有一段肺腑之言,现在抄录在下面,供大家参考:"人家外国人来看中国文化,我们拿什么给人家看?动辄到故宫博物院。到了故宫博物院,心里一个惭愧的念头——沾祖宗的光!我们这一代有什么给人家看?我们自己真值得反省。我们只拿书画、音乐这些小道当作文化,而且现在还拿不出来,即使拿得出来,也不过只是做做表面工作,在精神思想上,一点都没有建立自己的文化,这个问题很严重。因此子夏所讲的小道也有可观,对此实在有很多感愧。"

19.5 子夏曰:"日知其①所亡②,月无忘其所能,可谓好学也已矣。"

【注释】

①其:助词,无义。 ②亡:同"无"。

【译文】

子夏说:"每天知道一些过去所不知道的,每月不忘记已经掌握的,可以说是好学了。"

【说解】

"日知其所亡",是有上进心的表现。"月无忘其所能",需要意志力。既是渴求知识,要求进步,当然就珍视自己的所得,想办法不把它忘掉。这样日积月累,积土成山,积善成德,在进德修业上就必有所成。

孔子的"好学"标准很高。孔子认为众弟子中,只有颜渊称得上好学。他"得一善,则拳拳服膺(谨慎地记在心里)而弗失之矣"(《中庸》)。子夏的"好学"标准,来自他自己的观察体验。虽不如孔子的标准高,但也很难做到。它必须有"学如不及,犹恐失之"(8.17)的精神不可。追求学问,巩固所得,必须全力以赴。

19.6　子夏曰:"博学而笃志[①],切问而近思,仁在其中矣。"

【注释】

①笃志:专心致志。

【译文】

子夏说:"广博地学习,而且专心致志,恳切地发问,多考虑当前的事,仁就在其中了。"

【说解】

本章子夏不是讲仁,而是讲求仁的门路。子夏还不是一位仁者,但在孔子的教育下,已经深谙什么是仁和行仁之方了。

苏轼说:"博学而志不笃,则大而无成;泛问而远思,则劳而无功。"人们都知道,想要进步,必须博学、笃志,而切问、近思往往被忽略。所以有的人尽管学了很多东西,却无所成就。"切问"就是问的问题要切实,不能好高骛远。"近思"就是由身边的人和事做起,首先要进行自我反省。孔子就曾说过:"能近取譬,可谓仁之方也已。"(6.30)

19.7　子夏曰:"百工居肆[①]以成其事,君子学以致[②]其道。"

【注释】

①肆:古代的手工业作坊和商店的店铺都叫肆。　②致:尽,极。

【译文】

子夏说："各种行业的工人在作坊里完成他们的工作，君子则通过学习来达到入于道的目的。"

【说解】

子夏在这里又重点强调了学习。当时许多人不肯踏踏实实地学习，却在那里高谈阔论"道"，好像自己已经是有道的君子了。子夏为了批判这种浮夸的风气，引出百工做例子。百工想做成一件产品，必须踏踏实实在作坊里劳动。技术越高，劳动越精细，花的时间越多，产品就会越精美，价值就会越高。一分劳动就出一分成绩，这是不能假的，是骗不了人的。读书却容易作假，常常作假，而且不容易被发现。所以子夏强调君子想"致其道"，只能像百工那样踏踏实实地学习，没有其他的路可走。

子夏的话在今天也没有过时。

19.8　子夏曰："小人之过也必文[1]。"

【注释】

①文(wèn)：文饰，掩饰。

【译文】

子夏说："小人对过错必定要掩饰。"

【说解】

人非圣贤，孰能无过？问题是对待过错的态度。从每个人对待过错的态度就可以看出其品德修养的高低。颜渊"不贰过"(6.3)、曾子"日三省吾身"(1.4)、"子路人告之以有过则喜"(《孟子·公孙丑上》)、卫国蘧伯玉"年五十而知四十九年之非"(《淮南子·原道》)等都是很典型的例子。君子志于道，追求人格的完美，怎么能袒护自己的过错呢？

小人一心追求名利，有了过错，就怕别人知道，影响自己的名和利，于是想法掩饰，把掩饰错误认为是自己的聪明，这是错上加错。一个人开始犯错误，一般不是大的过错，都比较容易改正。但如果加以掩饰，就会愈陷愈深，甚至走上犯罪的道路。这是由无数事实证明了的真理。

孔子再三告诉我们"过则无(勿)惮改"(1.8、9.25)。怎样改？荀子说："君子博学而日参省乎己，则知明而行无过矣。"(《荀子·劝学》)

19.9　子夏曰："君子有三变：望之俨然①，即②之也温，听其言也厉。"

【注释】

①俨（yǎn）然：庄严的样子。　②即（jí）：接近，靠近。

【译文】

子夏说："君子有三变：远远望去，庄严可畏；接近他时，温和可亲；听他说话，严厉不苟。"

【说解】

一个人在不同的场合，其表现也是不一样的。但缺乏教养的人，常常是该严肃时不严肃，该温和时却冷冰冰的，让人难以接近，说起话来缺乏原则。但君子，一个有修养的人，因深悟做人的道理，所以其表现正如子夏所说，都能做到恰如其分。其变化是发自内心的，而不是故意装的。

子夏说："君子有三变"，是长期观察的结果。老师孔子就是这样："子温而厉，威而不猛，恭而安。"（7.38）

19.10　子夏曰："君子信而后劳其民；未信，则以为厉①己也。信而后谏；未信，则以为谤己也。"

【注释】

①厉：折磨，虐待。

【译文】

子夏说："君子要先取得百姓的信任，而后再去役使他们；未得到信任，百姓就会认为你在虐待他们。先取得君主的信任，而后再去进谏；未得到信任，君主就会认为你在诽谤他。"

【说解】

子夏这段话是对在位者说的。《史记·儒林传》说："子夏居西河，子贡终于齐。如田子方、段木干、吴起、禽滑厘之属，皆受业于子夏之伦，为王者师。"《史记·仲尼弟子列传》还说："孔子既没，子夏居西河教授，为魏文侯师。"所以子夏这番话是有针对性的。他教育自己已在位的或将来要从政的弟子，从政的第一步要取得对方的信任，即首先要取得老百姓的信任。要老百姓信任自己，必须"先之劳之"（13.1），事事干在老百姓前面，不要只说空话。其次，想给国君提意见,先要取得君主的信任,否则可能招来祸患。

英明的国君知人善任,相信自己的臣下。据《贞观政要》记载,唐太宗李世民的意见,常常被魏徵、房玄龄这班大臣驳回去。有人说魏徵、房玄龄了不起,其实更了不起的是唐太宗。他能信任大臣,包容大臣们的反对意见。特别是魏徵,他一开始是被李渊任命为李世民的对手太子李建成的洗马(秘书之类)。后来李世民留用了魏徵,他对从敌方过来的魏徵并不怀疑。魏徵也知道李世民是位心胸豁达的英明君主,信任自己,所以直言敢谏,他前后陈谏二百余事,为太宗所敬畏。

19.11 子夏曰:“大德[①]不逾闲[②],小德出入可也。”

【注释】

①大德:大节,与“小德”相对。大德指纲常伦理方面的节操,小德指平时的作风、礼节、仪表、语言等小节。 ②逾(yú)闲:逾,超过、越过。闲,本义是栅栏,引申为界限、法度。

【译文】

子夏说:“在大的节操上不能逾越界限,在小节上有点出入是可以的。”

【说解】

这一章子夏谈人的节操,意见是可行的。从中可以看出子夏的性格。孔子说:“商也不及。”(11.16)又嘱咐子夏:“女为君子儒!无为小人儒!”(6.13)所以子夏的言行都很稳妥而不过分,仔细而不疏略。

19.12 子游曰:“子夏之门人小子,当洒扫应对进退,则可矣,抑[①]末[②]也。本之则无,如之何?”

子夏闻之,曰:“噫!言游过矣!君子之道[③],孰先传焉?孰后倦[④]焉?譬诸草木,区以别矣。君子之道,焉可诬也?有始有卒者,其惟圣人乎!”

【注释】

①抑:抑或,或许。 ②末:末节。与“本”相对。 ③君子之道:这里指君子的育人之道。 ④倦:“诲人不倦”的“倦”,厌倦。

【译文】

子游说:"子夏的门人,叫他们做洒扫应对进退这些事是可以的;但这不过是末节,根本的东西却没有学到,怎么可以呢?"

子夏听到这话后说:"唉!子游说错了。君子育人之道[由浅入深,有一定顺序],不会因为[洒扫等小道]是末节而先传授,也不会因为[仁义等大道]是根本放在后面就不传授了。[小道、大道]像草木一样,是要区别开的。君子育人之道怎么可以歪曲呢?教育弟子能够有始有终[成一完整系统]的,大概只有圣人吧!"

【说解】

孔门弟子中,除曾参外,只有子夏守规矩,教学生先从洒扫应对进退开始。子游认为洒扫应对进退是末节,不应作为教学内容,应该教给学生《诗》《书》、礼、乐、仁、义等根本性的课程。子夏则认为教学内容要根据深浅,要有先后顺序。开始应教浅近的,实践也应从洒扫应对进退这些末节开始,逐步再走向深远。孔子教育子贡"行仁"要"近取譬"(6.30),即从身边的人和事做起,根本的道理就寓于洒扫应对进退的生活常事之中,因为"下学"才能"上达"。

佛教禅宗的开山祖师慧能(人称六祖),就是在磨坊舂米的粗活中悟出了佛法的最高境界。当初,慧能到湖北黄梅投奔五祖弘忍法师,弘忍让他到磨坊干舂米之类的粗活。有一天,弘忍把众僧人召集到一起,叫大家各作一首偈颂,看谁的悟性高就"传法"给谁。神秀作的是:"身是菩提树,心如明镜台。时时勤拂拭,勿使惹尘埃。"弘忍认为神秀的最好,让大家背诵,但心里并不满意。在磨坊里舂米的慧能知道后,也作了一首,即:"菩提本无树,明镜亦非台。本来无一物,何处惹尘埃。"弘忍认为慧能作的偈颂最好,说明他悟性最高,就在当天夜里悄悄地把慧能叫到自己房里,"传法"给他。慧能不重视文字、偶像、仪式,而着重本心的顿悟,开创了佛教的一大派——禅宗。

我们应该相信:在日常生活的小事中,蕴涵着做人的根本道理,并且人道与天道是相通的。

19.13　子夏曰:"仕而优①则学,学而优则仕。"

【注释】

①优:充足,有余力。意思是"能胜任而有余力"。

【译文】

子夏说:"做官了,有余力就去学习;学习了,有余力就去做官。"

【说解】

子夏的这番话,大概是有感而发。当时一些为官者,特别是士族子弟为官,没学习好就做官,做了官也不肯学习,只是贪图禄位,不求上进。

把"仕"和"学"有机地糅合在一起,是儒家思想的一个重要方面。孔子主张"学也,禄在其中矣"(15.32),但必须学习好才能出仕。"子使漆雕开仕,对曰:'吾斯之未能信。'"(5.6)对于子路把正在学习的子羔拉去做费宰,孔子给予严厉的批评,说这是"贼夫人之子"(11.23)。子夏的这番话,显然是受教于孔子。

子夏的话告诉我们,一个人的一生,无论在朝在野,都应该坚持学习,可以说是开了"终身学习"的先河。几千年前儒家就这样强调学习,今天是知识突飞猛进的时代,所以我们更应该时刻抓紧时间学习,为我们国家的现代化建设贡献自己的全部力量。

19.14 子游曰:"丧致[1]乎哀而止。"

【注释】

①致:尽,极。

【译文】

子游说:"居丧,充分表现了他的悲哀也就够了。"

【说解】

子游这句话有两层意思:一是,居丧要充分表现出自己的悲哀之情,礼仪、文饰不必太铺张;二是,悲哀充分表达出来就可以了,不要过度,以免伤身害性。子游对丧礼的主张,是继承了孔子的思想。孔子在回答林放问礼之本时说:"大哉问!礼,与其奢也,宁俭;丧,与其易也,宁戚。"(3.4)

中国文化在养生送死上是重视送死的。但这种重视,是由开始时的重视真情而逐渐变为重视形式的。在春秋战国时代,丧礼的礼仪文饰就铺张逾制。对繁复的丧礼,当时就有人出来反对,墨子就是主张"节丧"的。子游根据老师的教导,提出了"丧致乎哀而止"。这种重"亲情"的居丧方式对于今天的婚丧嫁娶也具有警诫意义。

19.15 子游曰:"吾友张也为难能也,然而未仁。"

【译文】

子游说："我的朋友子张是难能可贵的了，然而没有做到仁。"

【说解】

读有关子张的篇章，总感到有一股激进的力量。他勤学好问、见得思义，甚至可以"见危致命"，是难能可贵的。但是在内心修养上下功夫不够。他想进于"仁"，这是读书人追求的目标，就向老师请教。孔子针对子张的毛病，告诉他，能在天下做到恭、宽、信、敏、惠，就能达到"仁"的境界。这就需要长期的内心修养的功夫。

朱熹的《论语集注》说："子张行过高，而少诚实恻怛之意。"他才高意广，但又是一个外向型的人，心驰于外，缺少内心修养的功夫，所以没有达到"仁"。所以，子游对老同学子张既赞叹，又惋惜。

19.16 曾子曰："堂堂①乎张也，难与并为仁矣。"

【注释】

①堂堂：形容词。形容仪表壮伟，气派十足。

【译文】

曾子说："仪表壮伟的子张啊，却难以同他一起进入仁的境界。"

【说解】

曾子的学问重在"正心诚意"，每日"三省吾身"，非常注意内心的修养功夫。而子张仪表堂堂，重在言语形貌，务外自高，"难与并为仁"。

子张虽有不足，但他能继承发挥孔子的学说，成为后来儒家八派之一。他培养出许多像公明仪那样的贤人，为儒学的发展做出了贡献。孟子称赞他有"圣人之一体"(《孟子·公孙丑上》)。

19.17 曾子曰："吾闻诸夫子：人未有自致①者也，必也亲丧乎！"

【注释】

①自致：这里指充分发挥、表露自己的真实感情。致，尽、极。

【译文】

曾子说："我听老师说过：人没有自动地充分发挥自己真情的，

[如果有,]一定是在父母去世的时候。”

【说解】

一个人在小的时候,很天真,不懂事,喜怒哀乐尽情发挥,能够“自致”。但是在成长过程中,受到教育、人际关系以及周围环境的影响,变得懂事了,就很难“自致”。但父母死时悲哀发自内心,难以抑制,就很自然地表露出来。

孔子在这里用了“必也”两个字,意思是“一定要说”“硬是要说”,看来他对人不能“自致”的现象是不满意的。从他反对“乡愿”而赞成狂狷之士的态度就可以看出来。

19.18 曾子曰:“吾闻诸夫子:孟庄子[1]之孝也,其他可能也,其不改父之臣与父之政,是难能也。”

【注释】

①孟庄子:鲁国大夫仲孙速,其父是仲孙蔑(孟献子)。孟献子历仕鲁文公、宣公、成公、襄公四朝,有贤名,是三桓中孟氏的全盛时期。他死在鲁襄公十九年,而孟庄子死在襄公二十三年(公元前550年),相距仅四年。

【译文】

曾子说:“我听老师说过:孟庄子的孝,别的都容易做到,而不撤换父亲的旧臣,不改变父亲的政治措施,是难以做到的。”

【说解】

在古代,继承人在执政之前都有自己的亲信。执政后,他们和父亲的旧臣共事不一定很协调,自己对父亲的旧政也不一定都赞成。所以,在父亲死后,往往要撤换父亲的旧臣,改变父亲的政治措施。孟庄子不这样,所以孔子赞扬孟庄子,说他的孝别人难以做到。

孔子在《学而》第十一章曾说过:“三年无改于父之道,可谓孝矣。”朱熹说这一章是“有为而发”,是否为孟庄子?孔子赞扬孟庄子,也是因为其父孟献子长期执政,是一位贤者,而孟庄子谨承父志,在当时的确难能可贵。

19.19 孟氏使阳肤[1]为士师[2],问于曾子。曾子曰:“上失其道,民散久矣。如得其情,则哀矜而勿喜!”

【注释】

①阳肤:旧注说是曾子弟子。 ②士师:古代掌管司法刑狱的官员。

【译文】

孟孙氏任命阳肤为刑狱长官,阳肤向曾子求教。曾子说:"如今执政者不走正道,老百姓早就离心离德了。[有的难免走上犯罪的道路,]如果你审出犯罪的实情,应当同情怜悯他们,切不要沾沾自喜。"

【说解】

曾子认为在春秋末年,在上者荒淫无道,民不聊生,有些人被迫走上了犯罪的道路。执法者办案时,对这些人应该别有一种同情怜悯之心。把案情弄清楚之后,不能沾沾自喜。古今有许多优秀的执法者就是这样,既有怜悯同情之心,在量刑上自然不能过重。

但也有的执法人员,不考虑罪犯的实情,把案情弄清楚之后,就沾沾自喜。有的为了弄清案情,采用种种残酷的手段逼供,制造冤案。更有甚者,出于不可告人的目的,罗织罪名,陷害无辜。历史决不会宽恕这些人。从《史记》开始,就把张汤、杜周等酷吏钉在了历史的审判架上。

19.20 子贡曰:"纣[①]之不善,不如是之甚也。是以君子恶[②]居下流,天下之恶[③]皆归焉。"

【注释】

①纣:名辛,史称帝辛,"纣"是其死后的谥号。按照谥法,残忍不义称为"纣"。纣是商朝最后的君主,是历史上有名的暴君。后为周武王所伐,兵败,自焚而死。殷亡,周代之而兴。 ②恶(wù):讨厌,憎恨。 ③恶(è):坏,罪恶。

【译文】

子贡说:"殷纣王的坏,不像传说的那么严重。因此君子不愿意居于下流,[一旦居于下流,]天下的一切坏事,都会集中在他的身上。"

【说解】

聪明的子贡,从纣的遭遇上总结了一条历史经验:人不要居于下流。他不是为纣王开脱,而让大家以纣王为鉴。但人世的升降浮沉,总是难以预料,怎样才能免于身后的恶名?那就是生前行得正,走得正,没有劣迹。

和子贡相对的也有一条历史经验,就是你生前多做好事,为人民多做贡献。死后人民怀念你,许多本不是你做的好事,也会集中在你的身上。如宋朝的包拯就是这样。

19.21 子贡曰："君子之过也，如日月之食[①]焉：过也，人皆见之；更[②]也，人皆仰[③]之。"

【注释】

①食：同"蚀"。 ②更(gēng)：更改，改正。 ③仰：仰望，尊敬。

【译文】

子贡说："君子的过错，如同日食月食：有了过错，人们都会看见；当他改正过来，人们依然尊敬他。"

【说解】

君子是人们敬仰和学习的对象，他们的过错少，而且从不掩饰。一旦有了过错，人们就会发现。子贡用日月之蚀比喻君子之过容易被人发现，用意颇深。有了过错不愿意被人发现而加以掩饰，就不是君子而是小人了。孔子说："丘也幸，苟有过，人必知之。"(7.31)孔子认为，自己有了过错被人发现是幸运的。这种高尚的境界，谁能相比呢？

孔子再三教育弟子们"过则无(勿)惮改"(1.8、9.25)。君子不怕改正过错，所以君子的过错就像日食月食一样，只是暂时的，很快就复原。君子改正了过错，就像日食月食过后，日月依然散发出皎洁的光芒，人们依然和过去一样敬仰他、学习他。所以君子的过错，无伤于全德。

19.22 卫公孙朝[①]问于子贡曰："仲尼焉学？"子贡曰："文武之道[②]，未坠于地[③]，在人。贤者识[④]其大者，不贤者识其小者，莫不有文武之道焉。夫子焉不学？而亦何常师之有[⑤]？"

【注释】

①公孙朝：卫国大夫。《左传》中还有两个公孙朝，一个是鲁国大夫，一个是楚国大夫。 ②文武之道：包括周文王、武王留下的谋略、教训、功业以及周初的礼、乐、文献等。 ③坠于地：掉到地上。这里指被人遗弃、忘记、失传。 ④识(zhì)：了解，记住。 ⑤常师：固定的老师。"何常师之有"，即"有何常师"，疑问句中宾语(常师)前置。

【译文】

卫国的公孙朝向子贡问道："仲尼的学问是从哪里学来的？"子

贡说："周文王、周武王之道，并没有失传，还散在人间。贤德的人了解、记住其大的方面，不贤德的人了解、记住其小的方面，文武之道无处不在。我的老师何处不能学？又何尝有固定的老师呢？"

【说解】

孔子"祖述尧舜，宪章文武"（《中庸》），其学识、道德为万世师表。人们自然就想知道孔子的老师是谁。子贡对公孙朝的提问作了正确的回答。唐朝大文学家韩愈的《师说》在谈到孔子求师之道时说："圣人无常师。孔子师郯子、苌弘、师襄、老聃。郯子之徒，其贤不及孔子。孔子曰：'三人行，则必有我师。'是故弟子不必不如师，师不必贤于弟子。闻道有先后，术业有专攻，如是而已。"可谓真知灼见。

19.23　叔孙武叔[①]语[②]大夫于朝曰："子贡贤于仲尼。"

子服景伯[③]以告子贡。

子贡曰："譬之宫墙[④]，赐之墙也及肩，窥见室家之好。夫子之墙数仞[⑤]，不得其门而入，不见宗庙之美，百官[⑥]之富。得其门者或寡矣。夫子[⑦]之云，不亦宜[⑧]乎！"

【注释】

①叔孙武叔：鲁国大夫，三桓之一。　②语（yù）：告诉。　③子服景伯：鲁国大夫。已见于14.36。　④宫：房屋。古代一般人的住所都称"宫"，秦以后，只有帝王的住所称"宫"。"宫墙"就是今天的围墙。　⑤仞（rèn）：古代长度，七尺（或说八尺）为一仞。　⑥官：本义是房舍，后来引申为做官、官职。这里用本义。　⑦夫子：指叔孙武叔。　⑧宜：合适，很自然。

【译文】

叔孙武叔在朝廷上告诉大夫们说："子贡比孔子强。"

子服景伯把这话告诉了子贡。

子贡说："拿房屋的围墙作比喻吧，我的围墙只有肩膀那么高，谁都能窥见[围墙里面]房屋的美好。我老师的围墙有数仞高，如果找不到大门进去，就看不到他那宗庙的雄伟、房舍的多种多样。能找到大门的人或许不多吧，[叔孙武叔]他老人家那样说，不也是很自然的吗!”

【说解】

孔子弟子中,才华横溢者莫如子贡。据《史记》称,子贡曾有“存鲁,乱齐,破吴,强晋而霸越”之功。所以当时就有人包括社会的上层人物,认为子贡贤于孔子。本章叔孙武叔就在朝廷上公开谈论此话。子贡用十分贴切的比喻巧妙地作了回答,说叔孙武叔不得其门而入,对孔子根本不了解。

孔子死后,经过第一代曾子、子贡、子夏、子张……第二代子思,第三代孟子等几代弟子的发展传播,直到汉武帝“独尊儒术,罢黜百家”,孔子的学说才确立了统治地位,他才被认为是“圣人”。但在春秋末期,孔子并没有被时人认识,只有一批入门的弟子真正地认识到老师的伟大。颜渊在生前就赞叹老师:“仰之弥高,钻之弥坚,瞻之在前,忽焉在后。”闻一知十的颜渊,仍感到“既竭吾才,如有所立卓尔,虽欲从之,末由也已”(9.11)。

19.24 叔孙武叔毁仲尼。子贡曰:“无以①为也!仲尼不可毁也。他人之贤者,丘陵也,犹可逾②也;仲尼,日月也,无得而逾焉。人虽欲自绝③,其何伤于日月乎?多④见其不知量⑤也。”

【注释】

①以:此。这里用作副词。无以为,不要这样做、不要这样。　②逾(yú):超过,越过。　③自绝:自行断绝与对方的关系。这里指跟日月,实际指跟孔子。　④多:副词。只是,恰好是。　⑤不知量:不自量力。

【译文】

叔孙武叔诋毁孔子。子贡说:“不要这样吧!仲尼是不可以诋毁的。别人的贤德好比山丘,还可以越过去;而仲尼像日月,是无法越过的。有的人虽然想自绝[于日月],那对日月又有什么伤害呢?只是可以看出这种人不自量力罢了。”

【说解】

本章子贡把孔子的精神和人格比作日月,无人能够超越。只有像子贡这样真正了解、尊敬孔子的人,才能对孔子的伟大做出正确的评价。有些人并不了解孔子,也不尊敬孔子,却随意点评孔子,有的还写出“鸿篇巨制”。这些人,正如子贡所说:“多见其不知量也。”

19.25 陈子禽谓子贡曰:“子为恭也,仲尼岂贤于子乎?”

子贡曰:“君子一言以为知①,一言以为不知,言不可不慎也。夫子之不可及也,犹天之不可阶而升也。夫子之得邦家者,所谓立之斯立,道②之斯行,绥③之斯来,动之斯和。其生也荣,其死也哀。如之何其可及也?”

【注释】

①知:同“智”。 ②道:引导,教导。 ③绥(suí):安抚。

【译文】

陈子禽对子贡说:“您是有意表示谦恭吧,仲尼难道真的比您强吗?”

子贡说:“君子由一句话表现出他的明智,也由一句话表现出他的不明智。说话不可以不谨慎啊!我们的老师是不可及的,好像天是不能用阶梯爬上去一样。我们的老师如能得到国家政权,那正像我们所说的:想叫百姓生活自立,百姓生活就会自立;去引导百姓,百姓就会跟着走;去安抚百姓,百姓就会来投靠;一动员百姓,百姓就会同心协力。[孔子为政,感应之妙,神速如此。]老师活着很光荣,死后人们都为之悲哀。我怎么能赶得上老师呢?”

【说解】

《论语》即将结束,编者把子贡赞叹孔子精神人格无限性的话安排在这里是有深意的。孔子的精神人格,如日月之不可逾越,如天之不可阶而升。如果你怀着尊崇的心情仔细研读《论语》,就会同意子贡的话。

孟子赞颂孔子说“观于海者难为水,游于圣人之门者难为言”(《孟子·尽心上》),确为至理。

尧曰第二十

本篇共3章，主要记古代贤王尧、舜、禹、汤的言论以及孔子论为政的一些道理。其第一章内容涉及多方面，不是一人一时之语，前后不相连贯。从宋朝苏轼以来，就有许多人怀疑它有脱落，所以分为六节说解。

20.1.1　尧[①]曰："咨[②]！尔舜[③]！天之历数[④]在尔躬，允执其中[⑤]。四海困穷，天禄永终。"

舜亦以命禹[⑥]。

【注释】

①尧：传说中的圣君。他退位后，把君位禅(shàn)让给舜，史称"唐尧"。请参看8.19。　②咨(zī)：感叹词，表示赞叹。译成"啧(zé)啧"。　③舜：接受尧的禅让即君位，是传说中古代的一位圣君，史称"虞舜"。请参阅《泰伯》第二十章。　④天之历数：上天所定的继承顺序，即天命。古代帝王继承君位都要假托天命，以得到别人的认可。"天"在这里有主宰人和人世命运的权威，有人格神的意义。　⑤允执其中：诚实地坚持那中正之道。允，诚实、公平。中，中正、不偏不倚，不"过"也无"不及"。　⑥禹：受舜的禅让而即君位，也是传说中的圣君，史称"夏禹"。他为治水奔忙，三过家门而不入。后传位给儿子启，从此中国的君位由禅让转为父子继承。

【译文】

尧说："啧啧！舜啊！按照上天所定的继承顺序，帝位就在你身上了，要诚实地坚持那中正之道。假如天下百姓陷于困苦贫穷，上天赐给你的禄位也就会永远地终止了。"

舜也是用这些话嘱咐了禹。

【说解】

本篇第一章的前几节，既非孔子的话，也不是弟子们的话，据说是从《尚书》引来的。这究竟是为什么？当代新儒家徐复观先生在《中国经学史的基础》中说："尤其重要的是《论语》最后的《尧曰》章，历二千年，无人能了解。这是孔子从《书》中所得出的在历史演变中世运兴亡的大规律。平日曾不断把表现这种大规律的故事提出来告诉门弟子，门弟子所以特别记录下来，以作《论语》所指向的归结。"看来本篇是作为《论语》所指向的归结收录的。

第一节是《尚书》中的话。简朝亮《论语集注补正述疏》说："或曰，此其为《书·舜典》之文欤？今《舜典》亡，无由稽也。然其为《书》辞，则无疑矣。"这是尧传天下于舜时劝诫舜的话。首先尧说，自己把君位禅让给舜是禀承天意。他告诉舜君临天下要做到两点：一是要允执其中。舜即位之后，正是按尧的训诫做的。《中庸》上说："子曰：'舜其大知也与！舜好问，而好察迩言，隐恶而扬善，执其两端，用其中于民，其斯以为舜乎！'"这段话就是阐明"允执其中"的意义，也可以说是孔子"中庸"思想的出处。二是要对人民生活负责。"四海"就是"天下"，这里指天下的人民。尧告诫舜说，假如人民生活陷于困苦贫穷之中，那上天赐给你的禄位将永远地终止了。这就很明显地指出：人民的生活是政治得失的真实考验，是决定统治者命运的关键点。舜经过自己的实践，感到尧对自己的劝诫是为政者必须遵循的永恒真理，所以在自己把君位禅让给禹的时候，也这样劝诫禹（请参阅《尚书·大禹谟》）。

20.1.2　曰："予小子履①，敢②用玄牡③，敢昭告于皇皇④后帝⑤：有罪不敢赦。帝臣不蔽，简⑥在帝心。朕躬有罪，无以万方⑦；万方有罪，罪在朕躬。"

【注释】

①予小子履：予，我。小子，祭天地时国君自称，表示自己是天帝的儿子。履，商汤的名字。历史上又称"成汤"。他原是商族的领袖，任用伊尹执政，积聚力量，陆续攻灭邻近各小国，最后一举灭夏桀，建立了商朝，是一位贤君。　②敢：谦辞。是"冒昧"的意思。　③玄牡：黑色公牛。玄，黑色。牡，公牛。夏朝尚黑，所以祭礼用玄牡。　④皇皇：光明而伟大。　⑤后帝：后，指君主。古代天子和诸侯都称"后"，以后才称帝王的妻子为"后"。后帝，在这里指"天帝"。　⑥简：分辨、选择，引申为清楚知道。　⑦万方：

四方。杜甫的《登楼》诗有:“花近高楼伤客心,万方多难此登临”的诗句。这里指四方百姓。

【译文】

[商汤]说:“我小子履,大胆虔诚地用黑色的公牛来祭祀,冒昧地向光明而伟大的天帝祷告:对有罪的人,[我]不敢擅自赦免。您的臣仆[的善恶],我也不敢掩盖,这一切您心里都清楚知道。如果我自身有罪过,请不要责怪四方百姓;四方百姓如果有罪,罪过都在我一个人身上。”

【说解】

伪古文《尚书·汤诰》中,有本节这几句话,但不连贯。有人认为本节是“汤既放桀而告诸侯”之辞,而《墨子·兼爱下》和《吕氏春秋·顺民》都说这是商汤战胜夏桀以后遇到大旱、向上天祈祷求雨之辞。文章既是伪造,就很难断定谁说得对。

这段话的意义是:在国家遇到重大灾难时,统治者应将招致灾难的原因归咎于自己,以一己的牺牲来承担,而不把灾难的原因推到全国人民身上。这是能度过灾难、克服灾难的基本条件。

20.1.3 周有大赉[①],善人是富。“虽有周亲[②],不如仁人。百姓有过[③],在予一人。”

【注释】

①大赉(lài):大的赏赐。这里指分封诸侯。 ②周亲:至亲。周,至、最。 ③过:过错。

【译文】

周朝大发赏赐[分封诸侯],善人都得到富贵。[周武王说:]“我虽然有至亲,却不如有仁德的人。百姓有过错,都由我一个人来承担。”

【说解】

“虽有周亲”以下四句,出自伪古文《尚书·泰誓中》。在原书中,是武王伐纣前誓告西方诸侯之辞。表示要按人民的意愿去讨伐纣王。《泰誓》既是伪书,其可信性就要打折扣了。

清刘宝楠《论语正义》引宋翔凤的话说,"虽有周亲"以下四句是周武王封诸侯之辞,尤其像封姜太公于齐之辞。"虽有周亲,不如仁人"这句话透露出这方面的消息。姜尚是帮助武王灭纣的头号功臣,但他不是武王的亲族。

"百姓有过,在予一人"这句话,是帝王常说的一句谦辞。

20.1.4 谨权量[①],审法度[②],修废官[③],四方之政行焉。兴灭国,继绝世[④],举逸民,天下之民归心焉。

【注释】

①权:秤锤。指计重量的标准。量,升斗之类的量器。指计容积的标准。 ②法度:指尺、寸等计量长度的标准。"谨权量,审法度"两句的意思合在一起,是"统一度量衡的意思"。说明当时的手工业、商业已相当发达,必须统一度量衡,才能进一步促进工商业的发展。 ③废官:已废弃的官职和机构。 ④兴灭、继绝:指封尧、舜、夏、商的后代来复兴它们的国家,接续断绝了的世族。

【译文】

谨慎地制定并审查度量衡,修复已废弃的官职与机构,全国的政令就通行了。恢复被灭亡的国家,接续断绝了的世族,提拔被遗落的人才,天下的民心就归服了。

【说解】

本节和以下两节没有"孔子曰",从文章的风格看,它和尧告舜、成汤求雨、武王封诸侯的文诰体不同。历代注释家多认为是孔子的言论,大致可信。

本节是孔子对前朝政治措施的总结,也是孔子的理想政治,放在这里作为后来国君治国的指针。

20.1.5 所重:民、食、丧、祭。

【译文】

所重视的:人民、粮食、丧礼、祭礼。

【说解】

治国者所重的是民、食、丧、祭。在整部《论语》中,在谈到为政治国时,都渗透着这种思想,本节可以说是最后作了一个总结。重民思想是中国传统的政治思想。既重民,必然重食,"民以食为天",中国自古就重视农业生产。政治想上轨道,必然重礼——丧、祭。孟子说:“民为贵,社稷次之,君为轻。”(《孟子·尽心下》)“社稷”是决定粮食收成的土谷之神。汉代孔安国说:“重民,国之本也;重食,民之命也;重丧,所以尽哀;重祭,所以致敬。”这些话对最高统治者都有指导意义。

20.1.6 宽则得众,信则民任焉,敏则有功,公则说[①]。

【注释】

①说:同“悦”。

【译文】

宽厚就会得到群众的拥护,诚实就会得到老百姓的信任,勤敏就会有功绩,办事公平就会使大家高兴。

【说解】

本节是谈为政者的作风。一个为政者应该宽、信、敏、公。汉《石经》中没有“信则民任焉”这句,许多古本中也没有这句。《阳货》第六章有“信则人任焉”,有人认为是误写这里的。但原句是“人”,而不是“民”。就为政者来说,应该是“民”。《子张》第十章子夏说:“君子信而后劳其民。”《论语》中从政治的角度谈到“人民”(老百姓)时,基本上用“民”不用“人”。

朱熹的《论语集注》说本节是“泛言帝王之道”。既是“泛言帝王之道”,那么“信则民任焉”是必不可少的。

20.2 子张问于孔子曰:“何如斯[①]可以从政矣?”

子曰:“尊五美,屏[②]四恶,斯可以从政矣。”

子张曰:“何谓五美?”

子曰:“君子惠而不费,劳而不怨,欲而不贪[③],泰而不骄[④],威而不猛。”

子张曰:“何谓惠而不费?”

子曰:“因民之所利而利之,斯不亦惠而不费乎?择可劳而劳之,又谁怨?欲仁而得仁,又焉贪?君子无众寡,无小大,无敢慢[⑤],斯不亦泰而不骄乎?君子正其衣冠,尊其瞻视，俨然⑥人望而畏之，斯不亦威而不猛乎？”

子张曰：“何谓四恶？”

子曰：“不教而杀谓之虐；不戒视成谓之暴；慢令致期⑦谓之贼；犹之与人也，出纳之吝谓之有司⑧。”

【注释】

①斯：就，才。　②屏（bǐng）：排除，摈弃。　③欲而不贪：下文有“欲仁而得仁，又焉贪？”可见这里的“欲”是“希望施行仁义”的意思。　④泰而不骄：安详舒泰而不骄傲。已见于《子路》第二十六章。　⑤无敢慢：不敢轻慢。　⑥俨（yǎn）然：庄严的样子。　⑦慢令致期：命令下的晚，却限期完成。缓于前而急于后也。　⑧有司：本为官吏的统称。这里指管仓库之类的小官。

【译文】

子张向孔子问道：“怎样做才可以从政呢？”

孔子说：“尊重五种美德，排除四种恶政才可以从政。”

子张又问：“什么叫五种美德？”

孔子说：“君子给百姓以好处，而自己却无所耗费；叫百姓出劳役，百姓却不怨恨；希望行仁义，而不贪图财利；安详舒泰，而不骄傲；威严却不凶猛。[这就叫五美。]”

子张又问：“怎样叫作惠而不费呢？”

孔子说：“顺着百姓所能得到的利益之处而让百姓去获得利益，不就是惠而不费吗？选择百姓能干得了的劳役让他们去干，谁还怨恨呢？希望施行仁义而做到了仁义，还贪求什么财利呢？君子无论人多人少，势力或大或小，都不敢轻慢，不就是泰而不骄吗？君子衣冠整齐，目光神色都郑重严肃，使人望而生畏，不就是威而不猛吗？”

子张又问：“什么叫四种恶政？”

孔子说：“不进行教育，[犯了罪]就杀戮叫作虐；不加以告诫，就要成绩叫作暴；下达命令很晚，却要求限期完成叫作贼；同样是给人东西，拿出手时却很吝啬叫作有司。[这就叫四恶。]”

【说解】

《论语》中许多章都在谈"为政"，但都没有本章详尽。大概是因为这个，编者把它安排在最后一章了。

本章把《论语》谈"为政"的内容都包括进去。如"为政以德"(2.1)、"道之以德，齐之以礼"(2.3)是为政的总的原则。本章的"五美"，可以说把"为政以德"具体化了。多数篇章谈为政都是具体可行的。如"道千乘之国，敬事而信，节用而爱人，使民以时"(1.5)、"子为政，焉用杀。子欲善而民善矣"(12.19)等，都包含在"五美"之中了，有时间大家可以慢慢体会。

"五美"之中，"惠而不费"是人们最感兴趣的。一个为政者谁不愿意"惠而不费"呢？所以子张请老师作解释。孔子说："因民之所利而利之，斯不亦惠而不费乎？"俗话说"靠山吃山，靠水吃水"就是"惠而不费"的例子。靠山居住的百姓，有果实材木之利；临水居住的，有鱼盐之利；城市居住的，有各种生财之道。英明的统治者为政，是"即而安之"，这就是"因民之所利而利之"，就能达到"惠而不费"的效果。

至于"四恶"，不包含一时的政治措施失当。"不教而杀""不戒视成""慢令致期"都是"有意为之"的暴政，给国家和人民带来极大的危害。"出纳之吝"像是小事，但也会带来严重的后果。汉郦食其总结项羽失败的原因之一，就是犯了"出纳之吝"的毛病。部下作战立了大功，本应封侯，把封侯的印都刻好了，也不往下发。攻城得了无数财宝，也不分给有功者。所以"天下畔之，贤才怨之，而莫为之用。故天下之士，归于汉王(刘邦)"(《史记·郦生陆贾列传》)。

20.3　孔子曰："不知命，无以①为君子也；不知礼，无以立也；不知言，无以知人也。"

【注释】

①无以：动词"无"和介词"以"组成的凝固性词组。意思是"没有办法""没有可能""没有东西"。

【译文】

孔子说："不懂得天命的大道理，就没有可能成为君子；不懂得礼，就没有可能立足于社会；不懂得分析辨别人家的言语，就没有可能来认识人。"

【说解】

君子要知命。什么是“命”?“命”是天所主宰的必然性。如人的死生命限和无可挽回的穷达环境。如果不知命,那么就会在追求成长与开创事业的过程中遇到挫折,就会引起不必要的情绪反应,从而成为进德修业的障碍。如“知命”,就会像孔子那样,不怨天,不尤人,“下学而上达”(14.35)。

知命的君子,言行必合于礼,不会见害必避,见利必趋,行险侥幸。礼主恭、俭、庄、敬,是立身之本。一个人若不知礼,就不能立足于社会。《诗经·鄘风·相鼠》说:“人而无礼,胡不遄死(为什么不快点死呢)?”

一个人不能独善其身,必须和人交往;一个从政者,更需要与人交往。这就要求必须“知人”。怎样才能“知人”?孔子说过:“视其所以,观其所由,察其所安。人焉廋哉?人焉廋哉?”(2.10)怎样知道一个人的“所以”“所由”“所安”呢?可靠的办法就是通过他的语言。“言为心声”,所以想知人,必须知言。观察人的语言除了内容之外,说话时的态度、表情也非常重要。《易经·系辞下》说:“将要背叛的人,他的话必然惭愧不安;心有疑虑的人,他的话枝蔓;善良的人话少;急躁的人话多;诬蔑善人的人,他的话游移不定;失掉操守的人,他的话必然亏屈不展。”

整部《论语》是教人“做人”,即教人如何成为君子。编纂《论语》的弟子们,以此章终篇,不是没有意义的吧!